Nehberg · Überleben

Rüdiger Nehberg

ÜBERLEBEN

in der Wüste Danakil
und im brasilianischen Urwald

ERNST **KABEL** VERLAG

Alle Fotos von Rüdiger Nehberg

Umschlagentwurf: Theodor Bayer-Eynck
Gesamtherstellung: Clausen & Bosse, Leck
ISBN 3-8225-0018-6

Inhaltsverzeichnis

TEIL I – DANAKIL

Teil II – YANONAMI

Teil I – DANAKIL

Jede Geschichte hat ihren Anfang

Zwischen Torten und Torturen

Gegensätzlicher können meine beiden Hauptpassionen kaum sein. Scheinbar! Da nervt einen das Telefon, der Lieferwagen hat einen Totalschaden erlitten, Versicherungen werden bemüht, der Umsatz steigt, neue Mitarbeiter sind zu engagieren, der Ofen hat einen Kurzschluß, morgen muß das Sonderangebot raus, Werbeplakate sind zu schreiben, eine Betriebsbesprechung soll abgehalten werden, die Preise steigen, der Lieferant hat das Marzipan nicht vorrätig, zwei Auszubildende fallen aus wegen Block-Unterricht, nächste Woche ist die Messe mit Ausstellungsstücken zu beliefern – oh là là, bei uns ist mal wieder was los. Herrliche Hektik! Ich mag das.

Auf der anderen Seite die unvergleichliche Stille der Natur! Da zieht der Strom mit seinen gigantischen Wassermassen an dir vorbei, auf seiner Oberfläche – wie ein Wattebausch – ein Hauch von Nebelschleier. Du hörst keinen Ton, vielleicht mal den Platsch eines springenden Fisches auf der Flucht vor seinem Feind: einem Wels, einem Krokodil. Da steht der Fischadler unbeweglich und geduldig auf einem günstig gelegenen Felsvorsprung, das Wasser unter sich mit den Augen durchbohrend. Da plumpst ein Farbklecks von Königsfischer vom Ast ins Wasser und federt im gleichen Moment wieder hoch, umgeben von silbernen Wasserperlen, ein Fischchen im Schnabel.

Da proben die Colobusaffen ihre neuen Gurgellaut-Songs, eine Rotte Warzenschweine scheint vorüberzuziehen, denn du siehst ihre sechs erhobenen Pinselschwänzchen aus dem Gras lugen. Oder da liegt die unendliche Weite einer Wüste vor dir. Du verneigst dich ehrfürchtig vor dem winzigen Grashalm, der es wagt, diesen Gewalten aus Hitze und Trockenheit zu trotzen. Du empfindest ein gewisses Mitgefühl, eine Solidarität mit ihm, geht es dir doch kaum besser.

Auch dieses Leben schätze ich, liebe ich. Denn die Ruhe ist nur scheinbar. Sie ist nur die Pause.

So wie der Fisch auf der Flucht, der Colobusaffe, der sein Weibchen sucht, um seine bedrohte Art zu erhalten, und wie der Grashalm, der sich mit jeder Faser seiner Wurzeln in der Erde verkrallt– so leben sie alle in ständiger Gefahr, vernichtet zu werden. Die Ruhe, die oft über allem liegt, täuscht.

Auch du selbst wirst ständig bedroht, konfrontiert mit Unerwartetem und gezwungen, flexibel zu sein, willst du deine Reise zu Ende bringen.
Da ist das Flußpferd, das sich angegriffen fühlt und auf dich losstürmt; das Krokodil, das seine Hoheitsrechte verletzt glaubt und dir in die vermeintlichen Gliedmaßen beißt, die bislang Gott sei Dank immer nur Paddel waren. Da sind die Skorpione, die abends mit erhobenem Schwanz und Stachel in den Lichtschein deines Feuers stürmen, oder die Schwärme verschiedenster Insekten. Sie alle sind wenigstens immer noch so »fair«, daß sie sich blicken lassen und dir die Chance geben, dich gegen sie zu schützen. Sei es mit List, Vorsicht, Flucht oder Insektenspray. Aber da sind auch jene unsichtbaren Gegner. Du kennst sie namentlich als Bakterien oder Viren. Andere heißen Streit, Hunger, Durst oder Angst. Und vor allem der Mensch, dieser unberechenbare Typus Säugetier, der so verschieden sein kann, daß er wohl der unkalkulierbarste Faktor einer Reise ist, wie ich sie gern mache.
Wer also meine beiden Neigungen, Konditorei und Abenteuer, vergleicht, wird feststellen, daß diese konträren Arten, mein Leben zu durchstehen, beinahe verwandt miteinander sind. Aufregung habe ich hier wie dort.
Was ich lediglich erziele, ist eine Abwechslung.
Bin ich in Hamburg und ersticke in Kuchen und geregeltem Tagesablauf, dann befällt mich, täglich stärker, dieser Kribbel, der mich hinaustreibt. Und bin ich erst mal zwei oder vier oder sechs Monate irgendwo im heißen Busch, in glühender Wüste oder dem Kochtopf des Regenwaldes, dann zieht es mich unwiderstehlich nach Hause, in den geregelten Alltag, wo die Verkehrsampeln mir das Denken an den Straßenkreuzungen abnehmen, und die meisten Rechnungen automatisch vom Girokonto abgebucht werden. Was bleibt da noch groß an Eigendenken, als sofort eine neue Reise zu planen, etwas zu tun, für das es kein Schema gibt, wo du alle versickerten, vertrockneten, degenerierten Talente des früheren Lebewesens Mensch reaktivieren mußt?!
Ich glaube, eine gewisse Neugier ist menschlich und lebensnotwendig. Mich interessiert aber weniger, welchen Wagen mein Nachbar fährt, sondern was in der fernen, kaum erforschten Welt vor sich

geht. Die Fülle der Eindrücke, die ich dort gewinne, ist gewaltig. Das Risiko, dabei umzukommen, nehme ich bewußt in Kauf. Abenteurer-Poker. Es scheint mir verschwindend gering gegenüber dem Schönen und Spannenden, das ich mitnehme.
Die Alternative wäre hierzubleiben und die Impressionen aus dem Fernsehapparat zu beziehen, aus der Illustrierten, der Tageszeitung. Also Informationen über Dritte, Vierte, verzerrt und manchmal verfälscht. Welcher Berichterstatter, mich inbegriffen, ist schon absolut objektiv? Und selbst wenn er es wäre: Probieren geht über Studieren. Die These wird ihren Reiz nie verlieren. Wer garantiert mir schon, daß ich ohne Stillung meiner Sehnsüchte, innerlich unzufrieden aber geborgen im Schoße des zivilisierten Deutschland, länger lebe oder einen angenehmeren Tod finde? Ist die Chance etwa geringer, ein Leben hier unerwartet unter einem Auto auszuhauchen? Geringer, als es in den Tropen durch Menschen, ein Tier, eine Naturgewalt einzubüßen?
Also reise ich lieber und, vor allem, auf eigene Faust. Ohne die Tourismus-Organisationen. Darauf zu warten, daß man von anderen Expeditionen gnädig mitgenommen wird, ist aussichtslos. Zuviele träumen von dieser Art Abenteuer. Zu wenige realisieren ihre Träume, aber vielleicht ist das auch gut so, sonst würden wir Sehnsüchtigen aus aller Welt uns bald auf den Füßen stehen. Ich glaube auch, daß der Wandertrieb, durch die Neugier ausgelöst, ein gewisser Urtrieb im Menschen ist. Der eine will sehen, ob sich's woanders besser leben läßt, der andere möchte vielleicht nur mal in einem Beduinenzelt sitzen, Tee schlürfen und hemmungslos rülpsen.
Mein Wandertrieb ist mittlerweile für vierzig Jahre nachweisbar. Das soll nicht heißen, daß ich mich verjüngen will. Das soll vielmehr sagen, daß ich meine erste »Reise« im zarten Knabenalter von drei Lenzen unternommen habe. Ohne gültigen Paß von meiner Mutter trabte ich quer durch Bielefeld, um meine Großmutter zu besuchen. Sie war dafür bekannt, Schokolade und Karamellen in unergründlichen Mengen vorrätig zu haben. Jedesmal, wenn ich sie sonst besucht hatte, war sie ehrlich erfreut, ihren Sproß zu sehen und honorierte das gebührend. Doch diesmal gab's Prügel. Großvater übernahm diese unwürdige Prozedur. Später meinte er, mir damit seine Liebe kundgetan zu haben, denn fast einen Tag lang galt ich als vermißt. Als Kind ist

man nicht nachtragend. Aber noch Jahre später, wenn der Clan sich traf, weil irgend jemand Geburtstag hatte, wurde das deprimierende Ereignis aufgewärmt: »Weißt du noch?« Und eben deshalb weiß ich's noch.
Auf die Karamellen verzichtete ich in Zukunft lieber, stromerte durch den Teutoburger Wald, beobachtete Molche und Rehe und wollte Förster werden.
Meine Eltern waren jedoch der Meinung, ich solle ein noch anständigerer Mensch werden. Großvater, Tanten, Mutter, Vater, später auch die Geschwister und Neffen – alles war und wurde Banker und lebte recht und schlecht von den Zinsen treuer Sparer, so wie ich heute einer bin. Das sei solide und krisenfest, meinten Mutter und Vater. Und da sie meist recht hatten, und wir uns gut verstanden, begann ich eine Probezeit bei der Kreissparkasse.
Die Probezeit bei der Sparkasse war mir sehr lehrreich. Ich stellte fest – und mein Vater sah das ein – daß das Jonglieren mit fremder Leute Geld nicht mein Metier ist. Und er war beruhigt: Wenigstens hatte er mir die Gelegenheit geboten, Zahlenkolonnen kennenzulernen.
Ich aber wollte praktisch arbeiten. Dann bliebe nur das Handwerk, meinten Mutter und Vater. Und das Handwerk hat ja goldenen Boden. Das gelte nach wie vor. Mein Vater mußte es schließlich wissen, hatte er doch ständigen Einblick in die Konten der Handwerksmeister aller Sparten. Was lag 1951, karge Nachkriegszeit, also näher, als in die immer florierende Lebensmittelbranche einzusteigen? Banken sind schon krisensicher, aber essen müssen die Leute schließlich immer.
Ich beschloß, Bäcker zu werden.
Mit dem Beginn meiner Lehre geriet ich in Panik. In Panik, weil mir plötzlich nach den vielen Wochen Schulferien nur noch zwei lächerliche Tarifwochen Urlaub zustanden – nach 50 harten 70-Stunden-Wochen! Es wurde mir panisch bewußt, daß so mein Leben nicht ablaufen durfte: 50 Wochen Schufterei und 2 Wochen Leben.
Ich nutzte die 14 Tage Freiheit von der ersten bis zur letzten Sekunde. Mein Fahrrad stand schon Tage vorher gepackt neben der Backstube, und wenn der Urlaub begann, sattelte ich auf und brauste davon.
Nach der Lehre machte ich eine zweite Ausbildung durch. Ich erlernte die Konditorei. Archaischerweise sind das zwei »verschiedene« Be-

rufe. Und danach begann die schönere Zeit. Ich war frei! Es war die Zeit der beruflichen Wanderschaft, die Zeit der unbezahlten Urlaube und das erste Schnuppern in die weite Welt. Per Fahrrad lernte ich Europa, Vorderasien und Nordwestafrika kennen, als Schiffskonditor Amerika, als Tramper den Orient und Nordafrika, als Flugzeugtourist Ostafrika, als Reisender in Sachen Expeditionen Äthiopien und Südamerika.

Bei allen Reisen verlor ich ein Ziel nie aus den Augen: Ich wollte selbständig werden und mein eigenes Haus haben, um so meine über alles geliebte Freiheit auszubauen und zu sichern. Ich wollte mich unabhängig machen von Arbeitgebern und Hauswirten. Finanziell regulierte ich diese konträren Interessen über zwei Konten: das Reisekonto und das Selbständigkeitskonto; ein Rat meiner Eltern.

Meine Frau stellte ich mir immer vor als eine natürliche, sportliche und liebenswerte Kameradin, die meine Reiselust teilt und sie nicht blockiert.

Alle meine Erwartungen haben sich erfüllt. Obwohl Pessimisten aller Schattierungen mich immer warnten: Wenn du erst selbständig bist, kannst du das Reisen vergessen. Wenn du erst verheiratet bist, reist du nur noch durch Hotels – nichts von alledem ist eingetroffen. Maggy, mein Weib, fand es zwar nicht berauschend, wenn ich vier Monate in der Danakil-Wüste als verschollen galt, aber sie hält mich nicht zurück. »Ich weiß, wie schön das Reisen ist«, gestand sie in einem TV-Interview. »Ich beneide Rüdiger um seine Expeditionen und kann ihn nur beglückwünschen. Wären seine Reisen nicht so riskant, ginge ich sofort mit. Aber so machen wir zwischendurch gemeinsam immer mal was Ruhiges. Wir wandern in den Alpen, fahren zum Balkan oder nach England. Außerdem haben wir eine Tochter. Sie ist jetzt, 1978, zwölf Jahre alt und soll nicht gleich Vollwaise werden.«

Aber auch die düsteren Prognosen hinsichtlich der Unabkömmlichkeit vom Geschäft haben sich nicht bewahrheitet. Ich habe ein so gutes Team, das auch ohne mich klarkommt. Und da es inzwischen auf dreißig Seelen angewachsen ist, bin ich immer entbehrlicher geworden.

1970 war es das erste Mal, daß sich eine breite Öffentlichkeit für meine Expeditionen interessierte. Ich startete zur »Blue Nile Exp '70«, die allerdings ein Mißerfolg wurde. 1972 versuchte ich es abermals.

Dazwischen lagen Vorbereitungen verschiedenster Art, wie Bootsbau, Überlebenstraining, Partnersuche. Die Berichte wurden allmählich verkäuflicher, wir versuchten uns mit ersten Dokumentationsfilmen und einem Buch – und schon ließen sich auch die Kosten, die solche Reisen mit sich bringen, auffangen. Von Anbeginn fand ich es wesentlich, daß nicht meine Konditorei, sprich: meine Mitarbeiter, die Exkursionen bezahlen sollten. Das ist einem guten Betriebsklima abträglich. Die Reisen sollten sich selbst tragen.
Heute bin ich so weit, daß ich gut und gern zweimal pro Jahr etwas unternehmen kann. Ziele und Themen gibt's genug. Wohin man auch kommt, man hört ständig von neuen.
Daß die Abenteuerlust dominiert, kann ich nicht bestreiten. Und dennoch ist es viel mehr als nur dieses.
Mein Beruf stellt mich zufrieden. Ich übe ihn gern aus, denn er ist viel abwechslungsreicher als der Laie denkt. Aber er fordert mich nicht ernstlich. Er verlangt mir keine Höchstleistung ab, weder geistig noch körperlich.
Und so baute ich denn meine Reisen auf und aus. Mit ihnen habe ich zu meinem Hauptberuf den passenden Ausgleich, die richtige Ergänzung gefunden, das Leben zwischen Torten und Torturen, zwischen Marzipan und Moskito.
Auf meinen Exkursionen werde ich gefordert mit jeder Faser meines Seins: von der Aufgabe, der Natur, den Menschen, Tieren und Partnern. Ich lerne meine Leistungsgrenze kennen.
Ich erreiche die letzten, schönsten und mehr oder weniger unberührtesten Flecken unseres strapazierten Planeten. Die zwangsläufige Folge ist, daß mein geistiger Horizont erweitert wird. Mein Wissen über fremde Regionen macht mich toleranter und ermöglicht mir Vergleiche mit der eigenen Heimat. Bei diesen Vergleichen schneidet sie sehr gut ab. Sicher, in der Fremde wird man leicht zum Patrioten, doch es ist wahr: uns in der Bundesrepublik geht es gut. Es erscheint mir jetzt oft unverständlich, wenn die Mitbürger ein immer noch bequemeres Leben führen möchten. Es vergrößert die Kluft zwischen uns und der ärmeren Welt, es schadet uns allen. Wir verlieren immer mehr den Bezug zu dem, was der Mensch wirklich ist. Ein Lebewesen auf dieser Erde, ein Teil der Natur.
Mit meinen Publikationen möchte ich Verständnis und Respekt wek-

ken für uns fremdartige Lebensweisen und damit den mir möglichen Beitrag für das leisten, was wir alle erhoffen: Verständigung unter den Völkern.
Auch eine Art Selbstbestätigung und Geltungsbedürfnis mögen Motive für meine Reiselust sein. Ich glaube aber nicht, daß sie ausgeprägter sind als bei all jenen Mitmenschen, die auf ihren Arbeitsplätzen nach Anerkennung streben. Eine gewisse Publicity birgt überdies den Vorteil, daß die Veröffentlichungen dann auch ein größeres Publikum erreichen. Der Verhaltensforscher Eibl-Eibesfeldt hat einmal gesagt, daß in jedem Menschen ein Aggressionstrieb steckt. Der eine reagiert ihn ab mit einer zünftigen Keilerei, der andere krakeelt auf dem Fußballplatz herum, und eine weitere Sorte Mensch mißt sich eben mit der Natur. Ich bin sicher, daß es so ist.
Haben Sie keine Angst? Wie lange wollen Sie das noch machen? Wie hoch schätzen Sie Ihre Lebenserwartung ein? Welche Versicherung nimmt Sie eigentlich noch auf? Wie bereiten Sie sich körperlich auf diese Touren und Torturen vor? Fragen, die mir immer wieder gestellt werden.
Da ist zunächst die Angst. Natürlich habe ich sie. Ohne Angst, die biologisch normal ist und zur Arterhaltung dringend notwendig, würde man in alle Gefahren hemmungslos hineintappen und – umkommen. Angst muß sein. Sie löst die Vorsicht aus. Und die ist ja bekanntlich keine Feigheit (und Tollkühnheit kein Mut). Wer keine Angst kennt, kann nie mutig sein.
Gefahr erkannt, Gefahr gebannt. Wenn man sich das bevorstehende Wagnis möglichst genau und umfassend vor Augen führt, kann man sich viele der zu erwartenden Gefahren ausrechnen. Dann lassen sie sich umgehen oder austricksen. Viele dieser Kniffe liegen einem instinktiv. Über noch mehr aber verfügt man, wenn man sich mit dem Survival, dem Überleben unter allen Umständen, befaßt. Das Wissen um Survival ist so faszinierend, und man fühlt sich dadurch so stark, daß man fast leichtsinnig werden könnte und den Naturgewalten, Mensch und Tier eingeschlossen, seinen jeweiligen Ausbildungsstand schnellstens beweisen möchte. Survival-Kenntnisse nehmen einem jene Angst, die abwendbar ist. Was bleibt, ist die andere, die unabänderliche, die da auf dich einstürzt, wenn Banditen dich jeden Moment zu erschießen drohen, wenn du in einer Gefängniszelle hockst und im

unklaren über dein Schicksal gelassen wirst. Angst entsteht nicht, wenn dich ein Wasserstrudel auf den Flußgrund reißt, du einen Berg 'runterrutschst oder in einer Schlägerei steckst. Dann beherrscht dich nur ein Gedanke: Wie komme ich hier lebend davon?

Wie lange wollen Sie das noch machen?
Diese Frage ist eigentlich am leichtesten zu beantworten: Solange es geht. Es versteht sich von selbst, daß man die Ziele tiefer steckt, wenn eines Tages die Elastizität altersbedingt nachläßt.
Ob ich allerdings besonders alt werde, glaube ich selbst nicht. Allein auf dieser Reise habe ich vier ernsthafte Überfälle überlebt. Manche weniger durch »Pfiffigkeit« als durch reines Glück. Damit konnte ich sogar ein bescheidenes privates Jubiläum feiern: 15 bewaffneten Überfällen entkommen zu sein!
Aber Glück läßt sich nicht verpflichten. Irgendwann läßt es sich nicht mehr strapazieren und versagt einem seine Gunst. Schließlich sind da noch die »Gesetze der Wahrscheinlichkeit«, die beachtet werden wollen.
Laut Lebensversicherungstabelle, so habe ich 'mal gelesen, hat ein Konditor 68 Jahre alt zu werden. Natürlich kann ich nicht sagen, wann nun meine Zeit abgelaufen sein wird. Nur eines ist sicher: achtundsechzig Jahre schaffe ich nicht. Die Lebensversicherung muß bei mir schon vorher zahlen. Es ist übrigens auch die einzige Art Risiko-Versicherung, die ich habe. Kulanterweise hat man nie meine Normbeiträge erhöht. Begründung: »Weil Sie Ihre Versicherung schon vor vielen Jahren bei uns abgeschlossen haben und nicht im Hinblick auf diese Extremreisen.«
Wenn ich jedoch bei den Versicherern auftauche, um unsere Ausrüstung zu schützen, dann zuckt man nur noch bedauernd die Achseln und verweist mich an Lloyd's London. Aber auch da hat man inzwischen resigniert. Nur, die Engländer sind zu höflich, das direkt zu äußern. Sie haben den Beitrag einfach so hoch angesetzt, daß mir nichts bleibt, als mich bei mir selbst zu versichern: mit Vorsicht.

Eine Kleinanzeige

Das Hauptproblem des Überlebens in der Wüste ist und bleibt das Wasser. Man kann es getrost vierzehn Tage ohne Nahrung aushalten, wer Glück hat, sogar dreißig, aber ohne Wasser kann's in wenigen Stunden zu Ende sein.

Und da ich in wasserarme Landstriche wollte, widmete ich mich dieser Problematik ganz besonders. Ich wußte natürlich, an welcher Stelle im Wadi man durch Graben am ehesten auf das begehrte Naß stößt, und wie man Schmutzwasser am einfachsten trinkbar macht, doch vielleicht gab es auch noch etwas, was ich nicht wußte.

Also inserierte ich irgendwann im Hamburger Abendblatt: »Wüsten-Fans! Wer weiß um Tricks, sich in Trockenzonen Wasser zu beschaffen? Tel. 040-6931809.«

Die Resonanz war erstaunlich. Illustrierten-Reporter: »Was haben Sie vor? Ist das was für uns?«

Ein Beduinen-Forscher: »Da gibt's drei Tips: Aufpassen, wirtschaften und dick anziehen.«

Ein Hobby-Bastler: »Tau auffangen mit großen Folien.«

Der Gründer einer neuen Religion: »Ich weiß wie! Mit Yoga. Geben Sie mir einen Monat Zeit, Sie zu trainieren. Dann gehen wir beide durch die Sahara. Von Nord nach Süd. Ohne einen Tropfen Wasser. Das ist gar kein Problem. Und wenn wir das schaffen, wird das solch ein Aufsehen erregen, daß ich meine neue Weltreligion verkünden kann!«

Ich war skeptisch. Wollte mich da einer verschaukeln?

»Sie sind wie die anderen«, tadelte er mich. »Sie suchen etwas Neues. Und wenn es Ihnen geboten wird, lehnen Sie es ab, ohne sich überzeugt zu haben.«

»Aber wie wollen Sie mich überzeugen? Soll ich mit Ihnen loslaufen und zu Dörrfleisch werden?«, entgegnete ich.

»Nein. Ich mache Ihnen ein faires Angebot. Schließen Sie mich vier Wochen in Ihrem Keller ein. Versiegeln Sie alle Zugänge. Nach vier Wochen ohne Wasser haben Sie den Beweis.«

Ehrlich gesagt, das klang so verrückt, daß ich zusagen wollte. Nach zwei Tagen Bedenkzeit sagte ich dann doch ab. Freunde hatten mich gewarnt: »Sei nicht so verrückt! Wenn der Typ 'ne Meise hat und stirbt – was willst du dann machen? Da nutzt dir auch seine schriftliche Einverständniserklärung nichts. Jeder wird dir sagen: Das hätten Sie sich denken können!«

Nach drei Tagen ging noch einmal das Telefon.

»Hier spricht Pomolski.«

»Was kann ich für Sie tun?«

»Ich will etwas für Sie tun!«

»Und was bitte?«

»Ich rufe auf Ihre Anno . . ., Anno . . ., Ihre Anzeige an, wegen des Wassers.«

»An was denken Sie denn?«

»Das kann ich Ihnen so nicht sagen.«

»Warum rufen Sie dann an?«

»Wenn Sie interessiert sind, kann ich die Kameraden fragen. Und dann stimmen wir ab.«

»Ich verstehe nicht, was Sie meinen.«

»Ich meine, wir stimmen ab, ob Sie zu unserem nächsten Treffen kommen dürfen: Zur Kameradschaft der ehemaligen Fremdenlegionäre. Das sind alles alte Wüstenfüchse. Sie kennen doch die Sache mit dem Loch und der Folie, oder?«

Natürlich kannte ich die. Allmählich steht sie in allen Büchern. »Das kenne ich.«

»Wir wissen aber mehr. Ich frage jetzt die Kameraden und rufe mal wieder an.«

Er rief nicht an. Nach einer Woche hatte ich ihn vergessen. Loch buddeln, Folie drüber – alter Hut. Außerdem sowieso nichts Tolles. »Verlierst mehr Schweiß als du Wasser gewinnst« hatte mich mal jemand belehrt. Da kam ein Brief.

Vorn ein Stempel.

Hinten drei Stempel.

Auf dem Briefbogen zwei weitere. »Camaraderie de Anciens Legionaires de Hamburg« stand da zu lesen.

Unterschrift:

Mit besten Legionärsgrüßen

Le President:

Eddi Pomolski

Man lud mich ein. Ich ging hin. Wir trafen uns in einer düsteren Kneipe in Eimsbüttel.
Eddi Pomolski, seine vier Club-Kameraden und meine Wenigkeit. Ich erfuhr, daß der Club erst vor vier Wochen gegründet worden war, man außer dem Stempel auch schon einen Wimpel für den Stammtisch besorgt hatte, und daß die Kameraden ihn, Eddi, einstimmig zum Präsidenten gewählt hatten.
Eddi leitete die Sitzung souverän: Er erteilte das Wort, und er entzog es wieder. Er ließ mich erst einmal meinen Stammbaum erzählen und schildern, wofür ich das Wasser brauchte.
Spätestens von diesem Moment an entzündete sich ein Feuer in den Augen der Jungs, und sie vertrauten mir an, daß man in den plastiküberspannten Wüstenlöchern viel mehr Wasser erzeugen könne, wenn – –. »Wenn was?«
Aber Eddi und seine Kämpfer tranken erst mal auf das Wohl des Wassers, weil es doch die Grundlage für's Bier ist.
»Wenn was, Kameraden?«, bohrte ich weiter. Mein Weg sollte doch nicht vergeblich gewesen sein!
Eddi schielte vorsichtig umher. Aber wir waren allein. Niemand konnte uns belauschen und das Geheimnis stehlen. So und ähnlich hatte mir ein alter Meister manchmal seine »Geheimrezepte« für Kuchen anvertraut. Ich nahm die Alkoholfahne in Kauf, die meinem Informator siegreich vorausflatterte.
»Du mußt trockene Äste und trockenes Gras reinwerfen. Das Zeug saugt sich nachts voll Wasser.«
»Woher nehme ich in einer Sand- oder Steinwüste trockenes Gras?« flüsterte ich zurück.
Verächtlich sahen mich die fünf Frankreichverteidiger an.
»Junge, dein Kopp is' nich' nur für's Haareschneiden da!«
Dem Tonfall und Humor nach zu urteilen mußte Eddi Spieß gewesen sein.
»Wenn du kein Gras hast, mußt du abends deine Wollklamotten auf den Boden tun. Morgens sind die voll Wasser. Und dann wirfst du sie ins Loch und dampfst das Wasser raus! Dazu kommt die Bodenfeuchtigkeit.«
So kam mir die Idee zur Wassermaschine, eine fixe Idee zunächst. Aber je länger ich grübelte, um so mehr festigte sie sich.

Idée fixe

Noch auf dem Wege nach Hause schmiedete ich die ersten Pläne. Das mit den Wollsachen war gar nicht so dumm. Dreiundzwanzig Mark hatte das Inserat gekostet. Der Einsatz hatte sich gelohnt.
Aber wie würde ich in der Steinwüste ein Loch graben können? Für die Lösung dieser Frage benötigte ich ganze sechzig Sekunden Bedenkzeit: Du wirst es nicht graben. Du nimmst dein Loch mit. Im Rucksack!
Das war das Ei des Columbus!
Von den Fußsohlen her überkam mich ein gewisses Prickeln. Ich wußte, ab jetzt wurden die Nächte kurz. Ab jetzt brauchte ich keinen Schlaf, denn ich hatte eine knifflige Aufgabe zu lösen.
Der Tisch im Schlafzimmer wurde beschlagnahmt. Maggy mußte sehen, wo sie mit ihren Sachen blieb. Im Laufe der nächsten Tage füllte er sich mit Gläsern, Glasröhrchen, einer Waage, Siebchen, einem Heizstrahler, Plastikfolien und dem obligatorischen Wollappen in Form einer Socke. Nachts hatte er sich draußen vollzusaugen, und dann kam er auf ein Sieb in ein Einweckglas – mein künstliches Wüstenloch war fertig. Die Folie wurde drübergespannt und alles bestrahlt.
Nur Minuten dauerte es, bis die ersten Wassertropfen an der kalten Unterseite der Folie kondensierten und abtropften. Allerdings – es war relativ wenig. In der Wüste, wo die Nächte nicht so feucht sind wie in Hamburg, würde das Resultat entsprechend magerer sein.
Schließlich kann man nicht ganze Kamelladungen Wollappen mitschleppen! Es mußte ein Material gefunden werden, das ungleich effektiver wäre als Wollappen.
Da ich in Chemie immer nur ein Ausreichend errungen hatte, ersparte ich mir die Mühe, in meinem Gedächtnis nachzukramen. Ich ging in eine Apotheke. Der Inhaber war mir schon häufig behilflich gewesen bei der Beschaffung der seltensten Schlangenseren. So zuckte er auch jetzt nicht mit der Wimper, als ich ihm sagte, was ich suchte.
»Es muß stark hygroskopisch sein, bei Erwärmung das Wasser freigeben und sich immer wieder beladen.«
»Wie ein Wollappen«, fügte ich noch hinzu.

Der Apotheker zählte mir gleich einiges auf: Kieselgel, Phosphorpentoxid und viele andere komplizierte Produkte.
Ich begann mit Phosphorpentoxid. Meine Frau stellte mir einen Perlonstrumpf zur Verfügung. 500 Gramm der Chemikalie rieselten hinein. Er wurde zugebunden, gewogen und 510 Gramm schwer befunden. Uhrzeit und Gewicht wurden notiert, und das ganze an die frische Luft gehängt.
Es erübrigt sich zu sagen, daß ich viel früher als gewöhnlich aufwachte. Ich kam mir vor wie ein Kind, das zur Nikolauszeit nach seinem aufgestellten Schuh oder Strumpf sieht.
Es war noch dunkel. Fünf Uhr oder so. Mit Kennergriff spürte ich sofort, daß der Strumpf klatschnaß war.
Ruckzuck lag er auf der Waage.
Soviel ich mir die Augen rieb, er hatte nicht zu-, sondern abgenommen. Ganze 290 Gramm wog er noch.
Draußen sah ich dann die Bescherung: Das Salz hatte sich aufgelöst und war auf die Erde getropft. Nun denn. Das sollte mich nicht umwerfen. Daß das Zeug hygroskopisch ist, war erwiesen.
Ich packte es in mein künstliches Wüstenloch und schmiß die Heizlampe an.
Meine Strumpffüllung brodelte, blubberte, kochte – aber Wasserdampf ließ sich nirgends blicken.
»Ist doch klar, du Pflaume«, belehrte mich ein Bekannter. In meiner Not hatte ich mich seiner Eins in Chemie erinnert. »Phosphorpentoxid, pe-zwei-O-fünf, geht mit Ha-zwei-O eine Verbindung ein. Du kriegst dann Phosphorsäure: Zwei-Ha-drei-Pe-O-vier. Nur, so einfach mit Erwärmung ist das nicht mehr zu trennen.« Ist ja alles ganz logisch. Wenn man Chemiker ist.
Besser erging es mir mit dem Kieselgel. Aber nur dreißig Stunden lang. Dann erzählte mir ein Landrover-Experte: »In der Wüste reicht die Anziehungskraft des Kieselgels nicht aus. Ich hatte das Zeug mal mit. Als Trockenmittel für meine Filme. Unbeladen ist es blau. Sobald es sich mit Wasser gesättigt hat, wird es rot. Ich habe einmal rotes Gel weggeschüttet. Einfach in den Sand. Abends, als es nur noch lauwarm war. Und was glaubst du? Morgens hatte die trockene Luft dem Kieselgel die Feuchtigkeit wieder entzogen. Es hatte seine blaue Farbe zurückgewonnen.« »Verdammt noch mal!« reagierte ich ent-

täuscht. »Es wird doch heutzutage wohl etwas Wirkungsvolleres geben, wenn Kieselgel zu schwach ist. Es wäre doch gelacht, wenn die Chemiekonzerne der Welt nichts Besseres anzubieten hätten.«

Über meinen Versuchstisch deckte ich ein Tuch und bat Maggy um Geduld.

Dann raste ich erneut zur Apotheke und ließ mir die Anschriften der fünf oder sechs namhaftesten Pharmazie-Giganten der Welt geben. Im Amerika, Japan, Deutschland.

Sie alle erhielten dann ein Briefchen von mir mit dem schon bekannten Steckbrief: stark hygroskopisch, bei Wärme rückgewinnbar, immer wieder zu beladen – kurz und gut: wie ein Wollappen, nur viel besser.

Überraschend schnell antworteten alle. Und alle schrieben dasselbe. Manche fast wörtlich.

Sie fanden meine Idee gut, bedauerten aber, nichts dergleichen anbieten zu können.

»Rüdiger, Telefon!«

Am anderen Ende ein Herr. »Gutwold. Ich bin der Generalvertreter von Bayer für Hamburg. Meine Geschäftsleitung hat mir Ihr Schreiben zugleitet. Sie suchen also einen stark hygroskopischen Stoff?«

»Ja. Einen, der besser ist als Kieselgel.«

»Den haben wir. Kennen Sie Zeolith?«

»Nein. Ich bin kein Chemiker. Ich betreibe eine Konditorei.«

»Ja, dann ist es das beste, ich schicke Ihnen mal eine Probe. Gratis natürlich. Reicht ein Kilo?«

Ich jubilierte. Hoffentlich taugte das Zeug wirklich etwas!

»Hätten Sie's gern als Pulver oder in Perlform? Je feiner, desto schneller die Beladung.«

Wir einigten uns auf Perlform, 1–2 mm Durchmesser.

Anderntags war ich Besitzer eines Kilos Zeolith und eines freundlichen Briefes: »– Wenn Sie mehr brauchen, rufen Sie bitte an –«.

Dem beigefügten »Steckbrief« entnahm ich, daß Zeolith erst seit wenigen Jahren auf dem Markt sei, pro Kilo 9 Mark koste und für mein Vorhaben – er habe meine Anforderungen genau gelesen – das Optimale sei.

Zurück ins Schlafzimmer, Abdecktuch 'runter vom Experimentiertisch und weitergemacht.

Sechs Stunden, nachdem ich die 1000 Gramm Zeolith hauchdünn ausgebreitet und der Luft ausgesetzt hatte, wogen sie 1220 Gramm. Das war ein Zugewinn von 22 % Wasser!
Der Vertreter hatte recht. Die Perlchen waren traumhaft! Ich warf sie sofort in mein Mini-Wüstenloch. Plastiktuch drüber, Erhitzung. Abwarten.
Aber es rührte sich nichts. Nicht ein Tropfen Wasser ließ sich sehen. Um so mehr perlten sie von meiner Stirn. Denn erstens wurde es warm im Experimentierbereich und zweitens war ich aufgeregt. Ich nutzte die Wartezeit und las die Begleitbroschüre zum Zeolith noch einmal. Und plötzlich hatte ich den Grund: »Verdampfungstemperatur 250 Grad Celsius.«
Das würde ich mit meinen Lämpchen nie erreichen! Ich müßte das Verdampfungsgefäß isolieren und stärker beheizen.
In der Wüste, das war mir jetzt klar, genügte nun nicht mehr ein einfacher geschwärzter Topf, der Hitze absorbiert. Es mußte ein riesiger Hohlspiegel her. Für zusätzliche Beheizung. Ich dachte an 1–2 Meter Durchmesser. In seinem Brennpunkt würde dann die nötige Temperatur entstehen.
In diesem Stadium der Erkenntnisse begann ich erstmals daran zu denken, die Apparaturen in einer Wüste zu erproben. Denn die Sache in der Praxis erproben, das war für mich gleichbedeutend mit »eine Reise« machen. Sie so einfach im Schutze der Behörden an einer Wüstenpiste zu erproben, war mir zu fade. Wenn schon Wüste, wenn schon Experimente, dann mußte auch eine Reise dabei rausspringen. Und wie könnte man eine schwierige, vielleicht riskante Tour besser rechtfertigen, als mit wissenschaftlichen Begründungen?! Meinem Instrumentarium fiel die wichtige Nebenaufgabe der Alibi-Funktion zu. Ich mußte nun ein Ziel und ich mußte Partner suchen.

Die Crew

Der erste, an den ich dachte, war Klaus Denart.
Klaus ist Journalist und Kameramann. Aus der Nähe von Flensburg. Freiberuflich hatte er lange für den NDR gearbeitet. Ich kannte ihn seit meinen ersten Vorbereitungen für den Blauen Nil, seit 1968. Er

gehörte zu denen, die vor mir versucht hatten, den Fluß zu befahren. Zu jener Zeit lebte er in Addis Abeba. Nicht mit einem Faltboot wollte er es versuchen. Nicht mit einem Kajak. Auch nicht mit einem Floß. Das alles hatten ihm ja andere bereits erfolglos vorexerziert.
Klaus versuchte es mit einem Sarg! Natürlich nicht einem gewöhnlichen, sondern mit einer Sonderanfertigung aus 5 cm dicken Brettern. Alle 8 cm sorgten Schrauben für den Zusammenhalt des Gefährts. Um die bemerkenswerte Kenterfreudigkeit zu drosseln, holten Denart und sein Freund Günther Krieghk zwei große Bündel Papyrusstauden vom Tana-See und zurrten sie steuer- und backbords an die Sargwände. So lag der Kahn recht solide und vertrauenerweckend im Wasser. Die Reise begann.
Das erste Mal kenterten Denart und Krieghk nach 500 Metern. Der Rucksack, der Proviant, die Kamera – alles war futsch.
Andere hätten sicherlich gleich aufgegeben. Klaus und Günther fuhren weiter. Ohne Nahrung, Kompaß, Karte, Angelhaken. Sie schoben Hunger, wurden überfallen und von Krokodilen attackiert.
Täglich wurde das Boot schwerer. Papyrus und Holz saugten sich voll Wasser. Mußte es um schwierige Flußpassagen herumgetragen werden, waren sie hinterher so entkräftet, daß sie mehr als einmal daran dachten, aufzugeben.
In einem Katarakt zerbarst es dann. Von einer Sekunde zur anderen.
Und das nur 200 km vor ihrem Ziel! Denart und Krieghk gaben immer noch nicht auf. Sie schraubten die Bretter mit ihren Messern auseinander und bauten sie zu einem Floß zusammen.
Dann ging die Reise weiter. Doch schon nach wenigen Metern merkten sie, daß es zwecklos war. Das neue Fahrzeug schwamm nicht richtig. Bei kleinsten Wasserunebenheiten tauchte es tief und behäbig in die Fluten, bevor es wieder hochkam.
Die Krokodile erkannten sofort ihre Chance und griffen an. Da gaben Denart und Krieghk auf.
Auf gut Glück marschierten sie durch die Berge. Immer am Nebenfluß entlang. Aber ohne Nahrung. »Wir schafften zuletzt höchstens noch fünf Kilometer am Tag. So fertig waren wir«, erinnerte sich Klaus später, als ich jede Einzelheit aus ihm rausquetschen wollte.

»Nach sechs Tagen fanden uns die Bewohner einer Siedlung. Sie nahmen uns gastlich auf und begleiteten uns bis zum ersten Dorf, in dem es ein Auto gab.«

Denart kehrte damals gleich nach Deutschland zurück. In Kiel begann er bei einer Tageszeitung als Reporter. Seinen Kollegen fiel er dadurch auf, daß er einen unbändigen Appetit hatte. Reiner Nachholbedarf.

So wurde auch Rosemarie auf ihn aufmerksam. War es nun Mitgefühl mit einem Halbverhungerten, oder sein braungebranntes, immer strahlendes Gesicht mit dem dazugehörigen Blondschopf – sie tat jedenfalls das ihre, um seinen grenzenlosen Hunger zu stillen. So lernten sie sich kennen.

1966 heirateten sie. Sie vermehrten sich um zwei weibliche Blondgeschöpfe, Claudia und Sonja.

Als diese dem Säuglingsalter entwachsen waren, begaben sich die Denarts 1972 mit einem umgebauten Unimog auf eine Drei-Jahres-Tour durch ganz Afrika.

Diese Reise führte sie auf dem Rückweg auch an den Rand der Danakil-Wüste in Äthiopien. Klaus kannte die Dankalia, so ihr lateinischer Name, bereits. Mit einem Kamel, einem Gewehr und einem Führer hatte er schon 1961 versucht, sie zu durchqueren. Aber sein Geld wurde knapp. Er kehrte um. Aber nie gab er den Plan auf, den Versuch zu wiederholen.

So kam ich auf Klaus Denart als möglichen Partner für meine neue Reise. Und – Moment mal! – da hatte ich ja auch gleich ein Ziel! Die Danakil-Wüste!!

Ich traf Klaus beim Geschirrspülen.

»Nimm schon Platz, ich muß mal schnell in den Keller, die Wäsche aufhängen.«

Nach seiner Rückkehr vom Afrikatrip hatte er noch keine Stellung gefunden, die ihn zufriedengestellt hätte. So arbeitete Rosie, während er den Haushalt führte.

Obwohl ich wußte, daß Hausfrauen oft unterprivilegiert sind, wagte ich meine Frage.

»Ich will wieder los! Die Versuche mit meinem Wasser laufen ganz gut. Jetzt müßte man mal einen Schritt weiterkommen. Ich dachte an einen . . .«

»Quatsch nicht lange! Ich komme mit. Ich werde sowieso bald wahnsinnig hier am Kochtopf. Schon ein bestimmtes Ziel?«
»Wenn du mich nicht immer unbrechen würdest, wüßtest du es schon: die Danakil-Wüste!«
Klaus' Küchendecke ist zwei Meter dreiundfünfzig hoch. Ich habe es später nachgemessen. Aus dem Stand sprang er mit einem Jubelschrei so hoch, daß er mit einer Beule auf den Fußboden zurückfiel.
»Wann geht's los?«
»Sobald wir den dritten Mann haben!«
»Das sollte ein Chemiker sein. Oder ein Physiker. Oder eine Kreuzung zwischen alledem!«
Rosie gab ihr Einverständnis. Sie kannte seine Passion für Äthiopien und die Dankalia und wußte wohl auch, daß es zwecklos war, ihn zu halten.
Jeder posaunte nun in seinem Bekanntenkreis aus, daß wir einen Partner suchten: Wüsten-Fan, kameradschaftlich, Chemiker oder Physiker, ungebunden, fünftausend Mark – das waren so einige unserer Bedingungen.
Bereits nach vierzehn Tagen hörten wir von Horst Walther. Er sei sechsundzwanzig Jahre jung, gebürtiger Berliner, Chemiker im Chemischen Institut der Universtät Hamburg, lege alle Examen mit »Sehr gut« ab, habe einen Iran-Tick, kenne auch das restliche Asien, sei amtlich eingetragener Globetrotter, und – Fragen kostet ja nichts.
Und Horst biß an.
»Das mit dem Wasser hört sich ja gut an. Das beste ist, wir exerzieren das Ganze noch einmal im Labor bei mir durch. Ich habe alles zur Verfügung, was wir brauchen.«
Horst hatte nur noch seine blonde Freundin Regina zu fragen. Regina hatte für alles uneingeschränktes Verständnis. Sie war selbst fernwehkrank und kannte die halbe Welt. Nicht vom Hotel und Sightseeing-Bus aus, sondern ebenfalls von der Basis her, von der verlausten Flohpritsche sozusagen. Das macht einen kleinen Unterschied.
Sogar der Professor von Horst machte keinen Gebrauch von seinem Vetorecht. Im Gegenteil: Er wünschte ihm alles Gute. Wie so häufig, hatte man auch hier das Gefühl, der Professor wäre am liebsten mitgekommen.
Darüber hinaus konnte Horst sich vom Institut wichtige Instrumente

ausborgen, die unsere Arbeit erleichtern und unseren Geldbeutel schonen würden.
Schließlich waren wir startklar. Am 1. Januar 1977 sollte es losgehen. Jetzt hatten wir schon Weihnachten. Weihnachten 1976.
Jeder von uns dreien feierte es auf seine Weise. Bei mir war es mehr ein Abschied von der Familie als ein übliches Weihnachtsfest.

Dankalia

Der weitaus größte Teil unter den Lesern wird den Namen noch niemals zuvor gehört haben: Danakil-Wüste. Lateinisch: Dankalia. Dabei handelt es sich immerhin um ein Gebiet von rund 70000 Quadratkilometern, so groß wie Bayern also. Als Landschaft hat es nicht einmal in den meisten Lexika Aufnahme gefunden, höchstens, daß es erwähnt wird, wenn in wenigen Zeilen von den Menschen die Rede ist, die in der Danakil-Wüste im Osten Äthiopiens leben, und die nach ihr benannt sind: Danakils.
Sie selbst allerdings nennen sich Afars. In unsere Sprache übersetzt heißt das »die Freien«, und daß sie sich einen solchen Namen geben, sagt eigentlich schon alles über ihre Lebensauffassung aus: Frei wollen sie sein, die Afars oder Danakils, frei um jeden Preis.
Nun ist das Streben nach Freiheit in unserer Welt ein Wunsch, dessen Erfüllung oft ungeahnte Schwierigkeiten mit sich bringt. Gewiß, in Sonntagsreden jeder Art läßt sich gut über die Freiheit dozieren, des Beifalls ist man sich da eigentlich immer sicher – doch wenn es darum geht, den Wunsch nach Freiheit auch in die Wirklichkeit umzusetzen, dann stößt man selbst da auf Probleme, wo man sie überhaupt nicht vermutet. Das ist in einem afrikanischen Land wie Äthiopien nicht anders als bei uns, wahrscheinlich sogar noch viel drastischer.
Die Afars – so sollen sie in diesem Buch nur genannt werden – kennen diese Schwierigkeiten seit vielen Generationen, sie sind sozusagen der Inhalt ihres Lebens geworden – des armseligen, kargen Lebens afrikanischer Hirtennomaden. Denn, wer frei sein will, der macht sich auch im schwarzen Erdteil schnell Gegner. Und so sind die Afars von Todfeinden umgeben: im Westen die Gallas und das eigentliche Herrenvolk Äthiopiens, die Amharen, die neben sich keine anderen wirklich

Freien dulden wollen, im südlichen Grenzgebiet zu Somalia die Issas. Das Rote Meer bildet die östliche Grenze der Danakil-Wüste, im Norden geht das Gebiet in die Provinz Eritrea über, in der von den Eritreern seit Jahren offener Krieg gegen die äthiopischen Landesherren geführt wird.

Die Danakil-Wüste wird auch das »Höllenloch der Schöpfung« genannt, und daran ist sogar etwas Wahres. Denn abgesehen einmal davon, daß das Thermometer hier tagsüber oft die 50-Grad-Grenze erreicht und diese Wüste damit zu den heißesten Gegenden überhaupt zählt, zeigt sie sich auch in ihrer topographischen Gestalt so, wie eine rege Phantasie sich schon mal die Hölle vorstellen mag. Da wabern gewaltige Schwefelquellen, schießen kochendheiße Geysire aus dem Boden, überwalzen ständig tätige Vulkane die Erde mit Lava, es gibt Salzstöcke von unermeßlichem Reichtum, und dies alles in einem Gebiet, das teilweise bis zu 120 Meter unter dem Meeresspiegel liegt.

Möglich also, daß die Danakil-Wüste noch viele Bodenschätze birgt, die Reichtum versprechen könnten – ihren Bewohnern hat sie bisher allerdings nur ein sehr karges Leben ermöglicht. Am Rande der Wüste findet man noch ein wenig Rinderzucht, im Inneren nur noch Kamele, Ziegen und Schafe. Sie bilden den so gut wie einzigen Besitzstand der Afars.

Die Afars sind große, schlankgewachsene Menschen mit meist europiden Gesichtszügen, die Haut kaffeebraun. Allen Fremden gegenüber sind sie äußerst zurückhaltend – ja feindselig. Mag sein, daß diese Feindseligkeit das Produkt jahrhundertelangen Existenzkampfes ist, mag auch sein, daß die jetzt noch in der Danakil-Wüste lebenden rund 110000 Afars von Natur aus kriegerisch sind – auf jeden Fall ist es auch heute noch für jeden Fremden lebensgefährlich, ihr Land zu betreten. Drei Expeditionen hatte es gegeben, die versuchten, die Danakil-Wüste von Ost nach West oder umgekehrt zu durchqueren.

Dies waren

1875 Munzinger,
1881 Giulietti und
1884 Bianchi mit 100 Begleitern.

Nie ist auch nur eine dieser Personen wieder lebend aufgetaucht.

Erst im Jahre 1928 ist es dem Engländer Louis M. Nesbitt als erstem Weißen gelungen, mit zwei Italienern und fünfzehn Äthiopiern die

Danakil-Wüste zu durchqueren. Es wurde eine Expedition auf Leben und Tod. Drei der amharischen Begleiter des Engländers wurden getötet. Er verlor zehn seiner fünfundzwanzig Kamele und drei Mulis durch Verdursten, Verhungern oder Erschöpfung. Nesbitt selbst schrieb später über seine Expedition ein Buch mit dem Titel »Zum Höllenloch der Schöpfung«, das allerdings nur in England und in den USA erschienen ist. Aus diesem Buch erfuhr dann eine erstaunte Welt unter anderem auch zum ersten Mal von dem Brauch der Afars, dem getöteten Feind den Penis abzuschneiden und ihn als Trophäe mitzuführen.
Obwohl die Regierung in Addis Abeba schon seit langem jeden mit der Todesstrafe bedroht, der diesem Brauch noch huldigt, haben die südlichen Afarstämme bis heute nicht von ihm abgelassen. Die Genitalien des getöteten Feindes zeichnen noch immer den Krieger aus, und ein junger Mann, der ein Mädchen heiraten will, muß dessen Vater mindestens einen dieser Siegesbeweise vorzeigen können.
Warum das so ist? Die Völkerkundler wissen noch keine endgültige Antwort. Manche vermuten, die Afars würden glauben, mit der Trophäe die Kraft des geschlagenen Feindes übertragen zu bekommen; wahrscheinlicher aber ist diese Deutung: Die Wüste mit ihren kargen Lebensbedingungen gestattet nur einer kleinen Zahl von Menschen, in ihr zu existieren. Wenn eine neue Ehe geschlossen wird, und damit auch die Wahrscheinlichkeit einer Nachkommenschaft gegeben ist, dann muß vorher ein Mensch sterben, um Platz für einen neuen zu schaffen. Die Wüste erlaubt es nicht, sich unbeschränkt zu vermehren.
Eine grausame Logik.
Die Afars sind strenggläubige Muslims. Bis vor kurzer Zeit wurden sie in einer Art Selbstverwaltung von drei Sultanen regiert, die dann aber von der äthiopischen Regierung ihrer Positionen enthoben wurden. An der Wirklichkeit änderte das allerdings nicht viel. Die drei gingen in den Untergrund und organisierten einen Befreiungskampf, der in erster Linie von Sultan Ali Mira geführt wird. Von ihm heißt es, er habe die volle Unterstützung Saudi-Arabiens. Die Rebellen nennen sich A.L.F., Afar Liberation Front.
Seit 1976 ist die Danakil-Wüste militärisches Sperrgebiet. Äthiopische Truppen riegeln sie weitmaschig ab und dies nicht nur, weil die

Afars den Aufstand proben. Viel entscheidender für diese militärischen Maßnahmen sind die Befreiungskämpfe in Eritrea, für das die Danakil-Wüste gewissermaßen das Hinterland bildet. Der Waffennachschub für die Truppen der Eritreischen Befreiungsfront (E.L.F.) geht zu einem Teil durch die Danakil-Wüste. Ferner ist sie Fluchtgebiet politisch Verfolgter, die nach Djibouti oder in den Jemen hinausgeschleust werden. Gegen hohe Bezahlung. Bei hohem Risiko.

Und so ergab es sich, daß einer der armseligsten und rückständigsten Flecken der Erde an den unmittelbaren Rand eines politischen und militärischen Pokerspiels der Weltmächte rückte. Denn die Sehnsucht der Eritreer, die mal von den Ägyptern beherrscht wurden, dann von den Türken, den Italienern und nun von den Äthiopiern, deren Wunsch also, endlich frei und selbständig zu sein, ist nur die eine Seite dieses kriegerischen Schauspiels. Entscheidender wohl dürfte sein, daß die Großmächte selbst ihre Interessen auch hier haben.

Es geht um einen freien Zugang Äthiopiens zum Roten Meer, es geht um Militärbasen und um Radarstationen, mit denen man das Rote Meer unter Kontrolle haben will – es geht um die Macht auch in diesem Winkel der Welt.

Für das Hirtenvölkchen der Afars in der Danakil-Wüste, die Kämpfer der »Eritrean Liberation Front« und die »Eritrean People's Liberation Forces«, zweier manchmal rivalisierender Befreiungsbewegungen, geht es nicht primär um Radaranlagen. Für sie geht es um den Traum, den alle Menschen seit Jahrhunderten träumen: frei zu sein.

Verändertes, unsicheres Addis Abeba

Astirs Warnung

Eine Straße, eine ganz gewöhnliche Straße – voller Schmutz und Unrat, holprig, mit tief ausgespülten Löchern im Asphalt der Fahrbahn und besonders hoch eingefaßten Fußwegen. Am Tage priesen hier zahllose Händler ihre armseligen Waren an, huschten grazile Frauen in weißen Baumwolltüchern über die Straße, leuchtete eine grelle Sonne jeden Winkel fleckenlos aus. Am Tage pulsierte das Leben hektisch in dieser Straße; keine Frage, daß jedermann hier seines Weges gehen konnte, ohne daß er auch nur einen Gedanken an Angst oder Unsicherheit verschwenden mußte.

Doch jetzt war dieselbe Straße ein Alptraum. Keine Menschenseele belebte die Dunkelheit, nur ein paar struppige, ausgehungerte Köter verschwanden spurlos in irgendwelchen Ecken, sobald sie unsere Schritte hörten. Einige wenige Laternen warfen trübes Licht, das längst nicht ausreichte, um gegen die überall wuchernden Schatten anzukommen.

Und dann diese Mauern! Manchmal zwei, ja teilweise bis zu drei Meter hoch rahmten sie die Straße zu beiden Seiten wie einen Gefängnishof ein. Hin und wieder unterbrach ein Tor den schmutziggrauen Kalkputz. Sonst nichts – kein Fenster, kein Licht, kein Laut.

»Allein möchte ich hier um keinen Preis gehen«, sagte Klaus und zog die Schultern zusammen, als fröstelte es ihn. »Hast du nicht auch das Gefühl, daß wir von allen Seiten beobachtet werden?« Ich nickte nur kurz und blickte mich zum Wer-weiß-wievielten-Male um. Hatte ich da nicht eben noch leichte Schritte hinter uns gehört? Klang da nicht aus einer Ecke ein Wispern? Bewegte sich dieser Schatten dahinten nicht?

Nichts.

Aus weiter Ferne drangen plötzlich verschwommene Musikfetzen an unser Ohr. »Das muß aus Richtung ›Enrico‹ kommen«, brummte Klaus. »Wäre froh, wenn wir schon dort wären.«

›Enrico‹ – das stadtbekannte italienische Café, unweit der Churchill-Road, der Prachtstraße von Addis Abeba, neben der Addis Abeba Bank. Dort waren eventuell noch Menschen.

Doch bis zum ›Enrico‹ waren es sicher noch gut 500 Meter – eine Ewigkeit, wie es uns schien. Uns – das waren Klaus und ich. Horst

war im Hotel geblieben und tippte Tagebuchnotizen in seine Schreibmaschine.
Wir waren bei Astir gewesen. Astir wohnte in den Slums von Addis, in einer dieser simplen Lehm- oder Wellblechhütten, die das ganze Stadtbild beherrschen. Was sind dagegen schon die wenigen Prachtbauten, wie das Postamt, die Commercial-Bank, das Hilton und andere, mit denen man nach außen hin sein Niveau heben und der Welt Wohlstand vorgaukeln möchte? Und diese Welt läßt sich nur allzu gern täuschen, vermutlich, um das permanent schlechte Gewissen nicht zu wecken. Wer von den Touristen macht sich schon die Mühe, ein paar Schritte abseits der Geschäftsstraßen zu gehen, sich das zum Himmel schreiende Elend am Rande dieser glänzenden Scheinwelt anzusehen? Wer geht schon gern dorthin, wo die Menschen ihre Notdurft auf der Straße verrichten müssen, wo Hunger und Krankheiten die Gesichter prägen, trotz »Brot für die Welt«, und wie die humanitären Aktionen bei uns alle heißen mögen?
In diesem Jammertal wohnte Astir. Wohnen – welch ein Wort für dieses Vegetieren! Astir war achtzehn Jahre alt.
Sie war eine Schönheit, eine bunte Blume inmitten des Sumpfes. Als wir vor einem Jahr unsere Expedition zum Omo starteten, hatten wir sie auf dem Mercato, dem Markt von Addis Abeba, kennengelernt. Wolfgang Brög, damals unser Kameramann, hatte sich in den wenigen Tagen, die uns zur Verfügung standen, mit Astir besonders angefreundet; er hatte sie wieder und immer wieder fotografiert und ihr versprochen, ein besonders schönes Bild zu schicken.
Astir hatte genickt und gelacht, und wahrscheinlich hatte sie gedacht: Ach, ihr Ferendschis, ihr Fremden, was ihr uns alles so versprecht!
Vermutlich hatten wir an diesem Tag die Meinung einer kleinen Afrikanerin über die Ferendschis ein wenig ins Wanken gebracht. Wir waren nämlich zu ihr gegangen, um ihr die Fotografie zu bringen, dazu viele, viele Grüße von Wolfgang. Ein großes, buntes Bild in einem hübschen hölzernen Rahmen – merkwürdig nahm es sich aus über dem einfachen Nachtlager des Mädchens, auf dem Brettchen, das ihre paar Habseligkeiten trug. Aber es gab noch weit Ärmere. Wenn sie das Zimmer verließ, mußte sie es gut abschließen, damit ihr das wenige erhalten blieb. Nun ja, Astir kannte sich aus in den Gesetzen, die in den Slums gelten.

Das Mädchen hatte uns mit frischgeröstetem Kaffee bewirtet. Als wir ihn bezahlen wollten, lehnte sie entrüstet ab. Wir seien doch Freunde, gab sie uns zu verstehen, von Freunden aber nimmt man kein Geld. Sie wollte alles über Wolfgang wissen. Und als wir ihr erzählten, daß er für einen seiner Filme einen Ehrenpreis bekommen habe, da strahlten ihre Augen vor Stolz, als sei sie selbst ausgezeichnet worden. Astirs Eltern wohnten auf dem Lande. Sie hatte nie eine Schule zu sehen bekommen. Nie hätte sie auf dem Lande ausreichend Geld verdienen können. Aber es kam die Zeit, da war sie auf sich allein gestellt. So kam sie nach Addis Abeba. Aber auch hier gab es für sie keine Arbeit. Wie hunderttausend andere Mädchen hoffte sie deshalb allabendlich auf einen Gast, der ein paar Stunden bei ihr blieb und ihr dafür vielleicht fünf Mark unter die Tischdecke aus Zeitungsbogen schob. Von diesen armseligen Almosen ernährte sie nicht nur sich und ihre dreijährige Tochter, sondern sie besuchte auch dreimal pro Woche einen Englisch-Kursus in der John F. Kennedy-Evening-High-School.

Als wir aufbrachen, hatte sich die Dunkelheit über Addis Abeba gelegt. Es war 23 Uhr. Um 24 Uhr begann die Sperrstunde. Höchste Zeit, nach Hause zu gehen, denn ein Taxi war jetzt nicht mehr zu bekommen. Während der Sperrstunde durfte sich niemand ohne Sondergenehmigung auf der Straße sehen lassen. Er wurde verhaftet oder beschossen.

»Ihr müßt vorsichtig sein«, gab uns das Mädchen mit auf den Weg. »Nachts ist es in dieser Gegend nicht sehr sicher. Wollt ihr nicht lieber hier bleiben?«

»Keine Sorge«, winkte ich ab. »Wir sind ja zwei.« Wir verabschiedeten uns. Zu ›Enrico‹ hin stieg die Straße leicht an. Die hohen Mauern beiderseits der Straße warfen das Geräusch unserer Schritte zurück.

»So ein Mädchen«, riß mich Klaus aus meinem Grübeln. Er hatte also ebenso wie ich an Astir denken müssen. »Stell dir doch mal vor, welch ein Leben sie hier führt. Jeder Tag ist wirklich Kampf. Kampf ums Überleben. Sie kann froh sein, wenn sie immer was zu beißen hat. Es ist zum Heulen. Wirklich zum Heulen!«

In diesem Augenblick hörten wir, wie hinter uns ein Motor angelassen wurde. Er sprang nicht sofort an, der Fahrer mußte den Starter drei-, viermal betätigen, ehe der Funke zündete. Ich drehte mich um.

Zwei Lichter krochen auf uns zu. Der linke der beiden Scheinwerfer leuchtete nur matt. Wahrscheinlich funktionierte bei ihm nur das Standlicht.

Wir setzten unseren Weg fort. Ein Auto – nun ja, das war wirklich nichts zum Fürchten. Im Gegenteil, plötzlich erschien mir die vorher so tot daliegende Straße voller Leben. Das Fahrzeug kam näher. Im Schein einer Laterne erkannten wir einen Landrover. Er war grau gespritzt, so wie die Wagen der äthiopischen Armee oder Polizei. Und er trug auch eine schwarze Nummer auf weißem Feld. Alle Regierungsfahrzeuge waren so gekennzeichnet.

Um dem Auto auszuweichen, gingen wir von der Mitte der Fahrbahn auf die linke Seite. Die Scheinwerfer schwenkten fast im selben Moment ebenfalls nach links.

»Was ist denn das für ein Typ?«, knurrte Klaus wütend. »Will der uns etwa auf die Hörner nehmen?«

Der Wagen war herangekommen. Mit schleifender Kupplung fuhr er neben uns her. Der Fahrer hatte die Scheibe heruntergedreht und musterte uns ungeniert. Ein großer, bulliger Kerl, in dem breiten Gesicht weit auseinanderstehende Augen und eine eingedrückte Nase, so wie man sie bei Boxern oft sieht. Er trug einen schmalen Schnurrbart und kurzen Bürstenhaarschnitt, war mit einem uniformähnlichen Hemd bekleidet, und ich schätzte ihn auf etwa vierzig Jahre. Lässig lenkte er mit zwei Fingern der linken Hand, die Rechte im Wageninneren war nicht zu sehen. Er war allein. »Hallo!« Seine Stimme fuhr uns an wie verrostetes Blech. »Where are you coming from? What are you doing in Addis?«

Das Englisch klang etwas gequetscht, war aber korrekt. Offenbar war er nur auf ein Gespräch aus.

»Wir sind Touristen«, entgegnete Klaus. »Wir kommen aus Deutschland. Und wer sind Sie?«

Er ging auf die Frage gar nicht ein. »Ihr seid Touristen?« fragte er erneut, und mir schien es, als klinge so etwas wie Spott oder Hohn durch seine Stimme. »Ihr habt gar keinen anderen Grund, in Addis zu sein?«

»Nein«, antwortete ich ihm. »Welchen anderen Grund sollten wir schon haben? Und wenn schon, dann ginge dies auch niemanden etwas an.«

Er kümmerte sich überhaupt nicht um meine barsche Antwort. Zweifelte erneut: »Ihr habt wirklich keinen anderen Grund?«
»Nein, keinen.«
»Wirklich nicht?«
»Nein, zum Kuckuck.«
»Wirklich??«
»Das ist mir zu blöde«, zischte ich wütend. »Komm, laß ihn weiterfahren, wenn er uns nicht glauben will.«
Ich blieb absichtlich ein paar Schritte zurück und wollte auf die andere Straßenseite gehen.
In diesem Augenblick hörte ich, wie der Äthiopier Klaus auf Deutsch ansprach.
»Bleiben Sie noch einen Moment. Ich habe noch eine Frage an Sie.«
Überrascht wandte sich Klaus ihm wieder zu.
»Sie sprechen Deutsch?«
Er antwortete nicht direkt. Statt dessen: »Ich habe ein Problem.« Und nach einer kurzen Pause wieder: »Ich habe ein Problem.«
»Na, was denn?«, wollte Klaus wissen. »Sagen Sie es doch schon.«
Der Äthiopier wiederholte wie ein Automat: »Ich habe ein Problem.«
Vermutlich waren seine Deutsch-Kenntnisse damit bereits erschöpft.
Ich wunderte mich über Klaus' Geduld. Gerade wollte ich ihn auffordern, den offensichtlich Angetrunkenen doch einfach fahren zu lassen, da schrie er: »Rüdiger, paß auf, er schießt!!«
Klaus' Schrei, sein Hechtsprung hinter den Wagen, der aufheulende Motor und der davonbrausende Landrover waren eins.
Klaus war sofort wieder auf den Beinen.
Unsere Schritte hämmerten laut die Straße zurück. Die Angst preßte mir den Brustkorb zusammen. Nur jetzt nicht hinstürzen, dachte ich, nur nicht hinstürzen. Ehe der Äthiopier wenden kann, müssen wir bei Astir in die Seitengassen eintauchen. Bis dahin aber verwehrten uns die Mauern die Flucht zur Seite.
Ich wagte es, mich kurz umzudrehen. Der Landrover war weiter vorwärtsgeschossen. Er entfernte sich schnell und hatte nicht gewendet. Im nächsten Augenblick war er aus unserem Blickfeld verschwunden.

»Was war denn los?« Wie merkwürdig zitternd meine Stimme in der Stille klang.
Klaus stand der Schreck noch im Gesicht geschrieben. »Der Kerl sprach mich doch auf einmal auf deutsch an«, berichtete er stockend. »Angeblich hatte er ein Problem. Aber was für ein Problem, damit wollte er nicht rausrücken. Ich weiß auch nicht, ob er nicht weiter konnte oder nicht weiter wollte. Jedenfalls winkte er mich an den Wagen, und ich Dussel ging auch ran. Irgendwas an seiner Art kam mir merkwürdig vor. Ich dachte aber noch, er hätte zu tief ins Glas gesehen. Plötzlich packte er mit seiner linken Hand, die immer aus dem Fenster gebaumelt hatte, meinen Arm. Im gleichen Moment ließ er mit der rechten das Steuer los und langte neben sich auf den Sitz. Im Schein der Straßenlampe kriegte ich gerade noch mit, wie er zu einer schweren Pistole griff. Ich habe sogar noch gesehen, daß sie olivgrün war.« Er atmete tief durch.
Ich überlegte. Zurück zu Astir? Jetzt, wo alles vorbei war, erübrigte sich das eigentlich. So drehten wir um in die alte Richtung, wieder bergauf zu Enrico. Still und verlassen lag die Straße vor uns, so, als sei nicht das Geringste geschehen.
»Mensch, daß man aus einem Torweg heraus überfallen werden könnte, damit habe ich ja insgeheim gerechnet«, murmelte Klaus noch immer recht verstört. »Aber aus einem Auto –.«
»Jedenfalls hat uns Astir nicht umsonst gewarnt«, entgegnete ich.
Wir waren noch etwa zweihundert Meter vom Café ›Enrico‹ entfernt, auf der Höhe des Restaurants ›Oros Copo‹. Es war geschlossen. Zweihundert Meter bis zur Sicherheit. Da stieß mich Klaus an:
»Guck doch mal, ist das nicht ein Auto in der Nebenstraße da vorn?«
Er hatte recht. Mit leise laufendem Motor stand ein Wagen an der Ekke. Ohne Licht.
Ich zweifelte keine Sekunde. »Das ist der wieder. Der lauert dort auf uns. Los, zurück.«
In diesem Augenblick fuhr der Wagen an. Die Lichter flammten auf, links der nur matt leuchtende Scheinwerfer. Unverkennbar.
Wie auf Kommando rasten wir los. Klaus mit seinen langen Beinen war im Nu ein Stück vor mir. Ich hörte den Motor aufheulen und wagte einen Blick über die Schulter zurück. Der Landrover war um

die Ecke gebogen und kam hinter uns her. Der Abstand verringerte sich schnell. Die vielen Schlaglöcher hinderten den Fahrer nicht, kräftig aufs Gaspedal zu drücken. Zehn Sekunden vielleicht noch, wenn wir großes Glück hatten, zwanzig, dann mußte er uns eingeholt haben.

»Wir müssen in einen Torweg rein«, keuchte ich. Sonst haben wir keine Chance.«

Noch ein paar Schritte. Plötzlich bog Klaus scharf nach rechts ab. Im nächsten Augenblick war er verschwunden, als hätte der Erdboden ihn verschluckt.

Da sah auch ich das Tor, bremste kurz und tauchte in die Dunkelheit ein. Im ersten Moment sah ich gar nichts, dann gewöhnten sich meine Augen an die plötzliche Finsternis. Ich sah Klaus vorn in einem Hof stehen, umringt von Soldaten. Wir waren auf dem Gelände des sogenannten ›Treasure House‹ gelandet. Mit viel Gestik versuchte Klaus, den Uniformierten unsere Lage zu schildern. Die begriffen überraschend schnell. Vier von ihnen, mit halbautomatischen Gewehren bewaffnet, stürmten an mir vorbei auf die Straße.

Etwa zwanzig Meter vor dem Torweg stand mit laufendem Motor der Landrover. Die unterschiedlich leuchtenden Scheinwerfer schienen uns höhnisch anzugrinsen. Deutlich erkannten wir das Nummernschild: »Addis Abeba 8183«. Da heulte der Motor auf, mit einem Satz jagte der Wagen auf uns zu. Die Soldaten warfen sich fluchend zur Seite, einer von ihnen riß mich zu Boden. Im nächsten Augenblick war der Spuk vorüber, das Auto im Dunkeln verschwunden.

Aufgeregt redeten die Äthiopier durcheinander. Klaus zerriß es beinahe vor Zorn.

»Warum haben die denn nichts unternommen?«, tobte er.

»Vermutlich haben sie die Regierungsnummer gesehen«, gab ich zu bedenken.

Ein Uniformierter kam auf uns zu, offenbar ein Unterführer. Er würde uns zwei von seinen Leuten abstellen, machte er uns klar, die könnten uns bis zur Churchill-Road begleiten und ein Taxi stoppen.

Wir fragten nicht weiter. Wir waren froh, mit heiler Haut entkommen zu sein. Als wir tatsächlich noch eine Taxe gestoppt bekamen, bot ich den Soldaten fünf Bir, fünf Mark, an. Sie lehnten stolz ab. Wir

stiegen ein, drückten ihnen dankbar die Hand und – die Geldnote hinein. Sie lachten freundlich und akzeptierten sie dann doch.
So erreichten wir klopfenden Herzens unser Hotelzimmer.

Ein alter Bekannter

Ach, Himmel, wie hatte sich diese Stadt verändert! Früher einmal ließ sie mit dem Slogan »Thirteen months of sunshine« für sich werben, jetzt war kein Gedanke mehr an dreizehn Monate Sonnenschein, an unbeschwerte Touristen-Fröhlichkeit, jetzt standen gepanzerte Fahrzeuge an allen wichtigen Punkten, jetzt mußte man sich Leibesvisitationen gefallen lassen, wenn man die Post betreten wollte, die Bank, ein Regierungsgebäude, ja, sogar, wenn man ins Hotel ging. Von Mitternacht bis fünf Uhr morgens herrschte Ausgangssperre, die Stille der Nacht wurde oft von Schüssen zerrissen, und die Restaurants, in denen sich früher sorglose Gäste drängelten, zeigten sich jetzt meist trostlos leer.
Addis Abeba, zu deutsch: Neue Blume, war von der Revolution gezeichnet, einer Revolution, die 1974 begonnen hatte und deren endgültiger Weg noch immer nicht abzusehen war. Der Sturz des Kaisers Haile Selassie, die Übernahme der Macht durch junge Offiziere, hatten eine Epoche beendet, die erst vor knapp hundert Jahren eingeleitet worden war. 1883 gründete Kaiser Menelik II. Addis Abeba. Die junge Metropole seines Reiches wuchs schnell. Erst nur Zeltstadt, genügten wenige Jahrzehnte, um aus Addis Abeba ein wirkliches Zentrum zu machen.
Ein Zentrum – in dem sich jetzt die Einwohner gegenseitig zu bekriegen schienen. Als ich ein Jahr zuvor den Omo befuhr, hatte ich diese tragische Entwicklung in Addis Abeba bereits zu spüren bekommen. Doch was sich damals erst in Ansätzen zeigte, war jetzt an der Tagesordnung. Unsicherheit überall, Demonstrationen, Verhaftungen, Überfälle, Separations- und Unabhängigkeitsbestrebungen in fast allen Provinzen, wilde Gerüchte über die Kämpfe mit den Rebellen in Eritrea, und immer wieder Berichte über Auseinandersetzungen an der Grenze zu Somalia. Äthiopien war zu einem Land geworden, in dem niemand mehr weiß, was der nächste Morgen bringt.

Trotz der späten Abendstunde riefen wir Heiko an. Er ließ uns gar nicht erst ausreden, sondern war zehn Minuten später mit Frau Schenay zur Stelle.
»Glaubt ja nicht, daß euch etwas Besonderes passiert ist«, sagte er lakonisch, als wir ihm unser Erlebnis geschildert hatten. »Da gibt es hier beinahe täglich noch ganz andere Dinge.«
Heiko Karels gehörte zum Ressort des Militärattaché der deutschen Botschaft in Addis Abeba. Seit vielen Jahren schon leistete er in Äthiopien seinen Dienst, lebte hier mit seiner türkischen Frau und seiner reizenden Tochter. Ich kenne Heiko seit meiner dritten Expedition im Jahre 1975. Damals besorgte er uns zwei Hubschrauber, mit denen wir Michael Teichmanns Mörder jagten. Weiß der Kuckuck, wie so manches meiner Abenteuer ausgegangen wäre, wenn Heiko nicht bei so vielen Gelegenheiten geholfen hätte.
»Daß es sich um ein Regierungsauto handelte, das hat so gut wie gar nichts zu sagen«, winkte er ab. »Im Gegenteil. Wenn wir in dieser Richtung Nachforschungen anstellen, dann stehen wir sofort vor verschlossenen Türen. Auf die Europäer legt man eben zur Zeit hier wenig Wert, zumindest nicht, wenn sie aus dem westlichen Europa kommen.«
Dann erzählte uns Heiko, daß es in Addis Abeba Untergrundorganisationen gibt, die sich darauf spezialisierten, Weiße zu überfallen. Sie verfolgen damit offenbar zwei Ziele. Zum einen wollen sie Unruhe in die kleine weiße Kolonie von Addis Abeba bringen, die sowieso von Woche zu Woche an Mitgliedern verliert, zum anderen aber geht es ihnen darum, die Regierung von Äthiopien zu provozieren. Wenige Tage zuvor war sogar der deutsche Botschafter, Dr. Lankes, in seinem Wagen beschossen worden. Wenn auch zum Glück ohne ›Erfolg‹.
»Aber wir wollen mal gar nicht das Lied vom armen, gejagten Weißen singen«, fuhr Heiko jetzt mit spöttischem Unterton in seiner Stimme fort. »Wenn ihr wüßtet, wie die Landeskinder hier mit sich selbst umspringen, dann müßte eure Empörung sofort in Mitleid umschlagen. Da bespitzelt einer den anderen, da ist jeder jedermanns Feind. Beinahe täglich durchkämmen Suchkommandos die Slums. Dann werden wahllos Leute verhaftet, manchmal sogar an Ort und Stelle

erschossen, weil irgend jemand irgendein Kriegsrecht angewendet wissen will.«

Beinahe hilflos zuckte Karels die Schultern.

»Die meisten der Verhafteten werden in die schon überfüllten Gefängnisse gesteckt. Was dort mit ihnen geschieht, das kann man nur ahnen. Manchmal greifen sie sich auch Kinder. Vor einigen Tagen erst fand hier in der Innenstadt eine natürlich gelenkte Demonstration von Jugendlichen statt. Die Kinder zogen durch die Straßen, schrien in Sprechchören, daß sie Hunger hätten und daß sie von der Regierung verlangten, satt zu essen zu kriegen. In einer Ecke stand dann plötzlich ein Polizeikordon. Mit Knüppeln haben sie mitleidlos auf die Kinder eingeschlagen, haben sie auseinandergejagt, einen Teil verhaftet und nachts konnte man dann vor den Toren der Stadt Gewehrsalven hören. Glaubt ja nicht, daß sie sich die Mühe machen, die Leichen der Erschossenen fortzuräumen. Das erledigen die Hyänen für sie. Einen so reich gedeckten Tisch wie in diesen Monaten haben die wohl noch nie serviert bekommen. Wenn sie aber doch einmal einige Leichen abtransportieren ins ehemalige Haile-Selassie-Hospital, dann strömen sofort ganze Menschenprozessionen dorthin. Alles Leute, die irgendwelche Familienangehörigen vermissen. Da hoffen sie dann, Klarheit zu finden. Und wißt ihr, wie das abläuft, wenn eine Frau ihren erschossenen Ehemann findet? Dann wird der Arzt gerufen, der zählt die Einschüsse. ›Sechs Einschüsse à 30 Bir macht 180 Bir‹. Er schreibt die Rechnung, die Frau muß zur Kasse, und erst wenn sie bezahlt hat, kann sie ihren Mann mitnehmen.«

Wir schwiegen. Was sollten wir auch zu dem sagen, was uns Karels hier in der relativen Geborgenheit eines Hotelzimmers erzählte? Verbittert drückte er seine Zigarette aus. Gestern hatte ich ihn noch in ganz anderer Stimmung gesehen. Gestern, als wir in seinem Hause einen Vortrag hielten und dabei auch den Botschafter der Bundesrepublik, Dr. Lankes, kennenlernten. Als wir dem Diplomaten erzählten, was wir vorhatten, daß wir unter anderem im Süden der Danakil-Wüste unsere Wassergewinnungsmethode erproben wollten, da leuchteten Lankes Augen begeistert auf. »Kauft mal gleich ein Kamel für mich mit«, hatte er uns scherzhaft aufgefordert. »Ich komme sofort mit euch.«

Heiko Karels stand im Hintergrund und zog die Mundwinkel nach

unten. Natürlich glaubte er uns kein Wort. Sicher ahnte er, was wir wirklich vorhatten. Offiziell durfte er natürlich davon keine Notiz nehmen. Denn die Danakil-Wüste war militärisches Sperrgebiet.
Heiko Karels stand auf und trat an das Fenster. Er zündete sich eine Zigarette an. Als er den Rauch aus der Nase blies, sagte er: »Vor einigen Wochen hat die Regierung das alte Geld entwertet. Auf den alten Scheinen war noch das Bild von Haile Selassie. Die wurden also eingezogen und neues Geld ausgegeben. Aber die Umtauschaktion wurde so kurzfristig angekündigt, daß viele Leute erst von ihr erfuhren, als sie bereits abgeschlossen war. Na und? Hatten sie eben ihr Geld verloren. Das war sicher auch einer der Hintergedanken dieser ganzen Aktion. Ich möchte nicht wissen, wieviele Millionen der Staat damit verdient hat! Übrigens: auch wer den Termin einhalten konnte, der gehörte noch längst nicht zu den Glücklichen. Denn natürlich wurde nicht alles Geld eingetauscht, ach, wo denkt ihr hin! Es gab nur eine bestimmte Menge pro Person. Wer erheblich mehr besaß, als er auf der Bank deponiert hatte, der galt als Wirtschaftssaboteur. Und davon gibt es wohl eine ganze Menge.
Zu unserer Botschaft kam ein Mann mit zwei riesigen Koffern. Offensichtlich dachte er, Botschaften könnten Geld in jeder beliebigen Menge umtauschen. Interessiert traten wir näher, um zu sehen, ob er tatsächlich Geld in den Koffern hatte. Jawohl, er hatte. Und wißt ihr, wieviel? Anderthalb Millionen Bir! Dabei sah der Mann aus, als hätte er kaum satt zu essen. Wir sagten ihm, daß wir das Geld nicht tauschen könnten. Erst verstand er uns wohl nicht. Als er uns dann begriff, verschloß er ohne etwas zu sagen seinen Koffer und marschierte grußlos raus. Doch was soll ich euch sagen. Kaum saßen wir wieder in unseren Sesseln, da gab es Alarm. Hatte doch der Wahnsinnige tatsächlich seine beiden Koffer einfach angesteckt. Eins-Komma-fünf-Millionen Mark futsch.«
Urplötzlich wechselte Karels das Thema. »Ihr wollt also in die Danakil«, fragte er lauernd. »Daß ihr euch da nur am Rande aufhalten wollt, das könnt ihr vielleicht dem Botschafter erzählen. Der ist hier noch neu. Mir nicht. Ich kenne Nehberg zu gut. Mensch, mach mir nur nicht wieder Scherereien!«
Ich grinste ihn an. Er winkte vielsagend. »Brauchst gar nichts zu sagen. Mit Verrückten ist sowieso nicht zu reden. Und daß du dazu ge-

hörst, das habe ich dir ja nicht erst einmal gesagt. Macht also was ihr wollt. Aber wenn ihr eines Tages bei den eritreischen Rebellen hinter Stacheldraht sitzt, dann glaubt ja nicht, daß wir euch dort heraushelfen können.«
Bei all dieser Ablehnung versuchte ich es erst gar nicht weiter. Worum es uns noch ging, war, ein Empfehlungsschreiben zu bekommen. Irgendeinen amtlichen Schrieb, der die zuständigen Behörden veranlassen konnte, uns wenigstens ins Randgebiet der Danakil zu lassen.
»Geht man mal zum Weithaler«, sagte Heiko Karels, als seine Frau und er sich von uns verabschiedeten.

Wir brauchen Hilfe

Dr. Weithaler, ein Österreicher, der gleichzeitig auch noch der Direktor des Pocken-Ausrottungsprogramms der World Health Organization (WHO) ist, war zunächst begeistert und meinte dreißig Minuten lang: »Kein Problem, meine Herren. Kein Problem, whatsoever.« Doch als er sich endlich mal die Mühe machte zuzuhören, wohin wir genau wollten, schlug er die Hände über dem Kopf zusammen und stöhnte ohne Unterlaß: »Ja, seid's Ihr dann verruckt? Wißt's Ihr überhaupt, was da los ist??«
Pause.
»Da kann ich nur sagen whatsoever! Whatsoever, meine Herren! Kommt mir nicht hinterher und sagt, der alte Weithaler hätte euch nicht gewarnt! Whatsoever, meine Herren!« So hatten wir denn einen Rat, der uns zwar nichts gab, aber leider auch kein Empfehlungsschreiben.
Wir betrachteten die Audienz als beendet. Da war uns Frau Weithalers Rat schon sympathischer, den sie uns, als wir uns verabschiedeten, mit auf den Weg gab: »Wenn ihr wirklich den Eritreern in die Hände fallt, dann macht euch keine Sorgen. Das sind sehr faire Leute.«
Dies bestätigte auch ein anderer Bekannter. Florian Menzel. Seit vielen Jahren arbeitete er als Landwirtschaftsexperte im Lande. Er hatte uns schon häufig mit praktischen Ratschlägen versorgt und kannte

das Land von der Basis her so gut wie kaum ein zweiter. Bei alledem war er nie überheblich. »Die Eritreer? Das ist eine Kampftruppe, die sich strikt an die Genfer Konvention hält. Ich habe noch nie Negatives über sie gehört. Wenn ihr wirklich zu ihnen stoßt, appelliert an ihre Gastfreundschaft. Dann werden sie euch weiterhelfen. Da fällt mir ein, geht doch mal zur britischen Botschaft. Vor einem Jahr haben die Eritreer bei Dallol drei Engländer und einen Polen festgenommen. Ihren Landrover haben sie beschlagnahmt und die Leute nach einem halben Jahr Gefangenschaft in den Sudan abgeschoben. Zeit müßt ihr also mitbringen. Die britische Presse ist damals arg über die Eritreer hergefallen. ›Unschuldige in gnadenloser Gefangenschaft‹ und so weiter. Ich wußte aber bereits einen Tag nach dem Vorfall über meine Informationsquellen, daß die drei sich dermaßen dumm und beleidigend den Eritreern gegenüber benommen haben, daß diesen gar keine andere Wahl blieb, als sie festzusetzen.«
Damit hatte Menzel uns ein Stichwort gegeben. Wir trabten also zur britischen Botschaft. Ein hemdsärmeliger Diplomat mit schwarzen Hosenträgern über'm weißen, offenen Hemd zeigte uns die großen Presseberichte der Boulevard-Zeitungen in England: »Auf gar keinen Fall möchte ich Ihnen empfehlen, auch nur in die Nähe dieses Gebietes zu gehen.«
Ähnlich verliefen auch unsere weiteren Erkundigungen. Der eine ermutigte uns, der nächste riet uns dringend, sofort nach Hamburg zurückzufliegen.
Bei einem 3,75-Bir-Filetsteak vom Grill des Harambee-Hotels hielten wir Kriegsrat. Horst räusperte sich: »Wir haben da noch das tolle Empfehlungsschreiben der Uni mit.«
Himmel! Das Empfehlungsschreiben! Richtig! Bei allem Wirrwarr hier hatten wir es schon ganz vergessen. Vorsorglich hatten wir es uns bereits in Hamburg von einer Bekannten mit piekfeinen IBM-Lettern in vornehmstem Oxford-Englisch auf Original-Universitätspapier schreiben lassen.
Vor Freude und Hoffnung vergaßen wir fast, unsere Steaks zu Ende zu essen. Mit glühenden Köpfen hockten wir zusammen und kontrollierten noch einmal den Text:
»An den Direktor der Chemischen Fakultät der Universität Addis Abeba . . . ein Mitarbeiter unseres Instituts, Herr Horst Walther,

befaßt sich mit der Wassergewinnung aus Luftfeuchtigkeit in ariden Zonen. Das experimentelle Stadium ist so erfolgreich abgeschlossen worden, daß er seine Forschungsarbeit nun in der Praxis fortsetzen möchte. Äthiopien erscheint uns aus meteorologischen Gründen für diese Arbeit prädestiniert.

Wir wären Ihnen sehr verbunden, wenn Sie seine Bemühungen wohlwollend unterstützen würden.

Mit freundlichem Gruß . . .«

»Knapp und zackig«, lobte Klaus. »Komm her Rüdiger, hier schreibst du hin ›Prof. R. Nehberg‹ und du, Horst, gehst damit morgen zur Uni. Nimm vorsichtshalber noch die Fotos von den Laborarbeiten mit.«

Und so kam es, daß Horst sich am nächsten Morgen mit sehr gemischten Gefühlen in ein Taxi setzte und für fünfundzwanzig Pfennige zur Uni am Arat-Kilo-Platz fuhr.

Professor Gouin, ein Franzose, schüttelte sein weises Haupt. »Ich werde Ihnen da kaum weiterhelfen können. Wegen der Unruhen an den Lehranstalten sind wir alle unserer Positionen bis auf weiteres enthoben worden. Es tut mir wirklich leid. Die Idee dieser Art von Wassergewinnung ist großartig.«

Der Herr Professor sackte ein wenig in sich zusammen und dachte angestrengt nach. Plötzlich richtete sich sein Oberkörper wieder auf. Seine Augen leuchteten. »Gehen Sie zu Ato Mohammed! Er ist in führender Position im Water Resources Department am Mexico Square. Grüßen Sie ihn von mir. Er wird Ihnen bestimmt weiterhelfen.« Mit diesem Rat versehen tauchte Horst wieder im Hotel auf. Wir sollten und wollten ihn begleiten. Auf ging's zu Ato Mohammed. Ato heißt übrigens nichts anderes als ›Herr‹.

Professor Gouin hatte recht. Mohammed war beinahe noch begeisterter als wir selbst von der Wasseridee. Während wir einen erfrischenden Tee schlürften, schrieb er unter unsere Fälschung: »An die Tourist Organization – Lieber Ato Lemma, ich würde mich wundern, wenn Du dem Bittsteller nicht weiterhelfen würdest. Ich meine, daß seine Arbeit in keinster Weise geeignet sein könnte, Äthiopien zu schaden. Im Gegenteil. Ich finde die Idee in höchster Weise förderungswürdig.

Dein Freund
Mohammed.«

Ato Mohammed drückte uns kräftig die Hand. Schnurstracks sollten wir damit zur Touristenorganisation gehen. Für ihn gab es gar keinen Zweifel, daß Ato Lemma uns das gewünschte Empfehlungsschreiben geben würde.

Es war Samstagmittag. Nicht gerade die günstigste Zeit für ein solches Vorhaben. Trotzdem hatten wir um vierzehn Uhr das Dokument in den Händen. Es erlaubte uns ausdrücklich, am Rande des südlichen Danakilgebietes unserer Arbeit nachzugehen und – diese zu filmen! Und wenn wir erst einmal am Rande sein werden, hindurch durch die meisten Straßensperren, dann wäre es doch gelacht, wenn wir nicht auch ganz hineinkämen!

Glücklich strebten wir unserer Heimstatt, dem Harambee-Hotel, zu. Endlich schien es weiterzugehen.

Vor sieben Tagen waren wir in Addis angekommen. Unsere Maschine gehörte zu den letzten, die Äthiopien von Khartoum aus angeflogen hatten. Drei oder vier Tage später wurden dann die diplomatischen Beziehungen zwischen den beiden Ländern abgebrochen. Das war unangenehm für uns, denn von unseren insgesamt vierzehn Ausrüstungs-Gepäckstücken kamen nur dreizehn noch an. Das letzte blieb verschwunden. Vielleicht das wichtigste. Es handelte sich um einen länglichen Metallkanister. Gut versiegelt. Unsere Revolver und 600 Schuß Munition.

So waren wir also waffenlos. Horst hatte sich als erster damit abgefunden. Er hatte uns auf die Schulter geschlagen und gesagt: »Wißt ihr nicht mehr, was Gisela* gesagt hat. Sie meinte, es sei egal, ob wir Waffen hätten oder nicht. Zwar könnten wir einen Angriff möglicherweise abwehren – aber entkommen würden wir nie.« Also hatten wir uns damit abgefunden. Und nun, mit einem solchen Empfehlungsschreiben in der Hand, war das verlorengegangene Gepäckstück endgültig verschmerzt.

Eins ist heute, im nachhinein, sicher: Hätten wir die Waffen gehabt – die Reise hätte einen anderen Verlauf genommen. Vielleicht wären wir noch im Besitze unseres Eigentums. Aber vielleicht hätte einer von uns dafür auch sein Leben verloren.

* Gisela Schareina war acht Jahre Missions-Schwester unter den Afars. Wir lernten sie in Hamburg kennen und bekamen viele wertvolle Tips von ihr mit auf den Weg.

Kurioses aus der Steiermark

Klaus, Horst und ich löffelten also brav und bester Laune unseren Fruchtsalat, als hinter uns eine uns mittlerweile gut bekannte Stimme schnarrte.
»Hallo Nehberg, da sind Sie ja. Ich habe Sie schon gesucht.«
»Ich bin der Noll aus Österreich«, zischte mir Klaus ins Ohr, »Dein neuer Freund kommt.«
Und so war es denn auch.
Neben dem schmerzlichen Verlust unserer Waffen hatte es am Flughafen nämlich noch eine Überraschung gegeben. Und die hatte folgendermaßen begonnen.
»Hallo! Sind Sie nicht der Nehberg aus Hamburg?«
Verblüfft hatte ich mich umgedreht. Ein junger Mann hatte sich erwartungsvoll aufgebaut, fröhlich über das bärtige, sympathische Gesicht strahlend. Ich hatte ihn noch nie gesehen, doch da ich meinem Personengedächtnis mißtraute, antwortete ich zögernd:
»Ja, der bin ich. Aber ich kann mich nicht erinnern . . .«
»Können Sie auch nicht. Wir haben uns zuvor auch nie gesehen, haben uns nur geschrieben. Ich bin der Noll aus Laßnitzhöhe in der Steiermark, der Günther Noll. Als Sie damals in der ›HÖR-ZU‹ über die Omo-Expedition berichteten, da habe ich mich an Sie gewandt, weil ich auch diesen Fluß befahren möchte. Und Sie haben mir sehr freundlich geantwortet und mir meinen langen Fragebogen ausgefüllt zurückgeschickt.
Richtig, da war unter anderem auch so ein irre langer Fragebogen aus Österreich gekommen. Das war also dieser Noll gewesen. Da er das gleiche Hotel belegt hatte, hatten wir uns auf »demnächst« verabredet.
Und nun stand er vor uns, blickte uns treuherzig an und redete wie aufgedreht. Er freue sich so, uns zufällig hier zu treffen. Er habe alles genau nach meiner Regieanweisung gemacht: Dasselbe Boot, derselbe Starttermin, dieselbe Ausrüstung. In den nächsten Tagen wollte er mit seinem Begleiter starten, doch zunächst müßten sie nun versuchen, möglichst preiswert die Ausrüstung durch den Zoll zu schleusen. Er habe meine diesbezüglichen Tips noch gut in Erinnerung.
Inzwischen war Nolls Begleiter herangekommen. Am Flughafen hat-

ten wir ihn nicht zu Gesicht bekommen. Ein blasser, unscheinbarer junger Mann. »Das ist Frank«, stellte ihn der Österreicher vor. »Ein Krankenpfleger aus München«. Viel mehr bekamen wir vorläufig nicht heraus. Frank hielt den Mund, spielte den Mißmutigen und verzog von Zeit zu Zeit das Gesicht, als würde er Schmerzen verspüren. Vor allem dann, wenn er sich beobachtet fühlte.

»Meinem Kumpel geht's nicht gut«, erklärte Noll verständnisvoll. »Er hat schon seit Frankfurt heftige Schmerzen in der Leistengegend.«

Nein, zum Arzt wolle er nicht gehen, antwortete mir Frank auf meine dementsprechende Frage.

Das machte uns stutzig.

Er würde unbekannten Medizinern, auch Europäern, nicht trauen, und im übrigen sei er ja ein guter Krankenpfleger und könne sich selbst diagnostizieren. Das sei eine ziemlich ernste Sache, an der er leide, setzte er bedeutungsvoll hinzu.

Später, als wir wieder auf unserem Zimmer waren, brach es aus Horst heraus: »Das ist vielleicht eine Type, dieser Frank. Wißt ihr, woran der leidet? Der leidet an Angst, nichts weiter. Der will auf möglichst elegante Tour einen Rückzieher machen, ohne daß es seinem Freund auffällt. Und der scheint wirklich drauf reinzufallen.«

»Ganz meine Meinung«, unterstützte ihn Klaus. »Das ist genau einer von der Sorte, die den Mund voll nehmen, und wenn es dann so weit ist, bekommen sie Angst vor ihrer eigenen Courage. Denn das mindeste, das er seinem Kumpel schuldet, wäre, zum Arzt zu gehen. Er braucht sich ja nicht behandeln zu lassen.« Schon am nächsten Tag bekamen Horst und Klaus recht.

»Wir werden unsere Expedition verschieben müssen«, eröffnete uns ein trauriger Günther Noll beim Frühstück. Mit einem blitzschnellen Seitenblick sah ich, wie meine beiden Begleiter sich zuzwinkerten.

»Frank geht's miserabel«, fuhr Noll fort. »Seine Schmerzen werden immer heftiger. Unter diesen Umständen kann ich es auf keinen Fall verantworten, ihn mitzuschleppen. Na ja, hilft nichts. Fahren wir eben nächstes Jahr zum Omo. Wenn ihr wollt, könnt ihr ja unsere Vorräte übernehmen, kostenlos natürlich. Wollte mich immer schon mal für den beantworteten Fragebogen revanchieren.«

Noll schien zu den beneidenswerten Menschen zu zählen, die durch nichts ihren Optimismus einbüßen. Er tat mir ein bißchen leid, weil er mit seiner Partnerwahl solches Pech gehabt hatte. Andererseits aber war es sicher gut, daß die Expedition platzte, bevor sie überhaupt begonnen hatte. Mit diesem Begleiter hätte der fröhliche Österreicher böse Überraschungen erleben können.

Der Vorschlag mit den Vorräten war natürlich gut und wurde von uns sofort akzeptiert. Dann brauchten wir in Addis nichts mehr einzukaufen.

Nach dem Frühstück schleppte uns Noll auf sein Zimmer. Wir unterhielten uns noch eine Weile, doch als er so gar nicht mehr auf das Thema zu sprechen kam, erinnerte ich ihn an sein Angebot.

»Die Vorräte? Wieso?« Er blickte mich voller Unverständnis an und deutete auf den Tisch vor uns: »Da stehen sie doch schon die ganze Zeit, du Penner!«

Ich glaubte meinen Augen nicht zu trauen. Das sollten die Vorräte für eine zwei- bis dreimonatige Expedition auf dem Omo sein?

Auf dem Tisch lagen: Ein Pfund Haferflocken, zehn Tüten Pudding-Pulver, 30 Tüten Schoko-Trunk, als Aufbaunahrung für Babys gedacht. Aus.

»Was denn, mit dem bißchen Kram wolltet ihr zum Omo?«, fragte Klaus verdutzt.

»Na, ja«, Noll schien nun doch ein wenig verlegen zu sein. »Wir wollten doch in der Hauptsache von Fisch und Fleisch leben. Das hier sollte nur unsere eiserne Reserve sein.«

Ganz gut, daß dieser komische Frank noch rechtzeitig »krank« geworden ist, dachte ich. Und als wir später in unserem Zimmer waren, schmiß sich Horst in komischer Verzweiflung auf sein Bett. Er griff seine geduldige Schreibmaschine und hämmerte die Episode sofort aufs Papier.

»Das kann doch nicht wahr sein, Kinder, das kann doch nicht wahr sein«, stöhnte er. Und dann: »Dieser Typ hat den falschen Namen. Der müßte nicht Noll heißen, der müßte Null heißen!«

Acht Wochen später allerdings, als die unwiderruflich letzte Tüte der Kraftnahrung unseren Gaumen passiert hatte, revidierte Horst sein Urteil. Er streckte sich wohlig in den Sand und korrigierte »Noll ist toll!«

Das zu seiner Rehabilitation.

Kurz vor dem Sprung

Das Telefon schrillte. »Mister Nehberg? Würden Sie bitte mal ins Foyer kommen? Sie werden erwartet.«
Wer konnte das denn sein? So früh am Morgen. Kurz vorm Start. Und wieder einmal mehr verspürte ich in der Magengegend ein unruhiges Gefühl. Hing das mit dem nächtlichen Überfall auf uns zusammen oder mit unseren Fälschungen? Wenn man schon keine ganz reine Weste hat, muß man mit allem rechnen.
Ich ging also vorsichtshalber zu Fuß hinunter und spähte dezent um die Ecke. Ein Äthiopier in grüner Uniform. Himmel, woher kam der bloß? Als hätte er meine Frage verstanden, wendete er sich dem Ausgang zu und schritt zu einem großen, leeren Bus. Er entnahm ihm eine versiegelte Plastiktüte. Damit kehrte er ins Hotel zurück. Auf dem Bus las ich »Ethiopian Airlines«. Ich war beruhigt, ging auf den Herrn zu und stellte mich vor.
»Ah, Sie sind Mr. Nehberg! Sie sind doch vor einem Jahr mit Ihrer Frau und Ihrer Tochter in Lalibela gewesen?« Lalibela ist ein ziemlich bekannter Wallfahrtsort in Äthiopien, und ich hatte ihn mit der Familie besucht. Dennoch sah ich den Mann ratlos an. Denn alles hatte ich erwartet, nur nichts in Zusammenhang mit dem vergangenen Jahr. »Ja«, erwiderte ich dann, »das stimmt. Kriege ich mein Fahrgeld zurück?«
»Nein, aber hatten Sie nicht damals ein Klappmesser an Bord?«
Das Klappmesser! Natürlich erinnerte ich mich! Als wir in Addis Abeba die DC 3 nach Lalibela bestiegen, mußten wir uns, wie immer, einer Leibesvisitation unterziehen.
Dabei hatte man mein Klappmesser gefunden. Da man der Meinung war, ich könnte damit mühelos die Maschine entführen, hatte man es mir abgenommen. Man hat ja so einen schlechten Ruf. Es wurde fein säuberlich in einer Plastiktüte verstaut. Zur Verwahrung. Am Zielort sollte ich es zurückbekommen.
Doch so sehr der Pilot nach der Landung auch suchte, das Messer blieb verschwunden. Allerdings – als wir zwei Tage später wieder zurückflogen, winkte der Pilot schon von weitem und stolz aus dem Cockpit-Fenster. »Mr. Nehberg, ich habe ihr Messer gefunden. Hier ist es!«

Freudig lief ich unter die Maschine.
»Werfen Sie es bitte runter!«
»Das geht nicht!«
»Warum nicht? Es ist doch stabil genug.«
»Nein, weil ich es wieder in Verwahrung nehmen muß, solange Sie an Bord sind.«
War ja auch logisch. So geduldete ich mich bis zur Landung in Addis.
Der Pilot kam mir noch in der Maschine entgegen. Sein ratloses Gesicht sagte alles. Aber er bestätigte es noch einmal: »Ihr Messer ist schon wieder weg! Langsam glaube ich an Gespenster. Aber machen Sie sich keine Sorgen. Es wird sich wieder einfinden. Wir schicken es Ihnen ins Hotel.«
So blieb mir nichts anderes übrig, als ohne mein Messerchen nach Deutschland zurückzufliegen.
Und nun, genau ein Jahr später, stand ich hier im Foyer des Harambee, und das Langvermißte wurde mir ausgehändigt, wie angekündigt: »Wir schicken es Ihnen ins Hotel.«
Manches klappt eben doch – wenn auch verspätet. Wahrscheinlich heißen die Dinger deswegen Klappmesser.
Aber damit nicht genug. Ein wenig glückstrahlend begleitete ich den Uniformierten zu seinem leeren Riesenbus, mit dem er das Messer so sicher hertransportiert hatte, als ich erneut angesprochen wurde. »He, Mister, ich krieg noch fünf Bir von dir!«
Breitbeinig hatte sich ein etwa 16jähriger Junge neben mir aufgebaut. Um seine Forderung zu unterstreichen, hielt er mich auch gleich am Arm fest.
Ich sagte kein Wort, grätschte nur meine Beine und blickte ihn an. Dachte ich doch, er würde mich augenblicklich loslassen. Weder hatte ich das Kerlchen je gesehen, noch standen ihm meiner Meinung nach fünf Bir zu.
»Weißt du nicht mehr?«, bohrte er weiter. »Ich sollte dir doch vor einem Jahr einen Hund beschaffen für deine Reise an den Omo?« Es gab keinen Zweifel. Ich hatte doch schon mit ihm zu tun gehabt. Und auch in diesem Falle dämmerten mir allmählich die Zusammenhänge. Mehreren Jungen hatten wir damals gesagt, sie sollten Ausschau nach einem jungen Wachhund halten. Für den Erfolgsfall hatten wir fünf

Bir zugesagt. Aber nichts hatte geklappt. »Ich hatte einen Hund! Aber als ich ihn brachte, da wart ihr schon abgereist.« Er blickte mich triumphierend an und streckte mir seine braune Hand entgegen. »Okay, okay! Ich glaub's zwar nicht, aber was soll's«, murmelte ich und gab ihm die Münzen.
Es wurde mir einmal mehr klar, wie wenig man als Ausländer in dieser Stadt unerkannt bleiben kann. Deshalb drängte ich dann auch beim Frühstück zum Aufbruch.
Wir wurden außerdem den Gedanken nicht los, daß der Überfall auf Klaus möglicherweise doch nicht nur Zufall gewesen war, und der Täter einen zweiten Versuch starten könnte. Zumal er sich darüber im klaren sein mußte, daß wir ihn bei der Polizei angezeigt hatten.
Eine reichliche Woche Addis Abeba. Wir hatten unsere Ausrüstung zusammen, unsere Vorräte ergänzt, ein Schneider hatte uns einen praktischen Baumwolldress geschneidert, wir hatten ein Schreibheft voll guter Tips und ein Empfehlungsschreiben. Kurzum – wir waren soweit.
Am 9. Januar, 7 Uhr, verließen wir die äthiopische Hauptstadt. Richtung Gewani.

Einschlupf

Drei Versuche hat jeder

Gewani war natürlich eine Pleite. Schenay Karels hatte uns in ihrem großen Mercedes hingebracht. Keine Maus hätte mehr Platz gehabt zwischen unserem vielen Gepäck. Runde vierhundert Kilometer auf einer relativ guten Straße, durch hügeliges, dünn bewohntes Land, das schließlich in eine ebene Steppe überging. Urplötzlich war dann zur linken Hand eine Agip-Tankstelle aufgetaucht. Gegenüber, auf der anderen Straßenseite, eine Bergkette. Nackter, unbewachsener Stein. Gleichzeitig die Grenze zum Land der verfeindeten Issas von Somalia. Hinter der Agip-Tankstelle ein weißer Flachbau mit zehn Türen. Alles recht ungepflegt. »Hotel, Kneipe und Puff in einem«, erklärte uns Schenay. Und setzte lakonisch hinzu: »Hier schmeiß ich euch raus. Gewani liegt nur zwei Kilometer abseits der Straße. Das Hospital drei weitere Kilometer dahinter. Mit meinem Wagen komme ich da nicht hin, der Weg ist zu rauh. Am besten ist es, wenn ihr euer Zeug im Hotel abstellt und erst mal zu Fuß zum Hospital geht. Aber macht das auf keinen Fall bei Dunkelheit.«

Das Hospital – damit meinte sie die Station des Roten Kreuzes. Es wurde von Dr. Aebersold, einem Schweizer Arzt geleitet, der schon lange Zeit hier tätig war. Einer von diesen Idealisten, die nicht müde werden, an das Gute im Menschen zu glauben, die auf alles verzichten, was gemeinhin uns Europäern am Leben gefällt und nur ihre Aufgabe vor sich sehen: Helfen. Und das, obwohl ihnen die Behörden nur Steine in den Weg werfen.

Wir hatten in Addis Abeba bereits von Dr. Aebersold gehört. Er könnte uns vielleicht am ehesten mit Afars bekanntmachen, die uns in die Danakil-Wüste führen würden, hieß es. Denn dies war eine der wichtigsten Voraussetzungen für unsere Expedition überhaupt: einheimische Führer zu finden. »Lassen Sie sich auf gar keinen Fall darauf ein, eventuell allein in die Danakil zu gehen«, hatte mich schon Schwester Gisela in Hamburg gewarnt. »Fremde, die ohne einheimische Führer das Gebiet betreten, sind Selbstmörder. Sie gelten als vogelfrei und werden bei nächster Gelegenheit ausgeraubt oder umgebracht.«

Der Schweizer Arzt empfing uns, ohne allzu große Überraschung zu zeigen; beinahe so, als würde er jeden Tag in seiner Abgeschiedenheit

Europäer zu Besuch haben. Unverblümt weihten wir ihn in unser Vorhaben ein.
»Vielleicht kann der Scheich helfen«, überlegte Dr. Aebersold. »Ich werde euch morgen zu ihm bringen.« Abends erzählte er uns ein wenig von seinem Leben. Aebersold hatte sich vor einiger Zeit in ein blutjunges Afarmädchen verliebt. Vermutlich war das ein weiterer Grund für sein langes Hiersein. Einer ehelichen Verbindung schien nichts mehr im Wege zu stehen. Aebersold hatte das Vertrauen der Familie erworben, so daß der Vater ihm nach längeren Verhandlungen seine bildhübsche Tochter versprach. Dann aber erhob ein Onkel Einspruch gegen die Heirat. Bei den Afars ist es nämlich üblich, daß die gesamte Familie bei einer Eheschließung mitentscheidet. Der Onkel drohte, Aebersold zu töten, wenn er nicht von dem Mädchen lassen würde. Und so endete der Traum eines Schweizer Arztes an der Halsstarrigkeit eines die Fremden hassenden oder einfach der Tradition zu sehr verhafteten Afars.
Am nächsten Morgen brachte uns Aebersold zu Scheich Ssalaati. Die Verhandlungen mit dem Scheich, der in Gewani eine Art Bürgermeisterrolle spielte, entwickelten sich zu unserer Überraschung recht unkompliziert.
Ssalaati mochte vierzig Jahre alt sein. Er war klein, wendig und herzlich. Wir wurden schnell handelseinig und gingen nur noch Hand in Hand durchs Dorf. Gegen acht Bir pro Tag wollte er uns führen. Die Kosten für Kamele und Treiber sollten extra bezahlt werden. Wie hoch die seien, das hänge vom Umfang unseres Gepäcks ab, erklärte er uns in recht gutem Arabisch.
»Das kann doch nicht wahr sein«, staunte ich. So glatt und reibungslos durfte das doch einfach nicht gehen. Und richtig: Als wir schon glaubten, alle Hürden genommen zu haben, kam das Haupthindernis: Plötzlich nämlich forderte der Scheich uns auf, nun erst einmal zur Polizeistation zu gehen, um eine Genehmigung für das Betreten der Danakil-Wüste einzuholen.
Verflucht! Das war natürlich genau das, was wir unter allen Umständen vermeiden wollten. Nur keine Begegnungen mit der Polizei. Nur nicht erst offizielle Stellen darauf aufmerksam machen, was wir vorhatten!
Nun mußten wir allerdings gute Miene zum bösen Spiel machen.

Wenn wir es jetzt ablehnten, zur Polizei zu gehen, dann würden wir uns erst recht verdächtig machen. Ob wir wollten oder nicht, wir mußten es riskieren.
Die Polizeistation befand sich im Zentrum der kleinen Siedlung. Vor dem Eingang hing eine verschmutzte Flagge. Wahrscheinlich hatte sie früher einmal die Farben Äthiopiens gezeigt. Jetzt zeigte sie nur noch den Staub der Steppe. Die Polizeistation bestand aus ein paar Räumen und einer mehr als spärlichen Einrichtung – ein Tisch, zwei Stühle, ein klappriger Schrank – allerdings verfügte man über ein hochmodernes Funkgerät. »Vorsicht!«, signalisierte es in mir, »damit können sie in Sekundenschnelle den Sicherheitsdienst in der Hauptstadt informieren.« Der Polizeichef Mekonnen Maru war ein dicklicher Leutnant, der uns mißtrauisch musterte. Neben ihm sein Assistent, jung, mit wachen, argwöhnischen Augen.
Klaus übernahm die Gesprächsführung. Er erzählte den beiden, daß wir Wissenschaftler seien, daß wir Experimente zur Wassergewinnung durchführen wollten, was ja schließlich auch Äthiopien zugute kommen würde. Wir reichten unser Empfehlungsschreiben rüber – beifallheischender Blick zu den Polizisten, aber die zeigten keine Reaktionen – und sagten, daß wir aus allen diesen Gründen in die Danakil-Wüste ziehen möchten.
Der Dicke hatte sich bequem in seinen Stuhl zurückgelegt, spuckte hin und wieder gekonnt in eine auf dem Boden stehende Blechbüchse und unterbrach schließlich Klaus' Redefluß. Ob wir denn nicht wüßten, daß Krieg im Lande herrsche? Ob wir uns denn überhaupt in Addis Abeba bei der Sicherheitspolizei gemeldet hätten? Unser Empfehlungsschreiben der Tourist Organization mit dem imposanten Stempel des Ministry of Information nötigte ihm nur ein verächtliches Schmunzeln ab. Hier habe nur die Security zu entscheiden, nicht das »alberne Touristenbüro«.
Schließlich könnten wir doch unsere Versuche überall machen. Warum gerade hier, warum gerade in der Danakil-Wüste, die doch militärisches Sperrgebiet sei?
Horst schaltete sich ein. Mit gedrechselten wissenschaftlich klingenden Formulierungen versuchte er zu erklären, warum sich diese Gegend am besten für unsere Versuche eignen würde. Doch er hätte sich seinen Vortrag genauso gut schenken können. Bei dem Dicken biß er

auf Granit. »Keine Genehmigung!«, fuhr er uns an. Wenn überhaupt, dann könne uns nur Addis Abeba eine Sondererlaubnis erteilen. Er auf keinen Fall. Und dann forderte er uns ultimativ auf, bis zum nächsten Morgen zehn Uhr Gewani zu verlassen.
Der Assistent ergänzte zu unserer Überraschung sogar in Deutsch: »Die Daten, die Sie suchen, finden Sie ebensogut im Archiv unserer Universität.«
Was nutzte es schon, ihnen zu sagen, daß uns tagesdurchschnittliche Luftfeuchtigkeitstabellen nicht viel helfen könnten. Was nutzte es schon, ihnen von unserem Zeolith zu erzählen und daß wir feststellen wollten, mit welchem Tempo zu welcher Tageszeit bei welchen relativen Luftfeuchtigkeiten es sich voll beladen würde.
Die beiden sagten nein. Basta. Aus. Zurück. Alles Scheiße.
Eine Pleite, eine Riesenpleite. Bedrückt zogen wir ab. Dabei durften wir noch froh sein, daß sie uns so laufen ließen. Schließlich hätten sie mit ihrem Funkgerät auch unverzüglich Addis Abeba von unseren Wünschen informieren können. Und das hätte zweifellos das Ende unserer Reise und die Ausweisung aus dem Lande bedeutet.
Noch am selben Tag brachte uns Dr. Aebersold nach Addis Abeba zurück. Ein allzu großes Opfer war es zum Glück nicht für ihn, er hatte in diesen Tagen sowieso in der Hauptstadt zu tun, er mußte neue Medikamente und Vorräte holen. Da war es schon egal, ob er nun ein, zwei Tage früher oder später fuhr. Und schließlich reist es sich in Begleitung besser und sicherer.
Wir waren also keinen Schritt vorangekommen. Zehn Tage waren vergangen, und die Danakil-Wüste schien uns verschlossener denn je. Sollte es wirklich unmöglich sein, unsere Expedition überhaupt zu starten? Langsam fingen wir an, selbst daran zu zweifeln. Ja, wir erwogen auch bereits Alternativ-Länder. Nur nach Hause wollten wir auf keinen Fall.
Ich mußte wieder daran denken, was mir Schwester Gisela in Hamburg gesagt hatte: »Stellen Sie es sich nur nicht so leicht vor, in die Danakil-Wüste zu kommen«, hatte sie unser Vorhaben skeptisch kommentiert. »Das ist normalerweise schon schwer. Jetzt aber, wo praktisch Krieg in Äthiopien herrscht, wird das fast unmöglich sein.« Und wer sollte dies wohl besser beurteilen können als diese Frau, die acht Jahre als Missionsschwester unter den Afars gelebt hatte?!

Nun waren wir also wieder in Addis Abeba. Wie sollte es weitergehen? Wir klapperten alle unsere Kontaktstellen ab. In der Red Sea Mission zu Addis Abeba hörten wir dann zum ersten Mal von Osman. Ein Mischblut sei er, erzählte man uns, die Mutter war eine Araguba, der Vater ein Afar. Osman hatte sieben Jahre lang in der Missionsstation Rasa Guba als Krankenpfleger gearbeitet, und wenn uns überhaupt einer helfen könne, dann nur er. »Der kennt die südliche Danakil-Wüste wie kaum ein zweiter« erzählte uns Walter Greeuw, ein Holländer, »er hat dort überall Verwandte und beste Beziehungen. Osman kann Kamele besorgen, kennt die besten und sichersten Wege und überhaupt, Osman ist genau euer Mann!«
Im Dorf Robi, etwa auf halber Strecke zwischen Addis Abeba und Dessie, sei Osman als Hakim tätig, dort versorge er mit seinen medizinischen Kenntnissen die wenigen Bewohner. Und dann wußte der Holländer noch etwas: Osmans größter Wunsch sei es nämlich, einen staatlich anerkannten Kursus als Krankenpfleger zu besuchen. Wenn wir ihm dazu später einmal verhelfen würden, dann würden wir alles von ihm verlangen können.
Das war ein wertvoller Hinweis. Ich dachte sofort an Dr. Aebersold, von dem ich wußte, daß er Krankenpfleger ausbilden durfte, die später beim Roten Kreuz ein Examen ablegen konnten.
Einen Tag später waren wir in Robi. Es regnete in Strömen. Robi – ein Häufchen unglaublich schmutziger, verkommener Hütten; die des Hakims Osman unterschied sich nicht um eine Spur von den anderen. Der einzige lehmig-schmierige Raum war vollgepropft mit Patienten. Sie hockten auf einem dreckverkrusteten Eisenbettgestell. Auf einem zweiten Bett klebten vier bis sechs Kinder. Die genaue Anzahl konnte man wegen der Dunkelheit und des Gewusels auf dem Bett nicht genau bestimmen. Alle litten an Trachom, der eitrigen Augenkrankheit. An einem Bettpfosten war eine junge Katze an einem fünfundzwanzig Zentimeter langen Faden angebunden. Ursprünglich mußte ihr Fell einmal weiß gewesen sein. Jetzt war es lehmig. So wie in Osmans Haus alles lehmig war.
Wir waren, ehrlich gesagt, enttäuscht. Nicht die kleinste Winzigkeit erinnerte daran, daß er sieben Jahre lang als Dresser, als Krankenpfleger, in der Mission gearbeitet hatte. Die Enttäuschung dauerte an, bis er selbst in den Raum trat: klein, zierlich, eher Mannequin als Kämp-

ferfigur, freundliches Gesicht, auseinanderstehende Zähne, um die Hüfte das Afar-Lendentuch, ein Hemd, Sandalen, nichts weiter.
Sein freundliches, selbstbewußtes und pfiffiges Auftreten ließ uns alles Enttäuschende vergessen.
Die Patienten schmiß er kurzerhand raus, als wir ihn nach vielem Händeschütteln um die Ehre eines kurzen Gesprächs baten. Wir verstanden uns auf Anhieb. Osman redete nicht erst viel um den heißen Brei herum, er sagte zu, uns führen zu wollen. Zehn Bir pro Tag verlangte er. Dazu einen Brief, in dem wir ihm versprachen, er dürfe nach Abschluß der Expedition bei Dr. Aebersold einen Kursus als Krankenpfleger mit Examen machen. Wir hatten bei dieser Zusage nicht einmal ein schlechtes Gewissen, obwohl Aebersold ja von unserem Versprechen noch gar nichts wußte. Denn wir hatten bei ihm erfahren, wie dringend er immer gute und willige Helfer suchte. Kein Risiko also, dieser Brief. Osman versprach, zwei Kamele zu besorgen, und außerdem wollte er noch seinen Vater mitbringen. Und einen Onkel. Den aber kostenlos! Treffpunkt sollte in circa sieben Tagen die Red Sea Missionsstation Rasa Guba sein.
Zwanzig Bir zahlten wir an. »Ich muß meiner Frau etwas zu essen hierlassen«, meinte er, »und noch einiges regeln. Aber ihr könnt euch auf mich verlassen.«
In sieben Tagen sollte es also losgehen.
Wir reisten per Autostop überglücklich nach Addis Abeba zurück. Ob Schenay uns noch einmal unser Gepäck befördern würde? Natürlich konnten wir uns auch einen Wagen mieten. Oder im Bus anreisen. Aber all das war uns zu auffällig. Schenays Charme, verbunden mit ihren guten Amharisch-Sprachkenntnissen, schienen uns der beste Schild gegen neugierige Straßenkontrolleure des Militärs. Aber es sollte noch besser kommen.
Mit einem Kuchenpaket aus Enricos Konditorei unterm Arm, wollten wir uns bei Walter Greeuw von der Red Sea Mission für den wirklich fündig gewordenen Osman-Tip bedanken und gleichzeitig ein Lexikon für die Afar-Sprache, das sogenannte Afaraf, erwerben. Ein Mitglied der Mission hatte es in mühevoller Kleinarbeit zusammengestellt.
Unser Kaffeekränzchen brachte unerwartet einen weiteren Erfolg. Walter Greeuw, der kleine, aber stämmige, rothaarige Missionar,

hatte am Vorabend Wolfgang Brögs Film vom Omo gesehen. Den preisgekrönten. Er war davon so begeistert, daß er uns ein unbezahlbares Angebot machte.

»Wenn ihr noch einen Tag Zeit habt, dann fahre ich euch – denn morgen muß ich zum Zahnarzt, und übermorgen früh fahre ich nach Rasa Guba zurück. Mein Landrover ist zwar knackvoll, aber wenn ihr euch irgendwo zwischenquetschen könnt und eure Kisten aufs Kofferdach knallt, dann wird's schon gehen.«

Am liebsten wäre ich Walter um den Hals gefallen. Nur dazu kam ich nicht. Denn auch Klaus war vor Glück außer sich und trat mir derart »liebevoll« vors Schienbein, daß ich unter den Tisch rutschte.

Heinz Burchardt, ein Mitarbeiter der Mission, gesellte sich zu uns.

»John von der Social Interior Mission liegt im Krankenhaus.«

»Was sagst du?«, wollte Hanni, seine charmante Schweizer Ehefrau ganz aufgeregt wissen. »Das sagst du hier so nebenbei? Was ist denn passiert?«

Heinz Burchardt schmunzelte vor sich hin. Genüßlich schlürfte er die Kaffeetasse leer und knabberte ein Mürbteigplätzchen, das Hanni selbst gebacken hatte. »Rüdiger, wie schmeckt es dir? Wenn ich daran denke, daß du Konditor bist, schäme ich mich richtig. Denk aber daran, daß wir hier so schlecht an gute Zutaten kommen.« Diesem Schamgefühl ehrgeiziger Hausfrauen ist es zuzuschreiben, daß einem als Konditor sehr häufig der selbstgebackene Kuchen vorenthalten wird. Verdammt nochmal! Wo der doch oft so gut schmeckt!

»Tja, das soll so gewesen sein: Er fuhr auf einer Landstraße durch Afar-Rebellengebiet. Irgendwo bei Gewani war die Fahrbahn plötzlich mit Steinen blockiert. Ihr wißt ja, so wie es auch die Schiftas machen. Kindskopfgroße Kiesel quer über die Straße. Du hältst an, willst sie an die Seite legen und dann kommen die Banditen aus dem Versteck gestürmt. ›Mit mir nicht, meine Herren‹, dachte sich wohl John und nagelte mit Full Speed über die Kieselmänner hinweg.«

Burchardt lehnte sich in seinen Sessel zurück.

»Tja, und dann haben die Rebellen hinterhergeschossen?«

Hanni war ganz aufgeregt. Offensichtlich kannte sie John recht gut. Auch wir hingen an den Lippen des Missionars, denn so kurz vorm Start interessierte uns jede Kleinigkeit von den Afars.

»Nein«, bequemte er sich endlich mit der Antwort. »Es war gar keine

Rebellenfalle. Die Polizei hatte die Markierung ausgelegt. Die Wagen sollten von der Fahrbahn die Böschung hinabgeleitet werden und dann durch ein Flußbett und an der anderen Seite wieder rauf. Das letzte Hochwasser hatte die Holzbrücke weggerissen. Damit hatte John natürlich nicht gerechnet. Vor einer Woche war die Brücke jedenfalls noch dagewesen. Und so sauste er kopfüber in den Abgrund. Daß er noch lebt, verdankt er den Rebellen. Sie haben ihn gefunden, notdürftig zusammengeflickt und auf die Straße gelegt. Der nächste Militärkonvoi hat ihn dann dort gefunden.«

Es wurde noch ein netter Nachmittag. Schließlich, bevor es dunkel wurde, verabschiedeten wir uns. Wir wollten rechtzeitig zurück sein, denn mit der Nacht in Addis Abeba hatten wir ja genügend schlechte Erfahrungen gemacht.

Burchardt brachte uns zum Tor und drückte uns herzlich die Hand. »Hoffentlich haben Sie Glück! Es wird die letzte Chance für Europäer in den nächsten Jahrzehnten sein, ins Afarland zu gelangen. Und weil Sie darüber berichten wollen, freut es mich um so mehr, Ihnen helfen zu können. So wird vielleicht manch einer in Europa von einem interessanten, stolzen Volk erfahren, von dem er bisher nichts wußte. Die Afars werden Ihnen imponieren.«

Burchardt sollte recht behalten. Es war die letzte Chance. Ein halbes Jahr später wurde das Missionseigentum ersatzlos enteignet, die letzten beiden Stationen in Assab und Rasa Guba geschlossen, die Missionare ausgewiesen. Ein weiteres halbes Jahr später, im Januar 1978, wurden der Militärattaché der deutschen Botschaft, Hauptmann von Münchow und seine Mitarbeiter des Landes verwiesen. Die deutsche Schule wurde enteignet. Am 22. 1. 1978 mußte sogar der deutsche Botschafter Lankes binnen vierundzwanzig Stunden Äthiopien verlassen. Nicht besser erging es Heiko Karels und anderen Freunden. Sie arbeiten zur Zeit alle wieder in Deutschland.

Der nächste, der letzte Tag in Addis verging wie im Fluge. Alles wurde noch einmal ausgiebig genossen. Ein Abschiedsbrief nach Hause. Absendetag: 24. Januar 1977. Gewagte Prognose: ». . . bemühen uns, Anfang März wieder zu Hause zu sein.« Vorsichtshalber schrieben wir aber nicht dazu, welchen März welchen Jahres wir meinten. Ungewöhnlich vorausschauend von uns, wie sich erweisen sollte. Denn es wurde eine lange Reise.

Von Polizeikontrollen zwar überprüft, aber unbehelligt, erreichten wir am frühen Nachmittag des 25. Januar Robi. Robi, so meinte Walter, sei unser letztes Risiko, weil in Robi ein Politisches Gefängnis mit angegliederten Plantagen sei. Es wimmelte hier infolgedessen von Polizei.

Der Robi-River führte Hochwasser. Das Umland war ein Morast. Wir meldeten lediglich Osman unsere Ankunft, die für ihn das Startzeichen zum Aufbruch war. Am nächsten Morgen würde er losmarschieren und in zwei Tagen in der Mission eintreffen. Wir parkten vor einem unscheinbaren Seitenweg.

»Von hier in östlicher Richtung sind es genau sechzig Kilometer bis Rasa. Jetzt müssen wir erst einmal die Schneeketten anlegen.«

Walter Greeuw, der piekfein gekleidet war, scheute den ärgsten Dreck nicht. Er kroch von allen Seiten unter den Wagen, um die Ketten ordentlich zu befestigen. »Sonst kriege ich von den drei Frauen in der Rasa-Mission was zu hören. Immer bin ich es, der die Ketten verliert, und ohne die Dinger sind wir aufgeschmissen.«

Wir waren auch mit ihnen aufgeschmissen. Tausend Meter weit hatten wir uns durch den Morast gewühlt. Immer tiefer hatte sich der Wagen in den schwarzen Lehm gefressen. Und dann saßen wir fest. Hoffnungslos. Dreißig Kinder versuchten sich mit großem Hallo beim Schieben (und Stiebitzen) – aber der Karren lag wie festgeschweißt. Wir wühlten wie die Berserker. Aber weder kamen wir mit den Schaufeln in den Lehm hinein, noch halfen untergelegte Steine.

Mich bewegte dabei nur eine Sorge: Durch dieses Malheur waren wir zum Mittelpunkt eines Volksauflaufs geworden. Wann würde der erste Schnüffler nach unseren Pässen oder sonstwas fragen? Wann würden wir hier einem Polizisten auffallen?

Ich beschloß die Flucht nach vorn. Wo eine Plantage ist, logelte ich, gibt's auch Traktoren. Während die anderen unverdrossen weiter den Lehm auf seine Zähigkeit testeten, stapfte ich unbemerkt davon. Ich hatte meinen Freunden nichts gesagt, um sie im Falle des Fehlschlags nicht zu enttäuschen.

In einem Geräteschuppen sprach ich mit dem Obergerätemeister. »Sind Sie Missionar?«, wollte er wissen. »Ja, ja«, erwiderte ich mit nur zwei Sekunden Verzögerung. Okay, dann möge ich im Gefängnis beim Direktor nachfragen. Er sei nur der Gerätewart und dürfe sol-

che Entscheidungen nicht fällen. Mir rutschte das Herz in die Hose. Gefängnis? Die brauchten ja dann nur noch die Tür zuzuschlagen, und ich saß in der Falle. Man würde uns zurücktransportieren nach Addis, dort würde man feststellen, daß wir bereits einmal aus der Danakil ausgewiesen worden waren. Und da drei mal drei neun macht, würde man bald ahnen, was wir wirklich wollten. Aber was half's? Angriff ist die beste Verteidigung.
»Der Direktor läßt bitten.« Ich hatte das schwere Eingangstor passiert und sah mich einem schlanken, sympathischen Manne gegenüber.
»Guten Tag. Ich heiße Rudi. Ich soll für kurze Zeit als Arzt in der Rasa-Mission helfen. Nun sitzen wir hier im Schlamm fest. Dürfte ich vielleicht Ihre Gastfreundschaft in Anspruch nehmen und Sie um einen Traktor bitten? Hundert Meter müßte er uns ziehen. Dann sind wir auf dem Festland.«
Der Direktor zwirbelte seinen Kugelschreiber zwischen Daumen und Zeigefinger seiner rechten Hand. »Eine Stunde kostet uns ein Traktor acht Bir. Können Sie das bezahlen, Bruder Rudi?«
Neun Minuten später zog uns ein Riesen-Caterpillar wie ein Elefant, der ein Streichholz aufzuheben hat, aus dem Sog des Morasts.
Das war also gutgegangen. Die Ketten blieben vorsichtshalber auf den Rädern. Nach vier Stunden kamen wir in tiefer Dunkelheit in Rasa an. Frau Greeuw, die australische Ehefrau des Missionars, Inge Olsen, eine kleine, energische Dänin und Robbi, eine chronisch freundlich lächelnde Irin mit herrlichem Gebiß und keckem Pferdeschwanz, erwarteten uns schon. Drei Frauen und ein Mann! Missionar müßte man sein!
Natürlich gingen wir nicht gleich schlafen, obwohl wir hundemüde waren. Schließlich bekamen unsere freundlichen Gastgeber nicht jeden Tag Besuch von Europäern, da gab es viel zu erzählen. Als Horst aber nach einiger Zeit die merkwürdig hoch eingesetzten Fenster auffielen, und er fragte, warum man denn eine so ungewöhnliche Bauweise gewählt habe, sagte Inge Olsen:
»Weil hier hin und wieder reingeschossen wird. Und wenn wir tiefer als die Fenster sitzen, dann kann man uns wenigstens nicht so leicht ausmachen.«
Sie sprach's so beiläufig, die kleine, brünette Dänin, als ob sie ein

Tanzvergnügen schilderte. »Wenn die Dunkelheit hereingebrochen ist«, setzte sie hinzu, »dann ist es sowieso nicht ratsam, sich außerhalb der Mission aufzuhalten – jedenfalls für einen Fremden nicht.«
Und Robbi warf auch noch eine bezeichnende Anekdote in die Runde:
»Gestern hatte ich Jubiläum, Walter.«
»Wieso? Sollte ich das vergessen haben? Was für ein Jubiläum?« Robbi kicherte nur.
»Mir ist der fünfte Afar vom Stuhl gefallen! Ist das nichts?« Sie blickte triumphierend in die Runde und klärte uns Laien dann auf.
»Wißt ihr, ich denke beim Arbeiten nicht immer daran. Wenn dann der nächste Patient an die Reihe kommt, sage ich »Nimm Platz!« Und da die meisten noch nie einen Stuhl gesehen haben, steigen sie entweder von hinten auf oder setzen sich oben auf die Lehne – und prompt kippen sie um. Das schlimme dabei ist – dann sind sie wirklich krank.«
Ein gefahrvolles, ungewöhnliches Leben führten die vier hier. Hühner zum Beispiel, Hühner hielten sie sich in großer Anzahl, aber nicht etwa der Eier wegen, sondern wegen der vielen Skorpione. Für das Federvieh nämlich sind diese giftigen Tiere Leckerbissen, und sie wissen sie auch überall zu finden. Sie waren Garant dafür, daß die beiden blonden Kinder der Greeuws hier ungefährdeter spielen konnten.
Oder die Bettler, die hin und wieder die Mission heimsuchten. Zerlumpte Kerle, oft vom Aussatz zerfressen, das Herz dreht sich einem bei ihrem Anblick um. Inge Olsen aber meinte knochenhart: »Nie etwas ohne Gegenleistung geben.« Und prompt verlangte sie von den Bittstellern, daß sie mindestens dreißig Minuten lang von einem Tonband Gospellieder und Gebete anhören mußten, bevor ihnen Tee und Brot gereicht wurde. Inge: »Wenn sie etwas bekommen, ohne daß man von ihnen was verlangt, dann verlieren sie im Nu jede Achtung vor dir. Das ist nun mal so in Afrika. Geschenkt wird einem hier nichts.«
Am dritten Tag kam Osman. Er brachte seinen Vater Homed, seinen Onkel Omar und zwei Kamele mit. Wir begrüßten uns mit vielen Umarmungen und freundlichen Auf-die-Schulter-klopfen, doch als Osman unser Gepäck sah, bekamen wir das erste Mal seinen Unwillen zu spüren.

»Diesen ganzen Kram wollt ihr auf zwei Kamele verladen?«, jammerte er. »Ach, was seid ihr doch für Unwissende! Ihr wollt wohl unsere Tiere ermorden, wollt uns unseren ganzen Besitz nehmen. Um das alles zu transportieren, da brauchen wir mindestens noch einmal zwei Kamele.«

So machte er sich dann wenig später auf den Weg in eine der umliegenden Ortschaften. Zwei Stunden später war er wieder zur Stelle. Und mit ihm kamen nicht nur zwei weitere Kamele, sondern auch gleich noch ihre beiden Aufseher – Ibrahim und Nassib. Sie würden als Treiber mitziehen, erklärte uns Oman kurzerhand. Für je fünf Bir täglich, Lohn für Mann und Tier.

Himmel, auf unsere Reisekasse kamen unvorhergesehene Belastungen zu!

Ohne sich um unsere langen Gesichter weiter zu kümmern, nahm er Walter Greeuw und seine Frau an die Seite und tuschelte mit ihnen. Besorgte Gesichter. Was war denn nun schon wieder los? Osman verschwand für eine Stunde im Nebel des Morgens. Befriedigt kam er zurück und schlürfte den heißen Abschiedstee. »Der kann sich auf was gefaßt machen!«, murmelte er.

»Was ist denn, Osman? Wer?«

»Als ich für euch durchs Dorf ging, um noch zwei Kamele zu finden, sah ich das Kamel, das sie meinem Bruder Mohamed Said geklaut haben.« Selbstzufrieden und mit listigem Blick inhalierte er den Tee. »Wir dachten immer, es hätte sich nur verlaufen. Aber jetzt weiß ich, daß er es geklaut hat! Denn er hat das Zeichen verändert.«

»Und was hat er zu deinem Vorwurf gesagt«, wollten wir wissen.

»Was für 'n Vorwurf? Ich bin doch nicht so dumm, ihm meinen Verdacht zu sagen. Dann läßt er es verschwinden, bevor mein Bruder hier sein kann.« Und nach einer Weile setzte er hinzu: »Ich wäre ein schlechter Führer, wenn ich so unüberlegt handeln würde. Nein, ich habe einen Boten zu meinem Bruder geschickt. Ihr kennt meinen Bruder nicht. Aber würdet ihr ihn kennen, dann wüßtet ihr, daß er das Kamel wiederbekommt.« So hörten wir zum ersten Mal von seinem Bruder Mohamed Said. Dessen gefürchteter Ruf erwies sich später als wirkungsvolle Waffe.

Die erste Nacht unter den »Freien«

Wir hatten uns hingelegt und warteten auf den Schlaf. Über uns das aus Millionen Sternen bestehende Dach einer südlichen Nacht, die allerdings auch ihren Tribut an unsere technisierte Welt zu zahlen hatte: Denn in beinahe regelmäßigen Abständen löste sich einer dieser funkelnden Punkte und zog schnurgerade über den dunklen Himmel.

»Satelliten«, meinte Horst schläfrig. »Kreisen inzwischen schon eine ganze Menge da oben rum.«

Ich hatte sie auch gesehen. Eigentlich unvorstellbar, was die Menschen alles so vollbrachten. Die einen stürmten zu den Gestirnen, während andere noch Tag für Tag um die nackte Existenz kämpfen mußten. Die einen lebten schon in der Zukunft, die anderen noch in der Vergangenheit. Horsts Mitteilung nahm ich kaum noch wahr. Ich erinnerte mich vor mich hindösend an den ersten Abend unter den Afars und mußte lächeln. Die erste Burra. Das erste Camp in der Freiheit unter den »Freien«. Wir alle waren berauscht gewesen. Glücklich, daß wir es doch noch geschafft hatten, obwohl zunächst alles so schief zu laufen schien. Glücklich, weil dieses Leben unseren geheimsten Wünschen entsprach: Wir als Wanderer unter Nomaden. Vor uns eine unberechenbare Wüste mit unkalkulierbaren Bewohnern.

Und gleich dieser allererste Abend am knisternden Feuer mit dem blubbernden Reis (mit Milchpulver, Zucker, Zimt, Rosinen) brachte uns ein Erlebnis, daß ich noch immer gedanklich verarbeiten mußte.

Wir hatten uns ums Feuer gehockt. Die sechs Männer des »Dorfes« und wir. Die Frauen melkten die Ziegen.

Die Gastgeber und unsere Begleiter hatten das fünfte, das letzte, Gebet vollendet. Nun begann das Plaudern. Wann hatte man je Europäer am Feuer gehabt?! Was gab es da alles zu fragen und zu erzählen! Osman war ein guter und geduldiger Dolmetscher. Seine Englischkenntnisse waren uns eine sehr wertvolle Hilfe.

»Hussein, der ältere hier, will wissen, ob ihr verheiratet seid.«

»Ja, Klaus und ich sind es. Horst hat eine Freundin.«

»Das erste kann ich übersetzen. Was eine Freundin ist, so wie ihr es versteht, werde ich abändern. Das begreift hier niemand. Ich werde sagen, er sei ledig, aber seine Familie hat ihm bereits eine Frau bestimmt.«

Und damit basta. Osman regulierte vieles mit seiner Dolmetschertechnik. Warum auch Probleme aufwerfen, die doch niemand versteht?

Unseren Afars reichte das. Allein unsere Gegenwart bot ihnen unendlichen Gesprächsstoff. Jeder stützte sich dabei auf sein Gewehr. Es war wie ein unablegbarer Körperteil.

»Habt ihr Kinder?«

»Ja, ich eine Tochter und Klaus zwei.«

»O Allah! Nur eine bis zwei Töchter und keine Söhne?« Osman stöhnte.

»So ist es, und wir sind zufrieden.«

»Ich werde übersetzen, daß ihr jeder auch einen Sohn habt. Sonst könnt ihr nämlich keine guten Ärzte sein.«

Osman manipulierte wieder. Eigentlich brauchten wir überhaupt nicht zu antworten. Nur dann wäre es ja aufgefallen, wer hier die Auskünfte gab.

Von Stund an verfügten Klaus und ich über einen kräftigen, gesunden Sohn, dem sich noch weitere anschließen würden, sofern Allah uns seine Gnade nicht entzog.

Wir spürten deutlich die Anerkennung, die man uns entgegenbrachte.

»Seht ihr die Frau da vorn?«

Natürlich sahen wir sie. Stand sie doch nur fünf Meter entfernt. Sie hatte ihren linken Ellenbogen auf die rechte Hand gestützt und lehnte ihr Haupt ein wenig nachdenklich und neugierig zugleich in die linke Handfläche. Als wir zu ihr hinüberschielten, lächelte sie und drehte sich verschämt weg. Die Afars lachten. Der Obergastgeber zeigte immer wieder auf uns und sie und schnabulierte munter drauf los.

Beinahe ahnten wir, was da auf uns zukam, noch bevor Osman seine Übersetzung über das Lachen der anderen hinwegbrüllen konnte.

»Hättet ihr Lust, mit dieser Frau in die Hütte zu gehen?«

Unsere Ahnung hatte uns also nicht getrogen. Es war allerdings auch nicht schwer, denn wir waren vorgewarnt. Hatten wir doch selbst gerade zwei Abende vorher noch herzhaft geschmunzelt und uns un-

merklich in die Rippen geknufft, als Walter, der Missionar, seine Erlebnisse zum besten gab: »Das ist durchaus keine Seltenheit, wenn man euch eine Frau anbietet. Mir ist das mehr als einmal passiert.«
Da er nicht fortfuhr, wollten wir ihm auf die Sprünge helfen: »Und wie hast du dich verhalten?« Denn es interessiert einen ja schließlich, wie sich ein Missionar in einer solchen Situation verhält.
Walter schielte verschmitzt zu seiner temperamentvollen, hübschen Frau hinüber und stotterte: »Na ja. Wenn man die Leute kennt und die Sprache beherrscht, ist das weiter kein Problem. Da kann man Magenbeschwerden oder Kopfweh vorgeben und ist entbunden von der Verpflichtung. Das versteht jeder. Aber, wie gesagt, einem geachteten Gast wird das durchaus häufig passieren.« Und nun passierte es uns. Ausgerechnet am allerersten Abend unter den Afars.
»Sie heißt Hiyaam. Das heißt etwa Liebesrausch. Hussein meint es ernst. Er bittet euch sogar drum. Hiyaam ist seine Frau. Schon seit dreizehn Jahren. Sie kriegt keine Kinder. Aber er braucht dringend Kinder. Sie sollen ihn verteidigen und ernähren, wenn seine Körperkräfte schwinden. Er bietet sie euch nicht nur aus Gastfreundschaft an. Die Kinderlosigkeit ist das härteste Los, das einem Mann hier widerfahren kann.«
Wums. Da hockten wir nun. Mucksmäuschenstill war es geworden am Feuer. Fragende und belustigte Augenpaare blickten uns fest an.
»Sie sieht ja nicht schlecht aus«, nuschelte Klaus in seinen verfilzten Bart.
»Ihr Lächeln gefällt mir« ergänzten Horst und ich wie aus einem Munde. Aber damit erschöpften sich unsere Beobachtungen und wichen einer allgemeinen Verlegenheit.
»Ich glaube, die meinen es gar nicht ernst«, warf Horst ein, ohne seine Lippen unnötig zu strapazieren.
Doch Hussein, der freigiebige Ehemann, bediente sich mittlerweile einer eindeutigen Fingersprache, um unsere Aufmerksamkeit wieder auf sich zu lenken und um etwaigen Mißverständnissen vorzubeugen.
Die vier- bis achtjährigen Mädchen und Jungen, die längst nähergerutscht waren, wollten sich totlachen und ahmten die Gesten Husseins nach. Man war allerseits voll aufgeklärt.

»Gefällt sie euch denn nicht?«, Osman schaltete sich wieder ein und schaute uns erwartungsvoll an.
»Warum stellst du dich denn nicht zur Verfügung?«, wollte Klaus wissen, doch Osman verbaute uns sofort diesen Fluchtweg: »Er hat sie euch angeboten. Er hofft, daß das Kind etwas von eurer Weisheit mitgekommt.«
Das Kind! Uns durchfuhr ein Schreck. Man stelle sich doch nur einmal vor . . .
Mit einem Mal wurde uns wirklich bewußt, was es heißt, wenn verschiedene Kulturkreise aufeinandertreffen.
Was sollten wir sagen? Sitten, Gebräuche, Erziehung oder eheliche Treue? Die Begriffe hüpften nur so durch meinen Kopf, suchten den Weg zur Zunge, doch immer wieder stoppte ich, dies alles zu erklären hatte doch gar keinen Sinn.
Wir sahen uns nicht wenig ratlos an. Meine Stimme klang mir fremd, als ich sagte: »Hm. Das Angebot ist für uns sehr ehrenvoll und die Schönheit der Frau . . . doch es . . . ist . . .«
Ich kam ins Stocken und schaute hilfesuchend meine Freunde an. Wir waren in der Klemme, denn wir alle waren uns bewußt, daß unser Zögern, unser Herumgedruckse von unseren Gastgebern über kurz oder lang als Ablehnung und somit als Beleidigung aufgefaßt werden würde.
In diesem Moment stand Klaus auf und gebot mit theatralisch ausgebreiteten Armen dem lustigen Geschnatter und Gefeixe am Lagerfeuer Einhalt.
Er verbeugte sich vor Hussein, vor dessen Frau, die immer noch verschämt wegblickte und vor allen anderen.
Schlagartig war es ruhig geworden und hätte jetzt jemand die berühmte Stecknadel bei sich gehabt und sie fortgeworfen, wir hätten ihr Fallen hören können.
Klaus blickte unseren Gastgeber an und begann zu sprechen: »Wir sind uns der Ehre wohl bewußt, die du, Hussein uns zuteil werden lassen willst, doch ein Gelübde unserem Gott gegenüber, verbietet es uns allen, dein ehrenvolles Angebot anzunehmen.«
Mir stockte der Atem, Horst ebenfalls. Um Klaus zu unterstützen, begannen wir beide höchst eifrig, wie aufgezogene Rasselteddys, mit den Köpfen zu nicken. Mit den Augen tastete ich Osmans Gesicht ab.

Er übersetzte das von Klaus Gesagte mit eindrucksvoller Stimme, machte es für den Angesprochenen glaubhaft, doch in seinen Augen las ich, daß er Bescheid wußte.
Unbeirrt spann Klaus nun den einmal gefundenen Faden weiter: »Bevor wir mit unserer Reise begannen, um euch und euer schönes Land zu besuchen, beteten wir zu unserem Gott, daß er uns sicher führen soll und baten ihn um ein glückliches Gelingen unserer Reise. Wir schworen ihm Enthaltsamkeit. Und ist auch unser Gott nicht der eure, so werdet ihr dennoch verstehen, daß uns der Schwur heilig ist und nicht gebrochen werden darf.« Klaus hörte auf zu sprechen und wir lauschten der Übersetzung Osmans. Hussein, der im Schneidersitz nah am Feuer saß, legte die Hände auf seine Knie und sackte ein klein wenig in sich zusammen. Oder schien es uns nur so? Sein Gesicht nahm zum Glück jedenfalls keinen abweisenden Ausdruck an, im Licht des Feuers sahen wir, wie ein leichtes Lächeln über seine Züge glitt, je weiter Osman mit seiner Übersetzung kam. Als Osman zu sprechen aufhörte, trat wiederum Stille ein. Wer mußte jetzt etwas sagen? Hussein? Horst? Oder etwa ich?
Mich durchfuhr ein Schreck! Was machte denn Klaus nun wieder? Alle starrten ihn an. Und er? Er knöpfte sich in aller Seelenruhe das Hemd auf und nestelte an seinem Brustbeutel herum. Wir alle vernahmen das leise Klingen der Münzen. Offensichtlich hatte er gefunden, was er suchte. Mir erschien es schon provozierend langsam, wie er nun wieder den Brustbeutel schloß und sein Hemd zuknöpfte.
Er ging auf Hussein zu, blieb vor ihm stehen und sagte: »Die Schönheit deiner Frau ist so groß, daß ihr Bild in dem Land, aus dem ich komme, mit Sicherheit auf einer Münze erscheinen würde, so wie auf dieser Münze hier, die ich dir schenke.« Er drückte dem verdutzten Hussein doch tatsächlich eine Fünfzig-Pfennig-Münze in die Hand. Osman übersetzte wieder und als er geendet hatte, erhob sich Hussein, den Stolz nicht verbergend, und umarmte Klaus. Das Stimmungsbarometer machte einen ungeheuren Satz nach oben, Hussein wurde von seinen Leuten umringt, sie alle wollten die Münze sehen.
»Du bist ein ganz verdammter Pokerspieler, Klaus!«, Horst und ich hatten uns zu ihm gesellt und ihm ob dieses Coups erst einmal or-

dentlich in die Rippen geboxt, natürlich so, daß es keiner der Anwesenden, Klaus natürlich ausgenommen, merken konnte.
»Ich hab' zwar keine Ahnung vom Pokern, aber nach dem, was ich so aus Filmen kenne, ist das entweder ein Royal Flash, 'n Full House oder 'ne Straße gewesen, was ich da ausgespielt habe. Geklappt hat es jedenfalls.«
»Und ob«, stimmten wir ihm zu, »und die Nummer mit dem Geldstück war ja wohl die Krone.«
Mit einem Mal stand Osman vor uns. Er musterte nachdenklich unsere Gesichter, sagte aber kein Wort. Endlich wandte er sich ab, um seinen Platz am Feuer wieder einzunehmen.
Lächelte er nicht ein klein wenig?
»He, Horst – ich denke gerade an unseren ersten Abend unter den ›Freien‹ . . .«
Keine Antwort.
Ich stützte mich auf.
Horst und Klaus, links und rechts von mir plaziert, schlummerten selig und süß.
Ich ließ mich zurückfallen.
Na denn, gute Nacht.

Schweinezucker und Schweineflocken

»Ein Freund willst du sein, ha, ein Freund? Oh, Allah strafe einen armen Sünder nicht zu hart, schütze mich bitte vor solchen Freunden! Behüte mich vor diesem Lumpenkerl! Wolltest mich austricksen, ha? Ungläubiger Teufel, hast wohl gedacht, mit dem kann ich's machen, ha?!«
Osman hatte seinen großen Auftritt. Mit wehendem Umhang tanzte er vor mir auf und ab. Der kleine, grazile Kerl verrenkte sich wie eine Schlange, stieß die Arme alle paar Sekunden ruckartig in die Luft, dann wieder trommelte er mit beiden Fäusten auf seinen Bauch und aus den kohlrabenschwarzen Augen schossen Zornesblitze gegen mich.
Es war die Wiederauferstehung von Hadschi Halef Omar. Ja, genauso mußte Karl May seine legendäre Romanfigur vor sich gesehen ha-

ben, als ein strampelndes, zuckendes, schimpfendes Temperamentbündel, unglaublich komisch in seinen Zornesausbrüchen.
Himmel, wenn er bloß nicht merkt, wie ich mich über ihn amüsiere! Ich preßte das Kinn gegen die Brust, um Osman das verräterische Zucken meiner Mundwinkel nicht sehen zu lassen. Gut so, mochte er getrost glauben, ich sei mächtig zerknirscht, würde mir seine Schimpftiraden zu Herzen nehmen. Dann ging das Gewitter vielleicht schneller vorüber. Widerworte hätten es sicher nur schlimmer gemacht. Osman war ein Naturereignis, es mußte sich eben austoben.
Es waren unsere kleinen »Schweinezeichnungen«, die ihn so in Erregung brachten. Aber in Dreiteufelsnamen – was hätten wir schließlich auch anderes machen sollen? Hätten wir untätig zusehen sollen, wie unsere unersetzlichen Vorräte von Tag zu Tag mehr zusammenschmolzen? Hätten wir die Hände in den Schoß legen sollen, nur um Osmans Zorn nicht zu wecken?
Vor unserer Abreise hatten wir ausdrücklich vereinbart, daß jeder unserer Afarbegleiter sich selbst zu ernähren habe. Natürlich hatten sie es gelobt – aber tatsächlich etwas mitgebracht hatte nur Osman; und zwar einen Beutel voll Makkaroni. Alle anderen vertrauten auf die Freigebigkeit unserer jeweiligen Gastgeber. Als das nicht immer klappte, wurden wir angegangen. Die Schnorrerei, mit unermüdlicher Geduld vorgetragen, wuchs sich innerhalb weniger Tage zur krassen Forderung aus.
Osman selbst hielt sich zwar zurück mit den Ansprüchen, aber sein trauriger Blick, den er ständig von seinen trost- und salzlosen Nudeln auf uns warf, wirkte noch viel massiver. Die Backen voll mit Nudeln, stierte er in seinen Topf und übersetzte uns die Essenswünsche seiner Begleiter. Monoton, leise, ohne die Nudeln in seinen Wangen durcheinander zu bringen, wie jemand, der sehr verzweifelt ist und nur seine Pflicht tut. So schrumpften unsere wertvollen Haferflocken, der Kaffee, der Zucker, das Mehl – bis Horst den rettenden Einfall hatte.
»Schweine«, grinste er hinterhältig. »Ich hab's: Schweine!« Und als wir ihn ratlos anschauten, setzte er hinzu:
»Schweinefleisch! Na, klickt's noch nicht?! Denkt doch mal daran, daß die Jungs glauben, Allah würde sie in die finsterste Verdammnis

stoßen, wenn sie Schweinefleisch essen. Daran müssen wir uns halten. Wir müssen ihnen nur irgendwie vormachen, daß in unseren Vorräten viele Produkte vom Schwein enthalten sind. Und ich weiß auch schon, wie wir das machen. Wir malen einfach kleine Schweine auf die Vorratsbehälter. Aus. Sollt mal sehen – ab sofort ist das für die tabu.«

Klaus prustete los. »Du hast wohl zu sehr unter der Sonne gelitten? Haferflocken aus Schweinefleisch! Mensch, das kannst du doch diesen gerissenen Wüstensöhnen nicht weismachen.«

»Hast du vielleicht eine bessere Idee?«, knurrte Horst zurück. »Zumindest können wir es doch mal probieren. Immer noch besser, als gar nichts zu tun. Klappt's nicht, müssen wir uns eben was anderes einfallen lassen.«

Wir probierten es also. Und um glaubwürdiger zu wirken, sicherten wir mit den kleinen Schweinebildchen nicht gleich alle unsere Vorratsbeutel, sondern nur die mit den wichtigsten Produkten.

Als sie danach ihre Forderungen erhoben, sträubten wir uns so energisch wie immer. Dabei ließen wir nun durchblicken, daß wir sie nicht recht verstehen könnten. Erstens hätten wir ja getrennte Küche vereinbart. Aber selbst, wenn wir das noch hinnähmen, verstünden wir nicht, warum sie, zweitens, so sehr gegen ihren Glauben verstießen. Es sei nicht Geiz, daß wir uns so anstellten, sondern echte Sorge und großes Unverständnis ob der Tatsache, daß sie als gute Muslims partout Schweineprodukte essen wollten. Sicherlich nur, weil ihre Dorfbewohner sie hier nicht sehen könnten. Aber schließlich gäbe es ja Allah. Und der sähe es auf jeden Fall. Auch nachts. Ob sie noch nie von dem Sprichwort gehört hätten: »Vor Allah bleibt nichts verborgen, so wie vor der Fliege keine Wunde verborgen bleibt.«

Das Ding schlug ein wie eine Bombe.

Mit fragenden, hervorquellenden Augen und offenem, scheinbar ausgetrocknetem Mund stierten sie uns an. Sie sagten nichts. Jedenfalls nichts zu uns.

Aber um so lebhafter war dann die Diskussion untereinander. Obwohl wir die Sprache nicht verstanden, spürten wir ihr Mißtrauen.

Der Erfolg war jedenfalls der, daß niemand mehr an unsere »Schweineflocken«, den »Schweinezucker« und das »Schweinemehl« ging. Zwei Tage lang.

Bis Osman sich noch einmal und bei Tageslicht unsere Haferflocken ansah und sie eindeutig als »Oats« identifizierte, aus denen man in der Mission allmorgendlich »porridge« gemacht hatte! Deshalb also sein Zorn. Deshalb hüpfte er hier vor mir wie ein Gummiball auf und ab, verfluchte uns in alle drei Ewigkeiten, und um der besseren Wirkung willen auch gleich alle unsere Väter, Mütter, Brüder, Schwestern und Frauen mit. Wie undankbar wir doch seien, schrie er mit seiner sich überschlagenden, fistelnden Stimme. Habe er sich nicht in seiner ganzen Weisheit und Güte unser angenommen? Habe er nicht alles für uns, seine Schützlinge, getan? Wären wir nicht ohne ihn rettungslos verloren? Und nun dies? Austricksen, ihn, den Osman, der fest geglaubt hatte, Freunde um sich zu haben! Klaus und Horst hatten sich eiligst aus dem Staube gemacht, als sie Osman zornig auf uns zutraben sahen. Er hielt eines von diesen merkwürdigen Schweinebildchen in der Hand, weit von sich gestreckt, als scheue er schon dessen Nähe. Vermutlich lagen die beiden nun irgendwo in der Wüste, hinter einem der dichten Dornenbüsche und amüsierten sich königlich, während ich hier den Blitzableiter für Osman spielen durfte.
Es war unser vierzehnter Tag in der Danakil-Wüste. Kein Tag verging wie der andere. Die Eindrücke und Erlebnisse wechselten stündlich. Fleckenlos blau lag der Himmel über dem spärlich bewachsenen Land. Spröder, erodierter Boden, aber immer noch mit Bäumen und Büschen bestanden. Fast alle zwei Tage kreuzten wir sogar wasserführende Bäche, die vom Hochland herabsprudelten. Sahen wir Gazellenherden, dann war auch eine Burra (Grashütte der Afars) nicht fern. Gazellen ziehen die Menschennähe vor. Sie fühlen sich dort sicherer vor den Hyänen. Die Bäume, Büsche und Gräser hatten im Laufe ihrer Entwicklung gelernt, sich gegen das Gefressenwerden dadurch zu schützen, daß sie entweder bitter schmeckten oder ein Stachelkleid trugen. Dieses Dornengewand wiederum machten sich auch die anspruchslosen Landeskinder zunutze, wenn sie ihre Burras mit einer dicken Dornenhecke umgeben. Sie schützt die Bewohner nicht nur vor den Hyänen, sondern auch vor räuberischen Nachbarn.
Wir kamen ziemlich schlecht voran. Mindestens vierzig Kilometer hatten wir uns als Tagesleistung vorgenommen, doch wenn wir jetzt zwanzig schafften, waren wir heilfroh.

»Wenn das so weitergeht, dann dauert unsere Expedition nicht zwei Monate, sondern mindestens sechs«, stöhnte Horst.

»Wirst wohl noch ein weiteres Semester dranhängen müssen«, maulte ich zurück. Die glühende Hitze und die sich allmählich einstellende Eintönigkeit der Tage drückten auf unsere Stimmung. Für das langsame Tempo unserer Karawane waren unsere Führer verantwortlich. Sie waren unglaublich erfindungsreich, wenn es darum ging, einen Grund für eine längere Pause zu finden. Wahrscheinlich ging es ihnen darum, möglichst viele bezahlte Tage herauszuschinden. So leicht verdienten sie schließlich ihr Geld sonst nicht. Und so fanden sie dann immer neue Gründe, uns aufzuhalten. Mal durften die Kamele nicht so stark strapaziert werden, weil es sich angeblich um ältere Tiere handelte, die uns sonst einfach den weiteren Dienst verweigern würden, dann wieder konnte Opa Homed nicht so recht weiter. »Meine Füße«, jammerte er stets, »meine armen Füße. Oh, nehmt doch Rücksicht auf einen alten Mann. Hier müssen wir rasten!« Dann wieder, weil angeblich der letzte Schattenbaum, der letzte Laubbaum für die Tiere, das letzte Wasser, die letzte Burra vor uns aufgetaucht war. Osman selbst gab sein Bestes. Aber gegen die Sturheit des Omar und das Phlegma der Treiber Ibrahim und Nassib war er machtlos.

Wie alle Afars waren Osman und seine Leute strenggläubige, ja, fanatische Muslims. Die Rechtgläubigen aber, wie sie sich nennen, verrichten fünfmal am Tage ihre Gebete. Somit waren für uns also schon Tag für Tag längere Unterbrechungen vorprogrammiert. Denn mit dem Beten allein ist es ja nicht getan, es müssen die umfangreichen rituellen Waschungen vorgenommen werden, bevor die vielen Verbeugungen, das Niederfallen in Richtung Mekka, das Berühren des Bodens mit der Stirn und das oft wiederholte Bekenntnis folgen: »Es gibt keinen Gott außer Allah, und Mohammed ist sein Prophet.«

Zu allem Überfluß versuchte sich Osman bei uns ständig und unverdrossen als Missionar. Ausgerechnet er, der uns von der Mission als einer der wenigen Bekehrten vorgestellt worden war. Immer wieder forderte er uns temperamentvoll auf, zum rechten Glauben überzuwechseln, abzulassen von dem, was wir als Christentum bezeichneten, in dem – Osman schüttelte sich förmlich, wenn er darauf zu sprechen kam – Gott gleich in dreierlei Gestalt auftritt, als Vater, Sohn

und Heiliger Geist. »Wie kann man so etwas nur glauben«, entsetzte er sich stets aufs neue. »Gott ist einmalig, unverwechselbar. Oh, ihr Ungläubigen, ihr wollt so klug sein und seid so dumm!«
So lernten wir während der ersten Tage sehr viel. Vor allem, Geduld zu üben.
Stets lange bevor die Nacht hereinbrach, suchte Osman nach einem passenden Lager. »Eine gute Milchkuh und ein guter Gast kommen stets vorm Dunkelwerden zur Burra«, belehrte er uns. »Der Gastgeber will sehen, mit wem er es zu tun hat. Und fern von einer Burra einfach im Busch zu schlafen, bedeutet den Tod. Wer sich nicht bei den Menschen meldet, führt etwas Böses im Schilde. Der ist vogelfrei und wird niemals lebend der Dankalia entkommen.«
Zu Beginn der Reise fanden wir noch Burras für die Nacht. Je nachdem, wie gut man Osman, Homed und Omar kannte, wurden wir kühl oder heiß und innig aufgenommen.
Während wir in gebührendem Abstand anzuhalten hatten, ging Osman vorweg, um uns anzumelden und vorzustellen. Die »Tatsache«, daß wir »Ärzte« waren, ließ fast alle Gastgeber weich werden. War der Hausherr geneigt, uns aufzunehmen, dann kam er uns entgegen, reichte die Hand und wies uns, meist außerhalb der Dornenhecke, die seine Hütten umgab, einen Lagerplatz zu.
Die Hütten selbst waren einfach. Ein paar mitgeführte, biegsame Äste waren in die Erde gesteckt worden, der Zwischenraum mit Grasmatten ausgefüllt, ein Eingangsloch freigelassen – fertig. In Minutenschnelle konnte eine solche Behausung aufgebaut und ebenso schnell wieder abgebaut werden.
Die Einrichtung bestand aus ein paar Töpfen, Kamelsätteln, Betten aus Palmfasern, Feuerstelle und neben der Hütte dann die Gebetsstelle, ein Viereck nur, fein säuberlich mit Gras ausgelegt. Anfangs wunderten wir uns darüber, daß die Hütten nie in unmittelbarer Nähe von Wasserstellen standen, aber Osman wußte dafür einen einleuchtenden Grund: Wasserstellen werden auch von Räubern und von wilden Tieren aufgesucht – sie sind also Gefahrenpunkte.
Wir schliefen nebeneinander auf dem Boden. Neben uns der Hausherr mit dem Gewehr im Arm – Beschützer seiner Sippe und seiner Gäste. Einziger Komfort: unsere fünfundfünfzig Gramm leichten Aluminiumfolien, die sehr vielseitigen Schutz boten – gegen den

Schmutz der Erde, gegen Insekten, Kälte, Staub, Regen und Wind. Da sich aber an ihrer Innenseite das von uns verdunstete Körperwasser niederschlug, war es ratsam, die Garderobe anzubehalten oder zunächst eine Decke über sich zu breiten.

Eines Morgens erklärte uns Osman, er wüßte nun für eine Weile den Weg nicht. Wenn wir uns nicht verirren wollten, dann müßte von nun an sein Onkel Omar die Führung übernehmen.

Ich wunderte mich nicht mehr. Und Klaus meinte trocken: »Ist doch egal, ob du uns führst oder ein anderer. Hauptsache, es führt uns überhaupt jemand.«

Doch Osman machte uns nun schnell klar, daß dies nicht so egal war, wie es uns zunächst schien:

»Da ja nun Omar nicht nur Begleiter, sondern Führer ist, müßt ihr ihn auch bezahlen«, trumpfte er auf. Und als er unsere entrüsteten Mienen sah, setzte er schnell hinzu: »Er wird es ganz billig machen, weil ihr Freunde seid, er verlangt nur drei Bir pro Tag.«

Verflixte Sippschaft! Die wollten uns offenbar richtig ausnehmen. Und redeten dabei immer noch von Freundschaft. Doch was half es schon, daß wir widersprachen, schacherten, maulten; wir waren ihnen ausgeliefert und mußten zu alledem noch gute Miene zum bösen Spiel machen. Denn wenn uns Osman und seine Leute sitzenließen, dann waren wir völlig aufgeschmissen. Das wußten sie natürlich auch.

Einen Tag später kam dann der nächste Schachzug. Osman meinte, wir müßten jetzt einen Tag Pause einlegen. Und ohne überhaupt unsere Antwort abzuwarten, erklärte er:

»Ibrahim und Nassib haben nichts mehr zu essen. Sie haben sich uns so schnell angeschlossen, daß sie keine Zeit mehr hatten, genügend Lebensmittel mitzunehmen. Und ihr wollt ihnen ja auch nichts geben. Unser jetziger Gastgeber hat erlaubt, daß wir länger bei ihm bleiben. Ibrahim und Nassib werden von hier aus zur Farm bei Gewani gehen, um Bohnen zu kaufen. Auch wir anderen brauchen neue Vorräte. Gebt uns einen Vorschuß. Heute abend werden sie zurück sein.«

So blieben wir. Gaben Vorschuß. Und warteten. – Einen Tag. Zwei Tage. Am Abend des zweiten Tages kamen sie zurück. Einen Beutel mit zehn Kilogramm Makkaroni auf dem Rücken. Völlig erschöpft.

»Nassib kann nicht schwimmen. Und der Awasch ist so tief, daß wir einen Riesenumweg machen mußten, bis wir durch eine Furt ans andere Ufer gelangten.«

Wir waren verärgert.

»In Ordnung«, fuhr ich Osman an, »aber sag ihnen, daß sie für die Zeit keinen Lohn kriegen werden.«

»Das wird nicht gehen«, antwortete Osman gleichbleibend freundlich.

»Warum nicht?«

»Sie sagen, daß sie die Nudeln nicht gebraucht hätten, wenn sie zu Hause geblieben wären. Sie sagen, daß sie bei einem so anstrengenden Tagewerk mehr Essen benötigen als sonst. Und dies geschieht schließlich auf euren Wunsch so. Es ist also nicht ihre Schuld, daß sie weg mußten, um Nahrung zu besorgen. Siehst du das ein?«

Ja, wir hatten das um des lieben Friedens willen noch eingesehen. Aber die Schnorrerei hörte nur für kurze Zeit auf. Dann war wieder alles beim alten – bis uns eben die »Schweine-Idee« gekommen war. Aber auch sie half uns nicht weiter. Im Gegenteil. Osman war sauer, wir waren sauer.

Ich antwortete ihm gar nicht mehr. Was sollte ich schon sagen? Abends hockten wir vor der Hütte unseres Gastgebers. Es kam kein richtiges Gespräch zustande. Ich lag auf der Erde und starrte wortlos in die untergehende Sonne, die wie ein riesiger, feuerroter Ball am Himmel hing. Horst zeichnete die an diesem Tag gemessenen Luftfeuchtigkeitswerte und andere Daten ein. Klaus studierte die verschiedenen Karten und meinte plötzlich:

»Hier in der Nähe muß die Stelle sein, wo Nesbitt seinen ersten amharischen Begleiter, Bayonna, verlor.«

Gemeint war Louis M. Nesbitt, dem es 1928 als erstem Weißen gelang, die Danakil-Wüste zu durchqueren.

Wir beugten uns über die Karte, und die alte Geschichte fiel uns wieder ein:

Während Nesbitt im Awasch badete, waren Bayonna und zwei andere Amharen in den Busch gegangen, um Gras für die Tiere zu schneiden.

Einer der beiden jungen Afar-Führer, der die Expedition in diesem Gebiet führte, begleitete sie. Er hatte sich bei einem anderen Amharen ein Gewehr geliehen, denn er selbst besaß nur einen Speer. Aus heiterem Himmel erschoß er Bayonna aus nächster Nähe. Er versuchte auch, die anderen beiden Männer zu töten, verfehlte sie aber. Bevor sie ihre Waffen ergreifen konnten, floh der junge Afar. Verstört trafen die Freunde Bayonnas im Lager ein. Sofort machte sich ein eilig zusammengestellter Trupp auf die Suche nach dem Mörder, doch die hereinbrechende Nacht vereitelte die Verfolgung.

Der Mörder wurde nie gefangen.

Es gilt als sicher, daß der junge Afar sich nicht nur das Gewehr beschaffen wollte, sondern auch die Heiratstrophäe. Bald darauf verlor Nesbitt zwei weitere Begleiter. Der eine wurde ermordet, als er abseits vom Camp auf die grasenden Tiere achten sollte. Der andere ging einem entlaufenen Tier nach. Von dieser Suche kehrte er nicht zurück.

»Das ist fast auf den Tag fünfzig Jahre her, dennoch hat sich nichts geändert. Getötet wird wie eh und je. Mit der Gille, dem Speer, dem Gewehr und mit Gift.

Ihr kennt ja Giselas Empfehlung: Bietet euch ein Afar nach einem Streit ein Versöhnungsmahl an, lehnt es lieber ab. Es könnte vergiftet sein.

Laßt uns den Streit mit Osman und seiner Familie nicht ganz so schwer nehmen. Vielleicht müssen wir uns auch nur besser anpassen«, Klaus sah uns an.

Horst und ich nickten.

Die Bekehrung

Lange sagte niemand etwas. Jeder hing seinen Gedanken nach.

»Anpassen. Wir müssen uns besser den Gegebenheiten anpassen«, grübelte ich für mich im stillen. Und nach einer Weile verkündete ich laut:

»Ich werde Moslem!«

Horst goß gerade frischen Tee nach.

»Hast du 'ne Meise?« empörte er sich, »damit treibt man keine Späße!«

Aber Klaus schlug mir derart auf die Schulter, daß der herrliche Tee im Sand versickerte. »In eben dieser Sekunde wollte ich euch genau dasselbe vorschlagen. Der Islam hat mich schon immer interessiert. Und ich bin sicher, daß wir mit unseren Begleitern viel besser klarkommen, wenn wir erst einmal ihre Glaubensbrüder sind.«

Horst hörte sich das alles mit unbewegtem Gesicht an. Während Klaus und ich noch weiter fabulierten und bereits eine Hadsch nach Mekka ins Programm aufnahmen, meinte er nur: »Macht, was ihr wollt. Ich trete nicht über. Aber ich kann ja fortan als euer Diener fungieren.«

»Findest du den Islam weniger glaubwürdig als das Christentum?« bohrte Klaus.

»Nein. Es gibt hier wie dort Thesen und Regeln, die ich nicht akzeptieren kann. Nimm doch bei uns nur einmal die Mär von Himmel und Hölle, das Beichten, die Jungfrauen-Geburt et cetera. Stell dir vor, irgendeine schwangere Frau würde heutzutage erzählen, sie sei Jungfrau wie Maria damals. Man würde den Kopf schütteln und sie als Spinnerin abtun. Bei uns sind das jedoch fest verankerte Fakten im Christentum. Aber selbst wenn man das alles als Fabeln abtun würde – dann bleibt doch immer noch Christi Idee von der Nächstenliebe. Und die finde ich gut. Ohne Achtung vor den Mitmenschen, ohne Liebe, ohne soziale Verantwortung, ist doch ein Leben auf dieser Erde überhaupt nicht denkbar.«

»Okay«, warf Klaus ein, »ab heute, verzeih mir, betrachte ich dich als unseren Diener. Das wird unseren Wert beträchtlich steigern. Fang man gleich an und schieb noch einen Tee rüber. Ich jedenfalls werde Mohammedaner.«

»Vor allen Dingen wird man kein Mohammedaner«, antwortete ihm Horst sachlich. »Das ist so eine Bezeichnung, die bei uns viele nachplappern, ohne überhaupt eine Ahnung davon zu haben. Die Leute hier beten nämlich nicht Mohammed an, sondern Allah, den für sie einzig rechtmäßigen Gott. Mohammed ist nicht sein Sohn, sondern lediglich sein Prophet.«

»Das finde ich einen viel glaubwürdigeren Aufbau als bei den Christen«, warf ich ein, »die Sache mit Gott und Sohn und Heiligem Geist. Richtig nennt man sie Muslim. Das kommt aus dem Arabischen und heißt soviel wie ›sich Gott unterwerfen‹. Wie Horst schon sagt, wenn du zu einem Muslim »Mohammedaner« sagst, dann beleidigst du ihn, zumindest aber zeigst du ihm, daß du von seiner Religion keine Ahnung hast. Und diese Religion übrigens ist der Islam. Das Wort kommt ebenfalls aus dem Arabischen und hat zweierlei Sinn: zum einen bedeutet es den Frieden der Seele, aber auch den Frieden der Welt, zum anderen weist es den Weg, wie man zu diesem Frieden gelangt, nämlich durch die Hingabe an Allah, durch Gottergebenheit.« Ich wunderte mich selbst, was ich noch behalten hatte vom Arabisch-Unterricht an Hamburgs Volkshochschule. Klaus' Interesse war sofort hellwach.

»Ihr wißt ja da offensichtlich recht gut Bescheid, erzählt ein bißchen mehr darüber! Wenn man euch so hört, sollte man meinen, ihr wäret schon längst Muslims.«

Horst hatte die Arme unter dem Kopf verschränkt. »Na ja, ein wenig beschäftigt habe ich mich mit dieser Religion schon lange. Seit meiner Zeit in Persien. Schließlich gibt es rund sechshundert Millionen Menschen auf der Welt, die an Allah glauben, rund eine Million übrigens bei uns in der Bundesrepublik – da sollte man sich schon etwas drum kümmern.«

Nach einer Pause fuhr er fort:

»Also, was muß man mindestens wissen? Zum Beispiel, daß Mohammed, oder auch Muhamed, von 570 bis 632 in Mekka und Medina lebte. Als er vierzig Jahre alt war, erschien ihm der Erzengel Gabriel, offenbarte ihm Gottes Willen und seine Berufung zum Propheten dieses Willens. Doch in seiner Vaterstadt Mekka stieß Mohammed fast nur auf Ablehnung. Deshalb begab er sich mit seinen Anhängern nach Medina, wo er zum Herrn der Stadt wurde. Nach zahlreichen Kämpfen konnte Mohammed dann 630 im Triumph nach Mekka zurückkehren. Er übernahm dort das Heiligtum des Islams, die Kaaba, das ist ein würfelförmiges Bauwerk, in dessen Südostecke ein schwarzer Meteorit eingemauert ist. Die Kaaba stellt das Ziel aller Pilger-Fahrten dar, in Richtung der Kaaba werden alle Gebete der Muslims geführt. In diesem Zusammenhang ist auch interessant, daß Allah in der Vorstellung der Muslims undarstellbar ist, weil es nichts gibt, was ihm gleicht. Deshalb gibt es in den Moscheen keine Statuen oder Abbildungen, die Allah darstellen.«

Klaus unterbrach ihn, um sich noch einen Mehlpfannkuchen mit Himbeermarmelade zu angeln. Nachdenklich schob er die Lappen von einer Backe in die andere, was mich als »Koch vom Dienst« fast beleidigte.

»Die einzelnen Offenbarungen, die Allah durch seinen Propheten übermitteln ließ, sind in den 114 Suren des Korans niedergeschrieben. Dabei ist man nicht chronologisch vorgegangen, die Suren sind vielmehr nach der Länge geordnet. Für den Muslim nennt der Koran vor allen Dingen fünf Grundpflichten: den unbedingten Glauben an Gott und an Muhamed als seinen Propheten, das fünfmalige Gebet täglich, die Zahlung einer Armensteuer einmal im Jahr durch die Besitzenden, das Fasten im Monat Ramadhan – das ist der neunte Monat des islamischen Jahres – und eine Pilgerfahrt nach Mekka, falls die materiellen Voraussetzungen gegeben sind. Sehr wichtig für den Muslim ist weiterhin der Dschihad, der Heilige Krieg. Er ist ihm als Pflicht zur Ausbreitung des Islams aufgetragen. In einer Sure des Koran heißt es dazu: Erschlaget die Götzendiener, wo ihr sie findet. Wenn sie jedoch bereuen und das Gebet verrichten und die Armensteuer zahlen, so laßt sie des Weges ziehen.«

Es war dunkel geworden. Ohne Dämmerung hatte die Nacht den Tag abgelöst. Klaus hatte den Pfannkuchen besiegt und sagte: »Ja, seht ihr, und davon gehe ich aus. Ich glaube schon, daß dieser Osman und seine Leute auf ihre Art einen Heiligen Krieg gegen uns führen. Wir sind eben für sie die Ungläubigen. Mit uns können sie machen, was sie wollen. Sie könnten uns eigentlich sogar bestehlen, belügen, betrügen, unseren Weg aufhalten. Wenn wir uns aber zu ihnen bekennen, wenn wir ihre Brüder werden, dann müßten sie sich sicher anders verhalten.«

Und nach einer Weile setzte er hinzu: »Es wäre so einfach. Wir brauchten vor Zeugen nur das Glaubensbekenntnis nachzusprechen, schon wären wir nach den Richtlinien des Koran Muslims.«

In dieser Nacht fand ich wenig Schlaf. Unruhig wälzte ich mich hin und her, und obwohl ich mich durch Schäfchenzählen und ähnliche Tricks dazu zwingen wollte, meine Gedanken einfach abzuschalten, kam ich immer wieder ins Grübeln. Horsts spontane Ablehnung, dem islamischen Glauben beizutreten, wirkte in mir nach. Wie hatte er noch reagiert? »Damit treibt man keinen Spaß!« Das waren seine Worte. Genau so hätte mein Vater gesprochen, und auch der Pastor, der mich konfirmierte, oder meine früheren Lehrer. Ja, verdammt

noch mal, diese wenigen Worte drückten genau das aus, was an Erziehung in bezug auf Religion in unserer Generation drinsteckt. Was einem als Kind eingepaukt wurde, das kann man nicht so einfach abschütteln. In kurzen Phasen eines flachen Halbschlafs, die meine Grübeleien unterbrachen, sah ich mich in Traumbildern in meine Kindheit zurückversetzt. Szenen aus dem Gottesdienst, dem Konfirmandenunterricht, aus der Schule kamen hoch, all die ernsten und mahnenden Worte, denen ich irgendwie geglaubt hatte, aber nicht, weil sie mich überzeugten, sondern weil sie mich einschüchterten. Die Geschichte aus der Bibel, in der der Gotteslästerer von einem Blitz getroffen wird.
Muslims, Buddhisten, Hindus oder wie die Andersgläubigen auch immer heißen mochten, für mich waren das damals alles »Heiden«. Arme Verblendete, die von unseren Missionaren von ihrem gefährlichen Irrweg abgebracht werden mußten.
Und nun wollte ich zum Islam übertreten. Aus reinem Opportunismus. Nur um des schnellen und augenblicklichen Vorteils willen. Der Blitz würde mich treffen.
Ich war wieder hellwach. Ich versuchte meine Gedanken zu ordnen. Natürlich war das heutzutage alles nicht mehr so. Ich hatte Missionare kennengelernt, junge überzeugte Christen, die ihre Aufgabe ganz anders sahen, die den Menschen vor allem helfen wollten und ein großes Maß an Toleranz gegenüber andersartigen Sitten und Gebräuchen übten. Und ich hatte von Theologen gehört und gelesen, die all das Gleichnishafte, alle die Fabeln und Wunder, die den christlichen Glauben umranken, beiseite schoben, weil sie den Blick auf das Wesentliche behindern. Nun ja, ich nenne mich ›Christ‹. Aber bin ich es wirklich? Oder übernehme ich nur das, was in unserem ›christlichen‹ Abendland schon seit Generationen so tief eingewurzelt ist, daß man es als selbstverständlich hinnimmt, ohne sich noch allzu viele Gedanken darüber zu machen? Aus der Kirche bin ich jedenfalls ausgetreten, als ich 20 Jahre alt war. Aber was will das schon heißen?
Ich glaube, daß es etwas Höheres, etwas Unerklärbares gibt, das wir mit dem Wort ›Gott‹ bezeichnen, weil es die einzige Möglichkeit ist, auf die unfaßbaren Wunder der Natur, des Menschen, des Weltalls und des eigenen Seins eine Antwort zu geben. Ich weiß es nicht, also glaube ich es.

Und das ist letztlich allen verschiedenen Religionen gemein: sie artikulieren den Glauben an einen Gott. Auch der Islam. Warum sollte ich also nicht ein Muslim sein können? Genauso gut, wie ich mich Christ nennen könnte? Meine innere Einstellung würde dadurch nicht verändert. Ich glaube nicht, den Islam dadurch zu beleidigen.

Ich wollte es tun. Meine Zweifel waren verflogen. Es war kein Verrat an irgendeiner Sache. Natürlich, ich erhoffte mir einen Vorteil davon. Einen Vorteil, der darin bestand, daß wir mit unseren Begleitern besser, das heißt vertrauensvoller und fairer umgehen konnten – oder besser gesagt: sie mit uns. Ist das Verrat? Es ist das Gegenteil davon.

Am nächsten Tag traten Klaus und ich zum islamischen Glauben über. Unser Gastgeber, ein alter Herr mit eisgrauem Bart, übernahm die Rolle des Imam, des Vorbeters. Er nahm uns das Glaubensbekenntnis ab: »Es gibt keinen Gott außer Allah, und Muhamed ist sein Prophet.«

Wir erhielten andere Namen. Ich wurde Abdallah genannt, der »Diener Gottes«, Klaus hieß von Stund an Jasin. Für den Alten war es wohl einer seiner glücklichsten Tage. Er hatte zwei Irrgläubige auf den rechten Pfad gewiesen. Er hatte sie aufgenommen in die große Familie Allahs. Er drückte uns immer wieder warm die Hände, betete ohne Unterlaß und buddelte zu guter Letzt in der Ecke seiner Gras-Moschee ein Lederbeutelchen mit grünen Kaffeebohnen aus dem Boden.

Wir waren davon so gerührt, daß wir ihn baten, zur Feier des Tages unseren Kaffee spendieren zu dürfen. Da Kaffeetrinken zu einem meiner Laster gehört, hatte ich mir fünf Kilo der verführerischen Samen mitgenommen. Der Imam ließ sich jedoch nicht davon abbringen, seine wenigen kostbaren Bohnen mit in die Pfanne zum Rösten zu werfen. Seine Frau verwandelte sie in einen köstlichen Trunk mit etwas Salz. Dazu wurde geröstete Hirse gereicht. Klaus rülpste zufrieden. Die Rülpser nahmen unsere Gastgeber dankbar und stolz entgegen. Rülpsen konnten wir auf Kommando. Klaus war der Expeditionsmeister. Der Diplomrülpser.

Osman war ebenfalls stolz und glücklich. Tief gerührt schloß er mich in seine Arme, räusperte sich ein paarmal und fuhr mich im nächsten Augenblick an:

»Wehe, wenn ich dich erwische, daß du wieder dieses Schweinezeug ißt!«
Horst aber war bei seiner Weigerung geblieben. »Ich kann das nicht mitmachen«, meinte er, »nehmt's mir nicht übel. Religion als taktisches Mittel, nein, da sträubt sich alles in mir. Laßt mich da raus.«
Zu Horsts Ruhm sei gesagt, daß er seine Rolle als unser Diener bis zuletzt tapfer durchgehalten hat, und wir waren schäbig genug, seine Dienerdienste schmählichst auszunutzen. Ein Pfiff, ein Kommando, und Horst schleppte Holz herbei, Horst kochte und Horst packte für uns. Dafür drückten wir ein Auge zu, wenn er seine Haferflocken stets luxuriöserweise mit Zucker und Milchpulver mischte, statt sie pur runterzuwürgen.
Der Imam, ein weiser alter Herr, entzifferte Horsts Gesichtsausdruck richtig. Denn er bat spontan, etwas zu dessen Bedenken sagen zu dürfen.
»Euer Freund mag offensichtlich euren Entschluß nicht teilen. Habe ich recht?«
»Ja, Magid, so ist es«, erwiderte Klaus.
»So laßt euch ein paar Worte erzählen.« Der Alte knabberte ein paar Hirsekörner, rüttelte sich noch einmal bequem in seinem Schneidersitz zurecht und fuhr fort: »Als ich jünger war und voller Kraft, habe ich Gottes Gebot befolgt und war in Mekka. Unglaublich viele Menschen waren dort versammelt aus Ländern, die ich nicht kannte, und deren Namen ich bereits wieder vergessen habe. Wir haben abendelang vor unseren Zelten gesessen und geplaudert. So hörte ich auch vom Christentum. Als ich es verglich mit meinem Glauben, war ich noch mehr überzeugt, den richtigen zu haben. Daß wir nur einen Gott haben, und nicht drei, wißt ihr ja bereits. Mohammed war und ist immer nur ein Mensch gewesen. Nicht wie Jesus ein Gottessohn. Er war der Prophet, der uns Gottes Willen verkündete. Weiter nichts. Allah bestraft auch nur Sünden, die tatsächlich begangen wurden, nicht aber böse Gedanken. Böse Gedanken sind bei uns erlaubt, denn die gibt einem der Teufel ein. Und dieser ist dem Menschen mit seinem freien Willen untergeordnet. Übrigens verehren auch wir euren –« und dabei schaute er zu Horst rüber – »Jesus Christus. Aber nur als einen Propheten. Einen sehr großen sogar. Was mich bei der Christen-Lehre noch sehr verwunderte, war, daß sie sich Gott als Va-

ter, als Menschen, vorstellen. Einer der Pilger hatte ein Bild bei sich, um es allen zu zeigen. Dieses Bild zeigte den Gott der Christen als alten Mann mit einem Bart auf einer Wolke. Im Islam ist das undenkbar, Gott ist viel zu groß, zu einmalig, er ist so unnachahmlich, daß es den Muslims verboten ist, ihn nachzugestalten.«

Noch lange sprachen wir miteinander. Endlich krochen wir todmüde unter die Aluminium-Folie und schliefen sofort ein.

Daß die Schwierigkeiten jedoch nicht zu Ende waren, erlebten wir schon am nächsten Tag. Ibrahim und Nassib erklärten unerwartet, sie würden uns jetzt verlassen. Gründe dafür gaben sie nicht an. Nach langem Feilschen konnten wir sie wenigstens überreden, uns ihre beiden Kamele zu verkaufen. Wir erfuhren später, daß sie nackte Angst vor den nächsten Stämmen hatten. Aber so etwas gab nie jemand zu. Es passierte uns später noch sehr häufig. Pro Tier mußten wir 380 Mark bezahlen. Großzügig bekamen wir dafür auch noch die Sättel. Bestes Zeichen dafür, daß man uns gehörig das Fell über die Ohren gezogen hatte. Trotz der Brüderschaft im Glauben . . . – und obwohl ich gerade am Abend vorher Nassib wirkungsvoll medizinisch behandelt hatte. Und das war so gekommen: Wir saßen am Feuer, als mir bewußt wurde, daß Nassib sich ständig die Augen wischte. Sah er uns an, dann eigentlich nur mit geschlossenen Lidern. »Was hat Nassib eigentlich?« fragte ich Osman.

»Er hat krumme Wimpernhaare«, antwortete dieser.

»Mach bitte keine Witze, Muselmane. Was hat er wirklich?«

»Wenn Osman sagt, er hat krumme Wimpern, dann stimmt das, Abdallah. Osman belügt seine Brüder nicht. Sieh dir doch seine Wimpern an. Sie wachsen alle nach innen.«

Horst leuchtete mir mit der Taschenlampe. Tatsächlich waren die Wimpern der Grund für die fürchterlich entzündeten Augäpfel.

»Hat er das schon lange?«

»Ja, schon von Kind an.«

»Kann man denn nichts dagegen machen? Warum war er noch nie beim Arzt?«

»Doch. Das war er, aber das müßte operiert werden. So was kostet fünfzig Bir. Und die hat Nassib nicht. Nassib ist arm. Er ist ohne Vater aufgewachsen, und seine Mutter war blind.

Er mußte schon als Kind sich und die Mutter mit Holzsammeln

durchbringen. Bedenke, er ist auch hier nur als Treiber mitgeschickt worden. Das Kamel gehört einem reichen Galla-Fürsten.«
Nassib bekam von uns täglich fünf Bir, drei davon waren fürs Kamel. Die mußte er abführen. Zwei waren für ihn. Aber auch davon verlangte der Arbeitgeber die Hälfte, weil er Nassib mittels seines Kamels diesen Job überhaupt erst verschafft hatte. Plötzlich fanden wir es gar nicht mehr so schlimm, daß Nassib ohne Proviant mitgekommen war. Woher hätte er schon etwas nehmen sollen?
Wie häufig auf unseren Reisen waren wir ein wenig beschämt ob unseres Feilschens um einen Bir mehr oder weniger. Wer in diesen Ländern auf der untersten Stufe der Sozialleiter steht, dem wird keine Chance gegeben, die nächst höhere zu erreichen.
Irgendwie fühlten wir uns für Nassib plötzlich verantwortlich. Was waren schon 50 Bir! Was waren schon diese läppischen fünfzig Deutschen Mark, wenn wir später für Illustrierten-, Film-, Buch- und Vortragspublikationen ein Zigfaches erlösten!
Spontan sagte Horst: »Ich studiere zwar noch und habe mir das Geld für diesen Trip zusammengepumpt. Und ob wir die Reise finanziell auswerten können, weiß nur euer Allah. Morgen kann sie schon zu Ende sein, und dann bin ich pleite. Aber das Geld für Nassibs Operation kriegt er von mir, sobald er uns vereinbarungsgemäß bis Schiffra geführt hat.«
Es bedurfte keiner Worte. Wir wollten uns die Kosten selbstverständlich teilen.
»Halt die Lampe mal still«, versuchte ich meine Mitleidswelle zu übertünchen.
Und dann krempelte ich seine Lider über ein darübergelegtes Streichholz und schnitt mit einer scharfen Schere jedes seiner krummen Haare ab. Zuletzt gab's noch Augentropfen, Augensalbe, Schmerztablette, Vitamine und eine sanfte Schläfenmassage. Sicher war es das erste Mal in seinem Leben, daß Nassib so fürsorglich behandelt wurde.
Dies war genau zehn Stunden her. Nun hatte uns Nassib fristlos gekündigt.

Der Weg nach Schiffra

Unsere Wasserversuche

Heiß stand die Luft. Wie eine schwere Dörrpflaume lag uns die Zunge im Mund, zwischen den Zähnen knirschte der Sand. Sand, wo wir hingriffen, Sand und Staub. Dazwischen ein paar halbkahle Krüppelbäume mit grünen ledernen Blättern und holzige Dornbüsche, so weit das Auge reichte. Tagestemperaturen bis zu 60 Grad im Schatten sind hier nicht selten. Wir hatten angehalten, um wieder einmal Wasser zu machen. Und wir machten. Horst baute unsere Wassermaschine auf: einen Schirm aus gebogenen auseinandergefächerten Aluminium-Lamellen, einen Meter im Durchmesser. Die verstellbare Halbkugel, einem riesigen altertümlichen Foto-Blitzgerät ähnlich, ruhte auf einem niedrigen Dreifuß über Fels und Sand. Ihr abgeflachter Mittelpunkt, ein Gitternetz, war so eingestellt, daß die Sonnenstrahlen senkrecht auf ihn trafen. Auf dem Gitternetz stand ein verschlossener Glaszylinder mit farblosen würfelförmigen Perlen. Sie sollten unter dieser intensiven Sonneneinstrahlung Wasser ausschwitzen. Jeder Foto-Amateur kennt mittlerweile diese Perlen. Es sind Zeolithe, die wegen ihrer chemischen Fähigkeit, Feuchtigkeit aus der Luft abzusaugen und in sich aufzunehmen, in kleinen Packungen allen feuchtigkeitsempfindlichen Kameras und Linsen vor der Lagerung beigelegt werden.

Wir nutzten die Zeolithe nur umgekehrt: wir wollten das gehamsterte Wasser unter starker Hitzeentwicklung wieder flüssig und damit nutzbar machen. Kurzum – wir versuchten Luftfeuchtigkeit in Wasser zu verwandeln, und Luftfeuchtigkeit hat die Danakil-Wüste, die trockenste Wüste der Erde noch genug: rund 60 Prozent bei Nacht und selbst bei 60 Grad Tageshitze noch 28 Prozent. Horst, unser Chemikus, hatte alle Vorbereitungen getroffen. Wir hatten ihm dabei geholfen, nun hieß es warten, etwa zehn Minuten. Für unsere Führer war Horst der Watermaker. Sie bewunderten ihn, wenn er mit der verwegen aussehenden Schutzbrille über den Augen den Spiegel inspizierte, Meßdaten notierte oder mit den diversen Gerätschaften hantierte. Es sah alles recht professionell aus und ließ unsere Führer jedesmal aufs neue in Rufe des Erstaunens und Entzückens ausbrechen.

Die zehn Minuten waren vergangen. Leichter Dunst stieg von den

Perlen auf, die in den heißen gebündelten Sonnenstrahlen schwitzten.
»Es geht los«, rief uns Horst zu. Klaus und ich hatten uns für ein paar Minuten zurückgezogen und genüßlich Tee getrunken.
Der Dampf schlug sich an der Wand des Glaszylinders nieder und auch an der meterlangen Glasröhre, die von der Retorte in den Schatten führte. Dort hatten wir ein Sammelgefäß, einen Meßbecher aufgestellt.
Und wieder trat ein, was wir beim erstenmal noch ungläubig registriert hatten, daß Sonne, Luft und Chemikalien Wasser geben: Es tropfte! Eine Stunde lang tröpfelte es aus der Röhre, dann war die Chemikalie leergeschwitzt, der Meßbecher voll – die Wüste hatte uns einen halben Liter Wasser geschenkt. Osman und Omar applaudierten. Wir freuten uns.
Sicher – ein halber Liter Wasser in der Wüste und ungenießbar dazu, ist nicht mehr als ein Tropfen auf den heißen Stein. Denn was uns da entgegenschwappte war reinstes destilliertes Wasser.
Also rührte ich zwei Teelöffel ordinären Wüstensand in unser Kunstwasser und schwenkte das Gemenge minutenlang, bis sich der Danakil-Dreck und damit ein paar wichtige Mineralien in der Flüssigkeit auflösten. Das so behandelte Wasser schmeckte, um es vornehm auszudrücken, äußerst nüchtern. Selbst Leckwasser aus einem auftauenden Eisschrank hat daneben noch Jahrgangscharakter. Doch wir waren nicht unzufrieden über unsere erzielten Ergebnisse. Unsere Experimente hatten uns bewiesen, daß man notfalls Wasser aus der Luft produzieren kann. Aber sie hatten auch gezeigt, daß es immer noch besser ist, wenn man ein Wasserloch in der Nähe hat – oder einen Wassersack am Kamelpackhalfter.
Dennoch: Sonne und ein Haufen farbloser Kristalle in der Wüste, ein neues technisches Prinzip – für viele, die am Rande der endlosen Dürre hausen, vielleicht ein kleiner Silberstreif am trockenen Horizont.
Für uns hatten sich die Wasserversuche auch in anderer Hinsicht gelohnt. Waren sie zunächst auch als Alibi gedacht, um Empfehlungsschreiben zu bekommen, die uns den Zutritt zur Danakil-Wüste ermöglichen sollten, so verschafften sie uns nun die Achtung und die Gastfreundschaft der Afar-Nomaden, deren Weg wir kreuzten. Die Afars waren uns zuvor als ausgesprochen zurückhaltend, ja als geradezu feindlich gegenüber allen Fremden geschildert worden. Daß sie

uns nun fast immer in ihren Burras aufnahmen und bewirteten, das hatten wir zu einem großen Teil unserer Wassermaschine zu verdanken.

Junus

Der Tag, an dem die Danakil-Wüste uns offenbar eine weitere Variante ihrer Vielseitigkeit präsentieren wollte, an dem sie uns die Zähne zeigen wollte – dieser Tag hatte wie schon viele vor ihm begonnen. Bereits nach zwei Stunden Marsch war der übliche Krach zwischen Klaus und Omar ausgebrochen. Omar führte seit kurzem die Karawane, weil Osman dieses Gebiet angeblich nicht gut genug kannte, während Omar ja sogar einen verwandten Scheich in der Gegend haben wollte. Immer wieder aber überraschte Klaus den schlitzohrigen Afar bei einem unerklärlichen Zick-Zack-Kurs. Und jedesmal gab es dann einen Mordskrach, wenn Omar erklären sollte, warum wir denn nicht die grobe Richtung Norden einhielten, sondern so merkwürdige und zeitraubende Umwege machten.
Es hatte sich also nicht viel geändert, seit wir uns zum Glauben unserer Begleiter bekannten. Nein, wenn man's recht betrachtete, überhaupt nichts. Eigentlich war es sogar mühsamer geworden. Denn nun kamen zu den zahllosen Pausen auch noch die Unterweisungen im Gebet.
»Dieser Irrführer«, murrte Klaus, »jetzt ist angeblich wieder ein Dikkicht vor uns, durch das wir unmöglich mit den hochbeladenen Kamelen durchkommen würden. Also wieder ein Stück zurück. Ach, hol's der Teufel!«
In den Mittagsstunden kamen wir an einen Fluß. Wie ein Forellenbach schlängelte er sich von einem Bergmassiv herab, breitete sich im Tal etwa zwanzig Meter breit aus, und sein kristallklares Naß hatte an den Ufern sattes Grün wachsen lassen. Ein geradezu idyllischer Lagerplatz.
Klaus und Horst versuchten sich als Angler. Als Köder dienten ein Skorpion und ein Tausendfüßler. Schon nach wenigen Minuten hatten zwei armlange Welse angebissen. Endlich einmal konnten unsere doch schon recht eintönig gewordenen Mahlzeiten angereichert werden.

In der Zwischenzeit war wie aus dem Nichts eine Gruppe junger Afars aufgetaucht. Neugierig umstanden sie unser Lager. Alle trugen Wickelröcke, während die Oberkörper unbekleidet der glühenden Sonne preisgegeben waren. Ein paar von ihnen besaßen Gewehre, die sie in der typischen Haltung mit nach hinten verschränkten Armen quer über die Schulter trugen. Vor dem Bauch baumelte jedem das Kurzschwert, diese mörderische, wie eine Sichel geschwungene Waffe. Manchmal war der Knauf mit Silberringen verziert. Osman hatte uns erzählt, daß jeder dieser Ringe einen getöteten Feind bedeute. Andere Stämme wiederum tragen die Siegestrophäen als Ring an bestimmten Fingern, und wieder andere stecken sich Federn ins Haar – für jeden Besiegten eine.

»Sie haben einen Kranken bei sich. Sie wollen wissen, ob ihr ihm helfen könnt.« Osman deutete auf einen jungen Mann, der ein wenig verlegen und merkwürdig breitbeinig da stand.

Also hatte Osman wieder vor seinen Landsleuten damit geprahlt, daß wir berühmte Hakims seien. Er tat das immer wieder, obwohl wir ihm gesagt hatten, daß wir nur gegen Bezahlung arbeiten würden und er das gleich klarmachen sollte. Denn immer wieder kam es zu Differenzen, wenn wir unseren bescheidenen Lohn forderten: einen Topf Milch.

»Was fehlt ihm denn?« wollte ich wissen.

»Das mußt du dir ansehen«, freute sich Osman und bearbeitete vergnügt seine Oberschenkel.

Ich war neugierig geworden und winkte den Afar heran. Der aber wich scheu zurück, er versteckte sich förmlich in einem nahen Gebüsch. Dabei ließen mich seine großen, ängstlichen Augen nicht los. Vermutlich will er sich vor seinen Brüdern keine Blöße geben, dachte ich.

»Komm mit«, forderte ich Osman auf, doch das war völlig unnötig. Der wollte sich das Schauspiel sowieso nicht entgehen lassen. Zögernd legte der junge Mann im Gebüsch seinen Wickelrock ab. Was ich sah, ließ mich schaudern. Ein vermutlich schon seit vielen Jahren bestehender Leistenbruch quälte den Afar. Wahrscheinlich hatte er noch nie einen Arzt aufgesucht. Groß wie ein Männerschädel hing der Hodensack herab. Er mußte schon beim Laufen mächtige Schmerzen haben. Mit der bloßen Hand konnte er den Inhalt des Ho-

densacks in den Leib zurückpressen. Sobald er sich wieder hinstellte, plumpsten die Därme aus der Bauchhöhle zurück.
Notdürftig legte ich ihm einen festen Verband an, der dem Gedärm keine Chance zum Herausfallen ließ. Osman mußte ihm klarmachen, daß er die Binde so fest wie möglich zu tragen hatte. Außerdem aber sollte er schnell eine Mission aufsuchen, um sich dort operieren zu lassen. Ich schrieb ihm eine »Überweisung«, die er stolz wegsteckte.
Ich wußte, daß es ein vergeblicher Rat war. Der Weg zur Mission würde ihn durch Feindesland führen. Immerhin, der junge Mann zog beglückt ab, johlend umringt von seinen Freunden. Und auch Osman war hochzufrieden mit mir.
Am anderen Flußufer war inzwischen ein hochgewachsener Afar aufgetaucht. Er mußte aus einer angesehenen Familie stammen. Das moderne Repetier-Gewehr, das er lässig über die Schulter trug, war reich mit Silber beschlagen. Außerdem trug er einen kleinen Teekessel. Seinen Kopf schmückte ein kostbar besticktes Käppi. Ohne von uns Notiz zu nehmen, legte er die Waffe und den gewaltigen Munitionsgurt ab, entledigte sich des Wickelrocks und begann sich in aller Seelenruhe zu waschen.
Omar rief ihm etwas zu. Er sah nur kurz auf, vollendete seine Wäsche und kam dann, fast splitterfasernackt, zu uns durch den Fluß gewatet. Das Gewehr ließ er am anderen Ufer liegen. Ein sicheres Zeichen dafür, daß er uns als harmlos ansah und die Gegend »sein« Revier war.
»Das ist Junus«, stieß mich Osman aufgeregt an.
»Woher soll ich wissen, wer Junus ist«, murrte ich zurück.
»Sein Vater ist einer der bedeutendsten Scheichs«, klärte mich Osman auf. »Er hat schon viele Feinde getötet.« – Und dann kam ihm plötzlich eine Idee: »Kannst du nicht versuchen, ihn als Führer für uns zu gewinnen? Dann haben wir nichts mehr zu befürchten!«
»Warum denn noch einen Führer?« ich blickte Osman mißtrauisch an. »Wir haben doch euch.«
»Wir können nur den Weg zeigen«, wand sich Osman verlegen. »Wir können euch doch nicht gegen Feinde beschützen. Junus – ja, der kann das! Den kennt hier jeder, ihn und seine Freunde wagt niemand anzugreifen.«

»Dann frag ihn doch mal, was er verlangt«, wandte Klaus schnell entschlossen ein, während ich noch rechnete, ob unsere Reisekasse eine weitere Belastung zuließ.
Junus hatte unseren Disput aufmerksam verfolgt. Fein lächelnd schaltete er sich jetzt ein: »Ich wäre geneigt, euch zu helfen. Ich verlange fünf Bir für jeden Tag.«
»Vier Bir«, sagte Klaus schnell. Zu schnell.
Ohne ein weiteres Wort zu verlieren, drehte Junus sich um, stieg in den Fluß und watete auf das andere Ufer zu. Auf halbem Wege warf er uns in verächtlichem Ton über die Schulter zu:
»Wenn ihr mit mir feilschen wollt, dann seid ihr nicht die richtigen Leute für mich. Wenn ich Flüchtlinge außer Landes bringe, bekomme ich hundert Bir pro Tag.«
Sprach's, kleidete sich an, griff sein Gewehr und verschwand mit langen, gleichmäßigen Schritten.
»Na, dann eben nicht«, gab sich Klaus unbeeindruckt, während ich verdutzt dastand. »Hast du so etwas schon erlebt«, staunte ich schließlich. »Handelt überhaupt nicht! Läßt uns einfach stehen!« Immer wieder schüttelte ich den Kopf. Osman dagegen murmelte zornige Flüche vor sich hin. Vermutlich war er mit unserer Handlungsweise mal wieder ganz und gar nicht einverstanden.
Endlich marschierten wir weiter. Und wieder ging es im unsicheren Zick-Zack-Kurs. Stunden später stoppte Omar unsere Karawane, weil er offenbar erneut die Orientierung verloren hatte.
»Was ist bloß mit ihm?« fragte ich Osman, der verdrossen hinter mir herstapfte. »Ich denke, Omar kennt sich hier so gut aus?«
»Wir mußten auf ein anderes Stammesgebiet ausweichen«, gab er nach kurzem Zögern zurück. »Das aber kennt er nicht so gut.«
»Und warum das?«
»Omars Bruder hat einen Mann erschlagen«, erzählte Osman. »Dessen Familie wohnt in dem Gebiet, das wir umgehen. Wenn wir dort durchziehen würden, dann müßte Omar die Blutrache fürchten. Und auch wir wären nicht sicher.«
Das bedurfte keiner weiteren Erklärung. Bei den Afars herrscht noch immer das Gesetz der Blutrache, obwohl sie von der Regierung verboten ist. Wenn eine Familie der anderen den Tod geschworen hat, dann muß alles andere zurückstehen. Regelrechte Kleinkriege toben

da häufig. Ich wunderte mich nicht mehr, daß Omar das Gebiet wie die Hölle mied.
Noch am Nachmittag ließ er absatteln und alles für das Nachtlager vorbereiten. Ich war viel zu müde, um dagegen zu protestieren. Die Hitze hatte mich ausgelaugt. In der letzten Stunde waren wir nur noch im Unterbewußtsein marschiert. Unsere Beine waren von den Dornenbüschen zerrissen, sie bluteten aus unzähligen kleinen Wunden. In meinem Kopf mußte jemand einen kleinen Motor eingesetzt haben. Das pochte und tuckerte ohne Unterlaß, manchmal verschwamm mir alles vor Augen. Kaum hatten wir angehalten, nahm ich eine Schmerztablette und schon lag ich. Im Dahindämmern nahm ich noch wahr, daß Horst einen Tee aufsetzte und ihn heute mit Hilfe seines Spiegels kochen wollte. Ich wollte noch auf das Getränk warten, weil mir der Gaumen ausgedörrt war, doch der Schlaf überwältigte mich vorher. Als ich erwachte, war aus einem strapaziösen Tag ein gefährlicher geworden.

Vier Galgenvögel

Es war ein bleischwerer, unruhiger Schlaf, aus dem ich gerissen wurde. Ich hatte von zu Hause geträumt – ein verdammt böser Traum. Maggy hatte mir eine Szene gemacht. Ich würde mich nicht genug um Kirsten kümmern, die schriebe in der Schule eine miese Arbeit nach der anderen, doch ich würde davon keine Notiz nehmen. Und überhaupt wachse ihr das Geschäft und die ganze Arbeit über den Kopf. Die Worte trafen mich wie Peitschenhiebe, ich fand keine Antwort, die Kehle war mir wie zugeschnürt. Träume, in denen man immer so wehrlos ist.
»Rüdiger! Eh, Rüdiger! Wach auf. Hier stimmt was nicht!«
Jemand zischelte in mein Ohr und rüttelte mich unsanft an der Schulter. Es dauerte einige Sekunden, ehe die Worte in mein Bewußtsein drangen.
Noch lag die Hitze wie eine Dunstglocke über dem Land. Das Atmen fiel Mensch und Tier gleich schwer. Obwohl ich nur einen leichten, luftigen Umhang trug und sonst nichts, war ich völlig durchgeschwitzt.

Wieder diese flüsternde, scharfe Stimme: »Mensch, Rüdiger, komm zu dir. Wach doch endlich auf!«

Urplötzlich war ich hellwach. Klaus saß neben mir. Sein sonst so gleichmütiges Gesicht wirkte besorgt. Unauffällig nickte er zur Feuerstelle hin und gab mir gleichzeitig mit einem sanften Schulterdruck zu verstehen, daß ich möglichst leise sein sollte.

Horst stand neben ihm, ein klein wenig gebückt. Er wirkte wie eine gespannte Feder.

Und dann sah ich sie.

Es waren vier. In etwa zehn Meter Entfernung hatten sie sich in einem Halbkreis um das Lager geschart. Zwei waren noch jünger, vielleicht fünfundzwanzig bis dreißig, aber kräftige Burschen. Sie trugen zerrissene, vor Dreck starrende, offene Hemden und Hosen, die knapp über die Knie reichten. Offensichtlich waren sie nur »Gefolge«. Neben ihnen hockte ein älterer Mann. Er hatte sicher schon die Fünfzig überschritten, wirkte aber sehr durchtrainiert. Wenn der Schein des Feuers über den unbekleideten Oberkörper huschte und die Schatten der Akazie auslöschte, dann sah man die Muskeln und Sehnen unter der pergamentenen Haut spielen. Unbeweglich saß er auf den Fersen, blickte finster ins Feuer, während der schmallippige, fest zusammengepreßte Mund eine schnurgerade Linie bildete.

Am gefährlichsten aber wirkte der vierte. Er war um die fünfunddreißig Jahre, trug das Haar sehr lang, so daß es weit über die Schultern fiel. Das grobe, vierkantige Gesicht wurde von wulstigen Lippen und tiefliegenden Augen beherrscht. Wenn er sprach, dann gab der Mund weit auseinanderstehende, ungleichmäßige Zähne frei. Am auffälligsten aber war die feuerrote Narbe, die sich von der Stirnseite über die ganze rechte Wange hinzog. Vermutlich ein Schwerthieb, überlegte ich.

Keiner der vier Männer trug eine Schußwaffe. Dafür hatten sie alle einen rasiermesserscharf zugeschliffenen Speer und das für die Afars typische Kurzschwert, Gille genannt. Im Umgang mit der Gille sind die Afars Meister. Es gibt für sie nichts Wichtigeres, als sich von klein an im Gebrauch dieser Waffe zu üben. Ein Weißer, der sie sich nicht mit einer Pistole oder einem Gewehr vom Leibe halten kann, ist verloren.

Osman hockte ihnen gegenüber. Sie führten eine von wilden Gesten unterstrichene Diskussion. Die Gesprächsfetzen drangen bis zu uns, doch da sie in einem Afar-Dialekt sprachen, war der Inhalt der Auseinandersetzung nicht auszumachen.

Zweifelsohne aber handelte es sich um einen ernsthaften Streit, der da am Feuer tobte. Man mußte nicht erst Osmans Gesicht sehen, um sich davon zu überzeugen. Es war von einer merkwürdigen Mischung von Angst, Zorn und Resignation gezeichnet. Und die Worte schlugen scharf und dicht wie Hagelkörner ein.

»Was sind denn das für Typen?« fragte ich Klaus leise.

»Weiß noch nicht genau. Aber soviel ich bisher mitgekriegt habe, wollen die unser Gepäck durchsuchen. Der Struwwelpeter da, der das große Wort führt, behauptet, er sei von der Polizei.« Er richtete sich auf und rief zu Osman:

»He, nun sag uns doch schon, was los ist!«

Der drehte sich unwillig um. »Nicht jetzt!« schrie er aufgeregt. »Verhaltet euch ganz ruhig. Ich erkläre es euch später.«

Seine Stimme bemühte sich vergeblich um Gleichgültigkeit. Und dann sah ich, wie seine rechte Hand unauffällig zur Seite glitt, und sich dem Schwertknauf näherte. Woher hatte Osman die Gille? Er ging doch immer unbewaffnet.

»Hast du das auch gesehen?« flüsterte ich Klaus zu. Der nickte nur kurz. Osman habe schon den ganzen Tag das Gefühl gehabt, daß uns jemand folgte, erklärte er mir. »Als wir unser Lager aufschlugen und du dich gleich hingehauen hast, ist er zu einem Hügel gerannt und hat von dort aus lange den Weg beobachtet, den wir gekommen waren. Dann kam er plötzlich im Eiltempo zurück, ich sollte ihm deine Gille geben, und unmittelbar danach tauchten die vier auf. Sie müssen sehr auf Deckung bedacht gewesen sein, sonst hätte sie Osman eher ausgemacht. Unfreundliche Burschen, sage ich dir. Da gab es keinen Gruß, keine nette Geste. Seit einer Viertelstunde etwa quatschen sie mit Osman. Der hat mir nur einmal kurz zu verstehen gegeben, daß der Anführer zur Polizei gehören will, und daß er unser Gepäck durchsuchen will.«

»Der und Polizei!« höhnte ich zurück. »Guck dir doch die Visage nur an. Und die anderen sind auch nicht viel besser. Die wollen doch nur sehen, ob es sich lohnt, uns auszurauben. Hast du nichts von Gewehren oder Pistolen bemerkt?«

Klaus schüttelte den Kopf. »Nein, Schußwaffen scheinen sie nicht zu haben. Ich vermute, daß sie Osman und seine Leute einschüchtern wollen, um es dann nur mit uns zu tun zu haben.«
»Ein Mist, daß wir unsere Pistolen nicht mehr bekommen haben«, murmelte Klaus.
»Zähl nicht auf, was wir alles nicht haben. Laß uns lieber überlegen, was wir doch haben«, knurrte ich nervös.
Ich merkte, daß mich eine ziemliche Aufregung gepackt hatte. Seit dem Überfall am Blauen Nil, der unserem damaligen Kameramann Michael Teichmann das Leben kostete, nahm ich solche Bedrohungen nicht mehr so lässig hin wie früher. Ich hatte, wenn auch nicht viel, so doch wenigstens das gelernt, daß der erste Schlag nicht vom Gegner kommen durfte. Er mußte von uns erfolgen. Und er mußte auch wirken. Wenn alles für des Gegners böse Absichten sprach, so waren wir ohnehin rehabilitiert. Wenigstens vor unserem eigenen Gewissen. Mit Schafsgeduld abwarten bis der andere zuschlägt – das war nicht mehr mein Grundsatz.
»Das ist ja der Mist – wir haben drei Speere, und jeder hat seine Gille – das heißt, deine hat ja jetzt Osman«, überlegte Klaus. »Vergiß nicht: außerdem hat jeder noch ein Klappmesser und die Raketen. Laß uns die gleich schießfertig machen.«
Zu unserer Ausrüstung gehörte ein kleines Signalgerät, nicht größer als ein Kugelschreiber. Auf seinen Kopf wird eine fingerlange Signal-Rakete aufgesetzt, die mit einem Knopfdruck abgeschossen werden kann. Viele Wassersportler und Bergsteiger führen so ein Ding mit sich, für den Fall, daß sie mal in Not geraten.
Die Rakete steigt etwa fünfzig Meter hoch und bleibt dann zwanzig Sekunden lang in der Luft stehen. Wir hatten dieses kleine Gerät schon bei früheren Expeditionen mitgehabt, und es hatte uns manchen guten Dienst geleistet.
Klar, die Rakete, dachte ich. Vielleicht kann die uns ja wirklich helfen. Mit zwei Griffen hatte ich sie zur Hand und schußbereit. Ich sah, daß auch Horst sein Signalgerät herausgefingert hatte.
»Wenn wir sie gebrauchen müssen, dann laßt mich zuerst einen Warnschuß abgeben«, befahl Klaus. »Vielleicht lassen sie sich durch den Knall und das Licht einschüchtern. Sie werden glauben, daß wir einen Revolver haben.«

Der tiefe Schlaf

Die Auseinandersetzung an der anderen Seite des Feuers nahm noch an Heftigkeit zu. Der langhaarige Anführer der vier sprach schneidend und immer lauter auf Osman ein. Seine Sätze unterstrich er mit heftigen Faustschlägen in die linke offene Hand. Dann wies er mit einer kurzen, befehlenden Kopfbewegung zu uns.

Zögernd erhob sich Osman und kam zu uns. Er war sehr bedrückt.

»Er bleibt dabei, er will das ganze Gepäck sehen.« Seine Stimme war ängstlich und leise. »Der mit den langen Haaren sagt, er als Afar-Hilfspolizist hätte das Recht, uns zu kontrollieren. Wir seien sehr verdächtig, denn wir hätten nicht die Straße benutzt, sondern Nebenwege. Angeblich ist er schon seit zwei Tagen hinter uns her. Und er schwört Stein und Bein, daß wir etwas zu verbergen hätten, sonst würden wir uns nicht so merkwürdig benehmen. Vielleicht seien wir sogar Spione.«

»Gibt es denn so was überhaupt – Afar-Hilfspolizist?« Horst hatte seine Stirn in skeptische Falten gezogen.

Osman zögerte einen Moment mit der Antwort.

»Ja, ja, die gibt es schon.« Er quälte sich förmlich mit der Antwort. Wahrscheinlich war es ihm nicht lieb zuzugeben, daß Afars die Geschäfte der Regierung besorgten. Aber Osmans Bedenken gingen noch in eine andere Richtung.

»Ich weiß nicht, ich weiß nicht . . .«, nachdenklich kratzte er sich immer wieder den Kopf. »Irgendwoher kenne ich den mit den langen Haaren. Wenn ich nur wüßte, wo ich ihn schon gesehen habe! Ich zergrübele mir schon die ganze Zeit den Kopf, aber ich komme einfach nicht drauf. Das Gesicht! – Ich möchte drauf wetten, daß der Kerl kein Polizist ist! Wenn ich doch nur drauf kommen würde.«

Klaus war wortlos zu unserem Gepäck gegangen und kramte darin herum. Sekunden später kam er zurück, in der Hand das Empfehlungsschreiben aus Addis Abeba.

»Da, versuch's doch mal damit«, schlug er Osman vor und gab ihm den Schein. »Vielleicht tut der Wisch ja seine Wirkung, wenn der die Stempel sieht.« Klaus hatte recht, vielleicht respektierte er tatsächlich die Stempel. Auf jeden Fall konnte ein Versuch nicht schaden.

Langsam schlenderten wir hinter Osman her, der schon wieder in ein erregtes Kauderwelsch mit dem Langhaarigen verwickelt war. Verzweifelt gestikulierend wandte er sich schließlich zu mir: »Er behauptet, euer Schreiben sei gefälscht. Und wenn wir uns weiter weigerten, das Gepäck durchsuchen zu lassen, dann würde er uns zwingen, mit ihm zur Polizeistation nach Robi zurückzukehren.«
Mit einem dreisten Lachen begleitete der angebliche Polizist Osmans Übersetzung. Seine drei Gefährten beobachteten uns gespannt.
»Kommt überhaupt nicht in Frage!« Klaus' Stimme klang hell vor unterdrücktem Zorn. »Der hat wohl 'nen Vogel, den ganzen Weg noch mal zurück.«
Ich überlegte fieberhaft. Was mochten die wohl wirklich im Schilde führen? Osman brachte mich mit einer halblaut dahingeworfenen Bemerkung schließlich dräuf:
»Zurück können wir gar nicht, ohne einen riesigen Umweg zu machen. Sonst müßten wir nämlich durch das Gebiet der Gallas, und das wird kein Afar tun, weil er dort vogelfrei ist. Nein, der will gar nicht nach Robi zurück. Wahrscheinlich erwartet er aber noch Verstärkung. Und er will mit uns seinen Leuten entgegengehen.«
Natürlich, das war's! Noch mehr von diesen Galgenvögeln waren hinter uns her. Bei den vieren handelte es sich vermutlich nur um den Vortrupp.
»Laß uns bloß sehen, daß wir so schnell wie möglich von hier wegkommen.« Klaus war sofort für die einzig logische Konsequenz aus Osmans Befürchtung. »Ganz egal wie. Wenn Osman recht hat, dann müssen wir es notfalls sogar mit Gewalt wagen. Immerhin sind wir sechs gegen vier.«
»Vielleicht sollten wir es vorher noch mal im Guten versuchen«, schlug Horst vor, der seelenruhig seinen Tee brühte. Und zu Osman gewandt:
»Sag ihm, wir würden nur mit zurückgehen, wenn er uns die Kosten erstattet.« Er überlegte einen Moment und fuhr fort: »Ein Tag kostet uns vierzig Bir. Und er muß das Geld im voraus zahlen.«
Das war natürlich nur ein Scheinangebot. Daß die vier über kein Geld verfügten, das war so sicher wie das Amen in der Kirche. Der Langhaarige hörte sich Osmans Vorschlag an, sprang plötzlich auf und schrie zornig auf ihn ein. Gleichzeitig riß er mit einer heftigen Bewe-

gung einige zerfetzte Ausweispapiere aus seiner Hosentasche, hielt sie Osman einen Moment vor die Nase, doch als er danach greifen wollte, steckte er sie blitzschnell wieder weg.
Osman ließ resigniert die Hand sinken. Kleinlaut übermittelte er uns dann, der Anführer der vier habe unseren Vorschlag abgelehnt. »Außerdem wollte ich mir mal seine Papiere zeigen lassen«, erklärte er weiter. »Aber ihr habt es ja selbst gesehen, wie schnell er sie wieder weggesteckt hat. Und wenn ihr euch jetzt noch lange weigert, ihm das Gepäck zu zeigen, dann will er es ohne eure Genehmigung durchsuchen.«
Es knisterte förmlich vor Spannung. »Sie werden zuerst die Speere werfen«, überlegte ich. »Seht zu, daß ihr immer die Kamele zwischen euch und ihnen habt. Und wenn sie sie geworfen haben und unsere Afars mit ihnen ins Handgemenge geraten, können wir mit unseren Speeren dazwischengehen. Eigentlich haben sie keine Chance. Auf keinen Fall dürfen wir unser Gepäck im Stich lassen.«
Horst bot uns und ihnen Tee an. Sie schlugen das Angebot ab. Kein Anzeichen zu einem Einlenken.
Omar mahnte zum Nachmittagsgebet. Überrascht konstatierten die Banditen, daß wir mitbeteten. Sie beteten ebenfalls. Aber unter einem anderen Baum. Die zwanzig Minuten des Zeremoniells mit Waschen und allem Drum und Dran waren eine Kampfpause. Gleich danach herrschte wieder Kriegszustand.
Ohne daß wir es besonders wahrnahmen, hatten sich Omar und Homed an Osman herangeschoben. Erregt tuschelten die drei miteinander. In selbstbewußtem herausfordernden Ton wandte sich dann Osman an den Langhaarigen.
»Er sagt ihm, daß Said Muhamed sein Bruder ist«, erläuterte uns Omar den Vorgang. Seine Miene war wieder etwas hoffnungsvoller geworden. »Said Muhamed ist in der ganzen Danakil-Wüste bekannt und gefürchtet. Er beliefert die Befreiungskämpfer mit Waffen und führt ihnen neue Soldaten zu. Er schmuggelt Menschen und hat schon fünf Feinde getötet. Erst vor zwei Monden hat er den letzten Penis von seinem Dach genommen und verscharrt. Wenn sich jemand mit Said Muhamed anlegt, dann ist er so gut wie tot. Und außerdem teilt ihm Osman mit, daß wir den Entschluß gefaßt hätten, sofort weiterzuziehen. Zwei Tagesmärsche voraus liegt Ataye. Dort gibt es

auch eine Polizeistation. Wenn er durchaus will, dann kann er uns ja dorthin begleiten. Das liegt wenigstens auf unserem Weg.«

Der Name Said Muhamed hinterließ Wirkung. Der Langhaarige sah plötzlich wesentlich kleinlauter aus. Aufgeregt flüsterte er mit seinem älteren Begleiter, der sich noch keinen Zentimeter von seinem Platz bewegt hatte.

In diesem Augenblick klatschte Osman in die Hände.

»Jetzt weiß ich's wieder! Jetzt weiß ich, wer das ist!« rief er unterdrückt. »Oh, verdammt!« Und ohne uns Näheres zu sagen, überfiel er den Anführer mit einem wilden Wortschwall. Der war verdutzt, griff dann noch einmal in seine Tasche, holte die Papiere zum zweitenmal heraus und reichte sie Osman. Diesmal konnte der sie unbehindert lesen. Triumphierend wandte er sich dann zu uns:

»Da! Ich hab's doch gewußt. Von wegen Polizist! Das ist Yaisi Abaru, und das hier sind keine Polizistenpapiere, sondern Entlassungsscheine aus dem Gefängnis von Addis Abeba. Da hat er fünf Jahre gesessen. Wegen Blutrache. Er hat einen Menschen erstochen. Früher kam er immer zu uns nach Robi zum Markt. Heute darf er sich da nicht mehr blicken lassen.«

Der Langhaarige hatte seinen Namen verstanden. Es war ihm klar, daß er das Spiel mit dem Polizisten nicht mehr weiterspielen konnte. Aber er war ein harter Brocken. So leicht ließ er sich nicht kleinkriegen. Er grinste uns frech an und sprach dann eifrig und in beschwörendem Tonfall auf Osman und Omar ein. Die schüttelten immer wieder die Köpfe. Schließlich drehte Osman ihm brüsk den Rücken zu.

»Er will uns auf seine Seite ziehen«, gab er mir zu verstehen. »Die Weißen, sagt er, sind alle schlecht. Wir sollen mit ihm gemeinsame Sache machen und euch überfallen. Dann würden wir auch einen großen Anteil an der Beute erhalten. Das sei nur ein kleiner Ausgleich dafür, daß es den Weißen so gut und den Afars so schlecht geht.«

Und nach einem Moment setzte er stolz hinzu:

»Aber ihr braucht euch keine Sorgen zu machen. Auf so ein Angebot gehen wir natürlich nicht ein. Wir sind keine Männer, die ihr Wort brechen. Aber wir sollten uns jetzt nicht mehr aufhalten lassen. Sonst kriegen die doch noch Verstärkung.«

Osman hatte recht. Die Sonne warf zwar schon lange Schatten und es konnte nicht mehr lange dauern, bis die Dunkelheit das Land einhüllen würde, doch hier durften wir auf gar keinen Fall übernachten. Wir mußten unser Lager abbrechen und zusehen, daß wir so schnell wie möglich das fremde Gebiet verließen und in ein Scheichtum kamen, in dem Omar Verwandte hatte.

Ohne uns um die vier weiter zu kümmern, begannen wir, die Kamele zu packen. Niemand versuchte, uns daran zu hindern. Mir fiel ein Stein vom Herzen. Jetzt waren wir schon viel beweglicher, jetzt mußten wir nicht bei einer überstürzten Flucht unsere Ausrüstung zurücklassen. Doch wenig später sank meine Hoffnung wieder. Die ungebetenen Besucher waren uns nämlich ein paar Meter vorausgegangen und standen jetzt sprungbereit zu beiden Seiten des schmalen Pfades auf dicken Felsbrocken. Offenbar wollten sie uns den Weg verlegen.

»Laß uns so tun, als ob sie gar nicht da wären«, riet Horst. Doch als Homed mit dem Leitkamel aufbrach, stand ihm plötzlich eine lebende Mauer gegenüber. Körper an Körper hatten sich die vier auf den Weg gestellt und jetzt ließen sie über ihre Absicht auch nicht den geringsten Zweifel mehr aufkommen. Drohend waren die Speere gegen uns gerichtet. Der Alte hatte sofort sein Schwert gezogen.

Von einer Sekunde zur anderen hatte sich die Situation wieder dramatisch zugespitzt. Würden sie angreifen? Würden sie als erstes die Kamele töten? Ohne die Tiere waren wir verloren, selbst wenn wir hier heil herauskommen sollten.

Homed tobte wie ein Derwisch. Mit erhobenen Fäusten überschüttete er die Banditen mit einem Hagel von Flüchen, ohne auch nur die geringste Wirkung zu erzielen. Immerhin: noch griffen sie nicht an, ließen uns lediglich nicht weiterziehen. Sie hatten das Leitkamel am Führungsseil ergriffen, worauf es sofort stehenblieb.

Ein wenig ratlos verharrten wir. Was tun? Sollten wir versuchen, durchzubrechen? Mit den Kamelen? Aussichtslos. Mit den Speeren und Schwertern waren die Banditen uns dann überlegen.

Die Kamele hatten sich von selbst wieder niedergelegt. Auch wir hockten uns hin.

In diesem Augenblick nestelte Horst an seinem Überlebensgürtel, kramte zwei Tabletten hervor, warf sie sich in den Mund und sagte leichthin:

»Wir haben ja heute unser Resochin noch gar nicht genommen.«
Ihn schien das alles am wenigsten zu berühren.
»Mann, du hast vielleicht Sorgen«, stöhnte Klaus, holte aber nach kurzem Zögern ebenfalls seine Tabletten heraus und schluckte sie. Ich tat es ihm nach. Wenn wir schon gegen die Banditen kein Mittel wußten, so doch wenigstens gegen die Malaria.
Der Anführer hatte uns interessiert beobachtet. Dann rief er Osman hastig etwas zu. Der antwortete ebenso schnell. Ein kurzes Palaver entspann sich.
»Er will wissen, ob wir Medizin haben. Ich hab ihm gesagt, daß ihr große Hakims seid und natürlich alles bei euch habt. Jetzt verspüren sie auf einmal alle mächtige Schmerzen und bitten euch, ihnen zu helfen.«
»Das ist doch wirklich das letzte«, empörte sich Horst. »Erst wollen sie uns überfallen, und dann sollen wir sie auch noch kurieren. Die können uns mal . . .«
Ich ließ Osman übermitteln, daß Allah schon wissen werde, warum er sie mit Schmerzen gestraft habe. Doch damit erntete ich nur Gelächter. Sehr gläubig schienen die vier demnach nicht zu sein.
Klaus tippte mich verstohlen an. »Du, ich habe da so eine vage Idee«, flüsterte er. »Wir haben doch die Schlaftabletten. Die sehen doch genauso aus wie das Resochin.«
Bedeutungsvoll kniff er ein Auge zu.
Irrsinn, dachte ich. Das ist doch eine Wahnsinnsidee!! Mit Schlaftabletten gegen Räuber?! Herrgott, nein, das gibt's doch nicht einmal hier in diesem verrückten Land. Wenn schon, dann müßte es etwas sein, das sie sofort umhaut.
Horst mußte wohl meine Gedanken erraten haben. Aufmunternd stieß er mir in die Rippen:
»Ich halt's ja selbst für ziemlich unmöglich. Aber was kann es schon schaden, wenn wir's probieren? Sag selbst.«
Zu den Schlaftabletten hatte uns Gisela Schareina in Hamburg geraten. »Die Nächte in Dankalia sind so heiß, daß ihr froh sein werdet, wenn ihr wenigstens mit einer Tablette Schlaf finden werdet«, hatte sie gesagt. Daraufhin hatten wir uns hundert mitgenommen.
Ich überlegte noch einen Moment. Aber Horst hatte ja recht: Was

hatten wir schon zu verlieren? Auf einen Versuch konnten wir es getrost ankommen lassen.
»Man müßte mindestens für jeden sechs Stück nehmen«, überlegte ich halblaut.
»Aber sag Osman vorher davon nichts«, riet Klaus, »sonst verquatscht der sich noch.«
»Wir wollen nachdenken, ob wir ihnen helfen werden«, ließ ich Osman übermitteln. Die Räuber hatten offenbar alles Mißtrauen verloren. Sie waren nahe herangekommen, umstanden uns eng, allerdings noch immer die Speere drohend gezückt.
Wir taten, als ob wir lange zu beraten hätten. Dann mußte Osman abfragen, welcher Art ihre Schmerzen seien. Dem einen tat der Kopf weh, dem anderen der Bauch, der Anführer konnte schlecht hören, und einer von den Jungen beklagte sich über Brustschmerzen. Und einmal mehr machten wir die Erfahrung, die wir in Äthiopien schon immer gemacht hatten: Nichts ist als Handelsobjekt so begehrt wie Waffen und Munition – aber danach folgen dichtauf Medikamente jeder Art. Mit stoischer Geduld lassen sich die Eingeborenen behandeln, lassen sie sich Spritzen jeder Art geben, und Tabletten schlucken sie in bedenkenlosem Zutrauen zur Wunderkraft der Heilmittel weißer Männer.
»Jeder bekommt sechs Tabletten«, ließ ich Osman dolmetschen. »Und damit sie schneller helfen, lösen wir sie in Wasser auf. Als Honorar verlangen wir, daß sie uns ziehen lassen.«
Osman dolmetschte. Yaisi, der Gang-Boss, nickte und ließ uns seine heimtückische Antwort zuteil werden. »Erst sollen die großen Hakims beweisen, daß sie heilen können. Wir werden hier gemeinsam die Nacht verbringen und morgen früh weitersehen.«
Wir gaben uns mit diesem Versprechen scheinbar zufrieden. Ohne etwas für unsere Hilfe zu verlangen, hätten wir uns möglicherweise verdächtig gemacht.
Neugierig beobachteten die vier unser Tun. Osman schimpfte leise vor sich hin. Ich konnte mir denken, was er in seinen Bart grimmelte: Diesen Strolchen auch noch wertvolle Tabletten geben!
Die Frage war jetzt nur noch, ob sie den Trank auch schlucken würden. Doch meine Sorge war überflüssig. Gierig und mit verzückten Augen stürzten sie das mit den Tabletten versetzte Wasser herunter.

»Nun wart' mal ein bißchen«, lächelte Horst dem Ältesten der vier zu, »nun wird dir bald besser werden.« Und er wagte es sogar, ihm leicht die Schulter zu klopfen. Ja, Horst ging sogar soweit, die Olympus herauszuholen. Doch da kam Leben in Yaisi. Drohend schwang er den Speer gegen Horst. Und Horst packte die Kamera schnell wieder fort.

Oho! Die Feindschaft war also nicht vergessen!

Wir taten so, als ließen wir uns wieder zur Nacht nieder. Die Kamele wurden abgesattelt, angehobbelt und zum Äsen losgeschickt. Klaus entzündete ein neues Feuer, um das wir uns gruppierten. Osman und Omar beobachteten uns ein wenig ratlos, stellten aber keine Fragen. Vielleicht ahnte Osman sogar etwas. Yaisis Gruppe machte ihr Camp genau auf dem Pfad, den wir nehmen mußten.

Eine halbe Stunde verging. Noch immer kein Zeichen von Müdigkeit bei den Afars? Halt, gähnte da nicht einer? Nur keine überstürzten Handlungen!

Dreißig Minuten später. Niemand sprach mehr. Nur das Knistern des Feuers unterbrach die Stille. Eine unerträgliche Spannung lag über uns. In der Dunkelheit sahen wir, daß die vier sich niedergelegt hatten. Ob sie schon schliefen?

»Ich versuch's mal«, flüsterte Klaus, der die Ungewißheit nicht länger ertragen konnte. »Das Zeug müßte schon längst gewirkt haben.«

»Aber paß auf«, riet ich. »Ruf ihn nur von weitem an.«

»Keine Angst«, antwortete Klaus, »ich paß schon auf.«

Ganz normal ging er zu den vier Banditen. Aus einigen Metern Entfernung rief er:

»He, Yaisi, willst du nicht noch einen Tee?«

Nichts rührte sich. Klaus versuchte es noch ein zweites und ein drittes mal immer lauter, doch von den Afars kam keine Antwort. Regungslos lagen sie da.

Ein Gefühl ungeheurer Erleichterung befiel mich. Es hatte also geklappt! Es hatte geklappt!

Ich ließ jede Vorsicht außer acht und stürzte auf Osman zu. Umarmte ihn und trommelte mit den Fäusten gegen seine Brust. Der sah mich verblüfft an. Wahrscheinlich glaubte er einen Moment, dieser weiße Mann sei nun wirklich und endgültig übergeschnappt. Allah müsse wohl seinen Geist verwirrt haben. Doch schnell erklärte ich ihm alles, sagte ihm, daß die Banditen mit Sicherheit einige Stunden schlafen würden. In der Zwischenzeit könnten wir genügend Weg zwischen uns und sie legen.

Endlich begriff er. Sein Gesicht verzog sich zu einem breiten Grinsen.

»Ha, ha! Schlafen also, die Strolche!« Ein schneller Seitenblick. Dann lachte er brüllend und schlug sich vor Vergnügen immer wieder auf die Oberschenkel. »Sind reingefallen, die Mistkerle! Ha, ha! Dumme Banditen, dumme Banditen!«

Mit wenigen Worten weihte er Omar und Homed ein. Seiner Stimme war anzumerken, wie erleichtert auch er über die unvermutete Wendung des Geschehens war.

»Sollten wir sie nicht fesseln, bevor wir abziehen?« schlug Horst vor. »Dann könnten wir doch noch einen größeren Vorsprung gewinnen.«

Doch Osman riet eindringlich ab. »Auf gar keinen Fall! Denkt an die Blutrache. Wenn sie gefesselt und wehrlos von Hyänen angefallen und vielleicht getötet werden, dann werden uns ihre Angehörigen so lange verfolgen, bis sie den Tod gerächt haben. Dann nutzt es uns auch nichts, wenn wir uns auf dem Land eines befreundeten Stammes befinden.«

»Aber jetzt sind sie doch praktisch auch wehrlos«, wandte Horst ein.

»Natürlich«, antwortete Osman. »Aber man würde an ihren Leichen keine Fesseln finden.«

Der Rest war Routine. Ibrahim, ein Miststück von einem Kamel, das jedesmal ein Heidentheater aufführte, wenn es sich auf seine vier Beine erheben sollte, blieb sich auch diesmal treu. Es brüllte und grölte empört, daß man Angst haben mußte, der Krach würde Tote wieder erwecken. Gott sei Dank schienen die vier Afars noch tiefer als Tote zu schlafen. Wir vibrierten vor Nervosität. Noch nie im Leben hatte ich selbst Schlaftabletten gegessen. Ich wußte nicht um ihre Wirkung. Nichts rührte sich bei unseren Banditen als wir aufbrachen.

Fünfhundert Meter mochten wir bereits hinter uns gebracht haben, als unser steiniger, schmaler Pfad einen rechtwinkligen Linksknick machte. Geradeaus blickte man in ein monderleuchtetes Tal. Omar ließ einfach das Seil seines Kamels los, das sich augenblicklich hinlegte. Er warf sich auf die Erde, Gesicht nach Norden, Mekka, und rief immer wieder Allahs Namen. Spontan warfen wir uns alle daneben. Ich spürte, jeder war gleichermaßen froh über das gelungene Entkommen, und jeder hatte das natürliche Bedürfnis, sich dem Dankgebet anzuschließen.

Noch einmal Junus

Ein tiefer Schluck aus dem Wassersack und es ging weiter.
Die halbe Nacht marschierten wir durch. Ein riesengroßer, orangefarbener Mond ließ uns den Weg gut erkennen. Um Mitternacht hatten wir es geschafft. Wir befanden uns im Gebiet des Stammes, dessen Scheich mit Omar verwandt war. Die vier Halunken würden es kaum wagen, uns bis hierher zu verfolgen.
In einer einsam am Weg liegenden Hütte wurden wir freundlich aufgenommen. Omar zog am nächsten Morgen allein weiter. Er wollte in ein nahes Dorf, um einen bewaffneten Führer für uns zu gewinnen. Nach dem jüngsten Erlebnis hielten wir es doch für richtiger, nicht mehr ohne den Schutz eines Gewehres weiterzuziehen.
Drei Stunden später war er wieder zurück. In seiner Begleitung – Junus! Der Mann, den wir am Fluß getroffen hatten. Mit einem hintergründigen Lächeln nahm er Platz, nachdem wir ihn verlegen begrüßt hatten.
»Ihr habt nach mir rufen lassen?« Seine Stimme war tief und strömte Stolz und Selbstbewußtsein aus.
Aha, signalisierte es gleich in uns. Nun wird er seine Forderung hochschrauben. Wir wollten aber nicht mehr den Fehler wiederholen und mit ihm handeln.
»Was verlangst du, Junus?«
»Fünf Bir pro Tag.«
»Einverstanden.«
»Und wie ist das mit dem Rückweg?«
»Für den Rückweg zahlen wir den anderen auch nichts.«
»Ich rede jetzt nicht von den anderen. Ich rede von mir.«
Osman schaltete sich ein. »Das ist hier üblich. Wir haben eine Son-

dervereinbarung, weil ihr mir zu dem Arzthelfer-Zertifikat verhelfen wollt. Bietet ihm die Hälfte!«

»Was hältst du von zwei Bir, Junus?«

»Was hältst du von drei?« entgegnete er lässig.

»Sind dir zwei nicht genug?«

»Nein, ich habe dann zwar keine Verantwortung mehr für euch, aber ich muß meine schwere Waffe schleppen und hundert Schuß Munition.«

»Okay, wir sind einverstanden. Du bringst uns also bis Schiffra?«

»Jawohl, bis Schiffra. In sieben Tagen.«

»Wenn du allein zurückgehst, bist du schneller; du wirst in drei Tagen zu Hause sein.«

»Ja.«

»Aber wir haben auch eine Bedingung«, wollte ich nun unsere Ansprüche anmelden.

»Ich bin noch nicht fertig. Laßt mich ausreden.« Er nahm einen Schluck Wasser aus seiner Teekanne, die ständig am Gewehrlauf hing. »Meine Frau erwartet stündlich ein Kind. Ich muß ihr eine Helferin zur Seite geben. Die müßt ihr bezahlen.«

»Junus, welche Afar-Frau läßt sich solchen Dienst bezahlen?«

Junus lächelte. Er wußte das selbst. Aber er hatte es halt mal versucht, hatte er doch endlos Zeit für die Verhandlungen. »Für das tägliche Essen müßt ihr aufkommen«, fuhr er fort.

»Wir haben nur Nahrung, die du nicht magst.«

»Ich liebe süßen Kaffee.«

»Aber unsere allabendlichen Gastgeber werden dir zu essen geben.«

»Das reicht nicht immer. Ein guter Führer darf nicht vor Hunger Fehler machen.«

Junus war ein Experte. Wir kamen uns vor wie bei Verhandlungen zwischen Arbeitgebern und der Gewerkschaft.

»In Ordnung. Wenn du nicht satt wirst, sagst du es uns!«

»Außerdem brauche ich eine Decke für die Nacht.«

»Womit deckst du dich denn zu Hause zu?«

»Mit einer Decke. Aber ihr habt mich so unerwartet von dort fortgerufen, daß ich nichts einpacken konnte.«

»Wir können dir zehn Bir Vorschuß geben für eine Decke.«

»Ja, das ist gut.«
Nun durften wir auch unsere bescheidene Forderung stellen. Er sollte helfen, die Kamele zu packen und zu führen. Junus versprach es. Wir schüttelten uns die Hand. Junus schien ein guter Griff zu sein.
Da kam Osman und flüsterte: »Siehst du da hinten meinen Vater mit seinem Kamel?«
»Ja.«
»Er nimmt von hier aus die Abkürzung nach Hause.«
»Was nimmt er? Ich denke, er begleitet uns bis zur Straße Bati-Assab?«
»Er ist nicht mehr mit seinen drei Bir Tageslohn zufrieden, wenn Junus fünf bekommt.«
Omar hockte mit undefinierbarem Gesicht neben uns. Obwohl er durch uns hindurchblickte, entging ihm kein einziges Wort.
»Wie sollen wir denn jetzt mit nur drei Tieren weiterkommen? Die wären doch überlastet. Kann man hier ein Kamel kaufen?«
»Nein, die Leute sind arm.«
»Dann hole ihn zurück und sage ihm, wir würden ihm vier Bir geben.«
Osman eilte.
Omar flüsterte einen Kommentar und pulte mit seinen Fingern in den Fransen seines weißen Umhanges herum.
»Was hast du gesagt?«
»Wenn Junus fünf Bir kriegt, will ich auch etwas haben.«
Horst mischte sich ein. »Gib ihm auch vier. Aber an der Straße schießen wir ihn in den Wind.«
Omar bekam vier, Homed bekam vier, Junus fünf. Am Nachmittag ging es weiter. Richtung Schiffra.
Schiffra war ein wichtiger Punkt unserer Expedition; dahinter begann das von den aufständischen Afars kontrollierte Gebiet. Schon jetzt, am ersten Tag, mußten wir Junus mahnen, daß er genau wie wir alle beim Packen zu helfen hatte. Er machte – erfolgreich – zwei Knoten, hatte sein Versprechen gehalten und nichts von seiner Manneswürde eingebüßt.
Er führte auch mal eins der Kamele. Dann bat er mich, das Leitseil zu halten, da er urinieren müsse. Den Rest des Tages führte ich das Tier. Auch Homed und Omar waren groß im Notdurftverrichten. Sie

drückten uns die Taue in die Hand, nahmen diskret zwei, drei Steine auf (statt des Toilettenpapiers) und hockten sich neben den Weg. Irgendwann kamen sie dann hinterhergetrottet, mit einer Hand mindestens eine halbe Stunde ihren Wasserhahn unterm Gewand festhaltend. Wohl, damit kein Nachzüglertropfen in die Röcke rieselte. Jedenfalls waren wir es, die die Kamele führten, absattelten, zum Essen schickten, sie wieder einfingen und erneut sattelten. Unser Entschluß festigte sich – sobald es ging, wollten wir mit weniger Tieren und nur noch mit einem bis zwei Führern weiterziehen.

Vier Tage dasselbe. Am fünften, mittags um elf Uhr, setzte sich Junus in den Schatten eines gewaltigen Baumes.

»Nehmt Platz!«

»Jetzt schon rasten?«

»Ich muß zurück nach Hause.«

»Ist hier Schiffra?« fragten wir.

Er überhörte die Frage und sagte: »Dort hinter dem Hügel liegt die Bati-Assab-Straße. Bis Schiffra sind es nur noch zwei Tage. Osman kennt den Weg. Er ist sicher. Ich gehe jetzt.«

Wir waren schockiert. Noch am Tage zuvor hatte uns Junus vor den aufgebrachten und feindseligen Bewohnern eines Dorfes beschützt, die uns den Weg durch ihr Land nicht erlauben wollten. Seelenruhig schickte uns Junus weiter, nahm sein Gewehr von der Schulter und sagte dem Dorfältesten:

»Das sind meine Freunde. Die gehen hier durch. Wenn dir das aber nicht paßt, dann mußt du eben mit mir kämpfen.«

Und nun wollte er uns plötzlich im Stich lassen?

»Warum Junus?« fragte ich verstört. »Haben wir dir etwas getan?«

Er schüttelte den Kopf. »Nein. Aber ich gehe zurück.« – Und nach einigem Zögern: »Meine Frau bekommt ein Kind. Ich will bei ihr sein.«

Wäre die Situation nicht so ernst gewesen, ich hätte laut gelacht. Keinem Afar-Mann würde es einfallen, auf seinen Verdienst zu verzichten, nur um seiner Frau bei der Geburt zu helfen. Ich wurde zornig und drohte, wir würden ihm dann eben nicht die ausgehandelte Summe für den Rückmarsch bezahlen.

»Ihr könnt mit mir nicht über mein Geld reden«, war Junus' kühle Antwort. »Ihr habt es doch nur getragen. Nun will ich es selbst tra-

gen.« Dabei putzte er gelangweilt sein Gewehr und hielt den Lauf wie zufällig auf mich gerichtet. Was blieb uns weiter übrig? Er hatte das Gewehr und damit den höchsten Trumpf.
»Zahl ihn aus«, knurrte ich ergrimmt zu Klaus, der die Reisekasse führte. Junus quittierte mit einem Kugelschreiber-Daumenabdruck.
Minuten später war er aus unserem Blickfeld verschwunden. Auch Osman hatte keine Ahnung, warum er uns so plötzlich verließ. Vielleicht aber wollte er es uns auch nur nicht sagen.
Wir lagen tatsächlich nur noch fünfhundert Meter südlich der Bati-Straße! Kein Auto weit und breit. Die Straße wurde weitgehend von Afar-Rebellen kontrolliert.
Was tun?

Verlassen

Allein hockten wir im Schatten des Riesenbaumes. »Laß uns gleich reinen Tisch machen«, forderte Klaus. »Homed will ohnehin nur bis Schiffra mitkommen. Omar ist jetzt schon überflüssig. Ihn sollten wir ebenfalls gleich auszahlen.«
So geschah es auch. Ohne Gemütsregung dolmetschte Osman unsere Querelen. Als Omar seinen Sold hatte, bat auch Opa Homed nebst Kamel vorzeitig um die Abrechnung.
»Macht euch keine Sorgen«, tröstete uns Osman. »Wir werden schon weiterkommen. Laßt uns eine Burra ansteuern und Rat halten.«
Die Burra war bald gefunden. Ein freundlicher Gastgeber verbarg unser Gepäck in einer nahen Felshöhle. Manchmal kämen hier äthiopische Soldaten durch. »Und denen wollt ihr doch nicht begegnen, oder?«
Wir schlugen ihm freundschaftlich auf die Schulter.
Osman machte folgenden Vorschlag:
»Horst bleibt hier und paßt auf eure beiden besten Kamele auf. Dieses schwächere Tier nehmen wir mit nach Bati. Bati ist nur dreißig Kilometer von hier entfernt und morgen ist Montag und großer Markt. Dort verkaufen wir das Tier, und ich suche einen neuen Begleiter.«

Trotz des Risikos, uns auf einem Markt unter Menschen zu mischen, akzeptierten wir Osmans Vorschlag. Wir entschlossen uns außerdem, alles Überflüssige an Geräten auszusortieren und von jetzt an nur noch mit zwei Tieren weiterzuziehen.

Weniger Kamele, weniger Abhängigkeit, schnelleres Tempo.

Die Abrechnung mit Omar und Homed gestaltete sich schwierig. Mit unendlicher Geduld wurde jeder Tag nochvollzogen und der Lohn mittels kleiner Steine auf einen Haufen gelegt.

In der Dunkelheit zogen wir nach Bati. Der Weg verlief in einem Flußbett neben der Straße. Wenn doch mal ein Auto kam, sprangen wir in die Büsche.

Im Frühnebel des nächsten Morgens standen wir im Hof des Hauses von drei deutschen Entwicklungshelfern: Ria, Christa und Heinz. Mehrere Hunde umkläfften und umwinselten uns. Osman hatten wir vor der Ortschaft zurückgelassen. Die drei Entwicklungshelfer setzten uns ein kräftiges Frühstück, zwanzig Eier, Brot und viele Zwiebeln, vor. Der Markt, der gleich neben dem Haus auf zwei Hügeln abgehalten wird, hatte noch nicht begonnen.

»Eigentlich erscheint mir Bati recht friedlich, mit Sicherheit ist euer Job wohl ganz angenehm, und alles in allem habt ihr wohl ganz gute Karten gezogen«, bemerkte ich kauenderweise so leichthin – doch leider hatte ich mich da verkalkuliert.

»Habt ihr eine Ahnung!« erzählte uns Ria, die grazile Krankenschwester. »Man stößt auf Schwierigkeiten und Intrigen, wohin man nur schaut. Das fängt mit der Frau des äthiopischen Chefarztes im Hospital an, die in allen Dingen mitbestimmen will, obwohl sie keine blasse Ahnung hat. Das setzt sich mit den Vorurteilen der Amharen gegenüber den Afars fort, und das endet schließlich damit, daß alles, was wir tun, was wir anregen, völlig unbeachtet bleibt.«

»Ihr müßt euch mal vorstellen«, warf Christa, die Hebamme ein, »was der Chef von mir gestern verlangte. Wir haben eine Afar-Frau auf der Station, bei der die Geburt nicht vorangehen wollte. Als ich ihn anrief und sagte, wir müßten vielleicht schneiden, meinte er doch tatsächlich, ich solle mich nicht so haben. Solche Fälle hätte er schon häufiger gelöst. Ich sollte die Frau in den Landrover packen und eine Stunde mit ihr über einen Feldweg rasen! Ich werde jetzt noch verrückt, wenn ich daran denke. Aber dem habe ich den Marsch geblasen. Entweder Operation, habe ich gesagt, oder ich kündige fristlos!«

In diesem Moment trat der Sabanja, der Nachtwächter, ein. »Ihr Führer Osman möchte Sie sprechen.«

Nanu?

Wir eilten raus. Osman gab sich ganz zerknirscht. Ob wir ihm das Empfehlungsschreiben an Dr. Aebersold geben könnten. Er habe gehört, hier würden nachts die Hotels kontrolliert und dann hätte er doch wenigstens ein Papier vorzuzeigen.

Ria war auch mit herausgekommen. Sie lachte Osman aus. Dann könne er doch sagen, daß er zu uns gehöre, oder besser noch, daß er heute hier auf dem Markt gewesen sei. Tausende von Leuten seien hier montags im Ort. Und alle kämen von weither. Das sei doch normal.

Enttäuscht und verärgert zog Osman ab.

Kurz darauf war er wieder da. Klaus ging raus und war sofort zurück.

»Fallt jetzt nicht um! Osman hat gekündigt. Fristlos.«

Mir blieb das Rührei im Halse stecken. Entgeistert starrte ich Klaus an, der mich seinerseits recht ausdruckslos anglotzte.

»Du wirst es nicht glauben, aber Osman behauptet steif und fest, er habe ein Nachricht bekommen. Seine Frau ist krank geworden. Ja, du hast richtig gehört. Fällt dir nicht auch auf, wie besorgt die auf einmal alle um ihre Frauen sind, die ihnen sonst für keine Dreckarbeit zu schade sind?«

Das war's denn. Da halfen keine Bitten, keine Überredungsversuche, kein Schimpfen. Es nutzte auch nichts, daß ich Osman den erbetenen Brief für Dr. Aebersold verweigerte, ja, ihm im Gegenteil drohte, dem Arzt zu schreiben, wie er uns im Stich gelassen habe. Er war nicht mehr umzustimmen. Nicht einmal Geld konnte ihn noch locken.

Und mir fiel plötzlich wieder ein, was uns der holländische Missionar in Rasa gesagt hatte.

»Sie werden vielleicht jemanden finden, der Sie bis in die Gegend von Schiffra bringt. Aber nicht weiter. Da beginnen nämlich die Gebiete völlig anderer Stämme und das Aufständischen-Gebiet. Und davor haben sie alle Angst.

Wir trennten uns ohne Worte. Osman bekam sein Geld und murmelte ein Salaam alekum. Wir schwiegen. Was uns besonders enttäuschte, war die Erkenntnis, daß er versucht hatte, uns auszutricksen. Jetzt war uns klar, daß er das Empfehlungsschreiben nicht für die Polizei brauchte, sondern für Dr. Aebersold. Innerhalb eines Tages waren wir also alle unsere einheimischen Begleiter losgeworden. Allah ist groß.

Auf dem Markt von Bati

Mir fiel wieder das Kamel ein, das schwächere Tier, das wir hier auf dem Markt verkaufen wollten. Eigentlich hatten wir darauf gehofft, daß Osman diese Aufgabe übernehmen würde. Die Sprachkenntnisse eines Einheimischen, das Wissen um die hiesigen Handelsbräuche und nicht zuletzt die ausgeprägte Schlitzohrigkeit, die Osman auszeichnete, das alles hätte einen unschätzbaren Vorteil bei einem solchen Geschäft bedeutet. Aber nun war Osman weg.

Ich warf einen Blick aus dem Fenster. Die beiden Hügel, die den Markt bildeten, waren inzwischen brechend voll geworden. Afars, Gallas und Amharen hatten an diesem Tage Waffenstillstand und tauschten – wie an jedem Montag – unter dem bedrohlich wirkenden Doppelgalgen, der die Kuppe des einen Hügels ›zierte‹, ihre Besitztümer aus.

»Es wird Zeit«, meinte Klaus. Alle blickten mich an.

»Wieso ich?« fragte ich verdattert. »Ich hab' zwar schon so manchen Gebrauchtwagen verhökert, aber ein Kamel?«

»Komm, Rüdiger«, munterte Klaus mich auf. »Du bist der einzige Kaufmann unter uns.«

»Wieso Kaufmann? Ich bin Konditormeister!«

»Aber du hast doch einen großen Laden, nicht wahr? Na, also!« Die Logik war umwerfend.

Natürlich war ich der Mittelpunkt auf dem Markt. Kamele werden dort normalerweise nur von Afar-Frauen gehandelt. So hatte ich bald scharenweise Interessenten um mich herum versammelt. Doch ich merkte schnell, daß ihre Neugier weniger meinem Kamel galt, als vielmehr mir selbst und meinen Werbesprüchen. Es war wohl eine einmalige Volksbelustigung, die ich darbot. Ein Lausbub hatte sich

zu mir gesellt und dolmetschte für einen Bir Taschengeld mein holpriges Arabisch in alle gewünschten Sprachen, Afaraf, Gallinya und Amarinya.
»Wollt ihr ein Tier zum Schlachten oder zum Arbeiten?« riefen wir der Menge zu.
»Zum Essen!« grölten die einen.
»Zum Arbeiten!« schrien die anderen.
»Ich bin ein ehrlicher Händler«, übertönte ich sie. »Zum Essen ist das Tier zu schade. Außerdem ist es zu mager. Aber es ist zäh und ausdauernd.«
Meine Zuschauer jubelten. Sicher konnten sie viel besser beurteilen, wie gut oder wie unbrauchbar unser Kamel war. Ich hätte nicht einmal sein Alter bestimmen können. Aber ich fuhr unbeirrt fort: »Das gute Tier hat einen langen Marsch hinter sich. Es hat uns wochenlang einen riesigen Berg Gepäck getragen, ohne je zu murren, ohne schlapp zu machen. Ich bin am Ende meiner Reise, nur deswegen verkaufe ich es. Kein vernünftiger Mensch würde sich sonst von solch einem Pracht-Kamel trennen.«
So viel Mühe ich mir aber auch gab und dabei alle meine Kenntnisse in moderner Verkaufspsychologie einsetzte, die Leute betrachteten mich wie eine gute Zirkusnummer. Für einen ernsthaften Verkäufer hielten sie mich jedenfalls nicht.
Ich legte resigniert eine Pause ein. Mein junger Dolmetscher hütete das Kamel, während ich mich durch die dichte, drängende Menschenmenge schob, um mich über das Angebot und die Preise zu informieren.
Das Angebot des Marktes war breit und vielfältig. Jedoch sah ich keinerlei Luxusgegenstände, alle Waren gehörten zu den Dingen, die lebenswichtig in dieser Region sind.
Da lagen ungereinigte Salzklumpen von den Salzseen um Assale. Auf Wunsch wurde für umgerechnet fünf Pfennige mit einem Fuchsschwanz ein Stückchen zum Naschen abgeschnitten. Mit Hilfe einer Lötlampe wurden leere Konservendosen in phantasievolle Gefäße verwandelt. Es gab Tomaten, Eier, die dazugehörigen Hühner, Honig und Indschera, das Fußlappenbrot. Einige Männer hatten mit ihren Eseln Holzkohle aus den Bergen hertransportiert. Auch Brennholz wurde feilgeboten.

Ich sah mir natürlich auch die Kamele an, die von einigen Afar-Frauen zum Verkauf hergebracht worden waren. Es waren junge, wohlgenährte und kräftige Tiere, ohne Wunden und ohne Zecken – dagegen wirkte unser Exemplar wie ein gepflegter Müllhaufen.
Ich ging wieder zurück. Die schaulustige Menge hatte sich inzwischen verzogen und anderen Dingen zugewandt. Mein junger Helfer erwies sich als ausgesprochen engagiert. Er wollte losgehen und gezielt ernsthafte Kaufinteressenten heranschleppen. Und tatsächlich kam er nach einiger Zeit in Begleitung eines älteren Mannes zurück. Als der jedoch meinen Preis hörte – 380 Bir, unser eigener Einstandspreis – schüttelte er sein weises, sachverständiges Haupt und drehte ab. Ich hielt ihn fest und machte ihm klar, daß man über den Preis ja noch einmal reden könne. Schließlich hatte er mich auf 200 Bir heruntergehandelt. Ich war bereit einzuschlagen, doch er erbat noch eine Bedenkzeit von einer Stunde und ging davon. Er tauchte nicht wieder auf.
Es war schon ein hartes Los, Marktverkäufer zu sein.
Nachdem ich fast den ganzen Tag erfolglos herumgesessen hatte, gab ich auf. Zuletzt hatte mich überhaupt niemand mehr beachtet. Es hatte sich wohl inzwischen herumgesprochen, daß da ein verrückter Weißer war, der ein ›Skelett‹ an den Mann bringen wollte. Alle hatten mich begafft und damit war ihre Neugier befriedigt. Den Alleinunterhalter spielte ich schon lange nicht mehr, also war ich langweilig für die Leute geworden.
Ich nahm mein Kamel am Seil und trottete mißmutig zurück zum Haus der Entwicklungshelfer.
Doch Ria, die Krankenschwester, wußte Rat. Sie hatte sich in der Zwischenzeit umgehört und einen einheimischen Viehhändler angesprochen. Dieser war angeblich daran interessiert, das Kamel für uns zu verkaufen. Sozusagen als Agent. Immerhin. Ich war bescheiden geworden.
Der Agent war ein hagerer, hochaufgeschossener Mann mit freundlichen Augen. Lange betrachtete er unser Dromedar. Von allen Seiten. Auch von oben, unten und unterm Schwanz. Nach vielen Minuten des Schweigens und Beobachtens trat er ihm behutsam auf den linken Vorderfuß. Eiter spritzte in einer kleinen Fontäne heraus.
Mit langem, stillem Blick musterte er mich und meinte dann endlich:

»Dein Kamel hat hart gearbeitet. Es ist ziemlich am Ende. So, wie es da steht, erzielt es nicht einmal einen akzeptablen Schlachtpreis. Gib es mir zwei Wochen auf die Weide. Ich habe einen kleinen Jungen, der sich seiner annehmen wird. Er wird es von den Zecken befreien, die wie ein Mosaik am After sitzen. Er wird den Eiterherd am Fuß bereinigen und es wieder fettfüttern. Dann werde ich zweihundert Bir dafür erzielen. Wenn ihr mir vertraut, gebe ich das Geld Ria, sobald ich es habe. Sie wird einen Weg wissen, es an euch weiterzuleiten.«

Danach machte er eine lange Pause. Man merkte ihm an, daß er noch etwas sagen wollte. Schließlich meinte er ganz ruhig: »Ihr wollt in ein Gebiet, wo es tagelang kein Futter für eure Tiere gibt. Laßt sie dann vor- und nachher zwei Tage rasten und essen. Sie werden es euch danken. Einem kräftigen Hengst könnt ihr bequem vier bis fünf Zentner aufbürden. Aber er braucht sein Futter. Nehmt euch notfalls zwei große Säcke Datteln mit. Wenn sie die nicht freiwillig nehmen wollen, müßt ihr sie zwangsfüttern: Mund auf, Datteln rein, Mund zuhalten, runtermassieren. Eure Begleiter werden euch zeigen, wie man das macht. Es ist alles ganz einfach. Man muß es nur wissen. Vor allem denkt daran: Kamele haben eine Seele. So, wie sie bei euch haben arbeiten müssen, kann man eine Frau schuften lassen. Nie aber sein Kamel!«

Wir dankten dem Händler für seine wohlgemeinten Ratschläge und besiegelten die Übergabe des Tieres per Handschlag. Fünf Monate nach unserer Rückkehr traf das Geld bei mir in Hamburg ein. Wie besprochen hatte es Ria weitergeleitet. Knapp 200 Mark.

Schiffra

Heinz Freyer, der Landwirt unter den Entwicklungshelfern, schlug uns vor, am nächsten Morgen mit dem Bus über die Batistraße zu fahren, bis zu der Burra, wo Horst mit den beiden Kamelen auf uns wartete. Allmorgendlich führe ein Bus bis Sardo. Der Hausherr dort würde schon weiterwissen. Bis Schiffra kämen wir allemal. Unser Paß sei ja noch gültig, falls im Bus eine Kontrolle stattfände. Das ausrangierte Gepäck könnten wir bei der Burra lassen. Er würde es abholen und der deutschen Botschaft weiterleiten.

So hockten wir früh am Morgen in dem Buna Bet (Kaffee-Haus) am Bus-Stop. Bloß schnell fort von hier! Ein gazellenhaftes Amharenmädchen von vielleicht vierundzwanzig Jahren servierte heißen Tee und ebensolches Lächeln. Als wir ihr ein Trinkgeld in die Hand drückten, hielt sie unsere Hand fest und nickte vielsagend mit dem Kopf auf die Zimmer im Hinterhof.
Die milchkaffeebraune, samthäutige Schöne schmiegte sich an Klaus. – Draußen hupte der Bus. Wir standen auf und verließen das Kaffee-Haus. Bevor ich in den Bus stieg, drehte ich mich noch einmal um. Das Mädchen winkte.
Ohne Schwierigkeiten gelangten wir zu Horst.
Sein Gastgeber hatte bereits geahnt, daß wir allein zurückkommen würden. Es war für ihn selbstverständlich, daß er uns nun nach Schiffra begleitete. Er hatte mit Horst abgesprochen, daß wir unmittelbar nach unserer Ankunft weiterziehen würden. Doch wieder einmal kam es ganz anders.
»Wir müssen noch einen zweiten Mann mitnehmen.«
»Warum denn das? Findest du den Weg nicht? Es gibt doch eine so deutliche Straße, daß ich ihn sogar allein finde.«
»Wir müssen zwei Führer sein.« Er ging los und holte einen Verwandten, der bereit war, uns mit nach Schiffra zu führen.
Aber dennoch ging es nicht los.
»Laßt uns zum Abschied einen Tee trinken.«
»Wir haben Tee bei uns. Trinkt den und laßt uns endlich losziehen.«
»Es ist jetzt zu heiß zum Marschieren. Außerdem muß ich meiner Familie sagen, daß wir fortgehen.«
»Okay. Lauf hin! Wir warten hier.«
»Das geht nicht so schnell. Meine Tochter ist krank. Du mußt ihr helfen.«
»Bring sie her!«
»Dann sattelt noch nicht die Kamele. Sie werden nur müde vom Stehen.«
Er brachte ein niedliches Mädchen. Es hatte Lungenentzündung. Wir schrieben ihm einen Brief an Ria, die Krankenschwester in Bati.
»Laßt uns nun endlich losmarschieren«, bat ich wieder, und Horst bemühte sich, mit dem Beladen der Kamele zu beginnen.

Damit die Packerei zügig voranging, hatten wir die beiden verbliebenen Tiere numeriert und auch die dazugehörigen Sattel- und Gepäckteile. So hatte alles sein System, und ging weit flotter vonstatten als in den Tagen vorher.
»Wir müssen noch Milch trinken. Der Weg ist lang. Sechzig Kilometer.«
»Dann trink in Gottes Namen deine Milch.«
»Gut. Dann nehmt solange Platz. Die Milchziegen kommen erst gegen Abend nach Hause.«
Da soll ein Mensch seine Geduld behalten! »Kannst du nicht unterwegs Milch bekommen?«
»Weiß ich, ob sie nicht vergiftet ist? Und wie wollt ihr dann ohne Führer nach Schiffra?«
»Wahnsinn! Überkomm mich nicht! Der Typ schafft mich«, stöhnte ich.
Aber schließlich kamen die verdammten Ziegen und ließen sich ihre vermaledeite Milch abzapfen.
Endlich holten Horst und Klaus die Kamele. Gott sei Dank waren es unsere und niemand konnte uns am Beladen hindern.
»Wo wollt ihr denn jetzt hin?«
»Nach Schiffra!« brüllten wir, unglaublich zornig und am Ende unserer Geduld. Wir ließen uns überhaupt nicht mehr zurückhalten und packten, ohne noch ein Wort zu wechseln. Stück für Stück. Zug um Zug. Knoten um Knoten. Zwölf Minuten. Rekord, den man nur im Zorn schafft. Aufgestanden und abmarschiert.
»Ihr könnt nicht allein gehen. Es ist dunkel.«
»Wir gehen. Ihr könnt hierbleiben.«
»Laßt uns doch ausruhen. Dann sind wir morgen früh viel ausgeruhter und nach kurzer Zeit in Schiffra!«
Nichts hielt uns mehr. Einen ganzen Tag hatten wir vertrödelt. Wir marschierten los. Die beiden Führer wurden nun doch nervös, schnappten sich einen Wassersack und trotteten hinterher. Afar-Poker.
Wir hatten gewonnen.
Am nächsten Mittag hatten wir die sechzig Kilometer bis Schiffra geschafft. Mit einer längeren Rast in der Nacht. Wie würde es weitergehen?

Dr. Tenambergen – »Rufer in der Wüste«

Man könnte es kurz machen. Man brauchte zum Beispiel nur zu berichten, daß wir drei Tage in Schiffra blieben, daß Saida uns mit dem verblüffenden deutschen Satz begrüßte: »Na, nun werde ich euch erst mal eine schöne Tasse Kaffee machen«, und Tenambergen (Dr. Ten) zum Abschied eiskalt meinte: »Eure Chancen durchzukommen stehen bestenfalls fifty-fifty.«

Natürlich hatten sie, so gut sie konnten, unsere Vorräte ergänzt. Und mit Tenambergens Hilfe war es uns sogar gelungen, neue Führer zu gewinnen. Hate Haye hieß jetzt unser Oberscout – ein kleiner drahtiger Mann, nicht mehr der Jüngste, davon zeugte seine Haartonsur. Hate war ein enger Verwandter von Scheich Arba, dem Obermufti von Schiffra. Nichts nämlich ist in der Danakil wichtiger als einflußreiche Verwandtschaft.

Hate Haye allerdings hatte uns kategorisch erklärt, er würde nur mitkommen, wenn ihn Kalaito und Homed Haye begleiteten, die beiden waren entfernte Verwandte von ihm.

Was hatten wir schon für eine Wahl? Jeder bekam fünf Bir pro Tag, denn wir waren inzwischen schlau genug geworden, von vornherein auf unterschiedliche Zahlungen zu verzichten, egal, ob der eine nun der Hauptführer war und die anderen nur seine Helfer.

Dabei also könnte man's belassen. Schiffra – Herrgott, davon hat noch kaum jemand gehört, da haben sich an die dreihundert Seelen versammelt, zumeist Afars, ein paar Amharen, ein Engländer und zwei Deutsche, und Schlagzeilen werden da wohl auch in Zukunft nicht geboren. Denn die Welt ist eben vergeßlich und sie ist unsagbar reich an Ungewöhlichem. Ein Ereignis jagt das andere tot, was gestern noch die Menschen erregte, vielleicht sogar an ihr Mitgefühl appellierte, ist morgen keinen Gedanken mehr wert.

Zum Beispiel: Erinnern Sie sich noch an Biafra? – Biafra? Unsere Kinder kennen das Wort ja kaum mehr, sie werden rätseln, ob Biafra vielleicht etwas Wunderliches zu essen ist, oder etwa eine frühere Prominenz, oder ein seltenes Tier gar. Und dabei ist es noch keine zehn Jahre her, daß die schrecklichen Bilder von den Unabhängigkeitskämpfen in der nigerianischen Provinz Biafra um die Welt gingen. Erinnern Sie sich wieder der Fotos erschlagener Männer, der verhungerten Frauen und Kinder? Die klapperdürren Figuren mit den aufgedunsenen Bäuchen? Etwa zwei Millionen Menschen sollen damals den Tod gefunden haben, und die meisten von ihnen verhungerten. Einfach so.

Aus dem Sinn, vergessen.

Oder erinnern Sie sich vielleicht noch des Elends in der Sahel-Zone? Dieses südlichen Randgebiets der Sahara, von der Atlantik-Küste bis nach Äthiopien? Fällt es Ihnen wieder ein: Mitte der siebziger Jahre, Dürre, Hungerkatastrophe, die Welt versuchte zu helfen, schickte Nahrungsmittel, Medikamente, Ärzte, überall wurde gesammelt – doch auch hier verhungerten Millionen Menschen. Wieviele es genau waren, weiß niemand.

Schiffra, wenn man's recht besieht, ist ein Kind dieser Katastrophe. Vermutlich würde es ohne die Ereignisse damals eine richtige Ortschaft namens Schiffra nicht geben. Sie gehört zu den Plätzen, an denen die Menschen, die satt zu essen und ein Dach über dem Kopf haben, und für die Autos, Fernsehen und Kühlschränke Selbstverständlichkeiten sind, ihr Gewissen abladen. Und deshalb sollte man an Schiffra nicht so einfach vorbeigehen.

Da wäre also zuerst einmal die Örtlichkeit. Ein etwa hundertfünfzig Meter hoher Tafelberg, oben wie abgeschnitten, an seinem Fuß schlängelt sich ein kleiner Fluß, Mille geheißen. In dessen Umgebung ist sogar ein bißchen Grün, ja, und es sieht richtig romantisch afrikanisch aus. In Gebieten, die anfällig für Hungersnöte sind, ist dies bereits genügend Voraussetzung, um ein Zentrum des Kampfes gegen die Katastrophe zu bilden. Die von der deutschen Illustrierten »Stern« 1974 ins Leben gerufene Hungerhilfe-Aktion errichtete denn auch genau hier eine ihrer Hilfsstationen. Ein Hospital war da, eine Wetterstation, Vorratshäuser, Schule, Küche, landwirtschaftliche Gebäude, dazu eine Menge technischen Geräts – dies alles entstand im Handumdrehen, und nach und nach gruppierten sich eine Menge einfacher Hütten drumherum: Afars, die begannen, das Nomadenleben aufzugeben, die seßhaft wurden.

Schiffra war geboren.

Doch was wäre dies alles ohne die Menschen? Menschen, die bereit waren, ihr eigenes Leben zurückzustellen, um anderen zu helfen.

Drei waren noch da, als wir in Schiffra eintrafen: Dr. Ernst Tenambergen, achtunddreißigjähriger Chirurg, Hobby-Landwirt, Allround-Mann, Idealist – alles in einer Person; Joke Smid, eigentlich Johann, doch so nannte ihn niemand: ein kleines Muskelpaket, vierundzwanzig Jahre alt, Diplom-Landwirt aus Groothusen im Ostfriesischen, und das sagt vielleicht einiges aus über die Dickschädeligkeit, mit der er sich in eine Aufgabe verbeißen kann. Der Dritte im Bunde: Keith, ein schweigsamer Engländer, der die Werkstatt führte. Sieht man ihn zum erstenmal, dann meint man, er habe sich mit Staufferfett eingesuddelt. Betrachtet man die vermeintlichen Arbeitsspuren genauer, dann erweisen sie sich als Tätowierungen, die ihn wie eine Tapete umgeben. Keith spricht wenig, er handelt lieber. Schnell hatte er Afaraf gelernt. Das verschaffte ihm bei den Afars einiges Ansehen, das sogar soweit ging, daß Keith ungeniert mit Fatima flüstern durfte, die in der Europäer-Küche ihren Dienst versah. Für andere ein Grund, ihn zu beneiden.

Dr. Tenambergen stammt aus Münster. Als in Biafra dringend Hilfe gebraucht wurde, war Tenambergen gerade mit seiner Promotion fertig. Er schlug eine Karriere-Position in den Wind und verpflichtete sich nach Afrika. Als die Arbeit dort getan war, bot sich ihm in Deutschland erneut eine Stellung, um die viele seiner Kollegen ihn beneideten. Ernst Tenambergen pfiff wiederum darauf und arbeitete neun Monate auf dem deutschen Lazarettschiff »Helgoland«, das einen Funken Humanität in den Vietnamkrieg bringen sollte. Tja, und kaum hatte sich dort der Frieden angebahnt, da starben die Menschen in der Danakil wie die Fliegen. Und so kam Tenambergen nach Äthiopien. In Schiffra baute er zunächst das kleine Hospital mit auf, lernte äthiopische Krankenpfleger an und merkte bald, daß den Menschen nicht dauerhaft damit geholfen werden konnte, wenn man ihnen kostenlos Mais und Medizin gab.

Doch was sagt schon so eine kurze Aufzählung aus? Was sagt sie aus über Erfolge, Rückschläge, über ein Leben, das in so ganz anderen Bahnen verläuft, als wir es uns vorstellen können? – Das erste Zeichen von der Anwesenheit Tenambergens sahen wir schon ein ganzes Stück vor Schiffra, dort wo die Straße, die vor Jahren ebenfalls im Rahmen der »Stern«-Hilfe gebaut worden war, von der Hauptstraße bei Bati abzweigt. Stand doch da mitten in der Einsamkeit ein Holzpfahl mit einem typisch deutschen gelben Straßenschild: Schiffra 56 Kilometer.

Und der erste Junge, den wir weit vor der Ortschaft trafen, fragte erst gar nicht, wohin wir wollten. In krausem Englisch radebrechte er: »You to Mister Tenambergen, yes! You come with me.« Ohne Umstände führte er uns zu den etwa fünfzehn weißen Backsteinbauten, die lose vor den Tafelberg gruppiert sind und Schiffra ausmachen. Und er forderte dafür nicht einmal eine Entlohnung.

Tenambergen begrüßte uns. Obwohl uns Klaus, der ihn schon kannte, vorbereitet hatte, waren wir überrascht: Eine lange, hagere Gestalt, die ein wenig an Don Quichotte erinnerte; vom Gesicht sah man so gut wie gar nichts, anstelle dessen ein Gewuschel ineinander übergehender Barthaare. Der Kopf war von einer langen Mähne bedeckt, die wie ein Dach links und rechts über den Schädel fiel und sich mit dem überall wuchernden Bart vermischte. Aus dem dunklen, mit grauen Fäden durchzogenen Haarwald lugten ein Paar bebrillte Augen neugierig und freundlich hervor.

Ohne große Umstände führte er uns in seine Wohnung in einem der flachen Bungalows. Sie war behaglich eingerichtet, reich mit Teppichen aus Schafswolle ausgelegt, Schreibtisch, Betten, Waffen an den Wänden und Bücherborde, viele Bücherborde. Und dann war da noch Saida, Tenambergens Freundin Saida.

Vermutlich geschah mit mir in diesem Augenblick das, was man gemeinhin mit einem simplen Satz umreißt: mir fielen die Augen aus dem Kopf, und dies nicht nur, weil uns Saida mit dem bereits zitierten Satz begrüßte, sondern weil dies Mädchen umwerfend attraktiv war. Ich weiß nicht recht, was man bei ihr besonders hervorheben soll: Die tiefschwarzen, großen Augen? Das glänzende, dunkle Haar? Die ebenmäßigen Züge? Die Figur, die das locker über die Schulter fallende Gewand erahnen ließ? Die samtbraune Haut oder den Charme, den sie ausstrahlte?

Saida stammt aus Somalia und gehört dem Stamm der Issas an. Eigentlich also eine Todfeindin der Afars. Doch die Stammesfehden werden ausschließlich von den Männern ausgetragen, Frauen sind tabu. Sie dürfen sogar während eines Krieges die Märkte der feindlichen Stämme aufsuchen, niemand wird sich an ihnen vergreifen. So besorgen sie auch die Spionage.

Dr. Tenambergen lebte mit Saida schon seit zwei Jahren zusammen. Er hatte sie auf einer Party in Addis Abeba kennengelernt, wo sie als Sekretärin in der deutschen Friedrich-Ebert-Stiftung arbeitete. Sie sprach Englisch, Deutsch, Französisch und natürlich Amharisch und Afaraf. Und das alles nahezu perfekt! Doch damit waren Saidas Talente keineswegs erschöpft. Zum Beispiel konnten sich ihre Kochkünste durchaus mit denen eines Chefkochs in einem Drei-Sterne-Hotel messen, und außerdem leitete sie die kleine Schule Schiffras.
Als Arzt war der Deutsche allerdings nicht mehr in Schiffra tätig. Diese Aufgabe hatten Amharen übernommen. Wie so häufig in Äthiopien hatten sie den Europäer aus seiner Position gedrängt, als sie sahen, daß alles gut lief.
Tenambergen allerdings weinte der medizinischen Tätigkeit keine Träne nach: »Damit können wir den Menschen hier nur für den Augenblick helfen. Viel wichtiger ist es, ihnen das Angebot zu machen, ihnen die ›Landwirtschaft‹ beizubringen, sie von der Wichtigkeit der Vorratshaltung zu überzeugen, sie seßhaft zu machen. Sie müssen lernen, Staudämme zu bauen. Die Viehwirtschaft muß beschränkt werden. Das Land hat einfach nicht genug Wasser, um die großen Herden ernähren zu können. Es müssen Äcker angelegt werden, und die Menschen müssen lernen, mit einfachen landwirtschaftlichen Geräten umzugehen. Was nützt es schon, wenn wir ihnen Traktoren bringen, und niemand weiß, wie so ein Ding gefahren wird?«
So war aus dem Arzt Tenambergen der »Landwirtschaftliche Berater« Tenambergen geworden. Gemeinsam mit Joke Smid war er nun mit Feuereifer dabei, aus den Nomaden Bauern zu machen. Ein Teufelsgeschäft, allein schon deshalb, weil Afar-Männer kaum länger als drei Stunden am Tag hintereinander arbeiten können, dann werden sie müde. Konzentrierte, körperliche Arbeit sind sie einfach nicht gewohnt, dies war bisher immer die alleinige Aufgabe der Frauen.
Saida hatte ähnliche Probleme in der Schule. Nach zwei Stunden Unterricht war es mit der Aufmerksamkeit der Kinder vorbei. Hinzu kam, daß sich in der eigentlichen Schulzeit morgens nur die Jungen einfanden. Die Mädchen kamen abends – tagsüber mußten sie arbeiten.
»Manchmal möchte man schon resignieren«, meinte Joke, als wir abends beim Tee saßen. »Aber dann muß man wieder daran denken,

Ein Wasserloch, das aus einer vulkanischen Quelle gespeist wird

Unser erster Führer Osman mit seinem Vater Homed

Afar-Mädchen

Unsere Wasserversuche

Der Kamel-Unfall

El Hakin – Die Behandlung der Frau mit der Bauchwassersucht

Der Ertale-Vulkan

Dallol

Der Assale-Salzsee

Die E.L.F. stürmt Tessenei

Die Gefangenen werden abgeführt

daß die Menschen hier ja seit Jahrhunderten in festgefügten Traditionen lebten, und daß man da schon über den winzigsten Erfolg froh sein muß. Zum Beispiel ist es Ten jetzt nach monatelanger Überzeugungsarbeit gelungen, eine Art Vorarbeiter für die Feldarbeit zu bestimmen, der von den anderen aktzeptiert wird. Der Mann ist zuständig dafür, daß ein bestimmtes Tagespensum geschafft wird, und er sorgt dann auch dafür, daß die Arbeiter ihren Lohn bekommen. Pro Mann und Tag ein Kilo Mais.

Jetzt obliegt es nicht mehr uns, festzustellen, ob dieser oder jener Afar wieviele Stunden echt gearbeitet hat – jetzt ist für die Lohnaufschlüsselung nur noch der Vorarbeiter zuständig. Und ihr könnt mir glauben: da kriegt jeder aufs Maiskorn genau was ihm zusteht.«

Joke sah auf seine Uhr. »Mensch, schon nach acht. Wo bleiben die denn bloß mit dem Trecker?« Er ließ uns sitzen, jagte raus und war verschwunden. Nach einer Stunde kam er zurück. Er strahlte über's ganze Gesicht, haute mit der Faust auf den Tisch, daß die Milch im Kaffee zu buttern anfing und schrie vor Entzücken: »Leute! Das müßt ihr euch mal vorstellen! Ich hatte denen gesagt, daß der Acker heute fertig werden muß. Als sie bei Einbruch der Dunkelheit noch nicht fertig waren, haben sie Feuer entfacht und den Acker im Flammenschein fertig gemacht!« Ohne Umweg über die Zunge goß er sich begeistert ein Bier in den Magen und fuhr fort: »Das ist ja immer schon mein Reden gewesen: Man muß 'nen Sport draus machen. Die müssen das als Wettkampf sehen gegen eine andere Gruppe. Damit kommst du hier am weitesten, weil sie Sportgeist haben. Jedenfalls fand ich das so toll, daß ich jedem ein Bier und einen Schnaps spendiert habe. Und mit der Schulklasse fahre ich morgen raus aufs Feld und zeige den Kindern, was für großartige Bauern ihre Väter sind.«

»Was meint ihr wohl, was das für eine Mühe gekostet hat, dieses System einzuführen!« Tenambergen hatte sich weit in seinen Stuhl zurückgelehnt. Versonnen blickte er gegen die Decke und sagte dann in seiner typischen leisen und unglaublich schnellen Art: »Die Hauptsache ist hier tatsächlich, aus den Nomaden Bauern zu machen. Bauer – das galt lange Zeit als etwas Zweitrangiges. Ein Mann, ein Afar-Mann, ist von der Tradition her Viehzüchter und Krieger. Und wenn das Weideland nichts mehr hergibt, dann zieht er eben weiter. Mensch, was haben wir hier auf die Jungs eingeredet! Wie oft haben

wir ihnen klarzumachen versucht, daß Bauern sehr wohl tapfere Männer sind. Und erst wenn sie die Felder zu bewirtschaften lernen, wenn sie in Zukunft den Hunger besiegen können, dann können sie sich auch gegenüber ihren Feinden behaupten.«
Er räusperte sich, während Joke zustimmend nickte.
»Und erst, als sie auf den Dreh kamen, daß sie so am wehrhaftesten gegenüber ihren Feinden sind, da begannen wir Erfolg zu haben. Sicher, auch heute packt noch mal dieser oder jener sein Bündel und fällt wieder in das alte Nomadenleben zurück. Aber die Mehrheit bleibt, sie ist seßhaft geworden. Wer einmal mit Nomaden über längere Zeit zusammen war, der weiß, was das bedeutet.«
»Und wie ist das mit der Gefahr?«, wollte Horst wissen. »Akzeptieren sie euch, oder müßt ihr Überfälle fürchten?«
Wir hatten gehört, daß einige Wochen vorher Golima angegriffen und zerstört worden war. Golima, eine Station nördlich von Schiffra, von Engländern eingerichtet und jetzt von Amharen verwaltet. Es hatte mehrere Tote gegeben, alle Gebäude waren geplündert worden und anschließend in Flammen aufgegangen.
Es hieß, daß Ali Miras Leute für den Überfall verantwortlich waren. Ali Mira, der in den Untergrund getriebene Sultan, der die aufständischen Afars befehligte.
»Nun ja«, sinnierte Tenambergen, »manchmal sind wir natürlich auch schon gewarnt worden. Paßt auf, die Rebellen werden euch die Hälse durchschneiden! heißt es dann und wann. Aber ihr seht ja, bis jetzt sitzen unsere Köpfe noch fest drauf. Vermutlich weiß man bei Ali Mira, daß wir Freunde der Afars sind, daß wir ihnen helfen und schont uns deshalb. Schlimmer wäre es, wenn ein Stammeskrieg zwischen den Afars und den Gallas ausbrechen würde, so wie das zur Zeit gerade droht.«
Tenambergen spielte damit auf einen Vorfall an, der gerade das Gesprächsthema Nummer 1 war. Die Afars hatten benachbarte Gallas überfallen und dabei an die fünfhundert Kamele geraubt. Das würde natürlich einen Rachefeldzug nach sich ziehen. Doch bevor der beinahe unvermeidliche Stammeskrieg ausbrach, hatte die äthiopische Landesregierung in Dessie einen Vermittlungsversuch unternommen. Die Verhandlungen fanden zu dieser Zeit gerade in der Ortschaft Uwa statt. Alle Stammesfürsten waren dorthin gebeten worden, um

unter dem Schutz einer eilig nach Uwa geworfenen starken Polizeimacht Friedensgespräche zu führen. Auch Arba, der Scheich von Schiffra, befand sich dort.

Am Morgen des 18. Februar 1977 verließen wir Schiffra. Und vielleicht darf vorweggenommen werden, daß Tenambergen und Joke Smid ein paar Monate später tatsächlich aufgeben mußten. Joke schwebte sogar ernsthaft in Lebensgefahr. Und das war so gekommen: Keith, die Tätowierung, unter der sich ein Engländer versteckte, hatte seine Fatima mitgenommen nach Addis. Welch ein Erlebnis für ein junges Mädchen, das nur Steppe, Busch und Wüste kennt! Doch die Freude währte nur kurz. Der eigentliche Ehe-Anwärter tauchte unerwartet in Schiffra auf und begehrte die Versprochene zur Frau. Da war guter Rat teuer. Vorbei war es mit der Toleranz. Fatima her, oder es passiert was! So lautete unmißverständlich die Forderung. Eine Abordnung von fünf Afars begab sich zur »Security« nach Addis. Entweder gäbe Keith Fatima heraus, oder man würde sich an Joke schadlos halten. Was zu deutsch hieß: Sein Leben gegen Fatimas Rückkehr.

Keith und Fatima kehrten zurück.

Bis zu ihrem Eintreffen wurde Joke unter ständiger Bewachung gehalten. Doch dies ist mehr eine Episode am Rande, allerdings kündigte sich in ihr schon der bevorstehende Meinungsumschwung an. Die politischen Sorgen des Landes brachten es mit sich, daß die Stellung der Weißen im Lande immer unsicherer wurde. Die Situation verschärfte sich immer mehr. Die Aufständischen errichteten Straßensperren, Drohungen gegenüber Ausländern waren an der Tagesordnung. Äthiopien geriet zunehmend in die Krise. Auch Ali Mira, der aufständische Sultan, brachte sich immer häufiger in Erinnerung. Aus dem fünf Kilometer vor Schiffra gelegenen Fetscha ließ er alle Rinder forttreiben. Die Uhr für die Europäer in Äthiopien lief ab. Der deutsche Entwicklungsdienst zog seine Leute zurück. Joke Smid kehrte im Oktober 1977 nach Deutschland zurück, in Begleitung einer zwanzigjährigen Amharin aus Dessie. Kurzentschlossen hatten sie geheiratet und auf diese Weise für das Mädchen eine Ausreisegenehmigung erhalten.

Saida und Tenambergen wohnen jetzt in Hamburg. Die beiden »Nomaden« versuchen sich in Seßhaftigkeit.

Unter Afar-Rebellen

Erste Begegnung

Ich weiß nicht, wo sie plötzlich herkamen. Vielleicht hatte ich mal wieder gedöst, vielleicht hatten der lange Marsch und die unbarmherzige Sonne mein Gehirn ausgedörrt, vielleicht aber beherrschten sie es einfach nur meisterhaft, sich dem Gelände anzupassen.
Doch ganz gleich. Sie standen da, standen vor uns, als wären sie aus dem Boden gewachsen. Zehn Mann. Einer wild-verwegener als der andere. Der Anführer war als einziger mit einer Art Uniform bekleidet – ein olivgrünes Hemd und gleichfarbene Hose. Und dann trug er noch etwas: eine Kalaschnikow-Maschinenpistole russischer Bauart.
Seine Gefährten waren mit Gewehren bewaffnet, allerdings nicht mit vorsintflutlichen Vorderladern, die man manchmal bei den Landesbewohnern sieht, sondern mit halbautomatischen, modernen Waffen, mit denen auch die äthiopische Armee und Polizei ausgerüstet ist.
Ich sagte mein übliches »Salam alekum«, verbeugte mich tief und dachte »verdammte Scheiße«. Wir streckten ihnen unsere Hände zum Gruße entgegen.
Doch sie rührten sich nicht. Sie standen nur da und starrten uns an. Finster, drohend, so schien es uns zunächst.
Hate Haye, unser Hate Haye, fing sich als erster. Nach einigen Sekunden des Schweigens redete er wie ein Wasserfall auf den Graugrünen ein. Und immer wieder hörte ich das Wort »Hakim«.
Nach einer Weile kamen von dem einen Afar ein paar kurze, barsche Fragen. Hate wandte sich zu mir:
»Ali Miras Männer haben einen Kranken bei sich. Kannst du ihm helfen?«
»Was hat er denn«, fragte ich zurück.
»Sieh's dir an!« Meine Frage blieb unbeantwortet.
Der Kranke war noch jung, vermutlich keine zwanzig Jahre alt. Als ich ihn untersuchte, rührte sich in seinem Gesicht kein Muskel, obwohl er fürchterliche Schmerzen haben mußte. Sein Penis war völlig zerfressen, ein einziges rohes Fleischstück. Um den Ausfluß von Blut, Eiter und Lymphe zu stillen, hatte sich der Afar mit Kuhmist eingeschmiert. Kuhmist, das Allheilmittel. Der war getrocknet und saß jetzt wie ein fester Verband um das Glied.

Ich war davon überzeugt, daß der junge Mann die Syphilis hatte, obwohl sie bei den Afars selten anzutreffen ist. Geschlechtskrankheiten gelten als Schande. Vermutlich hatte der junge Krieger sich bei einem der Galla- oder Amharenmädchen angesteckt, die sich nach Marktschluß für ein paar Groschen anbieten. Was nicht gegen die Gallas und Amharen spricht; denn ein Mädchen, das sich selbst ernähren muß und keine Arbeit findet, hat oft keine andere Möglichkeit, als sich auf diese Weise seinen Lebensunterhalt zu verdienen.
»Was mach' ich nur mit ihm?«, fragte ich Klaus ratlos. »Dem ist doch gar nicht mehr zu helfen. Das beste wäre, das Ding abzuschneiden.«
»Gib ihm Antibiotikum und Multivitamine. Davon haben wir noch genug«, meinte Klaus nach kurzem Überlegen.
Ich ließ mir von Horst einige der genannten Präparate geben.
Im gleichen Augenblick schlug mir jemand so heftig auf die Hand, daß die Tabletten in den Sand kullerten.
Der Graugrüne! Mit zornig funkelnden Augen schrie er mich an. »Was du da tust, will er wissen!«, die Stimme unseres Führers Hate überschlug sich.
»Er sagt, Tabletten helfen bei Syphilis überhaupt nicht, da muß eine Spritze her.«
Aha! Der Bursche war also nicht so ahnungslos. Vermutlich hatte er schon einmal davon gehört, wie Geschlechtskrankheiten behandelt werden.
Das Dumme war nur, daß wir ihm mit einer Spritze nicht dienen konnten. Hilflos sah ich mich um.
Horst hatte den rettenden Einfall. »Wir haben doch Desinfektionsspray. Sprüh ihm doch einfach damit die Wunde ein. Die ist doch sicher heiß vom Fieber, und die Kühle des Sprays wird ihm vielleicht guttun.«
Das Zeug wirkte tatsächlich. Wahrscheinlich umgab es die Wunde wie ein frischer, schmerzstillender Mantel. Für eine kurze Zeit jedenfalls war dem Mann geholfen. Und für den Graugrünen war das etwas ganz Neues. Zum erstenmal glitt ein schwaches Lächeln über sein Gesicht. Und sofort schlug bei seinen Kameraden die Stimmung um. Die Gesichter wurden freundlicher, die innere Anspannung ließ spürbar nach. Einer der Gewehrträger kam und brachte uns Milch, und

der Graugrüne griff meine Hand und schüttete sie voll Tabak. Wir wurden zum Sitzen aufgefordert, sollten sagen, wohin uns der Weg führte, was wir beabsichtigten, und als Klaus seine Kamera vorführte und erzählte, daß wir einen Film über die tapferen Afars drehen würden, den wir dann in Europa zeigen wollten, da kam sogar etwas wie Begeisterung auf. Der Anführer schlug Klaus immer wieder freundschaftlich auf die Schulter.

Nach einer knappen halben Stunde durften wir weiterziehen. Der Graugrüne winkte noch einmal kurz, dann drehte er sich nicht mehr um. Dreißig Minuten später waren sie am Horizont verschwunden.

»Führungsprobleme«

Die Kommunikation mit unserem neuen Führer war nicht gerade einfach. Hate Haye beherrschte nämlich neben seiner Afar-Sprache nur ein paar Brocken Arabisch. Immerhin, mit Hilfe von Händen und Füßen klappte die Verständigung dann doch einigermaßen. Im übrigen unterschied sich Hate kaum von den früheren Begleitern. Er war genauso eigenwillig, er versuchte uns übers Ohr zu hauen, wo immer es ging, und man war keinen Moment vor einer Überraschung sicher. Bereits am zweiten Tag schickte er seine beiden Begleiter Kalaito und Homed Haye, ohne die er noch zuvor keinen Schritt mit uns gehen wollte, nach Hause und engagierte an ihrer Stelle einen Mann, in dessen Hütte wir die erste Nacht verbracht hatten. Unsere Meinung erfragte er gar nicht erst. Selbst unsere Freude über das einzig Positive des Wechsels, nämlich einen Kostenträger weniger zu haben, war natürlich zu früh. Wir hatten mal wieder die Rechnung ohne den Wirt gemacht. Statt fünf Bier pro Person forderte Hate nun kurzerhand zehn.

»Jetzt kommen wir zu den Shiftas, zu Ali Miras Männern. Jetzt wird es gefährlich«, war seine kurze Begründung.

Doch nicht genug damit. Wenn Hate einmal beim Fordern war, dann hörte er nicht bei der Hälfte auf. Und so meinte er dann kategorisch, ab sofort hätten wir die Verpflichtung, ihn mitzuverpflegen. Und er ließ sich auch nicht von dem Einwand abschrecken, unsere Vorräte stammten zum größten Teil vom verfluchten ›Schweinekram‹ der

Christen. Dann würde er eben auch Schweinekram essen, antwortete er kurzerhand. Und fügte augenzwinkernd hinzu: »Da ihr ja auch Rechtgläubige seid und euch an den Koran haltet, kann ich es auch essen.«

Wählerisch allerdings war er dann auf seine Art:

Als Horst ihm das erste Mal von unserer Dattel»knete« (allerletzte Qualität: ⅓ Dreck, ⅓ Kerne, ⅓ Datteln. Vorteil: billig) anbot, schüttelte Hate Haye sich angewidert, als würde man von ihm verlangen, Fliegendreck zu essen. Breitbeinig baute er sich vor Horst auf und schrie empört:

»Datteln?! Davon sollen Hate Haye und sein Freund Ali essen? Wollt ihr uns vergiften? Davon kann Hate Haye nur kotzen! Hörst du: kotzen!«

Und dabei steckte er seine Finger in den Mund und demonstrierte sein Angewidertsein plastisch.

Zum Glück sprang Horst einen Schritt zurück und geriet so nicht in die Schußlinie der Magenexkremente von Hate Haye.

Im übrigen rollten die Tage in aufreibender Eintönigkeit ab. Nichts passierte. Immer neue Versuche mit unserem Wasseraufbereitungsgerät, Luftfeuchtigkeitsmessungen, Eintragungen der Daten, Vergleiche mit früheren Messungen, marschieren, marschieren, marschieren. Wenn mal eine Antilopen-Herde am Horizont auftauchte, wenn ein Gepard wie ein gelber Blitz durch die Gegend zuckte, oder ein Strauß eilig das Weite suchte und uns sogar sein Eiergelege preisgab (was wir aber nicht anrührten), dann waren dies willkommene Unterbrechungen.

Einmal begegneten wir einer Kamelherde, die ausschließlich aus Stuten bestand. Unsere Tiere waren Hengste. Stuten läßt man nicht arbeiten, sie müssen fohlen. Verständlich, daß in unseren Tierchen Verlangen aufkam. Unsere Hengste hatte es gepackt. Als sie vor Erregung ihren Brüllsack aus dem Mund stülpten, fanden wir das noch recht interessant und fotografierten es. Aber dann hielt sie nichts mehr. Sie rissen sich urplötzlich los und liefen so lange wie wild im Kreis, bis das letzte Gepäckstück abgeworfen war. Ein Wunder, daß nichts Wesentliches Schaden genommen hatte. Mit Menschenkraft war da nichts mehr zu verhindern. Unsere Afars grinsten nur schadenfroh und gönnerhaft – denn nun begaben sich die Hengste zu den

Stuten. Nachdem sie sich in aller Ruhe mit ihnen beschäftigt hatten, und das dauerte recht lange, ließen sie sich wieder beladen.
An anderer Stelle begegnete uns eine Stute mit einem Fohlen, das gerade säugte. »Habt ihr Durst?«, fragte Hate. »Immer!«, antworteten wir, wie aus einem Munde. »Dann könnt ihr jetzt Milch vom Euter trinken, während das Kleine auf der anderen Seite trinkt. Da merkt die Mutter nichts.« Es war eine herrliche Milch!
Doch auch unser ›zweiter Führer‹, Ali, hatte es faustdick hinter den Ohren. Er liebte es, übrigens genauso wie Hate Haye, uns ab und zu deutlich spüren zu lassen, wie wichtig sie für uns waren.
So stoppte Ali einmal unvermittelt unsere kleine Karawane, wies auf den nahegelegenen Berghang, gab Hate Haye die Leine seines Kamels und bedeutete uns, ihm zu folgen. Wir trotteten hinter ihm her und fragten uns nicht einmal, was wir zu sehen bekommen würden.
Als wir dann den Hang hinuntersahen, waren wir nicht weiter überrascht, als wir gar nichts entdeckten, denn jenes buckelige Etwas, was sich in gut fünfhundert Meter Entfernung an den Hang schmiegte, war ja wohl nicht der Grund für die Unterbrechung.
Doch genau auf diese Erhebung lenkte Ali mit seinem Arm unsere Augen und erklärte uns in seinem holprigen Arabisch, aber nicht weniger genüßlich, es handele sich um einen gut getarnten Außenposten der Polizei.
Und richtig, jetzt erfaßten wir überdeutlich die Konturen. Dieses bucklige Etwas war eine Wellblechhütte. Uns kam die kalte Wut hoch, denn allen unseren Führern hatten wir lang und breit erklärt, daß wir keinen Kontakt mit der Polizei wünschten, ja, daß wir die Polizei scheuten, wie der Moslem das Schweinefleisch.
Doch Ali quittierte unsere Empörung mit lautem Lachen, in das nun auch der nur wenig entfernt stehende Hate einstimmte. Wir machten ihnen Vorwürfe und fragten sie, ob sie denn sicher sein könnten, daß uns die Polizei nicht beobachtet hätte und unter Umständen sogar die Verfolgung aufnehmen könnte. Diesen Gedanken fanden die beiden nun zum Totlachen, sie schlugen sich auf die Schenkel und waren eine Zeitlang überhaupt nicht zu beruhigen. Endlich bequemte sich Ali in seinem mangelhaften Arabisch zu einer Erklärung: »Abdallah Almani. Ali Afar. Abdallah qeliil raas. Ali kettiir raas.«
Was soviel hieß, daß ich, der Deutsche, über wenig Hirn, er, der

Afar, aber über viel Hirn verfüge. Und er beruhigte uns dann, indem er uns schilderte, daß die Polizisten viel zuviel Angst vor den Afars hätten. Tagsüber würden sie sich nur in Sichtweite zur Hütte bewegen und nachts würden sie schön im Haus bleiben. Ansonsten beobachten sie die Gegend und warten sehnlichst auf die Ablösung, die jedesmal von einer schwer bewaffneten Eskorte begleitet wird.
»Wenn sie sich zu weit vorwagen«, Ali schaute uns mit einem breiten Grinsen an, »dann schießen ihnen die Afars nämlich die Nasen ab.«
»Nicht nur die Nasen . . .«, heulte Hate belustigt auf und nach der nun wieder bei unseren Führern einsetzenden Fröhlichkeit zu urteilen, war ihnen der Gedanke nur allzu lieb.
Nach sechs Tagen unter dem Hate-Ali-Regime lagerten wir eines Mittags im Schatten riesiger Bäume am Awra-Fluß. Nichts naschten die zwei Mißtrauischen inzwischen lieber als unsere Datteln. Mit unseren anderen Speisen hatten sich die beiden nicht anfreunden können, allerdings hatten wir ein bißchen nachgeholfen. So hatten sie immer dringlicher darauf bestanden, von unserer Haferflocken-Suppe zu essen, und wir bereiteten ihnen eine. Doch wir gaben nicht zu knapp Zitronensäure hinzu. Wir hatten sie in Kristallform bei uns. Seitdem hatten wir Ruhe.
Nun lagerten wir an diesem Fluß, als ein alter Pilger unseren Weg kreuzte. Er nannte sich Hadschi Dschejid und sprach gut Arabisch. Fazit der Begegnung: Auf diesem Weg ginge es nicht weiter. Wir müßten zunächst zu Scheich Ali Mudschahid. Und das bedeutete einen Umweg.
Ali und Haye waren sofort der Meinung des alten Pilgers. Entweder zu Ali Mudschahid oder zurück. Dann fragte uns der Alte, ob wir ein Empfehlungsschreiben hätten. Plötzlich schien alles von diesem verdammten Papier abzuhängen.
Not macht erfinderisch. Während der Mittagsruhe hielten wir Kriegsrat. Der Beschluß war einstimmig. Ich mußte ein Empfehlungsschreiben aufsetzen mit folgendem Inhalt:
Ich, Ibrahim Nassar aus Tio am Roten Meer, bin ein Afar. Ich studiere in Deutschland Medizin. Die drei Deutschen x, y und z sind große Ärzte und meine Freunde und wollen zu den Leuten meines Stammes reisen, um ihnen Medikamente zu bringen. Ich bitte jeden Afar, sie gastfreundlich aufzunehmen. Unterschrift, Stempel, Daumenabdruck, Fotos.
Da ich kein Bild von mir hatte, schenkte mir Horst eines von sich.

Zweite Wahl. Aber immerhin. Und da die Afars uns genauso wenig voneinander unterscheiden können, wie wir zehn Chinesen, würde der Betrug sicher nicht auffallen. Als Stempel mußte der Adler-Abdruck eines Fünfmarkstückes herhalten. Summa Summarum: ein fehlerhaftes, aber dekoratives Dokument.
Nach der Pause zeigten wir es beiläufig dem Pilger.
Allah sei Dank! Er konnte nicht lesen, war aber von den arabischen Buchstaben sichtlich beeindruckt. Ali und Hate gegenüber äußerte er sogleich noch einmal, wie wichtig so ein Schreiben sei, wenn wir bei Ali Mudschahid etwas erreichen wollten. Wenig später verabschiedeten wir uns von dem Pilger.

Prüfung bestanden

Am Abend dieses Tages machte uns Hate auf eine Burra aufmerksam, die inmitten graubraunen Lava-Gerölls so gut getarnt war, daß wir sie beinahe übersehen hätten. Und bei genauerem Hinschauen entdeckten wir dann einige Männer, die bewegungslos vor der Hütte hockten. Sie hatten ihre Gewehre zwischen den Beinen und beobachteten uns. Wir wußten nicht, wie lange schon.
Hate benahm sich merkwürdig ängstlich. Er bedeutete uns, daß wir warten sollten, und ging allein zu der Hütte.
Lange Zeit sahen wir ihn mit einem Mann verhandeln, der arabische Kleidung trug, einen weiten, weißen Burnus, auf dem Kopf ein weißes Pilgerkäppi. Er wirkte ungemein energisch, unterstrich seine Worte mit weiten Armbewegungen und stand keinen Augenblick still auf einem Fleck.
Eine halbe Stunde verging. Ich fing an, ungeduldig zu werden und wollte Hate folgen. Doch Klaus hielt mich zurück.
»Laß ihn allein verhandeln. Wir würden gegen ein Gebot der Afars verstoßen, wenn wir ihr Gebiet betreten, bevor sie es uns erlaubt haben.«
Nach einer knappen Stunde kam Hate zurück. Er wirkte sehr bedrückt. Ohne ein Wort der Erklärung winkt er uns, umzukehren. Doch noch bevor wir ihn fragen konnten, was denn eigentlich los sei, ertönte ein schriller Ruf. Der Burnus-Mann kam herangeeilt. In dem

wallenden, weiten Gewand sah es aus, als schösse eine riesige Fledermaus auf uns zu. Gestikulierend gab er uns zu verstehen, daß wir warten sollten. Beim Näherkommen entdeckte ich unter seiner linken Achsel einen riesigen Colt, den er in einem modernen Schulterhalfter trug.

Mit tiefen Verbeugungen begrüßte ich ihn auf arabisch, und bat ihn um Entschuldigung dafür, daß wir seine kostbare Zeit in Anspruch nahmen.

Meine arabischen Sprachkenntnisse überraschten ihn offensichtlich sehr. Vermutlich ging es ihm in diesem Augenblick so wie uns damals, als Saida uns in deutscher Sprache begrüßte. Seine Züge entspannten sich, und er bat uns höflich, über Nacht zu bleiben.

»Er will uns prüfen«, flüsterte mir Klaus zu. »Wahrscheinlich ist das hier ein Vorposten der Rebellen.«

In der folgenden Stunde wurden wir einem regelrechten Verhör unterzogen. Wir mußten unsere Namen nennen, die Pässe vorzeigen, und natürlich erklären, was wir im Gebiet der Afars wollten. Wieder einmal erzählten wir, daß wir einen Film über die tapferen Afars drehen wollten, die um ihre Freiheit kämpften. Dabei spulte dann Klaus sein bewährtes Programm ab, führte Kameras vor, spielte Tonbänder ab, doch so recht wich das Mißtrauen erst, als er Bilder zeigte, die er vor Jahren bei seinem ersten Aufenthalt in der Danakil-Wüste gemacht hatte. Ali Mudschahid, so hatte sich unser Gastgeber vorgestellt, stieß plötzlich wie ein Geier auf eine der Fotografien nieder. Eine Gruppe von Afar-Männern war auf ihr abgebildet, offenbar erkannte er einen von ihnen wieder.

»Das ist ja Yayo Ali«, schrie er überrascht und tanzte entzückt von einem Bein auf das andere. »Mein Freund Yayo Ali. Woher kennst du ihn?«

Klaus schaltete blitzschnell. Würdevoll erklärte er:

»Yayo Ali ist nicht nur dein Freund, er ist auch mein Freund. Er hat mir vor Jahren sehr geholfen. Und ich möchte ihn jetzt besuchen.«

Der Burnus-Mann sah ihn lange prüfend an. »Ich muß nachdenken«, sagte er dann. »Heute nacht könnt ihr hierbleiben. Morgen früh werde ich euch meine Entscheidung mitteilen, ob ihr weiter dürft oder zurück müßt. Jetzt aber wollen wir davon nicht mehr reden, jetzt seid ihr meine Gäste!«

Er klatschte ein paarmal in die Hände, und gleich darauf schleppten zwei Männer einen lebenden Hammel herbei. Sie hielten das sich heftig wehrende Tier an den Beinen fest, legten es so, daß der Kopf nach Mekka zeigte, und während sie mit ihrem ganzen Körpergewicht den verzweifelt strampelnden Hammel zu Boden drückten, durchtrennte Ali Mudschahid mit einem einzigen geübten Schnitt den Hals. Wie eine Fontäne schoß das Blut heraus. Während es im Sand versickerte, murmelten die Männer ununterbrochen: »Im Namen Allahs, des Allmächtigen und Barmherzigen . . .«

Es wurde eine regelrechte Freßorgie. Ein Glück, daß unsere Gastgeber eine Vorliebe für die Unmengen weißen, fetten Fleisches zeigten und wir uns mit den schieren, roten Brocken den Magen vollschlagen konnten. Uns wäre sonst vermutlich hundeelend geworden, denn die Weigerung, das Fett zu essen, wäre eine Beleidigung für unsere Gastgeber gewesen.

»Du bist Arzt?«, fragte Ali Mudschahid plötzlich.

»Ich studiere zwar noch, aber ich weiß schon einiges. Kann ich dir helfen?«

»Mir nicht. Aber eine meiner vier Frauen ist ins Feuer gefallen. Sie hat sich die ganze linke Körperseite verbrannt.«

Während er, emsig wie eine Biene, mit den Händen unseren Lagerplatz von Steinen und Dornen befreite, brachten einige Frauen die Kranke. Ich tat mein Bestes – hing doch so viel davon ab. Die Brandsalbe und die obligatorische Schmerztablette ließen sie glauben, schon jetzt wieder eine neue Haut zu haben. Sofort kamen auch andere Kranke herbei. Ali Mudschahid bat mich nicht nur höflich, auch ihnen zu helfen, sondern befahl mir sogar, pro Behandlung ein Bir zu nehmen! Unser Protest half uns nichts.

»Ihr habt die Tabletten auch nicht umsonst bekommen – also nehmt ihr das Geld an.«

Dann ließ er mich mit meinem florierenden Geschäft allein. Er zog sich unter einen Baum zurück. Es war bereits dunkel. Die Sterne funkelten schöner denn je. Ali Mudschahid begann zu singen.

»Koranlieder«, murmelte Klaus und stellte schnell das Tonband an. Als wir Ali Mudschahid wenig später die Aufnahme vorspielten und er seine eigene Stimme wiedererkannte, geriet er völlig aus dem Häuschen. Er riß Klaus an seine Brust, küßte ihn auf beide Wangen und

erklärte, unserem Wunsch, sein Land kennenzulernen, würde nun nichts mehr im Wege stehen. Im Gegenteil, er, Ali Mudschahid, werde uns jede Hilfe zukommen lassen und dafür sorgen, daß wir sicher zu seinem Freund Yayo Ali kommen würden. »Außerdem aber«, er hob bedeutungsvoll seine Stimme, »gebe ich euch zwei Führer mit, die euch in das Hauptquartier von Ali Mira bringen werden.«
Der Himmel stand uns offen. Unsere Expedition schien wohl doch unter einem glücklichen Stern zu stehen. Klaus zwinkerte mir vergnügt zu, während Horst noch komisch-verzweifelt an einem Stück Hammelfleisch kaute.
Die beiden Männer, die uns begleiten wollten, hießen Jussuf und Hussein. Der eine ein grobschlachtiger Riese, in dessen Pranken die Kalaschnikow wie ein Bleistift wirkte, der andere ein schlanker, stiller Junge, der immer ein wenig in sich hineinschmunzelte.
Hate Haye und Ali mußten allerdings den Heimweg antreten. Sie bekamen nicht die Erlaubnis, bei uns zu bleiben, und vermutlich waren sie darüber sehr froh. Auf Wunsch von Hate Haye schrieb ich eine kurze Mitteilung für Dr. Tenambergen, aus der hervorging, daß Hate uns gut geführt hatte, und wir bei seinem Abschied gesund und unverletzt waren.
Am nächsten Nachmittag baute sich Ali Mudschahid vor uns auf, blickte auf seinen Schatten und sagte: »Es ist Punkt 15 Uhr. Ihr müßt gehen.« Er irrte sich nur um eine Minute.

Zerstörte Hoffnungen

Allmählich hatte sich die Landschaft verändert. An die Stelle von Sand und Dornenbüschen waren Lavagestein und Krater getreten. Klaus erzählte uns, daß wir über die dünnste Kruste von Mutter Erde marschierten. Sie sollte in diesen Breiten höchstens sieben Kilometer stark sein. Die Vulkane wirkten wie Maulwurfshügel auf einem steinigen Acker. Die Luft flimmerte und ließ alle Konturen verschwimmen.
Klaus machte uns auf merkwürdige Steinkegel aufmerksam. Unzählige Klippschliefer hatten in ihnen ihre Bauten angelegt, bei unserem Näherkommen verschwanden sie eilig mit schrillen Pfiffen.

»Gräber«, erklärte Klaus, »Kriegergräber. Wenn ein tapferer Mann gefallen ist, errichtet der Stamm ihm zu Ehren ein solches Grabmal. Andere Stämme bauen ihren Toten noch einen kleinen Steinwall drumherum und rammen am Eingang einen Holzpfahl in den Boden. Dieser zeigt symbolisch die Stelle, an der der Gefallene seine tödliche Wunde erhalten hat.«

Jussuf und Hussein verfolgten die Ausführungen von Klaus. Obgleich sie kein Wort verstanden, denn Klaus sprach deutsch, nickten sie zustimmend mit den Köpfen.

Sie waren angenehme Führer. Hatten sie vor dem Start noch skeptisch gefragt, ob wir denn überhaupt marschieren könnten, so mußten sie bereits am ersten Tage einsehen, daß wir drei ganz gut ›zu Fuß‹ waren. Wie alle unsere bisherigen Führer auch, versuchten sie, die Tagesstrecken so kurz wie möglich zu halten. Hatten Jussuf und Hussein nicht mehr so die richtige Lust, dann versuchten sie uns mit kleinen Ausreden zu einer Rast zu bewegen. Aber solche ›Argumente‹ wie ›Kein Wasser‹, ›Letzter Schatten‹ – hatten wir schon bei Hate Haye und Ali zu durchschauen gelernt.

Unsere Beschützer waren gezwungen, umzudenken. Bisweilen ging Jussuf auf Frischfleisch-Suche. Eines Vormittags pirschte er sich an eine Gazellenherde 'ran. Über hundert Grant-Gazellen zogen in zweihundert Meter Entfernung, langsam äsend, vorüber. Gazellenfleisch ist wirklich eine Bereicherung für die Speisekarte.

Der Einzelschuß aus der Maschinenpistole traf ein Tier durch die Vorderläufe. Jussuf hatte bewußt dorthin gezielt, um das Tier dann noch nach islamischem Brauch schlachten zu können. Der Schuß hatte einige fremde Afars herbeigelockt, die uns in ihr Haus mitnahmen. Auch ein paar andere Hütten gab es noch im Umkreis. Die Gegend nannte sich Sifani. Während die gesamte Crew sich dem Braten widmete, holte mich eine resolute, nicht unattraktive Frau in ihre Hütte. Sie hätte starke Schmerzen in der Brust und ich, der Hakim, sollte helfen. Das dämmerige Licht im Inneren der Hütte war angenehm für die Augen. Gleich rechts neben dem Eingang hatte sie ihre Küchen-Gerätschaften abgestellt, mehrere Schalen bildeten ineinandergestellt einen kleinen Turm. Die Mitte des Raumes war durch zwei Matten belegt. Mit nur wenigen Gesten machte sie mir klar, daß ich mich setzen sollte. Ich ließ mich im Schneidersitz nieder und begann an dem Verschluß meiner Army-Tasche, in der ich einen Teil meiner Hakim-Utensilien mit mir herumtrug, zu nesteln. Der Verschluß hatte sich verheddert. Endlich konnte ich ihn öffnen. Als ich wieder hochschaute, befand sich das Gesicht meiner ›Patientin‹ unmittelbar vor mir. Sie lächelte ein wenig. Ich spürte ihren Atem. In ihren Händen hielt sie eine Schale mit kühler, saurer Milch. Ich nahm das aus Gras und Kuhmist gefertigte Trinkgefäß und setzte es an meine Lippen, und die Milch rann erfrischend durch meine Kehle. Aus den Gefäßen der Afars muß man zügig trinken, denn wer sich viel Zeit dabei läßt, wird bald einen anderen Geschmack auf seiner Zunge spüren. Nur allzu leicht weichen die Ränder dieser Schalen auf. Ich war auf das Getränk konzentriert, als ich ihre Hände auf meinen Schenkeln spürte. Sie begann mich sanft zu streicheln.

Ich habe später, als ich schon längst wieder in Deutschland war, immer wieder an diese Frau und an diese seltsame Begegnung gedacht. Ich habe mit meiner Frau und mit Freunden darüber gesprochen und es war mir unmöglich zu sagen, was ich in jenem Moment gedacht habe. Ich weiß nur, daß ich, vielleicht nach einigen Sekunden, als ich das Gefäß noch an meinen Lippen hatte und sie mich streichelte, Verblüffung und Rührung zugleich empfand. Nicht im Traum hatte ich hier Zärtlichkeit erwartet. Und es lag Zärtlichkeit in ihrem Streicheln. Es tat mir unendlich gut. Als ich ihren Kopf dann in meine Hände nahm und an mich drückte, da war es mir, ich kann es nicht anders ausdrücken, als blickte ich in mein Leben. Ich sah mich reisen und, wie es so schön heißt, die Kontinente überwinden, getrieben von einer nicht so leicht bestimmbaren Sehnsucht, einer Sehnsucht, die mich bis in diese Gegend namens Sifani trieb. Und ich traf doch nur Menschen an.

Indes – sie streichelte mich weiter. Ich war wohl zunächst recht hilflos. Vor allem war ich mir nicht sicher, ob sie es so meinte, wie ich es mittlerweile auffassen mußte. Ich dachte unwillkürlich daran, daß sie beschnitten und daß ihre Scheide vernäht war. Was es mit dieser ›Sitte‹ auf sich hat, erzähle ich im Zusammenhang mit der Geschichte des Afar-Mädchens Aischa.

Ich hatte nichts gehört. Aber sie. Sie sprang wie von einem Skorpion gestochen auf – keinen Moment zu spät. Ein anderer Dorfbewohner

betrat ihre Hütte, um mich, den Hakim, zu holen. Zu seinem kranken Kind.
Verwirrt und recht orientierungslos tappte ich hinter dem Mann her. Das linke Auge des Kindes war total zugekleistert. Bindehautentzündung. Ich reinigte das Auge und träufelte Tropfen hinein. Die ganze Zeit über war der etwa acht Jahre alte Junge mucksmäuschenstill. Aber alle Muskeln seines Körpers waren vor Angst vollkommen verspannt. Unverwandt starrte er mich mit seinem gesunden Auge an. Den Mund zu einem Strich zusammengepreßt. Nach der Behandlung starrte er mich mit zwei Augen an. Als ich ihn anlächelte und mit der Hand über den Kopf strich, stand er auf, verneigte sich vor mir und verschwand. Ohne ein Wort. Noch lange lag ich an diesem Abend zwischen meinen schlafenden Kameraden wach. Ich dachte an diese Frau. Immer und immer wieder. Irgendwann torkelte ich dann in den Schlaf und träumte von ihr.
Ein Fußtritt weckte mich. Jussuf rief zum Morgengebet. Na, denn. Während Horst und ich schon mit dem Packen der Kamele begannen, ging Klaus auf einen nahegelegenen Berg, um den schönen Sonnenaufgang zu filmen. Kaum war er oben, als wir einen Schuß hörten und eine grüne Leuchtkugel über dem Berg stehen sahen. Grün bedeutete etwas Gutes (Weiß hieß Achtung; Rot Gefahr, sofern wir noch das ganze Sortiment besaßen). Wie ein Wilder wedelte er mit seinen Armen durch die Luft. Wir, auch unsere Afars, banden die Kamele schnell aneinander und stürmten den Berg hoch. Klaus war nun vollends durchgedreht, die zweite grüne Kugel zischte ins Blau des Himmels und er stand da, hatte sich sein weißes Hemd vom Leib gerissen und winkte, schwenkte, schrie und wirbelte. »Der hat entweder ein Tier gefunden, das er sich nicht anzufassen traut« keuchte Horst neben mir, »oder er hat 'ne Macke.«
Als wir näher heran waren, deutete er, ständig Unverständliches schreiend, mit seinem Arm in die vor uns liegende Talsenke.
»Wenn der uns verschaukelt, esse ich ihm sein Milchpulver weg«, schwor ich mir noch, als ich auf allen Vieren über die scharfen Lavasteine kroch.
»Wartet!« rief Klaus da, als wir nahe genug heran waren. »Wartet einen Moment! Was meint ihr, was ich da unten entdeckt habe?« Wir beiden anderen waren so außer Puste, daß wir die Pause gern annah-

men und allen Blödsinn rieten, damit sie, die Pause, nur nicht so schnell verginge.
»Gabriel, der Sprücheklopper der deutschen Botschaft?«
»Weithaler mit dem letzten Pockenkranken der Welt?«
»Deine Frau, die dir hier nicht über'n Weg traut?«
Aber Klaus, der da herumhüpfte wie Rumpelstilzchen, schrie immer nur: »Nein, etwas viel Besseres.«
Als es weder eine alleinstehende Afar-Schöne, noch Schenay Karels mit einem Freßpaket war und auch nicht das Rote Meer, gaben wir es auf und krochen vollends über die Kraterkante. Wir glotzten jenseits in die Ferne, dann in die Tiefe und schließlich in die unmittelbare Nähe seines Standortes. Doch wir entdeckten nichts. Absolut nichts Neues. Außer unseren heraushängenden Zungen und leichten Anflügen einer Wut.
»Sollte das eine Frühsportübung sein?« drohte Horst, und ich ergänzte gleich: »Dein Milchpulver esse ich heute, du, du Lump!«
Klaus sagte gar nichts. Er hatte seinen Rock 'n Roll beendet, stülpte sich sein Hemd wieder über und stierte uns nur fassungslos durch seine wuschelhaarumrandete Brille an. »Seid ihr denn blind? Die Pyramide! Da vorn, die Riesenpyramide!«
»Meine Fresse.« Das war das einzige, was wir herausbrachten. »Und da stehen wir hier noch herum?«
Während wir wie die Falken hinabstießen, will ich kurz erklären, was es mit den Pyramiden auf sich hatte.
Als Klaus Anfang der 60er Jahre bereits einmal einen Ausflug in die Danakil-Wüste unternommen hatte, begegnete er einem gewissen Abdel Kader. Keinem gewöhnlichen Abdel Kader, sondern genau dem, der 1928 die Nesbitt-Expedition geführt hatte. Trotz seines hohen Alters war er noch sehr rüstig und erzählte abends am Feuer aus seinem Leben. Abdel Kader war nach der erfolgreichen Erstdurchquerung auch nach Ägypten eingeladen worden. Dort hatte er die Pyramiden kennengelernt und erwähnte beiläufig: »Die gibt es bei uns auch!« Er hatte auf Klaus' Landkarte geschaut und seinen Zeigefinger westlich vom Afdera-See, im Gebiet der Teru-Senke, kreisen lassen.
Seitdem kreiste es in Klaus' Kopf: »Die Pyramiden muß ich finden!«

So wurden sie zu einem Programmpunkt unserer Reise. Wir hatten uns Fotos der Pyramiden von Gizeh mitgenommen und sogar ein kleines Steinmodell gebaut. Immer, wenn wir Sprachkomplikationen hatten, zeigten wir diese Dinge vor.
Im Süden waren den Leuten Bauwerke solcher Art völlig fremd. Aber je weiter wir nach Norden kamen, desto mehr Personen trafen wir, die uns sagten, wir seien auf dem richtigen Weg. Besonders hier um Sifani gab es unzählige Pyramiden. Genaugenommen sind es Kegel. Sie sind Grabhügel, unter denen Tote schlummern. Vor allem Krieger, die im Kampf gefallen sind. Und das sind einige. Aber diese Kegelgräber waren drei Meter, bestenfalls fünf Meter hoch. Dann muß man aber schon den Hügel mitrechnen, auf dem sie stehen.
Und nun lag da zu unseren Füßen eine wirkliche Pyramide. 30 × 30 Meter Grundfläche und ebenso hoch. Die Spitze fehlte allerdings. Sie war offensichtlich abgetragen worden.
An der Südseite führte eine breite Treppe auf das Bauwerk. Es lief uns heiß und kalt den Rücken runter. Hatte Abdel Kader doch recht gehabt?
Nein. Er hatte nicht. Unsere Pyramide war oben zementiert. Wie wir später erfuhren, hatten die Italiener während ihrer Kolonialzeit hier Kanonen postiert gehabt. Nach Osten hin konnte man noch eine Landepiste für Flugzeuge ausmachen. In einem erloschenen Krater gen Süden befand sich sogar ein verfallenes Steinhaus, in dem der Platzwart gewohnt haben konnte. Überall in der Umgebung lagen außerdem haufenweise zerschlagene Weinflaschen. Also kurz und gut: auch in den folgenden Wochen haben wir über die Abdel-Kader-Pyramiden nichts Besseres in Erfahrung bringen können.
Das schließt allerdings nicht aus, daß es sie dennoch gibt.

Im Hauptquartier

Drei Tage später hatten wir die Teru-Senke erreicht. Sie liegt unterhalb des Meeresspiegels. Die Hitze wurde tagsüber schier unerträglich. Horst registrierte knapp 50 Grad Celsius. Am fünften Tag erklärte Hussein, daß wir uns nun dem Hauptquartier Ali Miras näherten.

Die Senke war mit Gras und Akazien bestanden. Man konnte sie als fruchtbar bezeichnen. Dennoch war Wasser zur Zeit Mangelware. Man holte es aus großer Tiefe und es schmeckte brackig, manchmal regelrecht faulig.
Ali Miras Leute schickten uns eine Empfangsdame entgegen. Urplötzlich tauchte sie hinter einem Steinhaufen auf, selbst Hussein hatte sie nicht bemerkt. Er riß sofort seine Kalaschnikow hoch, doch im nächsten Augenblick ging ein Lächeln des Erkennens über sein Gesicht.
»Ah, Fatima. Sollst du uns hinbringen?«
Sie nickte nur kurz. Fatima war etwa zwanzig und sah interessant aus. Das schwarze Haar hatte sie auf Bürstenschnitt reduziert. Sie trug ein sauberes Khakihemd und dunkle Hose.
Über unsere bevorstehende Ankunft waren die Leute im Hauptquartier bereits informiert worden, erklärte Fatima in gutem Englisch. Die Späher hatten uns schon vor zwei Tagen gesichtet, als wir von den Bergen in die Senke herunterkamen. »Eure Aluminium-Koffer sind die reinsten Scheinwerfer!« klärte sie uns auf. Und dann erzählte sie, daß sie zur Zeit bei Ali Miras Leuten Dolmetscherin sei. Vor zwei Monaten hatte sie noch in Addis Abeba gelebt. Dann sollte sie verhaftet werden, weil sie im Verdacht stand, mit dem Aufständischen zu sympathisieren. (Was auch stimmte. Schon längere Zeit gehörte sie der Ethiopian People's Revolutionary Party, EPRP, an.) Doch Freunde warnten sie gerade noch rechtzeitig. Sie floh, als die Häscher schon vor der Tür standen. Barfuß, nur dürftig bekleidet, entging sie der sicheren nächtlichen Exekution.
Fatima war eine fanatische Maoistin. Und ihre Freundlichkeit uns gegenüber wurde sofort um einige Grade kühler, als wir ihr in der Meinung nicht beipflichten wollten, auch in Deutschland stehe der Aufstand der werktätigen Massen zum Sturz der herrschenden Klasse unmittelbar bevor. In den Augen Fatimas waren wir nun verderbte Anhänger der Bourgeoisie.
Das Hauptquartier der Aufständischen war erreicht. Geschickt war es vor einem Riesenkrater in den canyonartigen Spalten und Mulden der Lava am Fuße eines Berges angelegt. Keine Hütte, kein Zelt. Nichts. Die Kämpfer schliefen im Freien. Horst machte mich heimlich auf die Posten aufmerksam, die überall von strategisch wichtigen

Punkten der Kraterränder herunter das umliegende Terrain observierten.

Merkwürdigerweise nahm vorerst niemand von uns Notiz. Geschäftig eilten die Buschkämpfer an uns vorbei, andere putzten ihre Waffen, debattierten oder exerzierten. Fast alle hatten ihr Haupthaar zu mächtigen krausen Bällen geformt. Sie verschönerten es mit grüner Butter. Die meisten trugen Handgranaten an den Gürteln, waren mit Gewehren oder Maschinenpistolen ausgerüstet, und bei manchen sahen wir sogar panzerbrechende Waffen. In Verstecken lagerten Minen.

Fatima wies uns an, zu warten. Schon wenige Minuten später kehrte sie im Gefolge eines jungen, bis zum Skelett abgemagerten Mannes zurück. Große, intelligente Augen musterten uns interessiert, aber nicht unfreundlich.

»Ich bin Muhamed Abdul«, begrüßte er uns in fehlerfreiem Arabisch. Und mit einem feinen Lächeln fügte er hinzu: »Ich bin über den Zweck Ihres Kommens genau informiert. Sie brauchen ihn mir also nicht mehr zu erklären. Wir begrüßen es, wenn andere Länder die Wahrheit über unsere Ziele und unseren Kampf erfahren. Deshalb werden Wir Ihnen auch jede Unterstützung geben. Allerdings werden Sie Ali Mira nicht sprechen können, er befindet sich zur Zeit in Saudi-Arabien. Sie müssen also schon mit mir vorliebnehmen.«

›Vorliebnehmen‹ war ja nun wirklich stark untertrieben. Immerhin war Muhamed Abdul der wichtigste Mann nach Ali Mira und seinem Sohn Teferri. In der provisorischen Regierung der Afars bekleidete er den Posten eines Armeeministers. Er hatte in Kairo studiert und in der ägyptischen Armee auch am Yom-Kipur-Krieg teilgenommen. Ein Mann also, der nicht nur das Kämpfen beherrschte, sondern sicher auch eine Menge von Organisation, Strategie und Logistik verstand.

Als wir uns noch mit ihm unterhielten, kam ein Soldat und warf uns ohne ein Wort einen Zehn-Liter-Sack mit Milch vor die Füße. Später wurde dann ein Hammel geschlachtet. Wir durften filmen, fotografieren und fragen. Sie gaben uns gegenüber sogar zu, daß einige von ihnen es waren, die Golima überfallen hatten, die Station etwas nördlich von Schiffra.

Zwei Tage durften wir bleiben. Und es gab nichts, was man vor uns

geheimhielt. Am stolzesten aber waren die Afar-Kämpfer, wenn sie uns vorführen konnten, wie gut sie marschierten. »Darin sind sich wohl die Militärs aller Länder gleich«, spöttelte Klaus, als wieder einmal ein Zug Nomaden-Söhne stolz mit hochgerissenen Knien und weit schwingenden Armen an uns vorbeimarschierte. »Ohne Exerzieren scheint das Soldatenleben für sie alle keinen Sinn zu haben. Nullachtfünfzehn in der Wüste, hättet ihr das vermutet?!«
Er schüttelte in gespielter Verwunderung den Kopf.
Doch was die Afars von vielen anderen Rebellentruppen unterschied, war der Schulunterricht nach dem Marschieren. Da saßen die Butter-Häupter im Schatten beieinander und lernten, was das Zeug hielt.
»Es ist das erste Mal, daß die Fighters eine Schule besuchen«, stellte Muhamed Abdul stolz fest. Und die Jungs lernten mit wahrem Feuereifer – die Waffe auf den Knien, den kleinen Bleistift in der Hand – so murmelten sie gruppenweise: »Alif, ba, ta, tha . . .« Das arabische Alphabet.
Fatima lugte ihnen über die Schulter und griff manchmal helfend ein. Irgendwo wurde sie umringt. Sie winkte uns hilfesuchend herbei. »Nun seht euch das mal an!« jammerte die Maoistin: »Jeden Tag dasselbe. Sie wollen nicht glauben, daß ich eine Frau bin. Die Afarfrauen würden keine Hemden tragen. Und jeder könne deutlich sehen, wen er vor sich habe. Bei mir sähe man aber nichts. Was soll ich nur machen? Die wollen revolutionieren, aber in puncto Frauen soll alles so bleiben, wie seit Adam und Eva. Sie werden umdenken müssen.«
Als wir zum Abschied Muhamed Abdul fragten, ob er uns nicht eventuell unsere beiden Kamele gegen frische tauschen würde, willigte er sofort ein. Ein kurzer Befehl, und eine Stunde darauf führte uns ein junger Afar zwei riesengroße Tiere zu. »Das ist Yusuf«, stellte uns Muhamed den Jungen vor, »er wird euch zu Yayo Ali bringen.« Und nach einem Moment des Schweigens setzte er hinzu: »Berichtet bitte in eurem Land die Wahrheit über uns. Wir sind nur ein sehr kleines Volk. Wir lieben unsere Freiheit. Die meisten Menschen wissen überhaupt nichts von unserer Existenz. Aber auch kleine Gemeinschaften haben das Recht auf ein Leben, so wie sie es gern führen möchten. Und sie haben ein Recht, über das Land zu bestimmen, das sie seit der Urväter Zeiten bewohnen. Ich weiß, ihr werdet das nicht vergessen.«

Wir verneigten uns tief vor ihm. Er erwiderte unseren Gruß mit vor der Brust gekreuzten Armen.
Fatima begleitete uns noch einen Kilometer. Sie hatte einen kleinen Sack Milch mitgenommen. An einem Busch hielt sie an. Eine Frau lag darin. Völlig apathisch. Fatima kniete sich hin und füllte Milch in eine Schale.
»Was ist mit der Frau?« Wir sahen Fatima an.
»Sie liegt im Sterben. Ihre Familie hat sie aufgegeben. Ich bringe ihr immer etwas Milch. Aber sie wird den morgigen Tag nicht mehr erleben.«

Durchs »Höllenloch der Schöpfung«

Die Kamele sind weg

»Nehmt diesen Ziegensack mit«, hatte der Rebellen-Kommandant uns noch hinterhergerufen. »Ihr werdet ihn gut gebrauchen können. Bis zum Afdera-See gibt's kaum Wasser.« Wir hatten ihn gern angenommen, denn einer unserer Leinenbeutel war ein wenig undicht geworden. »Macht euch keine Sorgen, Yusuf kennt den Weg.«

Ja, Yusuf II kannte den Weg. Aber er war ein schwieriger Typ. Bestimmt war er nicht älter als siebzehn Jahre, feingliedrig, scharfgeschnittenes Gesicht, feiner Mund und – jähzornig. Besonders ich, der ich auch nicht so ganz ohne Temperament bin, sollte das bald zu spüren bekommen.

»Hier rasten wir«, entschied Yusuf nämlich schon nach einer Stunde.

»Wieso denn das? Wie wollen wir denn in drei Tagen zum Afdera-See kommen, wenn wir jetzt schon rasten?«

»Heute will ich hier bei meinem Stamm übernachten«, erklärte er nur und ließ sich bereits nieder. Widerstrebend, aber notgedrungen und innerlich kochend sattelten wir ab. »Ich werd' nochmal wahnsinnig«, knurrte Klaus. Als dann auch Horst noch murmelte: »Verdammte Scheiße – langsam, aber sicher sehe ich mich ein Semester dranhängen«, war ich direkt ein wenig beruhigt darüber, daß ich nicht allein auf die Palme gegangen war. Yusuf keines Blickes mehr würdigend, machten wir unser Abendbrot.

Da sein Stamm uns aber reichlich Milch bot, kamen wir doch wieder ins Gespräch. Wir wußten die Milch um so mehr zu würdigen, als diese Burra inmitten schwarzer, vegetationsloser Lava stand. Wohl noch hier und da ein Strauch, auch zwei bis drei Grashalme – aber was ist das schon für eine klägliche Weide für hungrige Ziegen! Die satten Weiden der Teru-Senke hatten wir mit den Afar-Rebellen hinter uns gelassen. Es ging bergan.

»Morgen bleiben wir hier. Zwei Tage. Mohammed, der Prophet, hat nämlich Geburtstag. Da gibt es ein großes Fest.« Wir sahen uns an, mahlten mit den Ober- auf den Unterkiefern und sagten nur noch: »Auf keinen Fall. Wir gehen sonst allein.« Wir hatten längst spitz, daß das immer ein recht brauchbares Druckmittel war. Kein Führer, der Ehre im Leib hat, läßt die ihm Anvertrauten allein gehen. Auch

Yusuf gab nach, als wir am anderen Morgen einfach packten. Aber seine schlechte Laune sollten wir bald spüren. Er führte die Tiere nicht mehr, sondern überließ alles uns. Bereits gegen Mittag des zweiten Tages hielt er an der ersten Burra, die wir sahen, an. »Ab jetzt gibt es kein Wasser mehr bis zum Afdera-See, wo Yayo Ali wohnt. Wir müssen hier alle Säcke auffüllen.« Okay. Das konnte uns nur recht sein.

Während ich Kranke versalbte, zogen Horst und Klaus mit einem Esel und zwei etwa 12jährigen Jungen von dannen, um das wertvolle Naß zu beschaffen. Yusuf streckte sich bequem in den Schatten einer Hütte. Nach sechs Stunden erst kamen die Wasserholer zurück. Klaus tobte: »Stell dir vor, drei Stunden von hier ist erst das nächste Wasserloch. Es ist nicht größer als dein Kopf. Wir mußten eine Steinplatte beiseiteschieben, um daranzukommen. Es war so heiß, daß es dampfte. Wer die Löcher nicht kennt, wird sie nie finden. Die beiden Afars haben sich erst mal richtig ›geduscht‹. Und als wir dann die Säcke füllen wollten, fehlte der von Muhamed Abdul. Das bedeutet ein Minus von zwanzig Litern!«

Das war wirklich ein großer Verlust. Obwohl man auf dem Rückweg die Augen offen gehalten hatte, blieb der Sack verschwunden. »Wenn die doch bloß anständige Knoten machen könnten!«

Es war bereits siebzehn Uhr, trotzdem beschlossen wir, weiterzuziehen. Würden wir über Nacht bleiben, wären unsere Wasservorräte nochmals erheblich reduziert worden.

Yusuf bekam einen Wutanfall. Dennoch starteten wir. Es galt, die Abendkühle wenigstens zwei Stunden lang zu nutzen. Vielleicht waren es die entscheidenden zwei Stunden. Zehn Minuten können schon eine Rolle spielen, wenn es ums Verdursten geht bei extremen Temperaturen.

Yusuf blieb wider Erwarten sitzen. Das Oberhaupt der 3-Hütten-Gemeinschaft schimpfte ebenfalls – aber wir trotteten einfach los. Es war das übliche Pokerspiel. Wäre Yusuf nicht doch noch hinterhergekommen – wir wären umgekehrt. Die Gesetze der Vogelfreiheit für unbegleitete Reisende waren uns zu bekannt, als daß wir es gewagt hätten, den Weg zu Yayo Ali allein zu gehen. Plötzlich erinnerten wir uns daran, daß es ungefähr hier gewesen war, wo 1884 die hundert Personen starke Bianchi-Expedition mit Mann und Maus ver-

schwand. Und wir rekonstruierten, daß es auch Nesbitt, unseren Vorgänger aus dem Jahre 1928, hier um ein Haar erwischt hätte. Fünf bange Tage lang hatten ihn die Afars dieser Gegend in einer Höhle belagert, bevor es ihm mit unendlicher Geduld und Verhandlungen gelungen war, lebend herauszukommen.
Also, allein auf unbekanntem Weg, ›wasweißichwieviele‹ Tage, ohne Kenntnis der Wasserstellen – wir hätten es nicht gewagt. Dann wollten wir lieber zurück zu Muhamed Abdul und ihm den verfluchten Yusuf mit Dank wiederbringen. Bestimmt wäre das in Yusufs Kreisen eine ziemliche Blamage gewesen. Aber gottseidank tauchte er nach einer Stunde als kleiner Punkt am Horizont auf. Aufatmend ließen wir ihn heran. »Der Weg ist falsch. Wir müssen hier rechts lang«. Das war alles, was er sagte. Seinen Wanderstab quer über die Schulter, trabte er uns voran. Das Pokerspiel war gewonnen. Wenn auch nur für zwanzig Minuten. Da standen wir inmitten eines kleinen Talkessels vor einer Burra. Vier Männer kamen uns entgegen und hießen uns willkommen. Lange, sehr lange, plauderten sie mit Yusuf. Immer wieder streiften uns ihre Blicke. Wird er jetzt seinen Ärger über uns ablassen? Das würde dann den Verlust der begehrten Milch bedeuten. Die Abend-Milch war bereits zu einer lieben Gewohnheit bei uns geworden. Nie im Leben hatten wir so viel und so gern Milch getrunken. Ob von Schaf, Ziege, Kuh oder Kamel, wir tranken alles. Nur eben Milch mußte es sein.
Aber Yusuf hatte uns nicht angeschwärzt. Denn wir erhielten literweise Kamelmilch, mit Schaum darauf, wie die beste Schlagsahne daheim. Erschöpft sanken wir auf unsere Aluminium-Folien.
Die 13 % nahrhafter Feststoffe des göttlichen Getränks verblieben im Körper. Die 87 % – im Rechnen war ich immer schon ganz gut – schwitzten wir sofort aus.
Dennoch fühlten wir uns wohl. Ich roch und hörte noch die wiederkäuenden Kamele neben uns. Dann war ich tief eingeschlafen.
Um halb sechs weckte ich die anderen. Unsere Wassersäcke waren wieder auf dreißig Liter aufgefüllt. Wir wollten schleunigst weiter, bevor die Mittagshitze uns auslaugte.
Aber Yusuf kam und kam nicht mit den Kamelen. Dann tauchte er endlich auf. Allein.
»Wir müssen warten, bis es hell wird«, tröstete er uns.

Wir hatten unsere Bündel bereits tiergerecht verschnürt, als die Sonne aufging. Um acht Uhr war immer noch kein Kamel zu sehen. Auch unsere Gastgeber wurden nun nervös, konnte man sie doch für Viehdiebe halten. Sicher waren sie das auch. Niemals aber stahl man die Tiere seiner Gäste. Das ist undenkbar.

Die Sicherung der Spuren ergab, daß die gefesselten Tiere nachts aufgestanden waren. Sie hatten an einem nahegelegenen Baum geäst, waren kreuz und quer herumgehüpft und hatten ihre Spuren dann mit den Tieren der Gastgeber gemischt. Schließlich waren sie wohl in steinigeres Gebiet fortgehumpelt. Und nun waren sie weg! Wir bestiegen die nahen Gipfel. Aber selbst die geschulten Afar-Augen erspähten nichts, das auf unsere Tiere hindeutete. Wir selbst gaben die Mithilfe an der Suche bald auf. Wir kamen uns geradezu blind vor gegen diese Natursöhne. Mehrere Männer hatten sich jetzt zusammengetan und waren ausgeschwärmt. In die Richtung, aus der wir gestern gekommen waren. Wir hatten uns einen Schatten gebaut und schliefen. Da kam nach zwei Stunden Yusuf zurück und hielt uns wortlos die Stricke der Kamele hin. Die, mit denen wir ihre Vorderbeine gebunden hatten.

»Was hat das zu bedeuten?«, fragten wir ihn, »hast du sie gefunden?«

Aber er hielt uns die Taue nur noch näher unter die Nase. »Durchgeschnitten!«

Es gab keinen Zweifel mehr. Die Tiere waren gestohlen worden. Nun saßen wir in der Patsche. Würde man uns neue verkaufen? Aber würden wir dann mit dem wenigen restlichen Geld noch unser Ziel erreichen?

Yusuf unterbrach unsere Überlegungen. »Ich gehe sofort zu Muhamed Abdul zurück und melde ihm das. Heute abend noch kann ich dort sein.«

Als er unsere zweifelnden Gesichter sah, lächelte er nur überlegen. »Auch wenn ihr es nicht glaubt: Ein Afar-Krieger läuft sehr schnell und sehr weit. Und das hält er den ganzen Tag aus. Sogar ohne Wasser.«

Yusuf nahm nichts mit. Er trank noch einmal etwas Milch und dann ging er davon. Richtung Westen. Bald war er unseren Augen entschwunden. Wir waren ziemlich deprimiert. Die Verständigung mit den freundlichen, spendablen Milchschenks klappte kaum. Nur das Gebet funktionierte. Wir sahen bereits im Geiste auch unseren Führer für immer verloren.

Der Tag ging zur Neige. Der milchreiche Abend kam und die Nacht. Wir lagen mutterseelenallein und sprachen zum x-ten Male darüber, was wir nun noch machen könnten.

Einer der Dorfmänner legte sich mit seinem Gewehr neben uns und sagte bedeutungsvoll: »Deine Freunde kommen zu den Mahlzeiten, deine Feinde zu den Verdauungszeiten.« Ein altes Afar-Sprichwort. Es gefiel uns, tröstete uns aber nicht.

Es war dunkel, als uns Yusuf weckte. Er sagte etwas. Wir verstanden es nicht. Zumal wir völlig schlaftrunken waren. Fünf Uhr morgens. Aber im Schein der Taschenlampe sahen wir ein strahlendes Gesicht.

»Mä-ä!«, war alles, was wir heraushörten. Und das hieß »gut«. Gut war schon, ihn wieder dazuhaben. War er wirklich bis zu den Rebellen gewesen? Dann war sein Marsch eine großartige Leistung. Von den Kamelen weit und breit keine Andeutung. »Schlaft weiter, wir müssen etwas warten.« Als wir aufstanden, hockte Yusuf schon mit den Leuten aus der Burra am Feuer. Die Frauen melkten die Herde. Die Debatte war laut und lebhaft. Was denn nun gewesen sei, wollten wir wissen. »Ruhe, nur Ruhe und abwarten«, gebot er uns.

Wir überlegten alle Möglichkeiten. Bestimmt würde Muhamed Abdul uns zwei neue Tiere schenken und bringen lassen. Etwas Besseres fiel uns nicht ein. Aber es kam noch besser.

Wir bemerkten etwa gegen zehn Uhr, daß die Männer alle angestrengt in Richtung Süd-West schauten. Keiner sprach mehr ein Wort. So sehr wir uns auch bemühten, wir sahen nichts. Erst eine gute halbe Stunde später erkannten wir drei sich bewegende Punkte. Yusuf zeigte siegesbewußt in ihre Richtung und rief: »Dschimalkum, eure Kamele!«

Niemand stand auf. Niemand erregte sich. Niemand ging dem Mann, der da die Tiere brachte, entgegen. Wohl hatte jeder sein Gewehr griffbereit.

Und dann sahen wir sie genau. Es waren nicht neue Kamele, sondern es waren unsere eigenen. Da standen sie, als wären sie gar nicht fort gewesen. Wir verstanden überhaupt nichts mehr.

Der Fremde erhielt Wasser. Er sagte ein paar Sätze. Dann ging er wieder fort.
Yusuf fesselte die Tiere und legte sie in den Schatten. Dann erst kam er zu uns und löste das Rätsel. Demnach war er zurückgeeilt zu Muhamed Abdul und hatte ihm von dem Diebstahl berichtet. Noch am gleichen Nachmittag hatte der Heerführer Läufer in alle Richtungen gesandt, um kundzutun, daß man sich hier an seinen Ehrengästen versündigt hätte. Yusuf hatte er gebeten, schnell wieder zu uns zurückzukehren. Morgen früh sei die Sache bestimmt geregelt.
Der Mann, der uns die Tiere zurückbrachte, hatte behauptet, er habe sie ›gefunden‹.
Nun, Yusuf war im Augenblick für uns der Größte. Alles hatte eine Wende zum Guten genommen. Wir waren glücklicher denn je. Am kommenden Morgen zogen wir dann weiter.
Die dreißig Liter Wasser nahmen rapide ab, zumal ein zweiter Mann sich uns angeschlossen hatte.
Yusuf wirkte nervös. Er, der sonst jede Chance zu einer Pause wahrnahm, trieb zur Eile. Wir durften weder Zeit mit Filmen noch mit Fotografieren vertrödeln. Zwölf Liter Wasser waren der klägliche Rest für fünf Personen. Und noch zwei Tage Marsch. Im Grunde eine Unmöglichkeit. Wahrscheinlich wußte Yusuf noch ein Wasserversteck. Aber wir wußten nicht, was er wußte, und seine offensichtliche Sorge machte uns Angst.
Wir bedeckten unsere Blößen mit Stoff, um nicht unnötig Wasser zu verdunsten.
Da Yusuf und der Neue uns stets hundert bis fünfhundert Meter voraus waren, fixierten wir nur immer sie, um sie nicht aus den Augen zu verlieren. Dadurch widmeten wir den Kamelen wenig Aufmerksamkeit. Horst führte das Leitkamel. Das zweite war an dessen Schwanz angebunden. So trotteten wir Stunde um Stunde durch den glühenden Backofen. Berge von mehreren hundert Metern Höhe aus rötlichem, brüchigem Gestein brachten traumhafte Farben in die Landschaft. Wenn sich in dieser Glut in irgendeinem Schatten einmal ein Grasbüschelchen am Leben gehalten hatte, war man fast versucht, es bewundernd zu streicheln. Streckenweise war die Lava, über die wir gingen, mit gelbem Sand verweht. Von Menschen keine Spur mehr.
Normalerweise ging einer von uns am Schluß, um das Gepäck im Au-

ge zu halten. Nach stundenlangem Geschüttel löste sich nämlich oftmals ein Teil. An diesem Tag gingen wir jedoch alle drei vorweg, um unsere miese Lage zu erörtern.
»Erstens haben wir den Ziegensack verloren«, rekapitulierte Klaus, »zweitens hat Yusuf diesen anderen Typ mitgeschleppt, ohne an mehr Wasser zu denken. Vielleicht wird das Wasser zu einem echten Problem.«
Yusuf und der Begleiter waren weit voraus.
Da stellten wir fest, daß wir nur noch ein Tier hatten. Das andere war weit und breit nicht zu sehen. Ein Dromedar bleibt einfach stehen, wenn sich das Seil, mit dem es am Vordertier angeknotet ist, löst. Ohne einen Mucks zu machen. Horst und ich stapften verdrossen zurück. Nach zwanzig Minuten sahen wir das Tier seelenruhig in der Gegend stehen. Es ließ sich anstandslos greifen und nachholen. Währenddessen hatte Klaus auf uns gewartet. Vierzig Minuten waren verloren. Yusuf und Partner waren auf einen Hügel geklettert und gestikulierten wild. Erstmals schimpften sie, weil wir es nun waren, die so bummelten. Und recht hatten sie ja. Ihre Nervosität übertrug sich auf uns. »Bukra lä fii«, radebrechte Yusuf in Afaraf und Arabisch »Morgen gibt es Wasser. Aber heute müssen wir noch bis in die Nacht laufen.«
Um dreiundzwanzig Uhr machten wir ein Lager. Das heißt, wir warfen uns ermattet und ausgedörrt in den Sand. Kaum wollten wir mitbeten, als die beiden Afars gar Wasser für die Gebetswäsche forderten:
»Abdallah, qeliil bass, Abdallah, nur ein wenig.« Uns riß die Geduld. Mein Arabisch kam mir gar nicht so schnell von den Lippen, wie ich böse war. Denn erstens hätte er als Führer mehr mitnehmen müssen und zweitens darf der gute Gläubige sich auch mit Sand symbolisch waschen, wenn die Not es erfordert. Diese Bestimmung war Yusuf allerdings noch fremd. Er filzte unsere Wasservorräte. Aber die waren verbraucht. Jeder hatte noch einen Becher bekommen. Horst legte sich auf den leeren, aber feuchten und kühlen Leinensack, um sich so zusätzlich zu erfrischen. Unsere Führer begannen zu singen. Ein Lied nach dem anderen.
Wir fragten Yusuf nach dem Inhalt der Lieder. »Mohammed hat Geburtstag. Wißt ihr das nicht?« Und dann sangen sie weiter. Es war

beängstigend und schön zugleich. Klaus ließ sein Tonband laufen. Nach einer Stunde legten die beiden eine Pause ein. Sie tuschelten miteinander. Und dann röhrten sie im Wechsel einen schier endlosen Gesang.

Horst glaubte herauszuhören, daß wir von ihnen verhöhnt wurden. Er hatte Worte herausgehört wie Almani (Deutscher) und lä (Wasser). Das konnte kein altes Volkslied sein. Die verschmitzten Gesichter der beiden sprachen Bände. Daß sie überhaupt noch zum Singen aufgelegt waren, ließ uns hoffen, daß unsere Lage doch nicht ganz so trostlos war.

»Wüßte man nur genau«, konstatierte Horst, »wo es was zu saufen gibt, wäre unser Durst erträglicher.« Und so war es. Die Ungewißheit versetzte uns in leichte Panik. Das einzige, was wir augenblicklich tun konnten, war unsere Haut einzucremen, ruhig zu sein und eine Prise Salz zu essen.

Um zwei Uhr, wir hatten trotz des Herzklopfens ein wenig geschlafen, drängte Yusuf zum Aufbruch. Nichts war uns lieber. Nach zwanzig Minuten stapften wir durch die Finsternis davon.

Ohne Pause, ohne zu sprechen, jeder seinen Gedanken nachhängend, liefen wir bis fünf Uhr. Es war immer noch stockdunkel. Manchmal hatte Yusuf sich von uns entfernt, und der Alte führte. Dann war er plötzlich wieder da. Lautlos. Ohne Kommentar. Und auf einmal hörten wir unerwartet einen Ruf aus der Nähe. »Lä fii!!« Es gibt Wasser!

Es war eine erbärmliche Pfütze. Im Licht der Taschenlampen sahen wir einen Graben, in dem fünf bis zehn Zentimeter Wasser stand. Der Boden war von Kamelen zerstampft. Es wimmelte von Schnecken und Wasserflöhen. Aber wir tranken und tranken. Wir füllten die Säcke und ließen zum Schluß auch die Kamele heran. Doch die nippten nur.

Todeskampf im Schlamm

Das Wiedersehen mit Yayo Ali erwies sich als eine einzige Enttäuschung. Yayo Ali war eine schleimige, aufgeschwemmte Type, die in der aus vier Hütten bestehenden Familiengemeinschaft wie ein Pascha herrschte. Ja, an Klaus konnte er sich erinnern, aber das schien ihm lediglich Anlaß zu sein, uns wie ein Schmarotzer anzugehen. Dies wollte er von uns haben und jenes, er konnte einfach alles gebrauchen, was seine gierigen Blicke sahen, und schon nach der ersten Stunde knurrte Klaus verbissen: »Der denkt wohl, er kann uns jetzt mal so richtig ausnehmen. Laßt uns hier nur so schnell wie möglich verschwinden.«

Als Führer gab uns Yayo Ali einen zufällig anwesenden Händler mit. Ibrahim zog mit einem Tuchballen durch das Land. Die letzten neun Meter des billigen Stoffes nahm ihm Yayo Ali ab, ohne einen Pfennig zu bezahlen. Bezahlen mußten wir das Geschäft, denn Yayo Ali vermittelte uns ja Ibrahim als neuen Führer. Für zehn Bir pro Tag. Ein fürstlicher Preis, und wir wußten natürlich, daß mindestens fünf Bir Tageslohn auf das Konto des Tuchgeschäftes von Yayo Ali anzurechnen waren. Wir protestierten nicht einmal. Wir wollten nur weg.

Unser nächstes Ziel war der Ertale-Vulkan. Wie ein riesiger Maulwurfshügel ragte er an die achthundert Meter hoch aus dieser flachen, von kleinen Vulkanen, Lavageröll und schwefligen Seen zerrissenen Landschaft. Nachts ließ er sich von weither bewundern, dann warf er spielerisch seine Flammen hoch, verbreitete feurigen Regen und malte den Himmel schaurig rot an. Für seinen Film versprach sich Klaus dort eindrucksvolle Aufnahmen.

Die erste Panne verzeichneten wir schon zwei knappe Stunden nach dem Aufbruch. Wir hatten den Afdera-See (Lake Giulietti) erreicht, ein ungemein salziges Gewässer, das sich fünfundzwanzig Kilometer lang und bis vier Kilometer breit in Nord-Süd-Richtung hinzieht. Am Südufer des Sees hatte ein Italiener namens D'Allessandro bis vor kurzem noch Salz gewonnen. Der einzige Europäer weit und breit. Jetzt war er von der Militär-Regierung vertrieben worden. Man sah die verlassenen und allmählich verkommenden Wellblechhütten, ein paar aus dem Boden gerissene Schienen, auf denen eine Lore stand und einen alten Lastwagen, von dem aber auch alles abmontiert war, was irgendwie abzumontieren ging. Und riesige Salzberge.

Yayo Ali hatte uns erzählt, daß der Italiener von den neuen Machthabern beschuldigt worden war, die Steuern nicht gezahlt zu haben. Sie drohten ihm mit dem Gefängnis, wenn er nicht in kürzester Frist eine Riesensumme zu zahlen bereit war.

D'Allessandro blieb glücklicherweise das Gefängnis erspart. Er wurde rechtzeitig von den Afar-Rebellen über die Landesgrenze gebracht.
In der näheren Umgebung des Sees gibt es unzählige heiße Quellen. Die Wassertemperaturen sind höher als in einer Badewanne. Horst maß einmal siebenundvierzig Grad. Trotzdem wimmelte es in den Tümpeln von kleinen, blau-grünen Fischen. Es handelte sich um Buntbarsche (Cichlidae Danakilia Francchetti).
Unser Marsch ging flott und zügig voran. Das Gelände am Ufer war eben wie ein Brett. Millionen kleiner Muscheln, aber auch Korallenreste aus grauer Vorzeit, als hier noch das Meer gestanden hatte, bedeckten den Boden. Die Regenzeit hatte Rinnen und Gräben in den Boden gezogen. In diesen Rinnen war noch bis vor kurzem Wasser gewesen. Nun war es getrocknet, die Oberfläche verkrustet. Trügerisch. Darunter lauerte ein tödlicher, heißer, zäher Salzschlamm. Nur allzu leicht konnte man einbrechen und im Schlamm versinken.
Natürlich waren vor allem die Kamele gefährdet. Wer so an die vier bis fünf Zentner Eigengewicht auf die Waage bringt und dazu noch zwei gute Zentner an Ausrüstung zu schleppen hat, für den ist fester Untergrund geradezu eine Notwendigkeit. Logisch? – Logisch!
Ibrahim, unser Tuchhändler ohne Tuch, hatte es auf dieser kritischen Strecke übernommen, die Tiere zu leiten. Eigentlich war ja das Führen der Tiere generell sein Job, doch meist übernahmen wir die Seile, um schneller voranzukommen. Ibrahims Entgegenkommen hätte uns eigentlich schon auf den Ernst der Situation aufmerksam machen müssen. Doch wir nahmen es anfangs mehr von der komischen Seite. Wirklich, es sah schon recht merkwürdig aus, wie der Afar da vorsichtig Schritt für Schritt setzte, wie er mit einem langen Stock den Boden vor sich abtastete, gerade so, als würde ein Bergsteiger über ein tückisches Schneefeld wandern.
Wir machten unsere Witzchen über Ibrahim, forderten ihn immer wieder auf, die Abkürzungen zu nehmen und dort zu laufen, wo Klaus uns etwa fünfhundert Meter voranging. Denn für unsere Füße, für unser Gewicht, war der Grund wie harter Asphalt. Wir lachten auch dann noch, als das Leitkamel plötzlich mit dem rechten Bein bis zum Knie einbrach und im Schlamm steckte. Der Zwischenfall schien uns ein netter Spaß zu sein, eine willkommene Abwechslung. An eine

bedrohliche Situation dachte niemand. Doch das änderte sich von einer Sekunde zur anderen. Das Tier reagierte überhastet. Bei dem Versuch sich zu befreien, sackte es mit dem zweiten Vorderbein ebenfalls ein. Und nun mußte man unseren Ibrahim sehen! Statt das verängstigte Tier zu beruhigen, statt die Übersicht zu behalten, verlor er nun ebenfalls den Kopf. Hysterisch schreiend warf er sich auf die Erde, trommelte mit beiden Fäusten auf den Boden und flehte mit weinerlicher Stimme Allah an, uns seine göttliche Gnade nicht zu entziehen und uns das wertvolle Tier zu erhalten.

Derweil wühlte sich das Kamel immer tiefer in den Schlamm. Ehe wir selbst eingreifen konnten, steckte es bereits bis zum Bauch in dem schmutzigen, morastigen Sirup. Das zweite Tier, das mit seinem Leitseil am Schwanz des ersten festgebunden war, stemmte sich mit beiden Vorderläufen fest in den Boden und drängte zurück.

Horst schaltete als erster. Er riß das Messer aus der Scheide, kappte das Seil und ich schnitt im selben Augenblick auch die Tragegurte des eingesunkenen Tiere durch. Unser Gepäck purzelte auf den Boden. Das Dromedar war um zwei Zentner leichter. »Los!«, rief Horst, »schmeiß das Zeug an die Seite. Je schwerer das Tier ist, um so tiefer sackt es ein. Nun mach doch schon.« Ich hätte nie geglaubt, wie entsetzlich ein um sein Leben kämpfendes Tier schreien kann. Jetzt hörte ich es. Und ich erinnerte mich plötzlich, wie mein Großvater einmal von seinen Kriegserlebnissen erzählt hatte. Von verwundeten Pferden hatte er uns erzählt, die auf den Schlachtfeldern lagen und mit ihren Schreien die Soldaten in den Gräben verrückt machten. Daran mußte ich denken.

Das Kamel schrie ohne Unterlaß. Verzweifelt versuchte es sich zu befreien, wühlte sich dabei aber nur noch tiefer in den Schlamm ein. In seiner Todesangst erbrach es grünen, penetrant stinkenden Mageninhalt.

Klaus hatten wir mit einer Rakete zurücksignalisiert. Er kam gelaufen, was das Zeug hielt. Wir drei schaufelten wie die Wilden. Mit bloßen Händen wühlten wir im Schlamm, versuchten auf diese mühselige Weise das Tier auszugraben. Die Kleidung hatten wir uns vom Körper gerissen und im hohen Bogen aufs »Festland« geworfen. Wir fürchteten, daß der ätzende Salzschlamm sie zerstören würde. Ich verfluchte den Augenblick, als wir vor einigen Wochen unsere beiden

Spaten verschenkt hatten. Wir glaubten, wir hätten sie nicht mehr nötig!
»So schaffen wir es nicht«, keuchte ich. »Wir sollten probieren, das Tier auf die Seite zu legen. Vielleicht können wir es auf festen Untergrund schieben?«
Klaus hatte eine andere Idee. Eilig holte er das lange Bergsteigerseil, schlang es dem Kamel um die Vorderläufe, befestigte das andere Ende am Tragegurt des freien Tieres und versuchte, es anzutreiben. Doch vergeblich. Sobald das Seil sich spannte und es Druck verspürte, weigerte es sich, auch nur einen Schritt zu machen. Schließlich legte es sich einfach hin. Da halfen weder gutes Zureden noch wildes Gefluche. Ein Kamel nimmt es an Eigensinn mit jedem Esel auf. Da wir uns zu viert mehr im Wege standen als nutzten, beschränkte sich Klaus auf's Filmen. Ibrahim nahm das verständnislos und schimpfend zur Kenntnis. Das eingesunkene Tier hatte sich allmählich verausgabt. Die Schreie gingen in ein Röcheln über, es kämpfte auch nicht mehr gegen den Schlamm, der es eisern festhielt. Still und ergeben lag es da, den Hals vorgestreckt, die Zunge raus, die Augen dick hervorgequollen. Das ist das Ende, dachten wir. Wir müssen alles dransetzen, das Tier zu befreien. Sonst können wir unsere Filmausrüstung hier liegenlassen, und ihm gnädig die Kehle durchschneiden.
Doch die Apathie des Tieres, sie war unsere Chance. Jetzt konnten wir ihm endlich mehrere Seile um den Leib legen, es wehrte sich nicht mehr gegen unsere Bemühungen. Einzeln gruben wir die Beine aus dem heißen Morast. Wie Anker steckten sie darin. Sobald wir ein Gliedmaß befreit hatten, knickten wir den Unterschenkel ein, und banden ihn an den Oberschenkel, damit es sich nicht wieder einstampfen konnte. Auch als wir uns dann davorspannten, als wir mit aller Macht zogen, leistete das Tier keinen Widerstand. Es war eine Knochenmühle. Wir zogen und zerrten wie die Verrückten. Auch Ibrahim schuftete wie ein Bagger. Man merkte, wie peinlich ihm dieser Vorfall war. Die Erfolge waren nur in Zentimetern meßbar, aber auch Zentimeter summieren sich. Ich weiß nicht genau, wieviel Zeit verging, es waren jedenfalls mehr als zwei Stunden. Aber dann hatten wir es geschafft. Der Schweiß und der Schlamm hatten sich zu einer salzigen Kruste vermischt. Wir waren von Kopf bis Fuß eingeschlos-

sen. In den vielen kleinen Wunden und Schrammen brannte das Salz wie Feuer.
Endlich! In den letzten entscheidenden Augenblicken schien auch das Kamel zu kapieren, daß wir ihm helfen wollten. Machte es sich nicht leichter? Seine Beine bekamen plötzlich festen Grund zu spüren, es konnte sich abstemmen, der schwere Körper schob sich uns entgegen. So schnell es begonnen hatte, so schnell war es auch wieder zu Ende. Wir kappten die Seile und mit einem Mal stand das Kamel wieder neben uns. Ein graues, über und über mit Schlamm bedecktes Dromedar.
Wir brüllten, schlugen uns gegenseitig die Schultern wund und tanzten einen wilden Indianertanz. Das Tier dagegen stand stocksteif. Es bewegte sich keinen Zentimeter vor noch zurück und zitterte erbärmlich. Ibrahim tätschelte den Hals, die Nüstern und flüsterte dem Kamel beruhigende Worte in das Ohr. Wir umarmten Ibrahim und uns, doch es dauerte mindestens eine halbe Stunde, ehe das Kamel den Schock überwunden hatte und sich dann zentimeterweise dem Festboden entgegentastete. Dorthin, wo das andere Kamel still gewartet hatte.

Durst

Wieder mal Angst! Bedrückende, quälende, verfluchte Angst! Sie liegt wie ein Felsbrocken auf der Brust, dein Herz flattert wie ein gefangener Vogel, jemand schnürt dir die Kehle zusammen und den Magen auch, deine Beine sind aus Blei, und die Gedanken haben sich rettungslos in einem Irrgarten verlaufen. Da hattest du gemeint, allmählich alles gelassener zu nehmen, aber es ist immer wieder dasselbe.
Du weißt, daß das Leben auf dem Spiel steht. Nicht irgendein Leben, deines! Manchmal geht man verdammt leichtfertig mit ihm um, tut so, als sei es gar nichts Besonderes. Doch wenn es dann wirklich darauf ankommt, dann hängt man plötzlich mit jeder Faser dran, möchte es um nichts in der Welt verlieren. Dieses kostbare, belämmerte, herrliche Scheiß-Leben.
Ich lag in der Felsspalte und hatte Angst. Die Felsspalte war etwa einen Meter hoch und vier Meter lang. Klaus und Horst hatten sie mit

unseren Folien ausgelegt, die gesamte Ausrüstung war tief am Ende der Spalte verstaut worden. Sie hatten mir auf die Schulter geschlagen, »Mach's gut« gerufen und »Laß dir die Zeit nicht lang werden«, und dann waren sie mit Ibrahim verschwunden.

Das war morgens um sieben Uhr gewesen. Ich hatte mir ausgerechnet, daß sie abends wieder zurück sein müßten. Wenn alles gut ging! Wenn sie nun aber die Wasserstelle nicht gleich gefunden haben? Wenn es nun dort gar kein Wasser mehr gab? Wenn sie nun unterwegs überfallen wurden? Wenn sie sich vielleicht verirrten? Tausendmal »Wenn«.

Der Abend war längst von der Nacht eingeholt worden. Kein Klaus war gekommen, kein Horst. Ich lag in der Ritze, ich konnte mich schlecht bewegen, bei jedem Herumdrehen schmerzte der verletzte Fuß. Die Hitze hatte kaum nachgelassen, noch immer lag sie wie eine schwere Decke über dem Land. Die Lippen waren aufgesprungen, die Zunge war ein unbeweglicher Kloß.

Ich hatte noch einen knappen Viertelliter Wasser. Ich wußte, daß ich hier verdursten mußte, wenn Klaus und Horst nicht bald zurückkamen. Verdursten in dieser elenden Felsspalte, einsam und verlassen von Gott und der Welt.

Ein Viertelliter Wasser! Wie weit kann man wohl einen Viertelliter Wasser strecken? Bei Temperaturen um die dreißig Grad in der Nacht und über fünfzig tagsüber? Überhaupt nicht.

Mein Fuß tat höllisch weh. Ich starrte in den Felsen über mir und lauschte auf jedes Geräusch, das mir Klaus und Horst ankündigen könnte. Von Zeit zu Zeit drang das Kichern einer Hyäne zu mir, und ich versuchte, den Gedanken nicht aufkommen zu lassen, der sich in allen Einzelheiten ausmalen wollte, wie es denn wäre, wenn so ein Tier mich hier wehrlos finden würde. Bevor mich wieder ein mehr oder weniger langer Schlaf gnädig den Durst vergessen ließ, bevor dann vielleicht eine Hyäne zu mir hereinkam, kroch ich zum Gepäck und baute mir von den Aluminiumkoffern und Packsäcken eine feste Burg. Das Dach bildeten die Sattelstangen und die schweren Instrumentenkisten. Dahinein verkroch ich mich und verbarrikadierte den schmalen Einschlupf. Mein Kurzschwert, die Gille, und meinen Dolch hatte ich griffbereit neben mich in den Sand gesteckt.

Ein Viertelliter Wasser. Vorsichtig netzte ich meine aufgesprungenen

Lippen mit dem kostbaren Naß. Etwas Fettcreme gab weitere Linderung. Die Versuchung, alles mit einem Schluck hinunterzustürzen, die Creme aufzuessen, war riesengroß. »Trink doch«, flüsterte mir jemand aus der Dunkelheit zu, »trink doch! Die beiden werden schon gleich kommen. Was soll schon passieren? Sie haben doch gesagt, daß sie kommen werden. Nun mach schon, trink, trink, trink!«

Ich trank. Und sog den letzten und allerletzten Tropfen aus der Feldflasche.

Als ich den Kopf zur Seite drehte, huschte ein winziger grauer Blitz durch mein Blickfeld. Angestrengt versuchte ich ihn mit den Augen auszumachen. Schließlich gelang es: eine Maus, eine kleine Maus sauste geschäftig in dem Felsgestein hin und her.

Wie kommt bloß dieses Tier hierher, überlegte ich. Wo mag es in dieser gottverdammten Gegend überhaupt genug Nahrung finden, um sein bißchen Leben fristen zu können?

Ich schaute auf meine Uhr. Eine knappe halbe Stunde nach Mitternacht. Die Zeit schien zu schleichen. Ich schlief wieder ein. Mit vor Durst gequollener Zunge, nicht mehr fähig zu schlucken. Später würgte ich die Fettcreme hinunter, um irgendwie Elastizität in das ausgedörrte Gewebe zu bekommen.

Mein Blut, das wußte ich aus Studien bei meinem Überlebenstraining, hatte jetzt einen großen Prozentsatz Wasser verloren. Es war dickflüssig geworden. Die Angst tat ihr übriges.

Zwei Tage nach dem Kamelunfall hatte es nun also mich getroffen. Doch diesmal war es nicht das Salz, das den Unfall verursachte. Diesmal war es das dunkle Lavagestein im Mondlicht. Schatten und Steine verwirrten den Fuß. Dazu kam die Müdigkeit eines wassersparenden Nachtmarsches. Jedenfalls knickte mir plötzlich der Fuß weg. Tausend Messer jagten mir durch den Knöchel, ich schrie auf, und dachte im nächsten Augenblick: Aus! Alles aus! Fuß gebrochen, ganz sicher ist der gebrochen.

Horst tastete den Fuß ab. Man konnte förmlich zusehen, wie der Knöchel anschwoll. »Versuch mal, ob du das Gelenk bewegen kannst«, befahl er.

Ich biß die Zähne zusammen, drehte das Fußgelenk. Es ging, unter wahnsinnigen Schmerzen. Ich konnte den Fuß bewegen. Ob er doch nicht gebrochen war?

Horst legte mir einen festen Verband an. Doch als ich dann die ersten Gehversuche machte, brach ich nach wenigen Schritten wieder zusammen.

»Verdammt! Es hat keinen Zweck!«

Klaus war wieder einmal der kühlste von uns. »Wir werden hier lagern«, ordnete er nach kurzem Überlegen an. »Mal sehen, wie dein Fuß morgen früh aussieht. Wenn es dann immer noch nicht besser ist, dann müssen wir eben einiges von unserer Ausrüstung aussortieren und du mußt reiten.«

Schöne Aussichten! Mit einem verletzten Fuß auf einem Lastenkamel, das Reiter nicht gewohnt ist, und dann womöglich stundenlang in diesem langen, schaukelnden Paßgang! Nein, da fielen mir beim ersten flüchtigen Nachdenken eine Menge Dinge ein, die angenehmer zu ertragen sind.

Doch da war noch etwas, und das konnte man schon nicht mehr mit so Wörtchen wie »angenehm« oder »unangenehm« umreißen. Unser Trinkwasservorrat ging zur Neige. Wir hatten höchstens noch sechs Liter im Schlauch. Und Ibrahim hatte erklärt, daß wir bis zur nächsten Wasserstelle noch etwa sechs Stunden stramm marschieren müßten. Normalerweise reichte das. Also keine Gefahr. Ich lebte wieder auf. Sechs Stunden doch nur, redete ich mir ein. Das mußte doch zu schaffen sein, selbst wenn mein Fuß nicht besser sein sollte, und ich morgen auf diesem verflixten Kamel reiten mußte.

Es wurde ein klägliches Camp. Kein Feuerholz, kein Feuer, keinen Tee. Nur kalte rohe Haferflocken mit Zucker, und braunes Wasser mit hunderten von Wasserflöhen. Ibrahim hatte gar nichts zu essen außer Trockenfleisch. Ich schob ihm meine Haferflocken rüber und eine Handvoll Datteln. Appetit hatte ich keinen.

Wir kamen überein, nur fünf, sechs Stunden zu schlafen, um dann gegen vier in der Frühe weiterzugehen. Wir wollten nicht in die Tageshitze geraten.

Ibrahim band den Kamelen die Vorderbeine und ließ sie die spärlichen Grashalme abknabbern, die zwischen der düsteren Lava sprossen.

Als meine Freunde mich weckten, war mein Fuß nicht besser. Jedenfalls nicht so, daß ich marschieren konnte. Schlimm. Viel schlimmer aber war das andere:

Unsere Kamele waren wieder weg. Einfach weg, als hätten sie sich in Luft aufgelöst. Ibrahim schwor Stein und Bein, daß er sie, wie jeden Abend, ordentlich zusammengebunden hatte, und er konnte sich das alles einfach nicht erklären. Doch was sollte es auch? Warum noch lange herumrätseln – die Kamele waren verschwunden.
Wie ein Spürhund zog Ibrahim mit einer Taschenlampe los, um die Fährte aufzunehmen. Es war hoffnungslos. Es blieb uns nichts anderes übrig, als uns wieder hinzulegen und das Tageslicht abzuwarten. Pünktlich um halb sieben stand Ibrahim auf einem Hügel und spähte in die buckelige Umgebung. Er war nervös. So sehr seine Argusaugen auch spähten, röntgten und bohrten – die Kamele blieben verschwunden. Und wir waren sechs Stunden von der nächsten Wasserstelle entfernt, hatten jetzt noch knapp vier Liter Wasser. In kurzer Zeit würde das Thermometer wieder an die fünfzig Grad anzeigen.
»Wir wollen mal ganz kühl überlegen«, meinte Klaus in seiner ruhigen Art. »Wenn wir jetzt nach den Kamelen suchen, dann können darüber Stunden vergehen. Das schaffen wir nicht mit unserem bißchen Wasser. Wenn wir loslaufen und dich schleppen, dann brauchen wir bis zur Wasserstelle mindestens drei- bis viermal so lange. Das schaffen wir auch nicht.«
Weiter sagte er nichts. Brauchte er auch nicht. Ich konnte mir den Rest selbst recht gut zusammenreimen. Ich hätte nicht anders entschieden.
»Du meinst also, ich soll zurückbleiben.« Ich versuchte ganz gelassen zu antworten. Meine Stimme klang aber dennoch merkwürdig tonlos.
Klaus versuchte mich zu beruhigen. »Die Geschichte ist ganz einfach«, rechnete er, »sechs Stunden, hat Ibrahim gesagt, sechs Stunden bis zur Wasserstelle. Trinken. Schläuche füllen, vielleicht eine Stunde ausruhen, sechs Stunden zurück. Wir können also abends wieder bei dir sein. Du behältst zwei Liter Wasser hier. Wenn du damit ein wenig sparsam umgehst und schön im Schatten bleibst, dann solltest du zurechtkommen. Und wenn wir zurück sind, dann suchen wir die blöden Tiere.«
Natürlich hatte Klaus recht. Aber Rechthaben ist die eine Seite – allein in einer gottverdammten Gegend zurückbleiben zu müssen, mit

einem Fuß, der bei der geringsten Belastung schmerzt, das ist die andere Seite.
Ich tat so, als machte ich mir gar keine weiteren Gedanken. Ich versuchte sogar noch zu scherzen. Nur nicht merken lassen, wie es in mir aussah.
Sie hatten mir dann ein Lager in der Felsspalte zurechtgemacht, hatten die ganze Ausrüstung darin verstaut und mir auch noch ihre beiden Signalraketen zurückgelassen. Vielleicht hätten sie das lieber nicht tun sollen, denn mehr als alles andere bewies es mir, daß auch Klaus sich seiner Sache nicht so ganz sicher war. Auf dem nächsten Hügel setzten sie eine Flagge aus Sattelstäben und einem Hemd. Der einzig leuchtende Fleck im dunklen Lavaschwarz. »Macht mir alle tausend Meter ein deutliches Zeichen«, rief ich noch hinterher. Dann tippelten sie los.
Und nun lag ich hier. Starrte die Felswände an. Beobachtete eine Maus. War mit meinen Gedanken allein. Der letzte Viertelliter Wasser war verbraucht. Der Abend war schon lange vorbei. Mitternacht war vorbei. Und Klaus und Horst waren noch immer nicht zurück.
Angst! Sie kam in Wellen, immer dichter, immer heftiger. Kicherte da nicht wieder die Hyäne? War das nicht schon viel näher? Was war das für ein Schatten, der vor der Höhle stand? Schlich da nicht jemand herum? Meine Augen bohrten sich in die Dunkelheit. Die rechte Hand umklammerte den Dolch, die linke die Rakete.
Irgendwann muß ich dann doch wieder eingeschlafen sein. Ich träumte von zu Haus. Ich sah meinen Backstubenleiter Rudolf Gutzki und seine ›rechte Hand‹, Ilse Kaun. Sie tuschelten etwas miteinander. Noch vor meiner Abreise hatte ich einen Nachbarladen gekauft und mich auf diese Weise vergrößern können. Seitdem backten wir nicht nur Kuchen, sondern auch Brötchen, in herrlichen rundum gekachelten Arbeitsräumen. Mein Mitarbeiterstamm zählte mittlerweile dreißig Seelen; die äußerste Grenze, bevor das Verhältnis zwischen Chef und Mitarbeitern unpersönlich, anonym wird.
Wenn ich zurückkehrte, wollte ich die trennende Kellerwand einreißen lassen, die beiden Trakte verbinden und das Lager vergrößern. Nun träumte ich, daß meine treuen Mannen das bereits erledigten. Sie wollten mich überraschen. Gutzki schlug wie ein olympiaverdächtiger Hammerwerfer auf die wehrlosen Kellerwandsteine ein, Ilse

Kaun eimerte den Bauschutt nach draußen in den Container. Und die restliche Mannschaft wühlte in der Backstube, um das tägliche Programm zu schaffen.

Plötzlich zischte es, Wasser spritzte Gutzki ins Gesicht. Er schrie: »Volltreffer! Wasserrohr getroffen. Raus, sonst saufen wir ab«, und sauste die Treppe rauf. Das Wasser füllte wie eine Sturmflut den Keller und drückte sich die Treppe hoch. Oben stand Maggy, mein Weib, und jammerte: »Meine schönen Schokoladen-Eier. Jetzt sind sie alle im Eimer.« Demnach war bei denen Ostersaison. Realistischer Traum also.

Sie drängten aus der Backstube ins Freie. Alle pitschnaß. Pitschnaß? Pitschnaß!

Herrgott, das war ja gar kein Traum mehr! Das war ja Wirklichkeit. Klaus kniete an meiner Seite, er hatte mir den Ziegensack an den Mund gesetzt und ließ das Wasser einfach so fließen. Ich schluckte gierig. Das Wasser floß mir über das Gesicht, in den Hals, es sammelte sich unter mir in einer schnell anwachsenden Pfütze. Es störte mich nicht.

Dann merkte ich, daß sich jemand an meinem Fuß zu schaffen machte. Horst. Er legte gerade einen feuchten Verband an, der wunderbar kühlte. Erst jetzt bemerkte ich auch einige andere Männer, die um uns herum standen, mich neugierig betrachteten und fröhlich miteinander sprachen. Es war vier Uhr morgens.

Nur ein kurzer Augenblick, dann konnte ich wieder klar sprechen. Wieviel hatten sie bloß in mich hineingeschüttet? Jetzt kam es mir durch die Poren wieder raus. Die Zunge wurde elastisch, das Blut flüssig. Ich funktionierte wieder. Ich hätte vor Freude heulen mögen.

»Warum seid ihr erst jetzt gekommen?«

»Tja, das war so«, erklärte Klaus. »Genau sechs Stunden sind wir gelaufen. Ohne Pause. Trotz der Hitze waren wir um dreizehn Uhr da. Wir waren echt geschafft. Ein Afar, der an dem Brunnen seine Tiere tränkte, bat uns in den Schatten einer Doum-Palme, brachte uns Wasser. Wir schliefen sofort ein. Um fünfzehn Uhr wollten wir zurück. Aber Ibrahim bedeutete uns zu warten. Gegen Abend erst, als wir schon regelrecht mit ihm tobten, kam ein älterer Mann. Er führte einen Esel bei sich und hatte vier Wasserschläuche geladen. Wir gingen sofort los. Aber du weißt ja, wie das ist. In der Dunkelheit geht alles um einiges langsamer. Gegen Mitternacht machten wir sogar Rast, weil der Esel streikte. Übrigens, das hier ist Gamal, der Mann mit dem Esel.«

Er wies auf den hochgewachsenen älteren Afar neben sich, der mich freundlich anlächelte. »Gamal gehört zu einer der Familien, die in der Nähe der Wasserstelle wohnen. Er ist ein Spezialist im Fährtenlesen. Deshalb ist er hier. Sobald der Tag anbricht, wird er sich auf die Spur unserer Tiere setzen. Die anderen Männer haben wir unterwegs getroffen. Sie gehören einer Karawane an, die flüssige Butter nach Assab transportiert.«

Draußen vor der Höhle knisterte mittlerweile ein mächtiges Feuer. Das Holz hatten sie mitgebracht. weil es hier keines gab. Ich sah, wie einige Männer faustgroße Steine sammelten und sie in die Glut legten; in der Zwischenzeit hatte ein anderer Mann eine große rohe Kuhhaut ausgebreitet. Aus einem Ziegensack klatschte er gegorenen Sauerteig auf die Haut, mischte Mehl drunter, Salz, und formte den Teig zu Kugeln. Mit der Faust wurde ein Loch in den Teigball gestoßen, dann angelten sie mit einer Astgabel einen heißen Stein aus der Glut und drückten ihn in das vorgeformte Loch. Die Kugel wurde geschlossen und das ganze neben das Feuer gelegt. Auf diese Art wurde das Brot gleichmäßig von innen und außen gebacken. Mir lief das Wasser im Mund zusammen.

Mit einer kargen Handbewegung lud uns der Führer der Karawane ein, mit ihm und seinen Kameraden zu essen. Zu dem knusprigen Brot wurden Schüsseln mit flüssiger Butter gereicht. Ich habe in meinem ganzen Leben noch nie etwas gegessen, das mir so herrlich schmeckte. Aus Dankbarkeit und vor Freude über das neue Rezept, vielleicht produziere ich solche Karawanenbrote 'mal in meinem Betrieb, schenkte ich dem Anführer einen ausgedienten Aluminiumtopf.

Noch vor Sonnenaufgang zog die Karawane weiter. Horst und Gamal machten sich zur gleichen Zeit auf, die Kamele aufzuspüren, während Klaus und Ibrahim bei mir blieben. Alle halbe Stunde erneuerte Klaus den kühlenden Verband. Die Schwellung wich sichtlich zurück, und auch die Schmerzen ließen nach. Offensichtlich war nichts gebrochen.

Am späten Nachmittag kamen die beiden zurück. Gamal führte die Kamele, und er tat so, als sei es die selbstverständlichste Sache der Welt, zwei verlorengegangene Tiere nach zwei Tagen in einem riesigen Gebiet wiederzufinden.

»Es war phantastisch, den Mann zu beobachten«, schwärmte uns Horst vor. »Zuerst schien es ja recht einfach zu sein, solange wir noch Spuren sahen. Auf dem steinigen Boden aber verloren sich die bald. Gamal muß sich dann so richtig in die Tiere reinversetzt haben, etwa nach dem Muster: Wo würdest du jetzt langgehen, wenn du das Kamel wärst? Überall fand er Anhaltspunkte. Anhaltspunkte, die wir überhaupt nicht beachtet hätten. Mal war es ein wenig Kot, den er aufbrach, um errechnen zu können, wie weit die Kamele noch vor uns waren, dann wieder war es eine Faser von der Fessel, mit der wir die Tiere angehobbelt hatten, es war ein Sohlenabdruck in einer Sandwehe, oder ein Zweig, der abgefressen war. Und schließlich bestieg er einen kleinen Hügel, sah angestrengt in die Ferne, winkte mir zu und deutete aufgeregt nach vorn. Da sollten sich wohl die Kamele befinden, soviel konnte ich aus seinen Gesten entnehmen – nur: ich sah nichts. Absolut nichts. Statt nun hinzulaufen und sie zu fangen, haute er sich in einen Felsschatten und kochte Kaffee. Da staunt ihr, was? In seinem Gewand hatte er eine tassengroße Pfanne. Damit röstete er die Bohnen. In einer anderen Falte seiner Klamotten hatte er einen winzigen Mörser, und als Stößel benutzte er seinen Wanderstab. Er braute einen göttlichen Trunk. Den Kamelen widmete er keinen einzigen Blick mehr. Ich sah sie immer noch nicht. Erst als wir dann etwa eine weitere halbe Stunde in die angedeutete Richtung marschiert waren, bemerkte ich die beiden Punkte am Horizont, die schnell größer wurden. Unsere Kamele.«

Horst lachte uns an und zeigte auf Gamal.

»Ehrlich, der Junge hat 'ne Mark extra verdient!«

Ausgeraubt am Höllenloch

Wir wußten, daß es bis zur Spitze des Vulkans an die zwanzig, fünfundzwanzig Kilometer sein mußten. Ein Tagesausflug, mehr nicht. Allerdings wollte uns keiner unserer freundlichen Gastgeber begleiten, nicht um Geld und gute Worte. Selbst Gamal, unser Freund Gamal, der die Kamele aufgespürt und uns in seine Siedlung gebracht hatte, und Ibrahim, der Großverdiener, selbst sie lehnten es entschieden ab, als wir sie baten, uns auf den Vulkan zu führen.

Dort oben hause der Teufel, machte Gamal uns mit allen Zeichen des Grauens deutlich. Alle Menschen hier hätten große Angst vor diesem feuerspeienden Berg. Und wir würden niemanden finden, der uns zur Spitze bringen würde. »Es ist der Eingang zur Hölle. Dieser Mann hier«, und er wies auf einen der Umstehenden, »hat den Teufel schon selbst ein- und ausfahren sehen. Es ist schrecklich. Geht nicht!«

Aus der mit üppigem Gras bewachsenen Ebene hob sich der grauschwarze Fels des Berges wie eine drohende Faust heraus. Unvermittelt. Ohne Übergang. Den Gipfel zierte meist eine schlanke Rauchfahne, die manchmal von roten Feuerzungen illuminiert wurde. Nachts sah man den Kraterrand geheimnisvoll aufglühen, und manchmal rollte dumpfes Grollen durch die Erde. Vor noch nicht allzu langer Zeit muß es hier einen größeren Ausbruch gegeben haben. Es lagen Lavaflächen vor uns ohne einen Grashalm darauf, wie gerade erstarrt.

Wir waren jetzt schon zwei Tage in der kleinen Siedlung unterhalb des Vulkans. Mein Fuß hatte sich prächtig erholt, und Klaus drängte es auf den Berg. Verständlich, denn in seinem Film sollte dieser Vulkan natürlich nicht fehlen.

Aber ohne Führer? Ich mußte wieder einmal an Giselas Warnung denken: »Geht in der Danakil-Wüste keine fünfhundert Meter ohne Begleitung. Ihr geltet sofort als vogelfrei!«

Am Nachmittag des zweiten Tages brachen wir dennoch auf. Wir wollten die nächtliche Kühle nutzen und am Mittag des nächsten Tages zurück sein. Gamal hatte noch einmal alles versucht, uns zurückzuhalten. Vergebens. »Du wirst sehen, der Teufel tut uns nichts«, spottete ich zum Abschied leichthin. »Morgen Mittag sind wir wieder zurück.«

Der Weg, der uns an den Berg heranführte, war überraschend gut. Wir waren etwa zwei Stunden marschiert, als vor uns zwei Männer auftauchten, die mit ihren Kamelen in die gleiche Richtung zogen.

»Legen wir einen Zahn zu«, schlug ich vor. »Dann haben wir doch gleich Begleitung.«

Der eine der Männer mochte zwanzig, der andere dreißig Jahre alt sein. Beide waren mit Gewehren bewaffnet, und sie schienen über uns gar nicht froh zu sein. Unser »Salaam alekum« erwiderten sie ziemlich unfreundlich mit dem gemurmelten Gegengruß »Wa alekum salaam«. Nach einer Weile gespannten Schweigens erkundigte sich der Ältere mürrisch bei mir, woher wir kämen und wohin wir wollten. Er sprach Arabisch und nahm mit kaum verhehltem Mißtrauen zur Kenntnis, daß Klaus und ich Muslims seien. Als er hörte, daß wir den Vulkan besteigen wollten, schüttelte er nur den Kopf. Das schien ihm ebenso verrückt, wie die Tatsache, daß wir keinen Afar bei uns hatten.

Eine halbe Stunde verging. Das Gespräch war ziemlich eingeschlafen. Erst als mich Klaus anstieß, merkte ich, daß der Ältere der beiden Afars zurückgeblieben war. Plötzlich wies Klaus nach hinten:

»Du, da kommen noch zwei!«

Richtig. Zwei Männer folgten uns in schnellem Tempo. Gleich hatten sie den Älteren unserer Begleiter erreicht. Sie schienen sich zu kennen. Hastig sprachen sie aufeinander ein, und ich sah, daß sie immer wieder auf uns deuteten.

Dann waren sie heran. Die beiden Neuen begegneten uns noch um einige Grade unfreundlicher. Es gab keinen Gruß, es gab nur finstere Blicke, die uns abtasteten. Sie setzten sich sofort an die Spitze der Kolonne. Auch sie trugen Gewehre.

»Na, da bin ich mal gespannt, was das werden soll«, murmelte Klaus skeptisch.

Er mußte nicht lange warten. Nach einigen Minuten drängte sich der Ältere unserer bisherigen Begleiter dicht an mich heran und forderte in barschem Ton Medikamente. Sein ganzes Benehmen hatte sich verändert, die Zurückhaltung war in dreiste Frechheit umgeschlagen. Und als ich ihm sagte, wir hätten keine Medikamente dabei, schrie er mich böse an:

»Du lügst!« Er überlegte einen Moment. »Dann gib mir Geld!« Ich schüttelte nur den Kopf. Er sah mich an: »Hast wohl auch kein Geld! Aber ich hab' Geld. Da, schau her!«

Herausfordernd öffnete er seinen Burnus und zeigte mir einen silberbeschlagenen Gürtel, an dessen Innenseite eine Tasche angebracht war. Sie war reich gefüllt.

Klaus stieß mich besorgt an. Das war unnötig, denn mir war schon längst nicht mehr wohl in meiner Haut. Freiwillig zeigt ein Afar normalerweise sein Geld nicht. Eher könnte man ihn totschlagen.
Aus dem Augenwinkel heraus sah ich, daß die drei anderen die Szene gespannt beobachteten. Es war ganz offensichtlich: sie suchten Streit.
Der Ältere kam noch dichter an mich heran. Ich spürte seinen Atem im Gesicht und seine Hand, die mich abzutasten begann. Dabei zischte er zornig:
»Geld! Ich will Geld!«
Ich überlegte keine Sekunde. Energisch stieß ich ihn zurück und schrie ihn an:
»Scher dich weg! Ich habe kein Geld!«
Er hatte wohl nicht mit einer so scharfen Reaktion gerechnet. Für einen Moment ließ er mich zufrieden, doch nicht lange. Schon begann er wieder zu höhnen:
»Muslims wollt ihr sein? Daß ich nicht lache! Wie heißt denn dein Vater? Verfluchte Ungläubige seid ihr! Wenn ihr euer Maul aufmacht, dann lügt ihr!«
»Laß uns zurückbleiben«, schlug ich vor. »Das geht hier sonst nicht gut aus. Der will uns doch nur provozieren.«
Wir verlangsamten unser Tempo. Im Nu lagen zwischen uns und den Afars ein paar hundert Meter. Das Gelände hatte sich verändert. Neben uns erhoben sich nackte, zehn Meter hohe Lavawände wie Korallenriffe. Der Boden war jedoch sandig, mit Gras und Büschen gesprenkelt.
»Du, ich seh' die vier nicht mehr«, warnte uns Horst. Tatsächlich. Eben war die Kolonne noch deutlich sichtbar vor uns gewesen. Sie mußten sich in Luft aufgelöst haben. Angestrengt starrten wir nach vorn. In diesem Moment schrie Klaus: »Achtung, da kommen sie!«
Fast zur gleichen Sekunde sah ich sie auch. Zwischen den Steinen huschten sie heran, jede Möglichkeit der Deckung ausnutzend. Sie hatten sich in einem weiten Halbkreis formiert, so daß uns kein Fluchtweg blieb.
Ich bin ein gebranntes Kind. Ich hatte erlebt, wie mein Freund Michael Teichmann bei einem Überfall äthiopischer Eingeborener am Blauen Nil erschossen wurde. Es war eine ähnliche Situation gewesen. Klaus war kalt wie ein Eisberg. »Stehenbleiben!« befahl er

scharf. »Keine schnellen Bewegungen. Sie werden nicht schießen, wenn wir uns nicht wehren!«

»Na, darauf verlaß dich man«, murmelte ich.

Der Wortführer der vier war jetzt auf etwa fünfundzwanzig Meter herangekommen. Er stand halbgedeckt hinter einem Stein, seine Gefährten lagen mit schußbereiten Gewehren neben ihm.

»Abdallah!«, schrie er mit sich überschlagender Stimme, »Abdallah, komm her!«

Er rief mich mit meinem muslimischen Namen. Ich hatte vorhin gedolmetscht, ich hatte seine Forderung nach Geld abgelehnt und ihn zurückgestoßen, als er mich durchsuchen wollte – vermutlich richtete sich nun sein ganzer Zorn gegen mich. Ich wich zunächst instinktiv zurück. Nur sieben Kilometer entfernt lag das Dorf. Sollten wir einfach kopflos flüchten? Aber dann würden sie zwischenzeitlich abräumen: die Kamele, die Fotoausrüstung, alles. Ich blieb stehen. Aber mir flatterte das Herz. Ich dachte: »Jetzt bist du dran. So sieht also deine letzte Stunde aus.« Zögernd ging ich auf ihn zu. Ich hatte die Hände über den Kopf gelegt.

»Abdallah!«, kreischte er erneut. Mit weit ausgestrecktem Arm deutete er auf mich. »Hierher!« Wie einen Hund befahl er mich zu sich, ließ mich niederknien. Als ich es wagte, mich kurz umzublicken, sah ich, daß Klaus und Horst ebenfalls die Arme erhoben hatten.

»Was willst du von uns«, fragte ich und versuchte meiner Stimme Festigkeit zu geben. »Wir sind waffenlos. Und wir sind Gäste in dem Land der Afars. Yayo Ali ist unser Freund und Muhamed Abdul auch. Behandelt man so Gäste?«

»Ihr seid nicht unsere Gäste!«, brüllte er mich an. »Mach deinen Gürtel ab, schnell, schnell!«

Ich schnallte den Gurt ab. Ich dachte an das viele Geld in der Tasche, die an meinem Gürtel befestigt war.

Mit dem Gewehrlauf angelte er sich den Gurt heran. Im nächsten Augenblick hatte er das Geld entdeckt. Triumphierend riß er die Scheine aus der Tasche und hielt sie seinen Gefährten entgegen.

Es mußten so an die eintausendvierhundert Bir sein. Fast unsere gesamte Reisekasse. Für die Afars war das ein unvorstellbarer Reichtum. Wenn er mir wenigstens den Paß und die Rückflugtickets lassen würde. Fieberhaft überlegte ich nach einem Ausweg.

»Dokumente! Bitte, Passport. Dschauaz as-safar!«, bat ich kleinlaut und zeigte auf das Bündel Papiere, das neben dem Geld im Gürtel steckte. Wie selbstverständlich tat er es zurück!
Ich hätte aufjubeln mögen. Wenn er mir die Papiere wiedergab, war das nicht ein sicheres Zeichen dafür, daß sie uns nur berauben, aber nicht ermorden wollten?!
»Die anderen Gürtel«, forderte er jetzt Horst und Klaus auf. Gleich darauf erneuter Jubel über die dreihundertfünfzig Bir, die Horst bei sich hatte. Bei Klaus fand er nichts. Ich wußte, daß er ein wenig Geld in einem Brustbeutel trug. Vermutlich hatten die Afars ein solches Versteck am Körper noch nie gesehen.
Ich hörte, wie Klaus flüsterte: »Keine Dummheiten machen. Die wollen doch nur unser Geld!«
Also hatte er wohl die gleichen Überlegungen wie ich angestellt.
Die Afars wurden sichtlich nervöser. Doch die hysterische Wut war verflogen. Immer wieder drehte sich der Ältere um. Vermutlich befürchtete er insgeheim, daß uns doch noch jemand gefolgt war.
Mit einer Handbewegung befahl er Klaus heran. Die Kameras wollte er begutachten, die kostbaren Optiken. Er wußte jedoch damit wenig anzufangen. Achtlos warf er Klaus alles wieder zu. Ein Teleobjektiv schepperte über die Steine, und das Glas splitterte in tausend Stücke. Ich spürte förmlich, wie der Zorn in Klaus wühlte. Aber er hielt an sich, verlor kein Wort. Die Kamele wurden hingelegt, die Lasten abgeknotet. Alles gefilzt. Taschen, zwei Koffer, ein Sack wechselten den Besitzer.
Der Anführer wandte sich wieder mir zu. Er war jetzt beinahe freundlich.
»Abdallah«, sagte er ruhig, »ihr müßt jetzt hier bleiben. Solange, bis wir nicht mehr zu sehen sind. Dann könnt ihr weitergehen. Aber wenn ihr uns verfolgen solltet, dann werden wir euch erschießen.« Es war genau achtzehn Uhr fünfundvierzig. Dunkelheit. »Wir werden euch nicht folgen«, versprach ich ihm. Wie sollten wir auch? Wir hatten ja keine Waffen.
Er lachte tief. »Jetzt ist alles gut.« Doch dann erblickte er unsere Uhren. »Her damit!«
Sein Mund verbreiterte sich genüßlich um weitere drei Zentimeter. Klaus räusperte sich und sprach ihn in Deutsch an. Väterlich.

»Du hast doch wirklich genug oder nicht?«

Er hatte verstanden, hielt meine Hand aber fest, und so wahr ich Nehberg heiße, er drückte sie zum Abschied, verbeugte sich und wieherte: »Salaam alekum.« Seine Freude kannte keine Grenzen mehr.

Wir erwiderten den Gruß und überlegten gleichzeitig, ob wir ihn nicht jetzt überrumpeln sollten. Aber gegen vier Gewehre?

Dann verschwanden die vier Räuber im Dauerlauf.

Der erste, der von uns wieder sprach, war Klaus. Und es klang beinahe etwas belustigt, als er meinte:

»Nun ja, jetzt haben wir wenigstens noch hundertvierzig Bir in meinem Brustbeutel. Den habe ich sofort in die Hose rutschen lassen, als er dich untersuchte. Wir werden ja sehen, wie weit wir damit kommen. Aber was soll's – Hauptsache wir haben die Kamera und die Filme gerettet.«

»Und unser Leben!« setzte ich hinzu.

»Und die Kamele«, vervollständigte Horst.

Wir beschlossen, trotz des Überfalls den Aufstieg zum Vulkan fortzusetzen. Es war wohl Klaus, der darauf drängte. Und er hatte ja recht. Nun wollten wir wenigstens die geplante Filmszene drehen.

Vorbeugend teilten wir die einhundertvierzig Bir. Jeder versteckte seinen Anteil so gut er konnte. Zehn Bir ließen wir in den Hemdtaschen. Falls uns nochmal solche Brüder begegneten. Dann sollten sie denken, die zehn Bir seien alles. Wenn sie nämlich gar nichts finden würden, so überlegten wir, müßten wir uns bestimmt ausziehen.

Je höher wir kamen, um so mehr roch die Luft nach Schwefel. Immer häufiger kamen wir an Stellen, in denen es gespenstisch kochte und brodelte. Schließlich lag der Krater vor uns. Eine Hexenküche. Tief im Inneren der Erde grollte es ohne Unterlaß. Rauch umfing uns manchmal so dicht, daß wir uns nicht mehr sahen. Von Zeit zu Zeit schossen Feuerschwaden in die Luft.

Klaus filmte wie ein Besessener. In seiner Begeisterung wagte er sich so nahe an den Kraterrand heran, daß ich schon Angst um ihn bekam. Aber meine Bitten, sich ein wenig zurückzuziehen, nahm er überhaupt nicht wahr.

Horst stand ein paar Meter hinter mir. »Mensch, ich kann schon verstehen, daß die Afars hier nicht raufwollen«, meinte er nachdenklich. »Das ist ja wirklich ein schrecklich-schöner Anblick. Ein zweites Mal würdest du mich hier auch nicht mehr mitkriegen, zumindest nicht mit so wenig Wasser und ohne Begleiter.«

Wir verbrachten die Nacht auf dem Vulkan. Der Rückmarsch in der Dunkelheit wäre auf dem brüchigen Felsen zu gefährlich gewesen. Ausschlaggebend für die Zwangsnachtruhe aber war das Verhalten der Kamele gewesen. Immer häufiger bockten sie und waren nicht mehr weiterzubekommen. Erst bei Sonnenaufgang brachen wir auf und waren in den Mittagsstunden wieder in der Siedlung.

El Hakim

Als Gamal hörte, daß wir überfallen worden waren, wollte er mit einigen anderen Männern sofort die Verfolgung der Räuber aufnehmen. Nur mit Mühe konnten wir ihn von der Aussichtslosigkeit eines solchen Unternehmens überzeugen. Die vier Banditen hatten schon einen zu großen Vorsprung.

Für uns allerdings stand jetzt das finanzielle Problem im Mittelpunkt aller Überlegungen. Wir hatten noch etwa sieben Tagesmärsche bis zur Grenze der Provinz Eritrea vor uns, doch die Reisekasse war leer. Wie sollten wir einen Führer bezahlen? Die hundertvierzig Bir, die Klaus gerettet hatte, durften als letzter Notgroschen nicht angetastet werden.

Guter Rat war teuer. Im wahrsten Sinne des Wortes.

Abends kam Gamal mit einem jungen Mann zu uns, der merkwürdig bedrückt wirkte.

»Das ist Maschhur«, stellte er ihn uns vor. »Er bittet euch, ihm zu helfen. Seine Mutter ist sehr krank.« Und nun wandte er sich direkt an mich: »Du bist doch ein großer Hakim, Abdallah. Kannst du sie nicht gesund machen?«

Selbst für einen Laien wie mich war auf den ersten Blick zu sehen, daß die Frau nicht mehr zu retten war. Ihr Bauch glich einem aufgeblasenen Ballon, dagegen war der übrige Körper zu einem Skelett abgemagert.

»Leberzirrhose, ganz eindeutig Leberzirrhose«, sagte ich zu Klaus, der neben mir stand. »Da können wir nichts machen.«

»Kannst du ihr nicht wenigstens ein bißchen Linderung verschaffen?«

fragte Klaus. Und nach einem Moment setzte er vielsagend hinzu: »Vielleicht bekommen wir ja auf diese Weise einen Führer, der uns ohne Geld nach Eritrea bringt.«

Ich überlegte lange. Bei Dr. Aebersold hatte ich einmal zugesehen, wie er einen Fall von Leberzirrhose behandelt hatte. Es war das einzige Mal gewesen, daß ich so etwas gesehen hatte. Da es mir aber dermaßen irre erschienen war, hatte ich mir alles gut eingeprägt, und Klaus hatte die Behandlung sogar gefilmt. Aebersold hatte ganz einfach eine Kanüle in den aufgeblähten Bauch getrieben, und daraus war sofort eine trübe Flüssigkeit in unglaublichen Mengen geflossen. Er hatte mir später erzählt, daß bei einem solchen Eingriff dem Körper etwa zehn Liter eiweißhaltiges Wasser entnommen werden. Der Patient sei danach für kurze Zeit scheinbar frei von allen Beschwerden.

Natürlich kann man mich schelten. Natürlich kann man sagen, ich hätte mich mehr als leichtsinnig verhalten, als ich es wagte, die Frau so zu behandeln, wie ich es bei Aebersold beobachtet hatte. Doch man muß bedenken: im Umkreis von einigen hundert Kilometern gab es keinen Arzt. Und es wäre auch niemand auf die Idee gekommen, die Frau zu einem Hospital zu bringen. So, wie sie da vor mir lag, hatte sie nicht mehr lange zu leben. Sie konnte weder allein gehen noch allein stehen. Und würde ich mich selbst einmal in einer solch hoffnungslosen Lage befinden – ich würde auch lieber einen Stümper ranlassen, als gar nichts zu versuchen.

Und schließlich: der Erfolg gab uns recht.

Allerdings war es eine Schinderei. Als wir feststellten, daß wir keinerlei kanülenartiges Gerät, nicht mal in der Fotoausrüstung, bei uns hatten, entschloß ich mich, ihr die Bauchdecke mit einem kleinen Schnitt zu öffnen. Die Männer improvisierten einen Operationstisch aus Ästen und legten die Frau darauf.

Gegen achtzehn Uhr, als die Ziegen zur Ruhe gekommen und die Fliegen schlafen gegangen waren, begann ich mit der Operation. Nach einer gründlichen Wäsche markierte ich die Stelle, die ich zu durchtrennen gedachte. Ich gab ihr rundherum subcutan (unter die Haut) ein Lokalanästhetikum und wartete zehn Minuten.

Vorsichtshalber hielten drei Männer die Arme der Frau. Aber sie zuckte nicht einmal. Das scharfe Skalpell schnitt fast ohne Bewegung.

Sie blutete gering. Ich tupfte das Blut fort. Der Schnitt sollte höchstens drei Zentimeter lang werden. Ich erwartete, sobald ich hindurch wäre, einen wasserfallartigen Ausfluß ihres Zirrhose-Sekrets. Horst hatte auf meine Anweisung hin sogar einen Topf unter das Gestell gerückt, um die Ausflußmenge messen zu können. Klaus sollte fotografieren und filmen.

Als die Bauchdecke durchtrennt war, kam kein Wasser. Statt dessen preßte sich eine Darmschlinge ans Abendlicht, und mir wurde himmelangst. Wo war die Flüssigkeit? Was nun?? Klaus sprach meine Gedanken aus: »Hör auf! Näh sie zu!«

Vor dem Eingriff hatte ich unsere ganze armselige Apotheke griffbereit gelegt. Schnell war der Schnitt vernäht.

Enttäuschte Gesichter rundum. Nun war guter Rat teuer. Einerseits wollten wir der Frau helfen, doch andererseits war unser Leben bestimmt keinen Pfifferling mehr wert, wenn etwas schiefging.

Da hatte ich eine Erleuchtung. Ich stach ihr unsere Einmalspritze durch die Bauchhaut. Dann betätigte ich den Saugkolben und – welch ein Siegesgefühl – das Wasser schoß nur so in den Glaszylinder. Die Umstehenden drängten bedrohlich nah. Klaus und Horst hielten sie zurück. Ich ließ die Nadel im Bauch, zog den Kolben ab und entleerte ihn in Horsts Meßschüssel. Dann setzte ich ihn wieder auf und wiederholte den Vorgang. Während der gesamten Prozedur blieb die Nadel, mit Pflastern gut abgeklebt, im Bauch. Mit großen leuchtenden Augen strahlte mich die Frau an. Sie streichelte mich und schüttelte jedesmal energisch den Kopf, wenn ich sie fragte, ob es schmerze.

Wir waren erleichtert. Aber nicht lange. Da begann mein Zeigefinger zu schmerzen. Die erste Wasserblase bildete sich. Es war nur noch eine Frage von Minuten, bis ich die anderen Finger nehmen mußte, um weitermachen zu können. Was ich nicht bedacht hatte: unsere Spritzen waren sogenannte Einmalspritzen von fünf Kubikzentimetern Fassungsvermögen. Um einen Liter des Sekrets absaugen zu können, mußten zweihundert bis zweihundertfünfzig Absaugungen durchgeführt werden. Und wer die Einmalspritzen kennt, der weiß, wie schwer sie zu hantieren sind.

Längst hatte die Familie der Patientin zwei Feuer entfacht, damit wir Licht hatten. Unsere Finger klebten wie von Leim durch das Eiweiß im Sekret. Klaus löste mich ab. Bis auch er mit seinen rohen Fingerkuppen saugte, war es zweiundzwanzig Uhr geworden. Nach fünf Stunden hatten wir sechs Liter herausgeholt. Der Bauch war sichtbar zusammengefallen. Lulu, die Schwiegertochter unserer Patientin, hatte uns ein Riesenbrot gebacken. Man reichte uns literweise Milch, die wir gierig tranken. Horst wurde vom Familienoberhaupt Lulu für die Nacht angeboten, die Dankbarkeit der Familie kannte keine Grenzen. Endlich war es geschafft. Die Frau konnte wieder laufen. Sie lachte und drückte uns. Die Kinder tanzten und sangen. Ein Bänkelsänger dichtete sofort ein Liedchen auf uns.

Den Text verstanden wir zwar nicht, aber bestimmt hat er uns dabei manchmal ein wenig auf den Arm genommen. Sonst hätten die Umsitzenden nicht so herzlich gelacht.

Als ich später, daheim in Hamburg, einem befreundeten Tropenarzt die »OP«-Bilder zeigte und die Geschichte erzählte, meinte er: »Das war genau richtig. Nur, als die Darmschlinge kam, hätten Sie sie einfach mit einem stumpfen, sterilen Gegenstand, etwa einem desinfizierten Bleistift, an die Seite pressen können. Sie hat sich nämlich nur wie eine Dichtung vor die Öffnung gelegt, was ja auch logisch ist bei dem Druck von innen. Möglicherweise war das aber auch Ihr Glück. Wenn Sie sich mal vorstellen, daß die Bauchhöhle, die schon monatelang unter Druck stand, plötzlich ganz entleert worden wäre, hätte die Frau möglicherweise einen Kollaps bekommen und wäre Ihnen gestorben.«

Ich erfuhr bei dieser Gelegenheit auch über die Entstehung der Leberzirrhose. In der Folge einer Hepatitis (Leberentzündung) oder der allgemein verbreiteten Bilharziose (Würmerkrankheit) nimmt die Leber Schaden. Sie schrumpft. Es kommt zu Stauungen und eine weitere Folge ist die Bauchwassersucht (= Zirrhose). In unseren Krankenhäusern gibt es Medikamente, die die eiweißhaltige Flüssigkeit über die Nieren abführen, wobei das Eiweiß dem Körper erhalten bleibt.

»Hier habe ich übrigens solch ein altes Röhrchen zum Ablassen. Nehmen Sie es gern mit. Ich brauche es nicht. Aber Ihnen hilft es vielleicht, wenn Sie demnächst zu den Tiefland-Indianern Südamerikas aufbrechen.«

Am nächsten Morgen sah ich meine Patientin wieder. Sie war schon

fleißig beim Arbeiten, als wir aufstanden. Und Maschhur kam uns freudestrahlend entgegen.
»Seine Mutter ist gesund«, freute sich Gamal. »Zum Dank wird Maschhur euch nach Eritrea bringen.«

Unter Erpressern

Die Wünsche der Menschen werden von den Verhältnissen bestimmt, in denen sie leben. Für einen Hungrigen ist ein Stückchen Brot das Paradies, dem Einsamen kann ein unverhoffter Freund mehr wert sein als das eigene Leben, für einen Kranken gibt es nichts Wichtigeres als die Gesundheit, für einen Durstigen nichts Erstrebenswerteres als einen Schluck Wasser.
Unsere Wunschvorstellungen wurden jetzt ganz und gar davon beherrscht, endlich nach Eritrea zu kommen. Unsere Zeit war längst um, und wir zockelten noch immer von Wasserstelle zu Wasserstelle, schliefen im Freien auf ›hartgekochtem‹ Boden und suchten uns morgens die Zecken ab.
Wir sehnten uns danach, endlich einmal wieder mit Menschen über andere Dinge als Essen, Trinken und Kamele sprechen zu können, oder wie man jemanden gesund machen könne. Kurz – wir hungerten nach den Wochen der Ursprünglichkeit wieder einmal nach einem Häppchen Zivilisation.
Und die hofften wir in Eritrea zu finden. Wir wußten, daß die Menschen dort auf einer wesentlich höheren Kulturstufe standen, daß Autos und selbst Flugzeuge für sie nichts Bestaunenswertes mehr waren, daß englische Sprachkenntnisse bei ihnen nicht die Ausnahme, sondern die Regel waren, und daß sie in Häusern wohnten, in richtigen Häusern.
Vor allen Dingen aber hofften wir, in Eritrea nicht mehr ständig um unser Leben fürchten zu müssen. Man hat schließlich nur eins. Sieben lächerliche Tage trennten uns noch von diesem Ziel, als wir mit Maschhur aufbrachen. Sieben Tagesmärsche, die eigentlich nichts Besonderes mehr bringen sollten, es sei denn, man wollte die mittlerweile altbekannten Strapazen erwähnen. Die aus vielen Kratzern

blutenden Füße und Beine, die Sonne, die einem das Gehirn ausdörrte, die unendliche Müdigkeit, die uns abends in einen bleischweren Schlaf fallen ließ. Obwohl ich einen Turban trug, hatte ich manchmal heftige Kopfschmerzen und mußte Schmerztabletten nehmen.
Menschen trafen wir kaum noch. Vielleicht sah man sie aber auch nur nicht in dem von dichten Tamarisken-Gebüschen oder Doum-Palmen bewachsenen Land, in dem man eine Burra erst gewahr wurde, wenn man unmittelbar vor ihr stand.
Das sei hier befriedetes Gebiet, hatte uns Maschhur erzählt. Und er meinte damit wohl, daß die Afar-Rebellen dieses Territorium absolut beherrschten und kontrollierten, daß sich von den Regierungssoldaten niemand mehr hierher wagte.
Es sei denn, sie zischten mit Düsenjägern über das Land und schossen auf alles, was sich da unten bewegte.
Einmal wurden auch wir von zwei Silbervögeln überrascht.
Sie stießen so plötzlich von dem blaßblauen Himmel herunter, daß wir uns nur noch an Ort und Stelle hinschmeißen und beten konnten: »O Allah, laß sie uns nicht gesehen haben!«
Der da droben erhörte unser Flehen. Entweder hatten uns die Kerle in ihren Cockpits wirklich nicht gesehen, oder aber ihre Kanonen waren bereits leergeschossen, vielleicht aber hatten sie auch nur gerade mal keine Lust, auf ein paar armselige Viehhirten da unten Jagd zu machen. Jedenfalls zogen sie pfeilgerade davon, den Donner im Schlepp. Sekunden später war der Spuk verschwunden, der Himmel wieder unschuldig leer, bis auf die unerbittliche Sonne, die nicht gewillt war, uns auch nur einen Schweißtropfen zu schenken. Hier auf der totalen Ebene des Salzsees gab es kein Versteck. Und unsere Aluminium-Koffer signalisierten sogar noch, daß wir Fremde waren. Wir deckten sie ab sofort wieder zu.
Und doch: Beinahe wäre noch alles schiefgegangen. Auf diesem verfluchten Salzsee war das, den Klaus unter allen Umständen noch filmen wollte.
Es war am Abend des fünften Tages. Maschhur bedeutete uns, daß wir Brennholz sammeln sollten. Unseren Fragen begegnete er mit dem Hinweis, daß wir morgen in ein Gebiet kommen würden, in dem Holz so eine Rarität sei wie blühende Blumen. Und wenn wir

unseren Tee weiter kochen wollten, dann müßten wir uns eben das Holz schon mitnehmen. Sonst kein Feuer – kein Tee. Eine einfache Rechnung.

Wie recht Maschhur hatte, zeigte sich schon nach der ersten Marschstunde am nächsten Tag. Das Gebüsch trat immer mehr zurück und hörte schließlich völlig auf. Der Boden wurde seltsam glitschig, fast so wie am Afdera-See. Und dann lag plötzlich eine riesige Ebene vor uns. Sie schien aus Millionen und Abermillionen winziger Kristalle zu bestehen, die in der Sonne funkelten. Der Boden war so hell, daß sein Anblick den Augen wehtat, und so weit, daß man sein Ende nicht absehen konnte. Der Salzsee! Assale.

Das See-Gelände hatte unterschiedliche Strukturen. Manchmal war es geformt wie Honigwaben, dann wieder hatten sich Schollen übereinander geschoben, daß man glauben konnte, man sei in der Arktis, doch es gab auch Flächen, die spiegelblank dalagen, nur in Abständen unterbrochen von heißen Quellen, in denen das Wasser so salzig war, daß schon ein Tropfen davon Übelkeit verursachte.

Das Faszinierendste aber war ein Fels, der mitten aus dieser funkelnden Ebene herausragte. So hoch und so breit wie ein dreistöckiges Haus. Wahrscheinlich hatte ihn irgendwann einmal eine unterirdische Eruption aus dem Boden gespuckt. In einem Umkreis von etwa tausend Metern um diesen Fels sah man drei geschlossene Menschengruppen arbeiten. »Die Salzarbeiter«, erklärte uns Maschhur. Und dann setzte er hinzu: »Manche von ihnen kenne ich. Sie gehören zu meinem Stamm. Hier arbeiten aber auch Gallas. Sie kommen von den nahen Bergen. Es sind böse Menschen. Wir müssen aufpassen. Es sind sehr böse Menschen.«

Gute Menschen – böse Menschen! Bei den Danakils ist das alles recht einfach, es gibt nur Freunde oder Feinde. Einen Sinn für die Dinge zwischen den Polen haben sie offenbar nicht.

Zuerst einmal sahen wir allerdings nur Menschen, die Knochenarbeit verrichten mußten. Sie rissen den Salzboden quadratisch an und drückten dann mit Baumstämmen große Schollen heraus. Die so gewonnenen Salzquader wurden zu Blöcken geschichtet und dann auf Kamele verladen. Und das alles unter härtesten klimatischen Bedingungen. Maschhur erzählte uns, es sei ungeschriebenes Gesetz, daß jeder Ankömmling einen Sack Wasser und einen Fladen Brot zu übergeben hätte. Bei uns, so hoffte er, würde man eine Ausnahme machen, denn wir waren Fremde.

Die Arbeiter wohnten in Hütten, die sie aus Salzblöcken errichtet hatten. Sie sahen fast so aus wie die Iglus der Eskimos. Im Inneren war es herrlich kühl infolge des Schattens und des Durchzugs. Ein Eritreer namens Nossale, der mit einer Maschinenpistole bewaffnet war, übte so etwas wie die Polizeifunktion aus. Er begrüßte uns freundlich, und sein Entgegenkommen wuchs noch, als er hörte, daß wir nach Eritrea wollten, um über den Kampf seiner Landsleute und ihre Selbständigkeit zu berichten. Er sprach ein gutes Italienisch.

Nossale erlaubte uns, schon mal mit dem Filmen anzufangen, solange das Licht noch nicht zu grell war. Maschhur machte uns gerade noch darauf aufmerksam, daß wir die Kameras nicht auf Menschen richten sollten, und dann gingen wir los. Vor allen Dingen die Afars von der Küste würden sehr empfindlich reagieren, rief er noch hinterher, wenn man sie fotografieren wolle.

Kaum hatten wir die ersten Szenen im Kasten, da ging es schon schief. Jedenfalls kam Klaus ziemlich aufgeregt zurück, in seinem Gefolge etwa dreißig wild schimpfende Männer, deren Anführer barsch unsere Papiere einsehen wollte.

»Ihr habt uns fotografiert und nicht die Tiere und das Salz«, schimpften die Männer. Es nutzte nichts, daß wir sie zu uns baten und sie durch den Sucher blicken ließen. Sie wollten Streit. Sie wollten Geld.

Maschur hatte uns einen Begleiter mitgegeben, der uns nun anwies, sofort zum Iglu zurückzukehren. Die ganze Stimmung war urplötzlich so feindselig geworden, daß er uns nicht zweimal dazu auffordern mußte.

Maschhur und Nossale sahen uns kommen und wußten sofort, daß etwas nicht stimmte.

Nossale ließ uns an sich vorbei »Andate a vostra casa, subito! Geht in euer Haus, schnell!«, befahl er kurz und stellte sich demonstrativ zwischen uns und den nachrückenden feindseligen Trupp.

Und dann hockten wir im Schatten des Salz-Iglus und beobachteten aufgeregt die diskutierenden Menschen da draußen.

Maschhur hatte seine Landsleute hergerufen, die sich ebenso drohend gebärdeten, allerdings gegen den Clan und für uns. Schier endlos ging

die Auseinandersetzung hin und her. Zwischendurch war es einmal so ruhig, daß wir meinten, alles sei wieder in Ordnung.
Da betrat ein Mann unsere drei Quadratmeter große Fluchtburg. »Ich will eure Papiere sehen.« Der Ton gefiel uns nicht. »Unsere Papiere haben wir bereits Nossale gezeigt. Wer bist du denn?«
»Sagt mir lieber, wer ihr seid! Ich will eure Ausweise sehen, und zwar schnell.«
Er sprach Arabisch.
Ich ignorierte ihn einfach und begab mich, an ihm vorbei, zu Nossale und unserem Freund Maschhur.
»Was ist los? Der Mann da im Haus verlangt unsere Papiere. Sollen wir sie ihm zeigen?«
»Nein! Geh wieder zurück. Ich komme auch sofort.«
Unser Herz puckerte. Da braute sich mal wieder etwas zusammen. Maschhurs Leute bildeten demonstrativ einen Kreis um unseren Iglu. Viele hatten Waffen.
Schließlich kam Nossale. Er hockte sich im Schneidersitz in den Eingang. »Nun hört gut zu! Sagt mir sofort, wenn ihr etwas nicht versteht.« Wir nickten und er fuhr fort. »Die Männer wollen euer Geld, das Gepäck und die Tiere. Sie sagen, ihr hättet sie fotografiert. Ich weiß, das ist nur ein Vorwand. Maschhur hat ihnen erklärt, daß man euch bereits am Ertale ausgeraubt hat, aber sie meinten, das Gepäck wäre auch nicht zu verachten.«
Er rückte seine MP zurecht und versicherte sich mit einem schnellen Seitenblick Maschhurs Rückendeckung.
»Maschhur hat ihnen klargemacht, daß ihr unter seinem und seines Stammes Schutz steht. Wer euch anrührt, so hat er gesagt, dessen Clan sei für alle Zeiten auf dem Salz erledigt.
Aber die Räuber lachten nur darüber und fragten ihn, ob er wirklich denken würde, daß sie es danach noch nötig hätten, auf dieses elende Salz zu gehen. Und der Rädelsführer fügte schließlich noch lächelnd hinzu, die äthiopische Regierung werde vielleicht viel Lösegeld für euch zahlen. Eine halbe Million Bir, meint er, für euch fordern zu können, und bis Äthiopien die für euch zahlt, wollen sie euch in einer Höhle verstecken. Eine ihrer Karawanen soll euch mitnehmen.«
»Verdammt!« Zum erstenmal sah Klaus recht deprimiert aus. Die

Männer draußen, in zwei Gruppen geteilt, saßen sich eisig gegenüber.
»Hört weiter gut zu! Ihr werdet jetzt hinausgehen und eure Kamele beladen. Ich passe auf. Gegen die MP wagen sie nicht vorzugehen. Paßt auf, daß ihr alles Gepäck mitbekommt. Ihr verlaßt dann augenblicklich diesen Ort. Maschhur ist ein guter Führer. Er und ein anderer bewaffneter Mann werden euch sicher nach Eritrea bringen. Solange es hell ist, habe ich die Arbeiter im Auge.«
Nossale sprach ganz ruhig und sehr klar. Immer wieder vergewisserte er sich, ob wir alles verstanden hatten.
Wir nickten und merkten uns jede Silbe.
»Gegen Abend erreicht ihr das Festland. Haltet euch nicht auf. Sobald es dunkel wird, kann ich nicht mehr sehen, was die verschiedenen Gruppen unternehmen. So, und nun beeilt euch!«
Ruck, zuck hatten wir gepackt. Nossale und ein paar andere bewaffnete Männer postierten sich zwischen dem feindseligen Trupp und uns.
Nach zweieinhalb Stunden erreichten wir das westliche Ufer. Zu unserer größten Freude stießen wir auf eine elf Mann starke Karawane. Sie trugen elf Gewehre bei sich und gehörten zu Maschhurs Stamm.
Wir waren gerettet. Allah ist groß. Allah sei Dank.
Unter ihrem Schutz konnten wir nicht nur eine nächtliche Pause einlegen, sondern später auch einen Abstecher nach Dallol wagen.
»War eure Angst groß, gestern?«, Maschhur sah uns an.
»Ehrlich gesagt – es war uns gar nicht wohl in unserer Haut.«
»Bei einem guten Afar-Führer braucht ihr nie Angst zu haben. Solange er lebt, wird er auf euch achten. Es gibt ein altes Sprichwort bei uns: »Das Schlimmste, das dir passieren kann, ist, dich nicht richtig um deinen Gast gekümmert zu haben – so daß er auf deiner Türschwelle stirbt.«
Dallol ist ein Paradies besonderer Art. Über den hier glitschigen Salzsee hinweg errreicht man ein Felsgewirr aus Säulen, Burgen, Schluchten und Ritzen. Glühende Hitze. Keine Pflanze. Kein Tier. Eine Landschaft wie aus einem Wildwest-Film. Und dann das eigentliche Dallol – die Schwefelvorkommen. Da steht man plötzlich inmitten eines fantastischen Farbenwirrwarrs. Schwefel, Dämpfe, kochendes

Salzwasser. Es zischt und blubbert aus der Erde, und in Verbindung mit Oxydation und Verdunstung entstehen die bizarrsten Gebilde. Gelb- und Brauntöne herrschen vor, aber da sind auch Rot, Grün und Weiß.

Lange konnten wir uns nicht von diesem Schauspiel der Erdentstehung trennen. Wir standen da und sprachen lange Zeit kein Wort. Mit einem Mal wurde uns bewußt, daß unsere Reise ihrem Ende zuging.

Wir redeten durcheinander und aufeinander ein, erzählten uns von erst kurz zuvor Erlebtem schon mit einem Anflug der Erinnerung.

Hier war es dann auch, wo sich Horst dafür entschied, die Instrumente zurückzulassen. Sie hatten ausgedient.

Wir konnten jedoch nicht ahnen, daß wir nicht einmal die Hälfte unserer Reise hinter uns gebracht hatten.

Am nächsten Mittag, nach fast pausenlosem Marsch, mit weichen Knien und ständig einer Hand am Kamelsattel, zum Ziehenlassen, erreichten wir ein winziges Bächlein. Auf der anderen Seite warf sich Maschhur plötzlich auf den Boden, lachte uns fröhlich an und forderte uns auf, ebenfalls Platz zu nehmen. Ein wenig ratlos sahen wir ihn an.

»Warum? Warum willst du hier rasten?«, fragte ich ihn.

»Jetzt kommen keine Verfolger mehr«, antwortete Maschhur.

»Wir sind in Eritrea!«

So ist das halt. Da hopst man über einen kleinen Bach, und es ist nicht nur Wasser, das man hinter sich läßt, es ist manchmal auch Gefahr, die plötzlich nicht mehr vorhanden ist. Nur, weil da irgendwo eine unsichtbare Grenze verläuft. Maschhur schickte einen der Begleiter vorweg, um Meldung machen zu lassen und um für uns um Asyl zu bitten. Damit hatte Maschhur uns sicher bis zum Ziel gebracht. Er war unser angenehmster Führer gewesen.

Wir baten ihn, uns über Dr. Ten eine Nachricht zukommen zu lassen, ob Nossale und seine Leute die Auseinandersetzung mit den Männern vom Salz gut überstanden hatten, und wir schenkten ihm zum Abschied ein Klappmesser und einen Gürtel. Wir haben nie wieder etwas von ihm gehört.

Eritrea

Sieben Tage in Badda

Der eine hieß Teckle, der andere Micael. Sie trugen kurze grau-grüne Khaki-Hemden, gleichfarbene Hosen, hatten die Maschinenpistolen lässig umgehängt, sprachen fließend englisch und italienisch, und man konnte sich mit ihnen sogar über die politischen Verhältnisse in Europa unterhalten. Sie wußten verflixt gut Bescheid.
Sie waren Soldaten der ELF, der »Eritrean Liberation Front«, einer der zwei großen eritreischen Befreiungsbewegungen. Wir trafen die beiden in der Ortschaft Badda, gleich hinter der Grenze. Sie waren von Samuel, dem Sicherheitsbeauftragten der ELF, als unsere »Schatten« eingeteilt worden. – Doch der Reihe nach:
In der Ortschaft waren in mehreren Strohhäusern etwa einhundert Soldaten stationiert. Man wies uns eine Hütte zu, und wir durften uns frei bewegen, nachdem wir versprochen hatten, nicht ohne Genehmigung weiterzuziehen.
Wir waren frei, und wir waren auch wiederum nicht frei. Es wäre sicher übertrieben, zu behaupten, daß die eritreischen Soldaten uns als Gefangene behandelten – nein, um Himmelswillen nicht. Sie begegneten uns freundlich, beinahe herzlich und versuchten, uns jeden Wunsch von den Augen abzulesen. Wir bekamen zu essen, soviel wir nur wollten, und unser Eigentum wurde nicht einmal angetastet.
Nur unsere Bewegungsfreiheit war eben eingeschränkt. Wir durften nicht hingehen, wohin wir wollten. Denn bei allen unseren Spaziergängen durch das Dorf folgten uns zwei bewaffnete Soldaten, Teckle und Micael. Das unterblieb nicht einmal dann, wenn sich einer von uns in den Graben hockte, der für die allgemeine Notdurft herhalten mußte.
Und wir hatten striktes Fotografier-Verbot.
Ein merkwürdiger Zustand der Ungewißheit. Wir ahnten, daß man nicht recht wußte, wie wir zu behandeln seien und erst Befehle einer höheren Dienststelle abwartete. Immerhin fühlten wir uns vorerst nicht bedroht. In Addis Abeba hatte man uns ja noch, besonders seitens der britischen Botschaft, eine mögliche Gefangenschaft bei den Eritreern als wahre Schreckensvision dargestellt. Wir erinnerten uns an jenen Engländer und Polen, die man ein halbes Jahr lang gefangengehalten hatte.

Wir fragten Samuel, ob er davon wußte. Er lächelte nur schief. Nach kurzem Überlegen erzählte er: »Es stimmt, die sind tatsächlich bei uns gewesen. Ich selbst habe sie festgenommen. Die sind nicht müde geworden, uns als Räuber und Mörder zu beschimpfen. Sollen wir solchen Leuten vielleicht auch noch freundlich entgegenkommen?«
Er zeigte mit einer kurzen Handbewegung auf einen Landrover, der gut getarnt im Schatten einer Hütte stand. »Den da, den haben wir übrigens auch von einer englischen Familie. Die kam mit zwei Kindern in unser Gebiet. Den ersten Soldaten, der sie stoppte, den hat die Frau geohrfeigt, angespuckt und einen Banditen genannt. Nur weil er gewagt hatte, den Wagen anzuhalten. Wir haben ihnen nichts getan. Wir haben sie vielmehr gleich über die Grenze gebracht und uns lediglich erlaubt, den Landrover einzubehalten.
Aber nun werde ich euch mal erzählen, wie unsere Leute behandelt werden. Vor kurzem haben wir in Asmara einen befreit. Der hatte über sechs Monate in einer Zelle gehockt, die nur einen Quadratmeter groß war. Seine Beine trugen ihn nicht mehr, er konnte sich nur noch über den Boden rollen.«
Er spuckte verächtlich aus. »Und die Leute, die so etwas verantworten, werfen uns Unmenschlichkeit vor!«
Samuel war der Sicherheitsbeauftragte der ELF für dieses Gebiet. Ein krummbeiniger Mann, den ich nie ohne Zigarette sah. Die weit auseinanderstehenden Zähne waren vom vielen Rauchen gelb angelaufen. Samuel sah es als seine Aufgabe an, uns zu schulen.
»Wenn ihr schon über Eritrea berichten wollt, dann müßt ihr auch Bescheid wissen«, war seine ständige Redewendung. Und dagegen konnte man ja auch kaum etwas einwenden.
»Das ist Debre Seyt«, sagte er schon gleich am zweiten Tag und stellte uns einen sehr sympathischen, etwa achtundzwanzig Jahre jungen Kämpfer vor. Er war groß, schlank, hatte in Asmara sein Wirtschaftsstudium abgebrochen, um den Brüdern im Busch erst einmal zu helfen, den Unabhängigkeitskampf zu beenden. Er sprach sehr gut englisch und hatte eine beachtlich gute Allgemeinbildung.
»Debre Seyt ist euer Vertrauensmann. Wann immer ihr einen Wunsch, eine Beschwerde, eine Frage habt – geht zu ihm! Er wird euch helfen, er ist für euch verantwortlich. Ich selbst bin nämlich nicht immer zur Stelle.«

Diese Fürsorger- oder Paten-Einrichtung half uns wesentlich, schnelleren Kontakt zu den Buschkämpfern zu bekommen. Viel schneller, als wenn wir ständig einem anonymen Haufen uns unbekannter Leute gegenübergestanden hätten. Jedenfalls fanden wir das so gut, daß mir die Idee kam, Neulingen in meinem Betrieb in Hamburg ebenfalls einen »Fürsorger« zur Seite zu geben. Man lernt halt überall etwas dazu und nie aus.

Von Samuel erfuhren wir, daß Eritrea von dem griechischen Wort Aerithritus = Rot abgeleitet sei. Sehr frei übersetzt hieße das: »Land am Roten Meer«. Die Einwohner nannten es allerdings manchmal auch noch anders: Medri Geez, »Land der Freien«. Dieser Name sagt eigentlich schon sehr viel über die Eritreer aus. Denn ihr Freiheitswille hat ihre Geschichte beherrscht, eine Geschichte, die seit Jahrhunderten von fremder Unterdrückung gekennzeichnet ist. Zuerst hatten die Türken das Land besetzt, dann kamen die Ägypter, 1885 die Italiener, 1941 die Engländer und später die Äthiopier. Ihnen war von den Vereinten Nationen 1952 das Mandat übergeben worden. Damit gab sich Haile Selassi allerdings nicht zufrieden. Kurzerhand annektierte er 1962 Eritrea und erklärte es zur äthiopischen Provinz, unter der stillschweigenden Duldung der Amerikaner. Denen war nämlich zugesagt worden, daß sie am Roten Meer Militärstützpunkte und Radarstationen einrichten durften.

Im selben Jahr hatte die Eritreische Befreiungsfront die Revolution verkündet. Später bildete sich noch eine andere Guerillabewegung, die EPLF, »Eritrean People's Liberation Forces«. Die Rivalität zwischen ELF und EPLF war zeitweise so heftig, daß es zum Bürgerkrieg kam. Schließlich ging es schon seinerzeit darum, die Posten für die Zeit nach dem Sieg zu verteilen. Das ist in Afrika nicht anders als überall in der Welt. Erst die immer heftiger werdenden Kämpfe gegen die Äthiopier einigte die Bewegungen teilweise zwangsläufig.

Bei der ELF gibt es äußerlich keine Dienstgrade. Alle Soldaten duzen sich, sie erhalten keinen Sold. Die Religion spielt keine Rolle, das Geschlecht nicht und auch nicht die Stammeszugehörigkeit. Kinder gehören der Truppe ebenfalls an. Sie werden oft als Kundschafter eingesetzt, oder sie verrichten in den noch besetzten Städten Botendienste. Zu dem Gepäck der Soldaten gehört eine kleine Mao-Bibel. Die Bevölkerung unterstützt die Kämpfer bedingungslos. In den befreiten

Gebieten ist der Großgrundbesitz abgeschafft, das Land aufgeteilt worden. In einem Rotationssystem tauschen die Bauern alle sieben Jahre die Felder, so daß jeder einmal schlechteren Boden bewirtschaften muß.
Am zweiten Tag unseres Daseins in Badda bat Samuel uns um eine genaue Bestandsaufnahme unseres Eigentums.
Gewissenhaft kontrollierte er jedes einzelne Teil und notierte es. Nichts, so meinte er, solle uns wegkommen. Er garantiere dafür. Wir seien über ihre Grenze gekommen und hätten sie um Gastrecht ersucht. Und das würde uns zumindest gewährt. Auch wenn man höhererseits entschiede, daß wir zurückzuschicken wären, dann solle uns keine Nadel fehlen.
Kennzeichnend für die faire Behandlungsweise durch die Rebellen: erst drei Tage später nahm mich Samuel heimlich beiseite: »Sag mal, was trägt dein Freund da am Gürtel?«
Es war ein kleines Fotoobjektiv, das Klaus in einem Lederbeutel untergebracht hatte. Aber es sah wie eine Handgranate aus. Bei der Bestandsaufnahme hatten wir es vergessen anzugeben. Eben, weil es am Gürtel hing. Und drei Tage lang mochte Samuel uns nicht direkt auffordern, diese mögliche Bedrohung vorzuzeigen, weil er uns mit seinem Mißtrauen nicht beleidigen wollte. Wir waren insgesamt sieben Tage in Badda, erst am siebten Tag erhielt Samuel durch Boten die Anweisung, uns in den Jemen zu bringen. Eines der zahlreichen jemenitischen Schmugglerboote sollte uns außer Landes bringen. War uns der Aufenthalt in Badda auch als Verschnaufpause willkommen gewesen, so waren wir doch froh, daß es nun endlich weitergehen würde.
Horst begann bereits zu rechnen, wie viele Tage es wohl noch dauern würde, bis wir wieder in Hamburg wären. Und er ließ sich auch nicht von Klaus beeindrucken, der immer wieder warnte: »Rechne in Afrika höchstens von einer Stunde zur anderen. Zuhause sind wir erst, wenn das Flugzeug in Hamburg-Fuhlsbüttel aufsetzt.«
Nun hieß es also Abschied nehmen, Abschied nehmen von den Menschen hier in diesem Lager, die für die Freiheit ihres Volkes kämpften.
Wir machten unsere Runde, wechselten hier und dort ein paar Worte,

überreichten kleine Geschenke und erhielten kleine Geschenke, bis wir vor der Hütte standen, in der Aischa mit ihren Leuten lebte. Wir verabschiedeten uns auch von ihr. Die Hütte von Aischa lag unmittelbar neben der unsrigen, und es war Horst gewesen, der sich als erster von uns mit den Nachbarn bekannt gemacht hatte. Er kam am zweiten Tag unseres Aufenthaltes in Badda von einem Spaziergang zurück und hockte sich zu Klaus und mir, die wir uns genüßlich vor unserer Hütte ausgestreckt hatten.

»Hört mal«, sagte er schelmisch, »in die Nebenhütte sind gerade Nachbarn eingezogen. Es sind auch zwei Frauen dabei. Ich hab schon mal guten Tag gesagt.«

Eine Gruppe von sechs Soldaten und zwei Sanitäterinnen hatte neben uns Quartier gemacht. Sie waren auf dem Wege zur Front nach Asmara und kamen von einem Sonderkommando südlich von Tio am Roten Meer. Deshalb waren die beiden Frauen zur Zeit ganz und gar nicht militärisch gekleidet. Suleika war eine schon ›ältere‹ Frau, vielleicht Anfang dreißig, ein etwas derber, kräftiger Typ.

Die andere hieß Aischa. Sie war schlank, mittelgroß, schmale Hüften und sehr hübsch. Wenn sie lächelte, und das tat sie eigentlich immer, strahlten einem nicht nur zwei funkelnde, freundliche Augen mit langen Wimpern an, sondern auch zwei Reihen weißer Perlzähne.

Um die Hüfte hatte sie ein ockerfarbenes Lendentuch geschlungen. Der Oberkörper war unbedeckt. Um den Kopf trug sie, als Zeichen der verheirateten Frau, ein Tuch.

Wir verbrachten von nun an viel Zeit bei unseren Nachbarn. Wir sprachen sehr viel mit Aischa. Sie war es auch, die uns die Geschichte eines jungen Mädchens erzählte. Für uns ein ungewöhnliches Schicksal. Für sie war es wohl nichts weiter, als die Geschichte eines afrikanischen Nomaden-Mädchens. Es war ihre eigene.

Aischa – ein Frauenschicksal

Von ihrem Vater hatte sie nur eine undeutliche Vorstellung. Wenn sie versuchte, sich an ihn zu erinnern, dann erschien er ihr als ein ungemein kräftiger Mann, mit besonders breiten Schultern. Er war ein herrischer Mann gewesen, der es verstand, seine Befehle und Anweisungen durchzusetzen; und dennoch konnte sie sich nicht erinnern, jemals von ihm geschlagen worden zu sein.

Aischa war sechs Jahre alt, als ihr Vater von einem Stammeskrieg gegen die Gallas nicht mehr in sein Heimatdorf in der weiteren Umgebung der Stadt Gewani zurückkehrte. Die anderen Männer berichteten, daß ihn der Speer eines feindlichen Kriegers die Brust durchbohrt und an eine hinter ihm stehende Akazie genagelt hatte. Er war ein tapferer Mann gewesen und er war so gestorben, wie es sich für einen tapferen Mann ziemte.

Im Dorf schien dies für niemanden ein besonders tragisches Schicksal zu sein, selbst für die nächsten Angehörigen nicht. Viele Männer fanden auf diese Weise den Tod, und das Ansehen eines im Kampfe Gefallenen übertrug sich auf dessen Familie.

Nach den festgelegten Tagen des Wehklagens und der Trauer ging das Leben seinen gewohnten Gang weiter. Für Aischa veränderte sich wenig. Die Geschicke der Familie wurden jetzt von ihren fünf Brüdern und dem ältesten Bruder des Getöteten bestimmt. Aischa war ein Mädchen, ihre Meinung zählte nicht, genauso wie die Meinung der Mutter meist ungehört blieb. Sie hatten zu arbeiten, das Vieh zu versorgen, die Felder zu bewirtschaften, den Haushalt zu erledigen, das Essen zu kochen, Wäsche zu waschen und zwischendurch ein paar Kinder zu gebären – ein Tag sah aus wie der andere, die Wochen, Monate und Jahre waren graue, eintönige Zwillingsschwestern.

Aischa hatte eigentlich nur zwei Erinnerungen an ihre Kindheit, die sie mit Freude erfüllten. Das waren die Abende, an denen die Dorfbewohner sich am Feuer trafen, gemeinsam sangen, im Rhythmus klatschten und manchmal auch bis zur Erschöpfung tanzten. Und dann gab es da noch einen Onkel, der ihr sehr zugetan war. Jedesmal, wenn er zu Besuch kam, schenkte er Aischa aus einem Beutel, den er an seinem Rock trug, eine Handvoll Zucker. Das war eine ungeheure Kostbarkeit. Aischa ging denn auch sorgsam mit dem süßen Geschenk um. Nur Krümel um Krümel naschte sie. Meist schleckte sie noch nach Tagen daran. Außerdem wußte der Onkel immer wunderschöne Märchen zu erzählen.

Da Horst zu gern wissen wollte, was Afars unter einem »schönen« Märchen verstehen, erzählte Aischa die Geschichte von dem Afar und dem Krokodil:

Ein Afar zog mit seinem Kamel durch die Wüste. Da kam er an ein ausgetrocknetes Wasserloch und fand ein Krokodil. Es weinte bitterlich. »Warum weinst du, Krokodil?« fragte der Afar.
»Siehst du nicht? Ich habe kein Wasser mehr zum Schwimmen. Ich muß sterben. Nimm mich bitte mit an den Fluß und laß mich frei.«
Der Afar aber gab zu bedenken, daß er dann in Zukunft weder durch den Fluß waten noch daraus trinken könne.
»Wie kannst du so etwas von mir denken? Nimm mich mit und ich verspreche dir, dich immer trinken zu lassen.«
So nahm der Mann das leidende Tier auf sein Kamel, verzurrte es gut, damit es nicht herunterfiele und brachte es an den Fluß. Dort band er es wieder los und setzte es hinein. Als er dann aber davon trinken wollte, schnappte das Krokodil nach ihm, so daß der Durst ihm bald die Kehle zuschnürte. Der Afar zeterte nun verständlicherweise voller Ärger. »Du undankbares Vieh! Wie konnte ich so dumm sein, dich mitzuschleppen! Hätte ich dich nur verrecken lassen!«
Von diesem Geschrei wurde ein anderer Afar angelockt. »Was ist los?« wollte er wissen. Der durstige Afar erzählte ihm, was vorgefallen war. Da meldete sich das Krokodil zu Wort:
»Da wunderst du dich? Ich lasse dich deshalb nicht ans Wasser, weil du mich viel zu fest auf das Kamel gebunden hast. Mir tut jetzt noch alles weh!«
Der zweite Afar überlegte eine Weile. Dann fragte er, ob er vermitteln dürfe.
»Eigentlich«, begann er seinen Schlichtungsversuch, »kann ich mir nicht vorstellen, daß er dich so rücksichtlos festgebunden hat. Wenn es aber tatsächlich so gewesen ist, dann hättest du vollkommen recht, Krokodil. Um die Situation gerecht beurteilen zu können, schlage ich vor, wir wiederholen den Vorgang noch einmal.«
Das Krokodil war einverstanden. Der betrogene Afar auch. So schnürte der Schiedsrichter das Reptil erneut auf das Kamel.
»War es so fest oder noch fester?«
»Viel fester.« Der Afar zurrte die Seile noch enger.
»War es so?«
»Jawohl, so war es.«
Der Schiedsrichter lächelte zufrieden, und der Kamelbesitzer löschte erst mal seinen Durst.

Dann brachte der Afar in aller Seelenruhe das Krokodil an den Platz zurück, von dem er es geholt hatte.
Dort starb es den grausamen Tod des Durstes.

Schon als Kind war Aischa ungewöhnlich hübsch und die Mutter war darauf sehr stolz. Manchmal streichelte sie Aischa verstohlen über das glänzende, schwarze Haar, und ganz selten sagte sie ihr auch, daß sie sehr schön sei. Aber das tat sie nur flüsternd und nachdem sie sich vergewissert hatte, daß niemand zuhörte. Denn der Teufel ergreift nur zu gern Besitz von hübschen Mädchen, und welche Mutter macht schon gern den Teufel auf ihr eigenes Kind aufmerksam?
Man fand es denn auch ganz in Ordnung, daß ihr fremde Besucher ins Gesicht spuckten, sobald sie in die Hütte traten. »Pfui Teufel«, sagten sie dann geringschätzig, »welch ein häßliches Kind!« und die Mutter freute sich. Das war so Sitte bei den Afars, es sollte den allgegenwärtigen Teufel irritieren, es sollte das Kind seinem möglichen Interesse entziehen. Als sie noch kleiner war, hatten die Eltern ihr Gesicht sogar mit Asche getarnt, sie künstlich häßlich gemacht.
Die Brüder und der Onkel hatten schon sehr zeitig beschlossen, daß Aischa ihren Cousin Mahmud zu heiraten hatte. Auch dieses war nicht ungewöhnlich, denn die Familien legen die Zukunft ihrer Kinder fest. Aber Mahmud war ein finsterer, langaufgeschossener Bursche, vier Jahre älter als Aischa und von so selbstherrlicher Art, daß er abstoßend wirkte. Bei jeder nur möglichen Gelegenheit ließ er Aischa spüren, daß sie nur ein Mädchen war, wertlos; zum Arbeiten und Kinderkriegen. Er liebte es, sie zu demütigen, sie arbeiten zu lassen. Oft hatte er ihr befohlen, auch seine Ziegen zu hüten. Im ganzen Dorf galt er als einer, der mit dem Wort sehr schnell umzugehen verstand – schneller jedenfalls als mit der Gille, dem Kurzschwert.
Als Mahmud sechzehn oder siebzehn Jahre alt war, verlangte Aischas Familie von ihm die übliche Hochzeitsgabe: den Penis eines getöteten Feindes. Stolz und herausfordernd erklärte der Junge, er würde nicht nur eine Trophäe vom nächsten Stammeskrieg heimbringen, sondern mindestens fünf. Er brüstete sich seiner Fertigkeiten mit dem Schwert und meinte angeberisch, daß ihm kein Feind gewachsen sei. Im übrigen lieh er sich für den Krieg ein Gewehr. Dann zog er mit einigen Freunden los, auf Trophäenjagd.

Während andere heiratsfähige Mädchen dem Ende der Jagd entgegenfieberten, wartete Aischa mit gemischten Gefühlen.
Als er nach zwei Tagen zurückkehrte, brachte er nicht fünf, wie versprochen, sondern nur ein Siegeszeichen mit. Und es war selbst für ein junges Mädchen leicht zu erkennen, daß es sich bei diesem Feind um ein Kind gehandelt haben mußte.
Spätestens von diesem Augenblick an verwandelte sich die Abneigung des Mädchens gegenüber ihrem zukünftigen Mann in Haß und Abscheu. Aber sie hütete sich, dieses Gefühl deutlich werden zu lassen. Auch ihrer Mutter gegenüber verschwieg sie es, sie hätte bei ihr wohl auch kaum Verständnis gefunden. Eine Frau hatte zu gehorchen, in dieser Tradition lebte man seit Jahrhunderten. Allah wollte es so. So hatte sie es gelernt. Sich dagegen aufzulehnen, hieße Allahs Willen zu verachten. Dennoch – langsam wuchsen die Zweifel in Aischa, sie ließen sie nachts nicht schlafen und quälten sie tagsüber bei der Arbeit.
Das war die Zeit, als Aischa zum erstenmal an Flucht dachte. Zuerst war es nur ein Gedanke, langsam festigte er sich aber immer mehr.
Man wird sich fragen, wie es möglich ist, daß ein junger Mensch wie Aischa, die doch ein Leben lang mit ihrem Stamm nomadisierte, auf den Gedanken der Flucht kommen konnte. Mit Sicherheit wurde ihr kaum von einer anderen Welt berichtet. Und schon gar nicht kann ihr erzählt worden sein, die fremde Welt würde ihr Vorteile bringen.
Bei Aischa waren es zwei Zufälle gewesen, die ihr einen Einblick in diese andere Welt ermöglicht hatten. Während der alljährlichen Wanderungen auf der Jagd nach Gras für ihr Vieh kreuzten ihre Familien den Weg einer Gruppe Missionare. Männer und Frauen. Vielleicht waren es sogar die Red-Sea-Mission-Peoples aus Rasa. Denn auch sie rüsteten sich alle paar Monate mit Kamelen und Begleitern aus und stiegen hinab in die Dankalia, um Kranken direkt vor Ort ein wenig medizinische Hilfe zu bringen. Manchmal schenkten sie den Kindern auch ein einfaches Spielzeug: einen Ball, einen Spiegel, einen Farbstift, ein Malbuch. Wir haben diese Dinge bei zwei Familien selbst gesehen. Sie werden gehegt wie ein Augapfel und dem Gast mit großem Stolz vorgezeigt. Im übrigen findet man bei den Afars kein Spielzeug. Nur ein einziges Mal beobachteten wir einen Vater mit seiner

kleinen Tochter neben einer Wasserstelle. Aus dem Lehm modellierten sie ein Dorf! Ein Dorf mit Hütte, Sack und Pack und vielen Kamelen.
Diese zufällige Begegnung mit dem Trupp der Missionare verwirrte Aischa. Da hatte sie zwei Frauen gesehen, die von den Männern geachtet wurden, die mit den Männern aus einem Topf dasselbe Essen zu sich nehmen durften, die Krankheiten heilen konnten, die die Afar-Sprache beherrschten, und die genauso sicher mit Kamelen zu hantieren wußten wie die Afars. Man kam abends ins Gespräch, und Aischa hörte nicht nur von den Dingen aus dieser ihr völlig fremden Welt, sondern auch von anderen Göttern. Gerade das war ihr so unvorstellbar, daß sie es kaum glauben mochte. Nie, auch später nicht, kam ihr der Gedanke, dem Islam den Rücken zu kehren. Es hätte auch ihren sicheren Tod bedeutet. Abtrünnige müssen getötet werden . . . eisernes Gesetz in jeder Familie. Daß die Missionare überhaupt von solchen Dingen reden durften, verdankten sie einzig und allein ihrem guten Führer und der Tatsache, daß sie gute Medizinmänner waren. Im Gegensatz zu den Fähigkeiten der Afar-Medizinmänner brachten die Zaubermittel der blassen Fremden wirklich Linderung, oft sogar Heilung.
Aischa erinnerte sich an Abu Taya, einen ihrer Onkel. Auf einem seiner Jagdstreifzüge fand er zwei Geparden-Babys. Da von der Mutter weit und breit nichts zu sehen war, nahm er sie einfach auf und wollte sie nach Hause tragen. In diesem Moment sah und fühlte er einen Schatten über sich hinwegschießen. Er war sich nicht einmal sicher, ob der Schatten ihn überhaupt berührt hatte. Doch nach wenigen Sekunden merkte er es deutlich. Die Gepardenmutter hatte ihm im Vorüberfliegen den Skalp abgerissen!
Er faßte sich an den Kopf, er hatte Blut an den Händen. Es sickerte nur langsam durch die Schädeldecke. Entsetzen packte ihn. Natürlich dachte er nun nicht mehr an die Babys. Irgendwie brachte er sich zu seiner Burra durch.
Die Familie allerdings gab Abu Taya keine Überlebenschancen mehr. Sie schlossen ihm die Hautlücke mit frischem Kuhmist, was zumindest die Fliegen daran hinderte, ihm ihre Eier unter die Hautränder zu legen.
Abu Tayas Kopf schmerzte immer stärker. Die Familie fürchtete,

sein Geist würde sich bald verwirren. Dann würde er eines Tages eine Unvorsichtigkeit begehen und nicht mehr nach Hause zurückkehren. Schlangen, Hyänen, böse Menschen lauerten überall.
Es wurde auf einmal in den Hütten von einem Hakim erzählt, der alles heilen kann. Da brachte die Familie Abu Taya zu Dr. Aebersold nach Gewani.
Im Dorf Abu Tayas glaubte niemand mehr an seine Rückkehr. Aber nach drei Monden war Abu Taya wieder zur Stelle. Seine Schädeldekke war von einer noch zarten, aber immerhin neuen Haut überzogen. Es wuchsen ihm sogar wieder Haare.
Aebersold später zu uns: »Das war einer meiner interessantesten Fälle. Gott sei Dank ist der Mann damals rechtzeitig gekommen. Ich hatte nicht geglaubt, ohne Transplantation hier etwas ausrichten zu können. Aber die Menschen dieses Landes bringen einen ungewöhnlichen Lebenswillen und eine gute Kondition mit. Bei Abu Taya war es so, daß sich schon nach acht Tagen die ersten Kristallisationspunkte bildeten, die ersten Anzeichen neuer Haut. Immer größer wurden diese Stellen, und schließlich hat sich die Kopfhaut wieder geschlossen.«
Seit dieser Zeit hatte Aischa unerschütterliches Vertrauen in weiße Ärzte.
Unmittelbar nachdem sie elf Jahre alt geworden war, setzte die Familie den Beschneidungstermin fest.
Aischa hatte von anderen Frauen gehört, mit welchen entsetzlichen Schmerzen diese Operation verbunden war. Sie hatte fürchterliche Angst und wußte doch gleichzeitig, daß es für sie keine Ausnahme von dem Brauch geben konnte. Ja, eigentlich kam so ein Gedanke bei ihr auch gar nicht auf, denn es gehörte zum Leben einer Frau, die Beschneidung über sich ergehen zu lassen. Der Koran, so hieß es, schriebe dies vor, und wer wollte sich schon dem Willen Allahs widersetzen?! An dieser Einstellung änderte auch die Tatsache nichts, daß viele junge Mädchen die Folgen des Eingriffs nicht überstanden. Sie starben meist am Wundfieber. Beinahe noch schlimmer waren die anderen dran, die zwar am Leben blieben, aber deren Geist sich durch die enormen Schmerzen verwirrte.
Im Dorf gab es eine uralte Frau, die schon seit Menschengedenken als Hebamme und Medizin-»Mann« tätig war. Sie war es, die die Be-

schneidungen durchführte. Sie war ungemein häßlich und bösartig. Man tuschelte unter den Mädchen, daß sie die Zeremonie immer besonders lang hinausziehen würde, angeblich weil dies der Wunsch des Propheten gewesen sei. In Wahrheit aber, so hieß es, weidete sie sich daran, wenn hübsche junge Mädchen die Qualen ausstehen mußten, die sie ihnen zufügte.

Und vielleicht spielte auch noch etwas anderes eine Rolle: die alte Frau hatte vor vielen, vielen Jahren selbst drei ihrer Töchter nach den Beschneidungen verloren. Sie waren jeweils wenige Tage später gestorben. Auf jeden Fall war in ihr jegliches Mitgefühl für die leidenden jungen Frauen verschüttet, wenn es überhaupt jemals vorhanden gewesen war. Während der Beschneidungen war sie der Mittelpunkt – und das genoß sie eben, solange es ging. Auf Kosten der Mädchen.

Auch heute noch wird die grausame Sitte der Beschneidung in vielen afrikanischen Ländern praktiziert. Man unterscheidet dabei zwischen der sogenannten Sunna-Beschneidung, bei der entweder die Spitze der Klitoris abgeschnitten wird, oder aber die Klitoris radikal und komplett mit Wurzel entfernt wird, und der Infibulation. Bei der Infibulation, der grausamsten Form der Beschneidung, werden nicht nur die Klitoris entfernt, sondern auch die inneren und äußeren Teile der Schamlippen. Darüberhinaus werden die Wundränder mit Dornen zugesteckt. Bei Aischas Stamm nun galt der Infibulations-Ritus. Obwohl immer wieder behauptet wird, diese Beschneidung sei im Koran vorgeschrieben, stimmt das nicht. An keiner Stelle der Heiligen Schrift der Muslims gibt es eine entsprechende Passage.

Allerdings steht fest, daß bereits im alten Ägypten Frauen beschnitten wurden, zu einer Zeit also, da es die islamische Religion überhaupt noch nicht gab. Einige Völkerkundler neigen deshalb auch zu der Meinung, dieser schreckliche Brauch hänge mit dem Übergang vom Matriarchat zum Patriarchat zusammen, der auch gleichzeitig die Epoche des Privateigentums einleitete. Da die Männer begannen, die Frauen als persönlichen Besitz zu betrachten, versuchten sie logischerweise, auch dieses Eigentum zu schützen. Sie mußten sich also der Treue der Frau versichern und kamen sehr schnell dahinter, daß sich dies am besten mit einem operativen Eingriff erreichen ließ: mit der Auslöschung des weiblichen Lustzentrums. In der Regel tritt dann als unmittelbare Folge bei der Frau eine Unlust an der Sexualität ein. Die hier angesprochene Theorie erklärt allerdings nicht, warum sich dieser Brauch ausschließlich in den islamischen Ländern gehalten hat.

Die durch die Beschneidung erhoffte Wirkung ist aber nicht immer die Konsequenz, denn die meisten Frauen erreichen den Orgasmus psychologisch, über das Hirn und nicht über die Primär-Nerven. Zwar ist unbestreitbar, daß die meisten Regierungen offiziell gegen die Beschneidung vorgehen, ja, 1976 ergriffen sogar die Vereinten Nationen die Initiative, doch große Erfolge waren ihr in den afrikanischen Ländern nicht beschieden. Unbeschnittene Frauen sind dort auch heute noch schwer »an den Mann zu bringen«, und es mag auch typisch für die Einstellung der Einwohner dieser Staaten sein, daß es für sie als eine der stärksten Beleidigungen gilt, einen Mann »Sohn einer Unbeschnittenen« zu nennen.

Wenn Aischa sich später an den Abend erinnerte, an dem sie beschnitten wurde, dann verfiel sie noch lange Zeit in eine Art Panik. Sie glaubte, die schrecklichen Schmerzen wieder zu spüren, vor allen Dingen aber stellte sich sofort das Gefühl der Erniedrigung ein. Eine Empfindung, die sie noch ärger plagte als die körperliche Pein.

Die Beschneidung war für Aischa keine Überraschung gewesen. Sie hatte gewußt, daß es geschehen würde, und sie hatte auch von dem Zeitpunkt gewußt. Und dennoch sprang der Schock sie wie ein wildes Tier an, als die schreckliche alte Frau und ihre Nachbarinnen die Hütte betraten. Verzweifelt und hilfesuchend sah sich das Mädchen nach seiner Mutter um – vergebens. Vermutlich hatte sie vorher die Hütte verlassen müssen, und jede der anderen Frauen dachte: »Warum soll es ihr besser gehen? Wir haben das auch ertragen müssen.«

Mit einigen barschen Befehlen ordnete die Alte an, daß sich das Mädchen auf den nackten Boden hinzulegen hatte. Aischa mußte Beine und Arme spreizen, und Frauen setzten sich darauf. Aischa konnte sich nicht mehr rühren. Eine andere Frau setzte sich auf ihre Brust. Sie schob dem Mädchen einen Holzblock in den Mund und flüsterte ihr zu, daß sie darauf beißen solle, wenn der Schmerz einsetzt.

Aischa konnte nicht sehen, was die Alte tat, ihr war der Blick versperrt. Plötzlich spürte sie einen rasenden Schmerz. Er kam mit solcher Wucht, daß der Schrei, der sich ihrem Mund entringen wollte, in ein gurgelndes Stöhnen überging. Sie hatte sich fest vorgenommen, nicht zu weinen und konnte doch die Tränen nicht zurückhalten. Aischa fühlte, wie das Blut an ihren Oberschenkeln herabrann, ihre Zähne gruben sich tief und tiefer in den Holzstock, sie sah die Augen der Frau, die auf ihrer Brust hockte, auf sich gerichtet, und sie las nicht einen Funken Mitgefühl darin, höchstens Neugier.

Dann verlor Aischa das Bewußtsein. Als sie wieder zu sich kam, saß ihre Mutter an ihrem Lager, auf das man sie nach dem Eingriff gelegt hatte. Die Schmerzen jagten wie Wellen durch den Körper, aber das Mädchen nahm sie nur im Unterbewußtsein wahr. In ihrem Kopf brannte das Fieber, manchmal phantasierte sie, manchmal versuchte sie, sich die Lederriemen von den Schenkeln zu reißen, die ihre Beine vier Wochen in absoluter Unbeweglichkeit zusammenhalten sollten, bis die Wundränder miteinander verwachsen und geheilt waren. Die Ränder des Scheidenmundes waren mit Dornen zugezwackt. Man hatte so die Öffnung verkleinert. Die Mutter brauchte alle Kraft, um die wild um sich schlagende Tochter zu bändigen.

Eine Woche kämpfte der Tod um das Mädchen. Fast schien es, als würde er siegen. Doch am Morgen des achten Tages nach der Beschneidung spürte Aischa, daß die Schmerzen erträglicher wurden. Das Fieber ließ nach, und sie vermochte wieder klar zu denken. Von nun an machte die Gesundung schnelle Fortschritte. Nach vier Wochen dann nahm man ihr die Lederriemen ab, und Aischa konnte wieder ihrer Arbeit nachgehen.

Geblieben allerdings war der Abscheu vor dem, was man mit ihr gemacht hatte. In dieser Hinsicht unterschied sie sich von den anderen Frauen des Dorfes. Und beinahe noch stärker geworden war ihr Haß und ihr Ekel vor Mahmud, dem Mann, den sie in drei Jahren heiraten sollte.

Da waren noch zwei andere junge Mädchen, die mit ihr zur gleichen Zeit verheiratet werden sollten. Aischa wußte, daß auch sie sich vor den Männern fürchteten, die ihre Familien für sie ausgesucht hatten. Heimlich besprach sie sich mit ihnen. Sie erinnerten sich an den weißen Arzt in Gewani. In zwei bis drei Tagen könnte man ihn erreichen. Es hieß, er würde jedem Afar helfen, der zu ihm kommt. Aischa schlug vor, heimlich das Dorf zu verlassen.

Sie wußten, daß sie immer nur nachts laufen konnten. Am Tage wür-

den andere Afars sie sehen und sie der Familie verraten. So würden sie Zeit verlieren und das Wasser würde nicht ausreichen. Aber was riskiert man nicht alles für seine Hoffnungen! Sie bereiteten ihre Flucht vor. Einige Tage später war es endlich so weit. Die Mädchen trafen sich, als alle anderen schon Stunden schliefen. Die Flucht begann. Die drei Mädchen liefen so schnell sie konnten in Richtung Gewani. Das verdörrte Gras glänzte silbrig im Mondlicht.
Nach Mitternacht hörten sie den Ruf zum erstenmal. Hyänen! Es erschien ihnen als nichts Besonderes. Überall am Rand der Dankalia gibt es Hyänen. Mit ihnen waren die Mädchen groß geworden; sei es, daß sie die Herden gegen die Hyänen verteidigen mußten; sei es, daß die Gazellen der Umgebung vorzugsweise die Nähe menschlicher Behausungen suchten, weil sie sich dort sicherer vor den allesfressenden Halbkatzen fühlten. Und zu den Zeiten, in denen die Kamelstuten ihre Jungen warfen, war ebenfalls größte Aufmerksamkeit am Platze. Mit Vorliebe rissen die Hyänen die jungen Fohlen. Einmal hatte Aischa das erlebt. Sie und ein bewaffneter Mann waren zehn Minuten zu spät gekommen. Sie sahen nur noch ein Knäuel kämpfender Hyänen-Leiber, die alle versuchten, ihren Anteil aus der warmen Beute zu reißen. Da sie ohnehin zu spät gekommen und Patronen Mangelware waren, hatten sie nicht dazwischengeschossen, sondern schaudernd und erregt zugleich zugeschaut, wie die einzelnen Tiere in ihrer Gier immer wieder versuchten, sogar mit Anlauf, in eine Lücke zu springen, um an das Fleisch zu kommen. Es war ein Inferno aus Knurren, Quietschen, Schmatzen, Bellen, ein Gebrüll zum Erstarren, gemischt mit nervösem Gelächter und Gekicher. Dazwischen hörten sie deutlich das Schlürfen, das Kauen, das Reißen, das Knirschen und das Knacken selbst dickster Knochen. Hyänen haben das kräftigste aller Raubtiergebisse. Bei einem solchen Kampf um die Beute passiert es durchaus, daß im Gedränge dem Nachbarn ein Ohr, die Schnauze oder die Pfote angefressen oder gar abgebissen wird.

Von irgendwo antwortete eine andere Hyäne. Auch das war alltäglich. Die Mädchen liefen weiter.
Der erste Schreck fuhr ihnen in die Glieder, als plötzlich zehn Meter vor ihnen auf einem Fels ein großes Tier im Mondlicht stand. Es knurrte leise, zeigte aber keine Angst. Und das war verdächtig. Deut-

lich sahen sie die gesträubte Nackenmähne und den kurzen aufgerichteten Schwanz, das Zeichen der Angriffsbereitschaft.
Die Mädchen blieben wie angewurzelt stehen. Die Hyäne stieß kurze, unterdrückte Laute aus. Aus der Nähe kam Antwort. Die Mädchen waren umzingelt.
Jetzt erst wurde ihnen bewußt, daß sie keine Waffe bei sich hatten. Sie griffen sich die erstbesten Steine und schleuderten sie gegen die Silhouette auf dem Fels. Das Tier kniff den Schwanz ein, senkte die gesträubten Nackenhaare, richtete dafür die Rückenmähne auf und ging ein paar Schritte zur Seite. Aber es floh nicht, wie die Mädchen erwartet hatten. Mit seinem gesunden Instinkt hatte es sofort bemerkt, daß die Mädchen voller Angst waren.
Es waren drei Tiere. Nur drei. Aber wie schnell konnten es mehr werden! Es war den Mädchen klar, daß sie nicht mehr weitergehen durften. Sie wollten sich in aller Eile eine Keule aus dem Busch brechen. Dabei rissen sie sich die Hände blutig. Der Blutgeruch peitschte die Hyänen auf. Nun hatten die Mädchen zwar keine Keule, aber eine dornige Rückendeckung. Zwei von ihnen errichteten einen Steinwall. Er sollte sie schützen und letztlich Wurfgeschosse liefern. Dann warteten sie ab. Die drei Halbkatzen hatten sich in zwanzig Metern Abstand um sie gruppiert. Sie saßen auf der Hinterhand, knurrten sich Kommandos zu oder unterhielten sich ganz einfach. Eine Hyäne legte sich lang hin und robbte unmerklich näher. Die jungen Frauen merkten es erst, als das gewaltige Tier – es wog bestimmt soviel wie zwei Ziegen – plötzlich viel näher lag, ohne aufgestanden zu sein.
In ihrer Angst starteten sie das erste Stein-Bombardement. Die Tiere zogen sich zurück. Sie schlichen auf und ab und heulten laut in die Nacht hinein.
Von weit, weit her kam eine Antwort. Doch weitere Verstärkung erhielten sie nicht. Die Mädchen drängten sich dicht zusammen und beteten.
Endlich dämmerte der Morgen. Kurz darauf zogen sich die Hyänen zurück. Wegen der Raubtiere und der möglicherweise hier wohnenden Afars blieben die Mädchen jedoch dort wo sie waren. Sie verlagerten lediglich ihre Festung um zwanzig Meter weiter zwischen zwei Felsbrocken. In deren Schatten holten sie den versäumten Schlaf nach. Sie hatten kein Wasser mehr und nichts zu essen. Aber Afars

sind zäh und klagen nicht. Früh am nächsten Abend, es war noch hell, brachen sie auf. Wenn sie durchmarschierten, konnten sie am Mittag des nächsten Tages ihr Ziel erreicht haben. Hoffentlich würde der weiße Hakim sie auch wirklich aufnehmen und weiterleiten. Wegen ihres Durstes und Hungers mußten sie es einfach riskieren, auch bei Tage zu laufen. Sie wollten, wenn man sie entdeckte, sagen, daß ihr Vater im Kampf schwer verwundet worden sei, und sie den Hakim holen wollten.

Nach zwei Stunden war die erste Hyäne wieder da. Sie erkannten sie wieder. Es war die, die gestern auf dem Fels gestanden hatte. Diesmal verhielt sie sich still. Jedes der Mädchen hatte einen Knüppel, und damit sprangen sie das Tier an. Es knurrte und wich zurück. Die Mädchen gingen unbeirrt weiter. Die Hyäne umkreiste sie. Mal war sie vorn, mal hinten, mal weiter, mal näher. Längst hatte sie ihren Signalruf ausgestoßen. Und nach drei vergeblichen Rufen war Antwort gekommen. Für die drei Afar-Mädchen war das das Zeichen, sich wieder einzuigeln. Zu ihrem Glück fanden sie einen verlassenen Tierkral neben dem Weg und hatten so eine Dornenburg. Sie war nicht hoch, aber rundherum geschlossen und bot Schutz.

Die Hyänen, diesmal vier, lagen im Kreis um die Dornenburg. Die Augen funkelten im Licht des Mondes. Bei der Leithyäne sah man deutlich die Tüpfelzeichnungen, die bei keinen zwei Tieren gleich sind, und an denen man sie unterscheiden kann. Nun sah Aischa auch, daß dem Tier ein Ohr fehlte und daß das andere wie ein zerrupfter Rock aussah. Kampfspuren.

Ein anderes der Bewachertiere pirschte zum Leittier und rieb sich an seiner Schulter. Dieses gähnte gelangweilt. Damit tat es seine ranghöhere Position kund.

Von weitem meldeten sich andere Hyänen. Aber sie kamen nicht näher. Entweder hatten sie eigene Beute, oder es war nicht ihr Territorium.

Die Mädchen waren erschöpft, sie schliefen ein.

Niemand vermochte hinterher zu sagen, wie lange sie geschlafen hatten.

Aischa wurde jäh wach durch einen stechenden Schmerz in der Taille. Ihr Kopf, die Hände und die Beine baumelten frei in der Luft. Dann war es ihr, als zöge man ihr an allen Gliedern die Haut in Streifen herunter. Eine Hyäne war in die Dornenburg eingebrochen, hatte Aischa angegriffen und sie über die Dornenhecke gezerrt.

Aischa schrie. Jetzt erst wachten ihre Freundinnen auf. Ehe sie aus dem Dornengestrüpp herausfanden, war die Hyäne schon fünfzig Meter weit fort. Sie schrien aus Leibeskräften, vergaßen jede Vorsicht und Furcht, und schwangen drohend die Keulen. Die übrigen Hyänen hatten vor Menschen offensichtlich noch immer Respekt. Sie verzogen sich. Doch das Tier, das Aischa ergriffen hatte, ließ nicht von ihr ab. Endlich waren die Freundinnen heran und droschen auf die Hyäne ein.

Im selben Moment fiel ein Schuß. Aischa fiel zu Boden. Sie war bewußtlos. Die Hyäne suchte das Weite.

Die Retter in der Not waren zwei Afars, die in der Nähe ihre Burra aufgeschlagen und das Geschrei gehört hatten. Sie vermuteten, daß sich Feinde genähert hatten und gaben einen Warnschuß ab.

Aischa wurde in die Hütte gebracht. Sie blutete stark. Ihre rechte Seite sah übel aus. Die beiden Afars klatschten ihr frischen Kuhmist auf die Wunde. Der verhüllte zwar die übel zugerichtete Flanke gnädig – doch helfen tat dieser Afar-Wundverband natürlich nicht.

Die Mädchen logen geistesgegenwärtig. Wie vereinbart, erzählten sie die Geschichte vom verwundeten Vater, der auf ärztliche Hilfe warte. Die Afars flochten am nächsten Morgen eine Bahre, legten Aischa darauf und trugen sie zu Dr. Aebersold ins Hospital des Roten Kreuzes bei Gewani.

Der Schweizer Arzt säuberte, nähte und verband das verletzte Mädchen, gab ihm eine Spritze gegen Wundstarrkrampf und Antibiotikum. Am nächsten Tag vertraute sie sich ihm an, erzählte von ihrer Flucht und bat ihn um Hilfe.

Der Arzt wurde in einen schweren Zwiespalt gestürzt. Zwar war er gern bereit, den drei Mädchen jede Unterstützung zu geben, andererseits wußte er, daß sein Leben gefährdet war, wenn die Familien der Flüchtlinge davon erfuhren.

Die Geschichte des Hyänen-Überfalls hatte sich natürlich wie ein Lauffeuer verbreitet. Auch Aischas Stamm erfuhr davon und entsandte eine Abordnung zu Aebersold. Sie forderten die Mädchen zurück. Aischas Freundinnen konnten sich nicht mehr verstecken, ihr aber gelang es, in eine große Truhe in Aebersolds Zimmer zu schlüpfen. Sie hörte die Männer aufgeregt reden und durch das Haus trampeln, doch niemand fand sie. Sie lag tief unter der Wäsche verborgen.

Stunden später, als die Afars abgezogen waren, kroch sie aus dem Versteck und stand plötzlich wieder vor Dr. Aebersold. Was sollte er tun? Sollte er das Mädchen ausliefern? Sollte er sein Leben riskieren?

Die Hilfsbereitschaft behielt die Oberhand. Der Arzt entschloß sich, Aischa weiterzuhelfen. Allerdings durfte sie auf gar keinen Fall in seinem Hause bleiben.

Als es dunkel geworden war, versteckte er sie in einem Jutesack. Scheinbar achtlos warf er ihn mit anderem Gerümpel zusammen auf seinen Landrover, fuhr etwa einhundert Kilometer weit zu einem deutschen Straßenbau-Camp. Dort fand Aischa vorerst Unterschlupf. Doch auch hier arbeiteten Afars, und so erfuhr der Stamm abermals ihren Aufenthaltsort. Aebersold saß derweil ahnungslos in seinem Hospital.

Und diesmal ließ sich die aufgebrachte Afar-Delegation erst gar nicht auf lange Verhandlungen ein, sie stellten ein Ultimatum. Entweder würde der Arzt dafür sorgen, daß das Mädchen innerhalb der nächsten drei Tage wieder zu seiner Familie zurückkehrt, oder er hätte sein Leben verspielt.

Aebersold war lange genug im Lande, um die Drohung so ernst zu nehmen, wie sie gemeint war. In seiner Not fuhr er noch einmal zu den deutschen Arbeitern, und er hatte Glück. Aischa war noch bei der Gruppe. Er erzählte dem Mädchen von dem Ultimatum ihrer Angehörigen und er bat sie, wieder in ihr Dorf zurückzugehen.

Aischa sah keinen Ausweg mehr. Auf gar keinen Fall wollte sie das Leben des Mannes gefährden, der ihr als erster in ihrem Leben wirklich geholfen hatte.

Schon am nächsten Abend kehrte sie in ihr Dorf zurück. Und beim nächsten Vollmond fand die Hochzeit mit Mahmud statt.

Für Aischa brachen üble Zeiten an.

Wollte Aischa mit Mahmud sprechen, dann durfte sie ihn nicht anschauen, sie hatte sich so zu stellen, daß sie sein Gesicht nicht sah. Bei den Mahlzeiten bekam sie nur das, was er verschmähte. Natürlich mußte sie ihn von früh bis spät bedienen, mußte jede Arbeit machen, die ihr von ihm aufgetragen wurde. Er tat nichts. Doch am schlimmsten war es nachts. Aischa war nicht in der Lage, die sexuellen Wünsche des Mannes zu erfüllen. Nicht nur, daß er ihr im höchsten Grade widerwärtig war, sie konnte es rein körperlich gar nicht. Nach der Beschneidung, nach dem Zusammenklammern der Wundränder, dem »Zunähen« mit Dornen, hatte sich ihre Scheide so verengt, daß sie keinen Mann mehr empfangen konnte.

Mahmud reagierte auf eine für ihn typische Weise. Er machte Aischa zum Gespött des ganzen Dorfes. Überall erzählte er, daß sie ja gar keine richtige Frau sei, daß sie ihm keine Kinder gebären könne. Aischa spürte die verstohlenen Blicke, sie hörte, wie die anderen hinter ihr hertuschelten und daß man über sie lachte. Sie fühlte sich als Ausgestoßene.

In ihrer Not sprach sie mit ihrer Mutter. Die Mutter wußte auch Rat, aber genau den wollte Aischa nicht annehmen.

»Geh zur Alten und laß dich ›öffnen‹«, hatte sie gesagt.

Was das bedeutete, wußte Aischa nur zu genau. Schon mehrfach hatte sie erlebt, wie das vor sich ging. Nämlich immer dann, wenn die anderen Frauen ein Kind gebaren – also mindestens einmal im Jahr – war es soweit. Nur fünfen von hundert war es vergönnt, die Kinder ohne Hilfe zur Welt zu bringen. Bei allen anderen war die Scheide zu eng. Zwar hatten sie, im Gegensatz zu Aischa, mit ihren Männern Verkehr haben können, aber spätestens dann, wenn die Geburt einsetzte, kam es auch bei ihnen zu Komplikationen. Der Schädel des Babys war bereits zu sehen, der Körper preßte – aber für das Kind war der Ausgang zu eng. Und so mußten sich die Frauen selbst öffnen oder öffnen lassen.

»Öffnen« – das hört sich so harmlos an, so nach Spritze, Narkose und Kaiserschnitt. Doch in Wirklichkeit bedeutete es, die Gille, das Kurzschwert, oder einen schmutzigen Dolch zu nehmen und sich selbst aufzuschneiden! Hier ist dann, auch für abgehärtete Afar-Frauen, die Grenze des Leidens erreicht. Das Blut läuft in Strömen. Der Schmerz macht sie rasend, sie werden oft ohnmächtig. Dann müssen die Nachbarinnen helfen. Sind sie nicht zur Stelle, dann verblutet die Mutter.

Allzu häufig schneiden sie auch zu weit, oder sie verletzen das Baby. Sehr viele Afar-Frauen überleben die Geburt nicht. Hat die Mutter

die Geburt ›glücklich‹ überstanden, dann wird sie sofort wieder zugenäht, das heißt mit Dornen zugezwackt und verschnürt.
Nach jeder Geburt dieselbe Prozedur.
Und das war es also, was Aischa bevorstand, wenn sie dem Rat der Mutter folgte. Sich öffnen lassen, von einer Dorfhexe, vor der sie sich ängstigte, für einen Mann, den sie haßte.
Aischa folgte dem Rat der Mutter nicht. Ihr Leben wurde immer unerträglicher.
Der Abgrund zwischen den beiden Eheleuten klaffte täglich weiter und tiefer auseinander.
Da kam eines Tages ein versprengter Trupp eritreischer Freiheitskämpfer in die Burra. Die Soldaten befanden sich auf der Flucht vor Regierungstruppen. Unter ihnen befand sich auch eine Frau. Suleika war ihr Name.
Aischa fühlte sofort eine heftige Zuneigung zu der Eritreerin. Und diese merkte schnell, daß die junge Frau Hilfe brauchte. Sie sprach lange mit ihr. Zum zweitenmal in ihrem Leben hörte Aischa etwas von Gleichberechtigung, vom befreiten Leben der Frauen. Sie vernahm erstaunt, daß man nicht stets und ständig hinter dem Mann zurückzustehen hatte und gehorchen mußte. Es war wiederum der Atem einer anderen Welt, der sie streifte.
Suleika gab Aischa den Rat, ihren Mann so lange zu provozieren, bis er sie verstoßen würde. Später sollte sie dann zu ihr kommen, sollte sich der eritreischen Befreiungsfront anschließen.
Das Ganze ging viel leichter und schneller als Aischa erwartet hatte. Vielleicht hatte Mahmud selbst schon insgeheim auf eine Gelegenheit gewartet, sich von Aischa zu trennen. Als sie sich ihm zwei Nächte später wieder verweigerte, verkündete er am nächsten Tag öffentlich im Dorf, Aischa sei nicht mehr seine Frau.
Schluß, basta! Trennung ist bei den Afars kein Problem, zumindest nicht für den Mann. Er verstößt seine Frau einfach.
Der Trupp ELF-Soldaten zog weiter. In seiner Mitte jetzt zwei Frauen – Suleika und Aischa.
Als wir sie kennenlernten, lebte Aischa bereits über ein halbes Jahr bei den Soldaten. Überall wurde sie geachtet und anerkannt. Aischas Charme, der durch ihr neugefundenes Glück erst richtig zur Entfaltung kam, ihr Lerneifer und ihre Hilfsbereitschaft hatten sie überall

beliebt gemacht. Man lehrte sie Kochen, Erste Hilfe und Schießen. Und nebenbei sog sie die neuen Sprachen ihrer »Befreier« wie ein trockener Schwamm auf: Arabisch, Tigrinya und sogar Englisch. Ihr Englisch war bald ausgezeichnet.
Einen Monat hatte es gedauert, bis sie sich endgültig an die neue Nahrung ihrer Freunde gewöhnt hatte. Vorbei war die Zeit, wo sie nur von Milch und Resten leben mußte. Jetzt gab es auch Tee, Zucker, Nudeln, Reis, Fleisch, Eier, Datteln und Kaffee. Es war eine paradiesische Zeit.
Ihren ersten Einsatz hatte sie in Massaua, einer Hafenstadt Äthiopiens. Für die Regierungstruppen war Massaua einer der wichtigsten Stützpunkte. Aischa und Suleika hatten den Auftrag, bei einem für die Eritreer arbeitenden Uhrmacher einige Uhren zur Reparatur abzugeben und woanders Radio-Ersatzteile zu holen. Solcherart Aufträge wurden nur an Frauen vergeben, denn sie fielen am wenigsten auf. Massaua überwältigte das Kind aus der Wüste. Aischa wußte nicht, ob sie träumte oder wachte. Sie sah zum erstenmal das Meer, Schiffe, Hubschrauber, am meisten aber staunte sie, daß es in den Häusern Wasserhähne gab, die man nur anzustellen brauchte, um daraus klares Wasser sprudeln zu lassen.
Suleika und Aischa erledigten ihren Auftrag zur vollen Zufriedenheit der E.L.F. Und es war in Massaua, wo sich Aischa wirklich der Sache der E.L.F. verschrieb. In dieser Stadt begriff sie, daß es tatsächlich eine andere ›Welt‹ gibt. Eine Welt, die nicht in selbst angelegten Fesseln langsam verendet, sondern die versucht, den Schritt in eine bessere Zukunft zu wagen.
Und dieser Sache, dieser möglichen Zukunft zu dienen, entschied sie sich.

Die Spuren des Krieges

Unser neues Ziel hieß Marsa Fatma. Eine Hafenstadt, hatte Samuel ernsthaft behauptet. Doch als wir nach einem Zwei-Tage-Marsch mit ihm und zehn Soldaten dort eintrafen, da bestand die »Hafenstadt« aus einer verlassenen Tankstelle und drei zerbombten Häusern. Den Mittelpunkt bildete der Rumpf einer abgeschossenen DC 3.

Ein armseliges Nest, dem zahlreiche kleine Felseninseln vorgelagert waren. Ein geradezu ideales Versteck für Schmuggler. Doch was wog das alles gegen das Meer! Wie ein riesiger, rötlich angehauchter Spiegel lag es vor uns. Mächtige Korallenbänke wuchsen bis dicht unter die Wasseroberfläche. Und wie klar das Wasser war! Wir hatten den Eindruck, in einen blühenden Garten zu schauen – prallvoll mit den herrlichsten Fischen der Welt.

»Wenn es hier keinen Krieg geben würde, dann wäre das ein Paradies für Touristen«, meinte Klaus. »Hier könnten sie segeln, fischen, tauchen und sich sonnen.«

In den felsigen Buchten, einige Kilometer weiter nördlich, hatten zahlreiche Boote festgemacht. Nur wenige von ihnen waren mit einem Motor ausgerüstet; die meisten trugen Segel. Primitive Holzschiffe, mit jeweils zwei bis vier Mann Besatzung. Einer sah verwegener aus als der andere, sie waren wie aus einem Bilderbuch über Piraten ausgeschnitten. Samuel hatte uns vorher erzählt, daß die jemenitischen Schmuggler Schafe in Eritrea aufkaufen und in ihr Land transportieren. Dafür bringen sie Datteln, Zigaretten, Waffen. Sie bezahlen für das Tier umgerechnet zwanzig Mark. Ein Klasse-Geschäft, denn im Jemen, der für eine eigene Schafzucht zu kahl ist, wird jedes Tier für achtzig Mark weiterverkauft.

Allerdings ist das Geschäft auch mit erheblichem Risiko verbunden. Die Fahrt über das Rote Meer dauert zwei bis vierzehn Tage. Zwei bis vierzehn? Ja, denn alles hängt vom Wind ab. Manchmal verdursten die Tiere unterwegs, und manchmal werden die Schmuggler von äthiopischen Kanonenbooten aufgebracht. Dann müssen sie vorher die gesamte Ladung über Bord gehen lassen – eine willkommene Sonderzuteilung für die zahlreichen Haie.

Samuel hatte uns gebeten, in einem Mangrovenwäldchen auf ihn zu warten. Er wollte mit einigen Leuten über unseren Transport verhandeln. Nach zwei Stunden kam er verstimmt zurück.

»Ihr fahrt nicht in den Jemen«, teilte er uns kurz mit. »Wir marschieren weiter, nach Asmara.«

Klaus nickte nur, er hatte das wohl schon erwartet. Uns beiden anderen dagegen stand die Enttäuschung im Gesicht geschrieben. Schließlich erzählte uns Samuel, warum er seine Pläne kurzfristig ändern mußte:

Der Kapitän eines der Schmugglerschiffe hatte vor einigen Monaten einen Flüchtling mitgenommen. Die Familie hatte für die Überfahrt einen horrenden Preis gezahlt, doch sie bekam nie die vereinbarte Nachricht, ob ihr Angehöriger heil und gesund im Jemen angekommen war. Als der Kapitän jetzt wieder an der eritreischen Küste Schafe aufnehmen wollte, überfiel die Familie ihn und setzte ihn unter Druck. In seiner Angst erzählte der Jemenite ihnen, daß er damals von einem äthiopischen Kanonenboot auf offenem Meer gestellt worden war. Er wußte, daß man sie alle sofort erschießen würde, wenn der Flüchtling an Bord gefunden wurde. Zum Schein bat er ihn also, sich in einem Sack zu verkriechen. Als der Mann dies getan hatte, erschlug er ihn mit einem Schraubenschlüssel und warf die Leiche ins Meer. Notwehr.

»Na und«, fragte ich, »was haben sie mit dem Kapitän nun gemacht?«

»Er hat sich freigekauft«, antwortete Samuel. »Für zwanzigtausend Bir. Da habt ihr gleich ein Beispiel, wieviel Geld die Kerle mit sich herumschleppen. Aber unter solchen Umständen lasse ich euch auf keinen Fall fahren. Ich bin für eure Sicherheit verantwortlich. Und so wie es dem Flüchtling gegangen ist, so kann es euch auch passieren.«

Statt Hamburg also Asmara. Asmara, die Hauptstadt, um die gerade heftige Kämpfe wüteten.

»Seid nicht traurig«, tröstete uns Samuel, der unsere Enttäuschung spürte. »Ihr müßt das verstehen. Ich kann es nicht verantworten.« Er klopfte uns lachend auf die Schulter. »Wißt ihr was, jetzt fangen wir erst einmal ein paar Fische!«

Das brachte wieder Leben in uns, waren wir doch dankbar für jede Art einer Betätigungsmöglichkeit. Ich rückte ein paar Haken aus meinem Überlebensgürtel heraus und einige Meter Lawinenschnur. Jeder baute sich seine Angel. Samuel grub im Watt nach einem Krebs als Köder, und dann postierten wir uns auf einem Riff und fischten. Es war ein interessantes Angeln. Ganze Schwärme der vielfältigsten Fische standen im kristallklaren Wasser geradezu Schlange nach unserem leckeren Köder. Wir fingen Fisch um Fisch: rote, blaue, lange, quadratische. Wir konnten selbst bestimmen, wen wir anbeißen lassen wollten und wen nicht.

Reich beladen begaben wir uns zurück in ein Dorf unter Doum-Palmen, in dem auch unsere Kamele warteten.
Die Einwohner hatten sich neugierig um uns versammelt. »Wie kann man sich freuen, Fisch essen zu dürfen?« wunderten sie sich. »Wir essen jeden Tag Fisch.«
»Leute, wir kommen aus der Wüste. Da gibt's weit und breit keine Fische. Nur Datteln, Datteln, Datteln und Wasser.«
»Wie bereitet ihr euren Fisch zu?« fragte Klaus.
»Wir kochen ihn und manchmal legen wir ihn direkt ins Feuer.«
»Kennt ihr auch geräucherten Fisch?«
Stille rundherum. »Seht ihr, ihr müßt euch mal Räucherfisch machen! Dann lernt ihr eine ganz neue Art von Fischgenuß kennen.«
Während wir weiterhin unseren Fang für den Magen vorbereiteten, machte sich Klaus daran, im senkrechten Sandufer des trockenen Bachbettes eine Höhlung auszubuddeln. Nach oben hin versah er sie mit einem Abzug, vorn verschloß er die obere Hälfte mit unserer Allzweck-Folie und nassem Sand. Dann entfachte er ein Feuer. Während sich der Höhlensand erwärmte, hatten wir etwa zehn große Fische ausgenommen und sie auf zwei frische Äste gezogen. Über Astgabeln hängte er sie in das nur noch glimmende Feuer. Frische Blätter und frische Äste, manchmal auch ein paar Tropfen Wasser, hielten den Brandherd am Rauchen. »Das wichtigste ist ein guter Zug«, meinte Klaus fachmännisch. So war es.
Mit großen Augen standen die Dorfleute und Soldaten um uns gedrängt. Lautes Schmatzen, fettige Finger dankten Klaus für seine Mühe.
Nach einem wohltuenden Schlaf am Meer zogen wir weiter.
Sieben Tage hatte Samuel für den Marsch nach Asmara angesetzt. Gleich am zweiten Tag hieß es, wir würden ein israelisches Spionageschiff zu sehen bekommen, das gerade aufgebracht worden sei. Ein israelisches Schiff? Wir konnten es nicht glauben. Und behielten natürlich recht. Das angebliche Spionageschiff erwies sich als ein verrosteter, verkommener Fischerkahn mit sieben Mann Besatzung. Die Fischer waren aus Massaua ausgelaufen und hier von einem Kommandotrupp zwischen den Inseln festgenommen worden. Daß die armseligen Figuren keine Israelis waren, sah ein Blinder. Doch der Kommandoführer, ein unangenehmer, arroganter Typ, blieb

bei seiner Meinung. Vermutlich wollte er unter allen Umständen eine Heldentat vollbracht haben. Selbst Samuel erkannte die Hochstapelei. Aber er wollte sich nicht einmischen.
Auf unserem weiteren Marsch gelangten wir in die Nähe der Stadt Adi Keyh.
Etwa fünfhundert äthiopische Soldaten waren dort von dreitausend Eritreern eingeschlossen. Ihre Lage war hoffnungslos. Hin und wieder kam ein Flugzeug und warf an Fallschirmen Verpflegung und Munition ab. Doch die Schirme landeten meist außerhalb der Ortschaft und wurden eine willkommene Beute der Eritreer.
»Warum stürmt ihr nicht?«, fragte Klaus. »Warum laßt ihr euch so lange Zeit? Die Äthiopier sind doch am Ende.«
»Wir führen seit sechzehn Jahren die Revolution«, antwortete Samuel lakonisch. »Wir haben Zeit, viel Zeit. Wir hungern den Feind aus. Das dauert zwar etwas länger, kostet uns aber keine Menschen.«
Das war eine Einstellung, die wir immer wieder antrafen. So hatten wir Samuel einmal gefragt, warum die Truppenbewegungen in aller Regel nur nachts durchgeführt werden, obwohl die ELF praktisch doch das ganze Land beherrschte. Samuel hatte uns geantwortet, dies geschehe aus Rücksicht gegenüber der Zivilbevölkerung. Wenn die Äthiopier größere Einheiten von ELF-Kämpfern vermuten, dann schicken sie gewöhnlich Bomber. Und deren Angriffe richteten sich dann meist gegen Zivilisten und ihre Dörfer.
Wir waren tatsächlich ein bißchen beschämt. Heißt es doch bei uns immer, in diesen Ländern gelte ein Menschenleben so gut wie gar nichts!
Seit Adi Keyh befanden wir uns im sogenannten Hochland. Und damit stießen wir auch wieder auf unsere alten Freunde, die Flöhe, das Wappentier honoris causa Äthiopiens. Aber diesmal waren wir ihnen überlegen. Seit unserer Zeit als Kameltreiber wußten wir, wie wir ihnen an den Kragen konnten. Drei Varianten hatten wir erlernt: die Körperstellen mit Matsch einstreichen und trocknen lassen, die Garderobe ausräuchern oder sie einfach in einen Ameisenhaufen legen. Heia Safari!

Ruhe vor dem Sturm

Wir machten Rast in einer malerischen Plantage: Mai Aini. Sie war von einem Italiener namens Emilio Rossi gegründet worden, dessen Büste noch im Garten stand. Unter ausladenden Mango-Bäumen wurde Kaffee angebaut, es gab Mandarinen- und Orangenhaine, so weit das Auge blicken konnte. Und als uns eine wohlgenährte Mammi fragte, ob wir zum Abendessen Spaghetti mit Schinken und Tomaten haben wollten, und ob wir geriebenen Parmesan darüber wünschten, da glaubten wir zu träumen.

Ich machte den Fehler, die Chefin der Küche skeptisch zu fragen, ob sie denn überhaupt richtige Spaghetti kochen könne. Oho, da war ich aber mit beiden Füßen in einem Fettnapf gelandet. Zuerst krauste sich ihre Stirn, dann fingen die Augen an, Blitze zu schleudern und schließlich ging ein mächtiges Donnerwetter auf mich nieder. Die Arme herausfordernd in die Hüften gestemmt, zischte sie mich an:

»Signore! Ich war siebzehn Jahre bei einem italienischen Patrone im Dienst. Wie können Sie es nur wagen, meine Kochkunst anzuzweifeln?!«

Mai Aini war nicht nur wegen der Obstfülle für uns ein Meilenstein. In Mai Aini endete unser Kamel-Fußmarsch. Die Soldaten der E.L.F. übernahmen die Tiere von uns zum vollen Preis. Wir fanden das sehr fair, ja eigentlich überfair, denn wir lebten bereits seit Wochen auf ihre Kosten. Und das gar nicht schlecht.

Nach dem Essen stellte sich ein Mann namens Hamid als unser neuer Führer vor. Er erklärte, daß uns die E.L.F. für die weitere Reise ein Auto zur Verfügung stellt. Ein Auto – welch ein Komfort! Hamid war Mitglied des Revolutionsrates. Er war uns sofort sympathisch.

Später erklärte uns sein Assistent:

»Das Verrückte an Hamid ist, daß er aufrecht in die Kämpfe marschiert. Alle anderen ducken sich, robben, kriechen – Hamid geht in voller Größe in den Kampf. Da hat jeder von uns das Gefühl, er muß ihn beschützen und stürmt nach.«

Zwar hatte uns die E.L.F. ein Auto zur Verfügung gestellt, doch die Reise ging vorerst noch nicht weiter, denn Hamid hatte noch einiges zu erledigen. Wir waren also zu einem mehrtägigen ›Zwangsaufenthalt‹ in Mai Aini verurteilt. So kam es, daß uns trotz aller neuen Eindrücke die Langeweile plagte. Also sannen wir auf eine sinnvolle Beschäftigung. Wir vereinbarten, jeder von uns sollte sich etwas Schönes ausdenken. Etwas, von dem die anderen profitieren konnten. Vier Tage durften die Vorbereitungen dauern. Endlich war die große Bescherung fällig.

»Holt mal eure Becher raus«, forderte uns Klaus auf.

Während wir den Auftrag ausführten, kramte er in seinem Gepäck und förderte einen unserer Fünfliterkanister zutage. Er schnupperte daran, schloß die Augen und drehte den Verschluß auf. »Prost, Fighters! Probieren Sie Denarts Dattelwein!«

Uns fielen die Augen aus dem Kopf. Hamid ahnte sofort, um was es sich handelte. Aber er drückte ein Auge zu, denn Alkohol ist in der Armee tabu. Das Zeug schmeckte teuflisch gut nach Zivilisation. Aber viel konnte man nicht vertragen. Der Wein hatte es gehörig in sich durch den hohen Zuckergehalt der Datteln. Aber er trank sich göttlich. Horst war ganz begeistert. »Mensch, du Schwarzbrenner, wie hast du das denn gemacht? Das ist der Knüller auf meiner nächsten Globetrotter-Party. Dazu gibt's dann Karawanen-Brot. Verrat doch mal, wie du das gemacht hast!«

Und so berichtete Klaus von den Datteln, die er irgendwo aufgetrieben, gewaschen, entkernt und zermust hatte. In einem der übriggebliebenen Gefäße aus Horst's Labor hatte er dann die Dattelmasse zur Gärung gebracht – und so weiter, und so weiter, na ja, kurz und gut – das Resultat war köstlich.

Dann präsentierte Horst seine Zaubereien. Inzwischen hatten sich viele Soldaten um uns versammelt. Alle hatten einen Schluck abbekommen. Hamid hatte eine Sondergenehmigung erteilt, nachdem Klaus versprechen mußte, das Rezept niemandem zu verraten.

»Wir nehmen nun den zweiten Gang ein, meine Herren! Erleben Sie den berühmt-berüchtigten HoWa (Horst Walther)-Käse nach Original-Geheimrezepten der Molkerei Sittensen, die meine Freundin Regina Brodersen unter Einsatz ihres Lebens herausschmuggeln konnte. Es lebe Regina. Es lebe der Käse!«

Horst kullerte uns drei faustdicke, weiße Käse über den Tisch. Er hatte Milch dick werden lassen, gekocht, die Molke durch sein Kopftuch geseiht, das Ganze gesalzen, gewürzt und trocknen lassen: Ein

Kamelkäse par excellence. »Freunde, hätte ich die nötigen Joghurt-Pilz-Kulturen bei mir gehabt – ich hätte euch die tollsten Meierei-Erzeugnisse präsentiert. Aber was hier fehlt, holen wir nach, sobald wir Regina in Sittensen besuchen.«
Die weißen Krümel schmeckten vorzüglich. Leider waren es zu wenig, denn auch hier mußten wir den Soldaten etwas abgeben.
Ich kam mir richtig schäbig vor. Alle hatten von mir sicherlich frische Brötchen, deutsches Schwarzbrot oder Kekse erwartet. Und ich hatte nichts Eßbares gebastelt. Ich hatte ein Schachspiel gemacht. Es war mir dann doch ein großer Trost, als jeder, auch die Soldaten, es mit Hurra begrüßten. Kaum einer, der das königliche Spiel nicht kannte. Das Problem bei der Herstellung war, daß ich über keinerlei geeignete Materialien verfügte. Weder über Bretter noch Pappe geschweige denn Leim.
So hatte ich das »Brett« aus einem kurzhaarigen Ziegenfell gemacht. Mit dem Skalpell unseres ›OP-Bestecks‹ hatte ich die Haare so wegrasiert, daß sich die Spiefelder ergaben. Die Figuren wurden aus Palmfasern geflochten und mit Federn, Samen und Gewürzen so dekoriert, daß daraus recht attraktive Figuren wurden. Später, in Hamburg, habe ich das Fell gerben lassen und die Figuren mit Gießharz haltbarer gemacht. Sie sind mir ein schönes Souvenir.
Das und manche andere Beschäftigung waren es, die uns die lange Zeit bei der E.L.F. besser ertragen ließ.
Doch endlich ging es weiter. Wir krabbelten in das bereitgestellte Auto und freuten uns, denn nun brauchten wir nicht mehr zu laufen.
Nach zwei Tagen Fahrt lag Asmara vor uns. In einer Siedlung, etwa zwanzig Kilometer vor der Stadt, war das Hauptquartier der E.L.F.-Einheiten untergebracht, die Asmara von allen Seiten eingeschlossen hatten. Der oberste Sicherheitsbeauftragte, Malake, empfing uns in einem spartanisch eingerichteten Zimmer, dessen einziger Schmuck die Fahne Eritreas an der Stirnwand war. Malake war ein drahtiger, hagerer Mann, dessen bohrende Augen förmlich unsere Gedanken zu lesen versuchten. Getrennt von den anderen mußte ihm jeder von uns die Geschichte unserer Expedition erzählen.
Dabei machte er sich Notizen und verglich unsere Angaben genau. Bei der geringsten Abweichung hakte er sofort ein.

Ich war der letzte, den er vernahm. Zum Schluß überlegte er lange und beschied dann:
»Warten Sie mit ihren Freunden ein wenig. Ich werde bald eine Entscheidung fällen, was mit Ihnen weiter zu geschehen hat.«
Etwa eine halbe Stunde später bat uns Malake erneut zu sich. Er erwartete uns stehend, reichte jedem von uns die Hand und sagte feierlich:
»Sie sind freie Menschen. Aber bevor wir Sie in den Sudan bringen, würden wir Ihnen gern noch ein wenig von unserem Land und von dem Kampf, den wir hier führen müssen, zeigen. Sind Sie damit einverstanden?«
Ich wußte, daß es Horst nach Hause zog. Und auch ich wäre lieber heute als morgen nach Hamburg zurückgekehrt. Aber das Angebot Malakes zurückzuweisen, wäre einer Beleidigung gleichgekommen. Außerdem war es eine gute Gelegenheit, Einblicke in den Kampf zu bekommen. Wir willigten ein. »Können wir nicht von Ihnen ein Visum in unseren Paß haben?« kam uns urplötzlich die Idee.
»Wir verfügen noch nicht über Visa-Stempel. Tut mir leid. Sonst gern.«
»Uns reicht Ihr Revolutionsstempel nebst Unterschrift.«
»Okay. Dagegen habe ich nichts. Geht nebenan zu Tesfai Woldemicael. Er ist der Secretary der E.L.F. Er hat einen solchen Stempel.«
Auf diese Weise bekamen wir das vielleicht erste Visum Eritreas in unseren Paß mit dem Zusatz: »Entered Eritrea 19th of March 1977.«
In der kommenden Nacht wurden wir von einem 100 Mann starkem Spezialkommando an die Stadt Asmara herangeführt. Sie war von etwa zehntausend Äthiopiern besetzt. Nachts herrschte im Stadtkern bereits die E.L.F., weil die Regierungssoldaten nach Einbruch der Dunkelheit ihre Kasernen nicht mehr verließen.
Wir lagen in einem Graben, etwa zwei Kilometer vom Flugplatz der Stadt entfernt. Als der Tag graute, mußten wir uns mit Zweigen tarnen, damit wir von den landenden und startenden Flugzeugen aus nicht gesehen werden konnten. Die Maschinen lagen beim An- und Abflug im Schußbereich der Eritreer, doch sie wurden nicht beschossen. »Wenn es einmal so weit ist, daß wir die Stadt übernehmen, dann

wollen wir alles möglichst unversehrt übernehmen«, machte uns der Führer des Kommandotrupps klar.
Unser nächstes Ziel war eine ehemalige amerikanische Radarstation. Sie lag auf einem Plateau, etwa hundert Kilometer Luftlinie vom Roten Meer entfernt, im Blickfeld Asmaras. Als Haile Selassie 1961 Eritrea annektierte, war dies eine der Gegenleistungen, die er den USA für ihre stillschweigende Zustimmung einräumen mußte.
Für die Eritreer war die Eroberung dieser Station ein Symbol ihres siegreichen Befreiungskampfes. Uns bot sich ein Bild der Zerstörung. In den Radartürmen hingen die Kupferdrähte und elektrischen Leitungen herab, Schaltanlagen, Computer waren zertrümmert worden, Funkgeräte sinnlos herausgerissen.
»Komm, laß uns hier raus«, murmelte Klaus, der eine besondere Vorliebe für Technik hat. »Mir dreht sich das Herz im Leibe um, wenn ich sehe, wie hier Millionenwerte vergammeln.«
Knapp zehn Kilometer von der Radarstation entfernt zeigte man uns ein kleines Hospital. Kranke und Verwundete waren in Felshöhlen sicher untergebracht. Sie lagen auf bequemen Klappbetten und wurden von drei Sanitäterinnen und zwei Krankenpflegern versorgt. Einen Arzt sahen wir nicht.
»Wir haben leider viel zu wenig ausgebildete Mediziner«, erklärte uns eine Sanitäterin. »Die leichteren Eingriffe machen wir deshalb selbst. Wenn eine schwierige Operation nötig ist, dann muß ein Arzt aus einem größeren Hospital herangeholt werden. Die meisten sind an der Front.«
Unmittelbar neben dem Lazarett befand sich – ebenfalls in einer Felshöhle – eine Schule. Die Kinder der benachbarten Siedlungen wurden von Soldaten unterrichtet. Auf die sportliche Ertüchtigung wurde besonders großer Wert gelegt.
Einer der Krankenpfleger legte uns ans Herz: »Haben Sie gesehen, wie knapp es mit unseren Medikamenten bestellt ist? Tun Sie mir einen Gefallen, sagen Sie es allen Ihren Freunden, und bitten Sie sie, zu sammeln und via E.L.F. Khartoum an uns zu schicken, was sie erübrigen können. Vor allem Schmerzmittel, Antibiotica, Multivitamine und Sulfonamide.«
Wir übernachteten in der Nähe des Hospitals. Am nächsten Tag besuchten wir einen in einem Felstal improvisierten Markt für die Be-

wohner in und um Asmara. Es war wie ein Bild des Friedens, denn es gab alles, was das Herz begehrte.
Was wir nicht ganz durchblickten, war der Kleinkrieg zwischen der E.L.F. und der E.P.L.F. Hinter der Hand hieß es, die E.P.L.F. sei etwas demokratischer organisiert. Seit 1975 existierte darüber hinaus auch noch die von Osman Sabe Saleh gegründete E.L.F.-P.L.F. Wir fanden es bedauerlich, daß diese Gruppen miteinander im Clinch lagen, statt sich zu einigen, um damit so mächtig zu werden, wie der Gegner es erforderte. Aber eine Aufsplitterung in unterschiedliche Bewegungen gehört wohl zu einer jeden Revolution und scheint unausweichlich. Die Menschen sehnten sich nach Frieden, und mehr als einmal wurden wir gefragt, wann der Krieg wohl zu Ende sei. Wir, die Außenstehenden, wußten zwar, was die Männer sich als Antwort erhofften, aber wir konnten ihnen keine Antwort geben.
Malake hatte auch Vertrauen zu uns gefaßt und versprach, uns eines der geheimen Kriegsgefangenen-Lager zu zeigen. Außerdem lud er uns ein, als Beobachter der Einnahme der Stadt Tessenei beizuwohnen.
Wir bedankten uns für die Ehre, die uns zuteil wurde, und Horst packte die glückliche Situation beim Schopf:
»Malake, wir hätten da noch einen Wunsch. Unsere Familien sind schon lange ohne Nachricht von uns, sie müssen uns für verschollen halten. Wir hörten, daß du ein Funkgerät hast. Kannst du einen Funkspruch nach Hamburg senden und ihnen sagen, was los ist?«
Malake zögerte keinen Augenblick.
»Natürlich. Schreibt den Text in Englisch auf. Ich übersetze ihn in Tigrinya. Um ihn nach Khartoum zu kriegen, muß er dann vom Funker ins Arabische übertragen werden. Aber das macht nichts. Unsere Leute in Khartoum übersetzen ihn dann zurück ins Englische und übermitteln ihn eurer Botschaft.«
Ganz einfach also. Wir schrieben:
Nehberg, Stephanstraße 62a,
D-2000-Hamburg 70, West Germany.
Maggy, Rosie, Regina!
Bitte verzeiht uns! Infolge widriger Umstände wie Überfall, Ausraubung, versuchte Erpressung und Umwege wurden aus 1300 km 4000 km bis kurz vor Khartoum. Asyl bei Eritrean Liberation Front. Nur

Leben und Filme gerettet. Gesund, aber müde. Keine Kontaktchancen gehabt. Alle Ziele erreicht. Kuß. The Watermakers.
Das war der Originaltext. Wir haben bis spät in die Nacht herumgeflachst, was aus diesem Inhalt infolge der zahllosen Übersetzungen wohl werden würde, ehe er Hamburg erreichte.
Was wirklich draus wurde, erfuhren wir später auf der deutschen Botschaft in Khartoum. Dort war dieser Funkspruch nämlich nie eingetroffen. Er landete – niemand wird es erraten – in Somalia! Von Details war aber keine Spur mehr. Nur, daß drei Europäer, wahrscheinlich deutsche Wissenschaftler, in der Obhut der E.L.F. seien. Aus. Bums. Ende.
Mogadischu, die Hauptstadt Somalias, informierte ihren Botschafter in Bonn. Der plauderte darüber beiläufig anläßlich eines Empfangs, was einem deutschen Bediensteten des Auswärtigen Amtes zu Ohren kam. Er spitzte dieselben und fragte in Addis Abeba und Khartoum an, ob irgendwo drei Deutsche ›verschütt‹gegangen seien. Und da unsere drei Frauen mittlerweile unruhig geworden waren, lagen Addis Abeba bereits Anfragen vor.
So rückte sich daheim dann alles wieder zurecht. Die Zeitungen, die uns schon für vermißt erklärt hatten, brachten, das Hamburger Abendblatt sogar auf der Titelseite, die neuesten Informationen. Wir reisten derweil noch kreuz und quer durch Eritrea.
Der angekündigte Besuch im Gefangenenlager war eine kleine Sensation. In Addis Abeba verbreitete die politische Propagandamaschine der Äthiopier die wildesten Greuelgeschichten. So hieß es beispielsweise, daß die Eritreer keine Gefangenen machen, daß sie rücksichtlos alle Äthiopier töten, die in ihre Hände fallen.
»Natürlich verbreiten die solche Greuelpropaganda«, erbitterte sich der Führer unseres Begleitkommands. »Damit wollen sie ihre Soldaten motivieren, bis zur letzten Patrone zu kämpfen und sich lieber töten zu lassen, als aufzugeben, selbst wenn die Lage für sie noch so aussichtslos ist. Und aus diesem Grunde haben sie bisher auch alle unsere Angebote abgelehnt, Gefangene auszutauschen. Denn dann würden sie ja zugeben müssen, daß ihre Aussagen in dieser Hinsicht nichts als schmutzige Lügen sind. Lieber nehmen sie es gar nicht zur Kenntnis, wenn wir ihnen Namenslisten der Gefangenen übermitteln, und lassen damit auch die Angehörigen in Ungewißheit.«

Das Lager befand sich inmitten mächtiger Dornenhecken, unter breitausladenden Schirmakazien. In Strohhütten waren hundertunddrei Äthiopier untergebracht, die von etwa dreißig Eritreern bewacht wurden. Das Essen war eintönig, aber ausreichend, die medizinische Versorgung sichergestellt. Alle Äthiopier machten einen apathischen, aber gesunden Eindruck.
Wir fragten die Gefangenen, ob wir ihren Angehörigen Nachricht übermitteln sollten. Nur zwei erklärten sich dazu bereit. Die anderen hatten Angst. »Sie müssen damit rechnen, daß ihre Frauen, Eltern und Kinder darunter zu leiden haben, wenn ihre Gefangenschaft bekannt wird«, erklärte uns einer der Eritreer. »Ein Äthiopier siegt oder stirbt, niemals aber läßt er sich gefangennehmen.«
Dagegen hatten wir keine Schwierigkeiten, eine Namensliste der Gefangenen aufzustellen. Wir fotografierten die meisten, nur einige versteckten ihr Gesicht, als das Objektiv auf sie gerichtet wurde.
»Das sind Eritreer«, meinte der Wachsoldat verächtlich. »Sie schämen sich, daß sie gegen ihre eigenen Landsleute gekämpft haben.«
Viele Wochen später wurde diese Namensliste von einem Vertreter der Illustrierten »Der Stern« in Bonn dem äthiopischen Botschafter übergeben. Doch außer einem gemurmelten »Interessant, interessant« und der Mitteilung, er werde dies nach Addis Abeba melden, geschah natürlich nichts. So reichten wir sie weiter an »amnesty international«, die zugesichert haben, die Angehörigen zu informieren.

Tessenei – der Tod in der Wüste

Tessenei ist eine Stadt im Nordwesten Eritreas. Unweit vom Sudan. Sie war schon seit Wochen von der E.L.F. eingeschlossen. In einem Kasernentrakt hielten sich noch etwa einhundertfünfzig Regierungssoldaten. Der Rest der Stadt war vor wenigen Tagen von den Eritreern im Handstreich genommen worden. Wir sollten nun dabei sein, wenn der letzte noch kämpfende Stützpunkt der Regierungstruppen überwältigt wurde.
Die Fahrt nach Tessenei glich eher einer romantischen Reise als einer Fahrt zu einem Kriegsschauplatz. Ungerührt fuhr unser Chauffeur

den Landrover ab und zu über die Schwellen der stillgelegten Eisenbahnlinie Massaua–Asmara–Agordat. Von leuchtenden Bougainvillea umrankte Gebirgsbahnhöfe entschädigten uns reichlich für das Rütteln und Schütteln, das unser Begleiter lachend kommentierte: »Das hier ist unser Ho-Tschi-Min-Pfad.«
Tessenei hatte einmal rund zwanzigtausend Einwohner. Fast alle waren geflohen in den nahe gelegenen Sudan oder in den dichten Busch am Gash-Fluß, der in unmittelbarer Nähe der Stadt vorbeifließt. Überall im Gelände lagen verweste Leichen. Sie waren von den umherstreifenden hungrigen Hunden angefressen worden. Wir sollten nie ungeschützt im Freien schlafen, warnten uns die Eritreer. Die Hunde seien an Menschenfleisch gewöhnt!
Der Überfall auf Tessenei war ein Überraschungsangriff gewesen. Zwar war der Ort schon längere Zeit von tausend Rebellen umzingelt gewesen – aber mit Tessenei hatte man erstmals einen Angriff auf eine Stadt gewagt. Man hatte so lange gewartet, bis der umstellte Feind sich eine Blöße gab. An einem Tag im April 1977 war es dann soweit. Die äthiopischen Regierungssoldaten erhielten ihren Sold und trugen ihn, wie gewöhnlich, in die Kneipen und Bordelle.
Am frühen Morgen erfolgte dann der Angriff. Die meisten Soldaten versuchten erst gar nicht, zu ihren Verteidigungsstellungen zu gelangen. Sie flohen kopflos, und nach zweitägigem Gefecht gab es nur noch einhundertundfünfzig Überlebende. Sie verschanzten sich in einem Kasernengelände am Rande des Ortes.
So hockten wir denn nun in einem hohen zerklüfteten Felsen, zweihundert Meter entfernt von den eingeschlossenen Äthiopiern. Hier konnte uns kein Schuß erreichen. Aber wir hatten sie voll im Blickfeld. Pro Minute wurde aus einem entfernten Bananenfeld eine Spreng-Granate abgefeuert, die im steilen Bogen nach genau achtundzwanzig Sekunden bei den Äthiopiern einschlug. Über Walkie-Talkies wurde den Schützen der Einschlag mitgeteilt und auch, ob die nächste Granate weiter links oder rechts sitzen mußte. Manchmal krochen wir zu einem der Funker. Er sprach ein gutes Englisch. »Sie sitzen total im Dreck. Sie haben kein Essen mehr. Ihre Wasserpumpe ist getroffen. Die Rationierung des Wassers wird ihnen auch nicht mehr weiterhelfen. Das ist das Ende. Morgen ergeben sie sich.«
»Woher weißt du das so genau?«

»Wir haben die gleichen Funkgeräte wie sie. Die haben sie in Tessenei stehen gelassen, und deshalb können wir alle ihre Gespräche mithören, die sie mit Addis und Asmara führen. Seid mal still. Da sind sie wieder!«

Das Gesicht des Funkers zeigte erhöhte Anspannung. Er kniff die Augen zusammen, seine Schläfen bewegten sich rhythmisch, und manchmal spielte ein siegesgewisses Lächeln um seinen Mund. Dann nahm er die Kopfhörer ab und übersetzte.

»Sie sind wirklich total am Ende. Immer wieder fleht der Kommandant Asmara an, Lebensmittel, Medikamente und Munition zu schikken. Und die versprechen es ihm auch, aber ihr habt ja gesehen, wie die Hilfe aussieht.«

Ja, das hatten wir bereits mehrfach gesehen. Begleitet von zwei Jets, die jeder eine Bombe auf uns warfen und ihre Patronengurte leerratterten, kam ein Transportflugzeug angebrummt. Es flog überraschend tief und wurde natürlich von allen Seiten beschossen. Da auch mit Leuchtspurmunition gearbeitet wurde, sahen wir deutlich die Treffer. Dennoch muckte der dicke Brummer da oben nicht. Er war gepanzert. Zunächst warf er einen Probe-Fallschirm ab. Nachdem er gesehen hatte, wie dieser flog, schickte er die restlichen zehn Schirme hinterher. An ihnen hingen die ersehnten Dinge.

Aber da das Camp der Eingeschlossenen nur klein war, trieben die meisten Ladungen zu uns oder ins Niemandsland. Und nachts holten sich die überlegenen Eritreer die wertvollen Geschenke im Feuerschutz ihrer Kameraden.

Trotz aller Aussichtslosigkeit gab Kabede, so hieß der Kommandant, nicht auf. Offenbar glaubte er der Propaganda seines Landes und war bereit, lieber in den Tod als in die Gefangenschaft zu gehen. Vielleicht aber befürchtete er auch nur, daß man seine Frau und seine Kinder in Addis Abeba erschießen würde, wenn er kapitulierte.

Überhaupt – die Propaganda. Abends hörten wir des öfteren Radio. Zur Zeit der Kämpfe um Tessenei tobte Äthiopiens Staatschef Mengistu täglich über die Ätherwellen. So beschuldigte er beispielsweise den Sudan, auf der Seite Eritreas gegen Äthiopien zu kämpfen. Natürlich war davon kein Wort wahr. Wir selbst sahen nicht einen einzigen Ausländer mit der Waffe. Es wäre auch gegen die Grundidee der

Revolution gewesen. Den direkten Kampf sehen die Eritreer nämlich als ihre ureigenste Aufgabe an.

In der Nacht gelang es einem äthiopischen Soldaten, zu den Eritreern überzulaufen. »Wasser! Wasser!« waren seine ersten Worte und dann berichtete er, daß Oberst Kabede seinen Soldaten sogar die Unterhaltungen verboten habe. Er hatte Angst, sie könnten dabei Fluchtpläne schmieden.

»Nie mehr als zwei Personen dürfen sich unterhalten. Wer den Schützengraben in Richtung Eritrea verläßt, muß sofort erschossen werden. Die Ernährungslage ist katastrophal. Die Leute sind geschwächt. Bei der geringsten Verletzung sterben sie.«

Der Gefangene berichtete ohne Unterlaß. Die Eritreer gaben ihm reichlich zu essen und zu rauchen. Der Mann weinte vor Glück, dem Chaos entronnen zu sein.

»Ich habe es gewußt, daß ihr fair seid und nicht mordet oder foltert. Aber viele drüben bezweifeln das. Weil sie selbst nicht besser sind. Es ist ihnen so eingebläut worden.«

»Wie geht es den Frauen?«

Die Eritreer spielten auf eine Gruppe von ca. 15 Frauen an, die den Mut aufgebracht hatten, zu Hauptmann Kabede zu gehen, um ihn zur Kapitulation zu bewegen. Damit ihre Männer und Söhne am Leben blieben.

»Die hat Kabede isolieren lassen. Nach eurem Überraschungsangriff auf Tessenei sind sie mit in das Kasernengelände geraten. Zunächst hatte Kabede sie freigelassen. Doch als ihr sie mit einem Brief zurückgeschickt habt, haben wir nichts mehr von ihnen gesehen.«

»Wir hatten in dem Brief Kabede aufgefordert, sich zu ergeben. Wir haben ihm seine aussichtslose Lage beschrieben. Und seitdem haben wir die Frauen nicht wiedergesehen. Sie sind übrigens alle freiwillig rübergegangen.«

Der Verhörende sagte es wie eine Entschuldigung. Für ihn war es selbstverständlich, Frauen nicht zu zwingen und unfaßbar, wie wenig die Äthiopier das Völkerrecht achteten.

»Würdest du zu deinen Kameraden sprechen wollen? Ihnen sagen, sie sollen alle rüberkommen und daß wir keinem, der sich ergibt, ein Haar krümmen!«

Der Gefangene tat es sofort und gern. Von einer Moschee wurde eigens für diesen Zweck ein Megaphon demontiert.

Die Antwort aus der Kaserne waren MG-Salven.

Der Soldat erzählte auch, daß einige Zivilisten von den Äthiopiern gefangengehalten wurden. Unter diesen befand sich ein Tuchhändler mit seinem elfjährigen Sohn. Der Mann hatte den Kommandeur immer wieder angefleht, ihn doch freizulassen. Er sei doch schließlich kein Soldat und müsse für das Kind sorgen. Kabede dachte gar nicht daran, den Wunsch des Händlers zu erfüllen. »Willst du damit sagen, daß du glaubst, drüben bei den Rebellen hättest du es besser?« Als der schließlich nur noch bat, wenigstens das Kind gehen zu lassen, ließ er den Mann kurzerhand erschießen.

Der Junge mußte zusehen, wie sein Vater hingerichtet wurde. Links und rechts wurde er von zwei Soldaten festgehalten! Kaum war der Vater tot, als eine Granate in der Nähe explodierte und dem Jungen die Augen wegriß. Doch die Erschießung seines Vaters hatte er noch mit angesehen.

Kurz vor Einbruch der Dunkelheit war es dann soweit. Eine Spezialeinheit schlich sich, mit Panzerfäusten und Maschinenpistolen ausgerüstet, durch ein ausgetrocknetes Bachbett an die äthiopische Stellung heran. Eine halbe Stunde später begann der Angriff. Verzweifelt wehrten sich die Äthiopier. Über uns sangen Maschinengewehrgarben hinweg, klatschten gegen die Felswand. Vorn war der Teufel los. Panzerfäuste und Mörsergranaten fauchten in die Schützengräben und in die morschgeschossenen Gebäude, die in Staub und Asche fielen. Die Bäume brannten. Der Kampfplatz glich einer riesigen Fakkel. Das Geschrei der Verwundeten und Sterbenden übertönte manchmal den Lärm der Waffen.

Die halbe Nacht dauerte der Kampf. Dann hatten die Angreifer gesiegt. Von den einhundertfünfzig Äthiopiern waren rund hundert gefallen. Dreißig wurden gefangengenommen, der Rest floh in die nahe nächtliche Wüste und wurde in den nächsten Tagen aufgerieben.

Unter den Toten befand sich auch Oberst Kabede. Der elfjährige Knabe, der mit ansehen mußte, wie sein Vater erschossen wurde, überlebte den Angriff. Wir haben ihn selbst provisorisch verbunden.

Mit unserem letzten Zwirn vernähten wir die verwundeten Eritreer.
Tessenei war gefallen. Die Toten wurden begraben. Die Flüchtlinge durften zurückkehren. Die Rebellen waren dem erhofften Endsieg ein Stückchen nähergekommen.
Eine Nacht später wurden wir in einen Landrover gesetzt und fuhren eine knappe Stunde in die offene Wüste hinaus. Plötzlich tauchte ein alleinstehendes Haus auf, auf dem eine neue Flagge wehte. Zwei gelangweilte Uniformierte kamen heraus, grüßten lässig, ließen uns passieren, und wir waren nicht mehr in Eritrea, wir waren im Sudan.
So einfach und undramatisch ging das.
Dann wurde es doch noch einmal spannend. Wir waren von der Grenzstadt Kassala mit einem Bus in die Hauptstadt Khartoum gefahren und wollten gerade in ein Taxi umsteigen, als uns ein elegant gekleideter Sudanese anhielt. Er trug einen Zettel in der Hand, las darin und fragte mich dann in gutem Englisch: »Sind Sie Mister Nehberg?« Und als ich verwundert nickte, fuhr er fort: »Ich bin von der Sicherheitspolizei. Ich muß Sie bitten, mit mir zu kommen. Es handelt sich lediglich um eine Formalität.«
Eine Formalität! Das sagen die doch immer! Uns schwante nichts Gutes. Und unsere schlimmsten Befürchtungen schienen sich zu erfüllen, als wir uns eine halbe Stunde später in einer schmutzigen Zelle wiederfanden. Ein Ägypter war unser Zellengenosse. Er wurde der Spionage für Libyen beschuldigt und saß schon eine Woche in Haft.
»Rechnen Sie ja nicht damit, daß Sie hier so schnell wieder rauskommen.«
Der Sicherheitsoffizier, der uns am nächsten Morgen verhörte, stellte sich als Numeri vor. Er sei ein Cousin des Staatspräsidenten, erzählte er uns, und leite in der Hauptstadt eine Sektion der Sicherheitspolizei. Wir sollten ihm alles ganz genau erzählen und bitte nichts auslassen.
Vier Stunden dauerte die Vernehmung. Dann hatte sich Numeri offenbar von unserer Harmlosigkeit überzeugt. Wir brauchten nicht mehr in die Zelle zurück. Wir bekamen unser Gepäck ausgehändigt, mußten unterschreiben, daß nichts fehlte, und dann brachte er uns persönlich im Jeep in ein sauberes, kleines Hotel. Dort lag bereits ei-

ne Nachricht von der deutschen Botschaft vor. Wir sollten doch noch mal kurz vor unserer Abreise vorsprechen.

Lufthansa-Flug 537

Lufthansa-Flug 537 Karthoum-Frankfurt-Hamburg. Startzeit: 10.35 Uhr, 17. Mai 1977. Die Maschine war nur halb besetzt. Drei Männer fielen durch ihre besondere Ausgelassenheit auf. Ihre hageren Gesichter waren von der Sonne verbrannt, und der Kleidung sah man an, daß sie sehr strapaziert worden war. Als die blonde Stewardeß nach dem Start Tee und Gebäck an die Passagiere verteilte, sagte der eine der drei Männer mit einem tiefen Lachen:
»Mensch, hättet ihr geglaubt, daß ein bißchen Luxus so wohltuend sein kann?«
Und einer der beiden anderen meinte:
»Sag lieber, was nehmen wir uns als nächstes vor? Äthiopien dürfte ja wohl passé sein.«

Am Ausgang des Flughafens Hamburg-Fuhlsbüttel stand eine johlende Menge. »Aha«, logelte ich »da kommt wohl gleich 'ne Fußballmannschaft.«
Wir steuerten dem grün ausgeschilderten Zoll-Durchgang zu:
»Für Passagiere, die nichts zu verzollen haben.«
»Moment mal, meine Herren!« Ein grün Uniformierter stoppt uns höflich. »Stichprobe. Darf ich mal Ihr Gepäck sehen?«
Lässig warfen wir ihm unsere kleingewordenen Bündel zu. Eine Staubwolke vernebelte einen Moment lang die Sicht. Mit geübten Griffen stellte der Grüne fest, daß wir tatsächlich nichts mehr besaßen. Leere, zerrissene Rucksäcke, zerfledderte Landkarten und die Kameras. In der Hand jeder einen Blumenstrauß, den wir in Frankfurt besorgen konnten. Für unsere Frauen. Für ihr geduldiges, verdammt langes Warten.
Wir schoben uns weiter.
»Sicher wieder so'n paar Hippies«, klärte der Grünfink seinen Kollegen diskret auf.
Die johlende Menge entpuppte sich als zu uns gehörig. Es waren un-

sere Familien, Freunde und Mitarbeiter mit Anhang und Leute von der Zeitung. Ein Transparent verkündete »Herzlich willkommen, Wüstensöhne!«

Und ein riesiger Brotkorb mit dreißig verschiedenen duftenden Brotsorten sollte mir offensichtlich signalisieren, daß mein Laden noch stand, nicht pleite war. Uns lief das Wasser im Mund zusammen. Und nicht nur im Mund. Und nicht nur wegen des Brotes.

Maggy drückte mich an sich. Ich spürte, wie sie zitterte. »Ihr wart diesmal sehr lange weg«, war das einzige, was sie zunächst sagte.

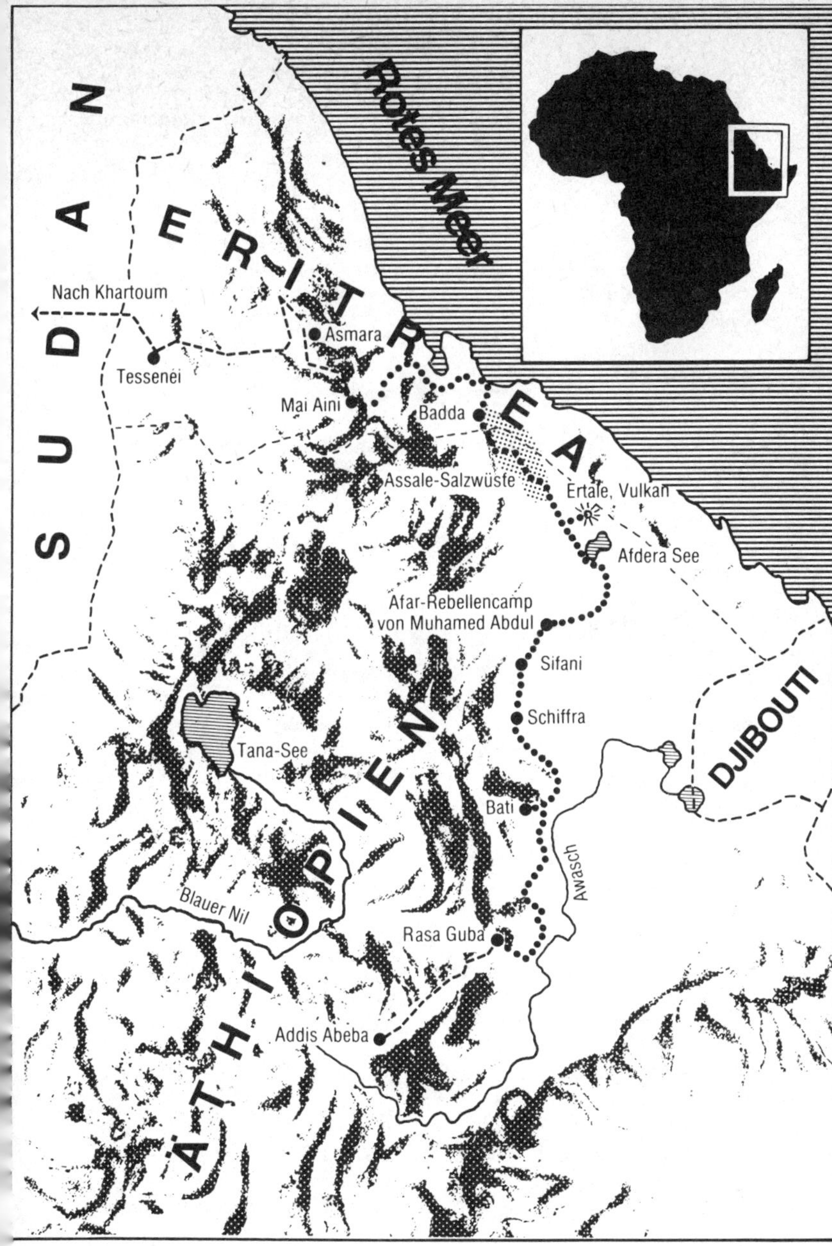
SUDAN
ERITREA
ÄTHIOPIEN
DJIBOUTI
Rotes Meer
Nach Khartoum
Asmara
Tessenei
Mai Aini
Badda
Assale-Salzwüste
Ertale, Vulkan
Afdera See
Afar-Rebellencamp
von Muhamed Abdul
Sifani
Schiffra
Tana-See
Bati
Awasch
Blauer Nil
Rasa Guba
Addis Abeba
ußmarsch mit Kamelen
lit Fahrzeugen zurückgelegte Route
0 100 200 300 400
Kilometer

Ausrüstungsliste

(Unterstrichenes ist speziell für diesen Wüstentrip mitgenommen worden)

Arznei

Resochin
Rote Multivitamintabletn
Rote Lebensmittelfarbe
Schlaftabletten
Verbandszeug
Schmerztabletten
Wundsalbe
Glycerinsalbe
Antibiotica
Zugsalbe
Micropur (Wasserentkeimer)
Tschamba Fii (Sonnenschutz)
Anti-Fiebertabletten
Tabletten zum
  a) Stuhlgangfestigen
  b) gegen Verstopfung
Skalpell
Nähzeug
Pinzette
Schere
Arterienbinde

Am Körper

Turban
Hemd mit vielen Taschen
Hose mit vielen Taschen
Unterhose
Schwert
Sandalen
Hosengürtel (in Zukunft mit versteckten Geldschlitz)
Leinengürtel für Messer und Überlebenstasche
Taschenmesser (Klapp-)
Wasserdichte Uhr mit Datum
Taschentuch

Überlebensgürtel

Bettlaken als »Schlafsack«
Messer, Gille (Schwert)
Metallfolie
Trinkflasche
ggf. Waffe (Schulterhalfter)
Tasche mit:
Kompaß
US-Dollars
Paß
Ausweise
Tickets
Empfehlungsschreiben
Nieten
3 fertige Angeln mit WC-Kette
20 Angelhaken, versch. Größen
Streichhölzer
Schmerztabletten
Wundsalbe
Penicillintabletten
Pflaster
Blumendraht
Nagelfeile
Sicherheitsnadeln
Micropur
Resochin
Schere
Landkarte
Stopfnadel
Zwirn
Kugelschreiberminen
Kerze
Wörterliste
Raketengeräte
Raketen
Perlonschnur

Fotokoffer

Lassoband
Tagebuch
Feinmechaniker-Schraubenzieher

Zange
Filzschreiber
Kugelschreiber
Reservebatterien für Blitz
Reservebatterien für Belichtungsmesser
Skylightfilter für jedes Objektiv
2 Olympus-Spiegelreflex-Gehäuse
200-m-Teleobjektiv
50-mm-Macro-Optik
24-mm-Weitwinkel
Blitzgerät
Antistatiktuch
Fensterleder zum Einwickeln der Kameras
Gummiball-Pinsel
20 Filme, Kodak, 23 Din (Dias)
100 Filme, Kodak, 15 Din (Dias)
10 Schwarzweiß, 27 Din
Stativ

»Wassermaschine«

2 Metall-Hohlspiegel
Thermometer
Pyrometer
Hygrometer
Feinwaage
Kieselgel
Zeolith
Glasbehälter
Metallfolien
Destillationsröhren
Arbeitshandschuhe
Schutzbrille

Lebensmittel

Zucker
Öl
Mehl
Salz
Hafer
Reis
Zimt
Kakao
Gewürze
Milchpulver
Tee
Kaffee
Kristallisierte Zitrone
Puddings
Fertigsuppen
Streichhölzer
Löffel
Marmelade
Datteln
Nudeln
Tomatenmark

Sonstiges

Munition
Ballistol
Batterien für Taschenlampen
Bindfaden
Zange
Zollstock
Insekten-Spray
10 Paßfotos
Handschuhe
Geld
Scheckheft
Briefpapier
Führerschein
Töpfe
Roste
Pfanne
Teller
Becher
Rührlöffel
Teekessel
Waschzeug
Nieten
Leere Säcke fürs Geschirr, für Töpfe und als Transportsäcke
Stopf-Sacknadel
100 Angelhaken
Perlonschnur 40 m, 7 mm Ø
Leinen-Wassersäcke à 10 l
Plastikbeutel
Plastikkanister für Lebensmittel
Rei in der Tube
»Empfehlungsschreiben« der Universität Hamburg
Tee-Gläser
Lexica
Schaufel

Teil II – YANONAMI

Warnungen

»Du bist verrückt. Dir verdanke ich ein Magengeschwür!«
(Mutter, Grainau)
»Der Alleintrip, den du vorhast, hat erschreckende Parallelen zu dem eines jungen Amerikaners von vor zwei Jahren: Er tauchte nie wieder auf.«
(Karl Brugger, ARD-Korrespondent, Rio de Janeiro)
»Zu zweit ja. Allein niemals. Und ich kenne den Wald.«
(Oswaldo Prader, Garimpeiro [Goldsucher], Manáus)
»... dringend abraten, allein zu fahren, sondern nur in Begleitung eines oder mehrerer Indianer, weil Indianer umherschweifen, die Weißen gegenüber* feindlich eingestellt sind ... gern bereit, persönlich mit Ihnen über alle Probleme zu sprechen ...«
(Dr. Hans Becher, Direktor der Völkerkundeabteilung am Niedersächsischen Landesmuseum in Hannover)
»... der Indianerstamm tötete die ganze Familie ... Sie sind sehr wild, sehr mißtrauisch und auf jeden *Mann* eifersüchtig ...«
(Maria Brachmann, Großenkneten, über einen Zwischenfall, in dem ihre Bekannte, die Missionarin Hedwig Anselm, zu vermitteln versuchte. Die Ursache für das Gemetzel lag bei weißen Siedlern.)
»... jede Besuchs- oder Forschungsreise muß direkt mit der brasilianischen Regierung (FUNAI) abgesprochen sein.«
(Deutsche Missions-Gemeinschaft, Sinsheim)
»...«** FUNAI (Fundaçao Nacional dos Indios), Brasilia, auf meinen Antrag.

Solche Warnungen kennt sicher jeder, der sich an ein Vorhaben wagt, das etwas abseits aller Klischees liegt. Deshalb sehe ich sie auch gar nicht als Warnungen. Eher schon als Pflichtübungen der Warner oder als deren Vorsichtsmaßnahme gegen eventuelle spätere Vorwürfe. Mehr aber noch sind sie für mich Ratschläge von gutmeinenden Freunden. Zuneigungsbeweise, die mich freuen. Vor allem aber analysierte ich die Warnungen, die jeder anführte, und baute dementsprechend meine Vorsichtsmaß-

* welch Wunder
** keine Antwort

nahmen aus. Man könnte auch sagen, »je dringender die Warnungen, desto wertvoller die daraus ableitbare Konsequenz« und desto höher aber auch der Reiz, die angesprochenen Probleme meistern zu wollen. Wohl eine Art Trotzreaktion.
Ich muß auch ehrlich zugeben, daß sich mit dem Trotz auch ein wenig Angst bei mir einschlich. Welch Wunder auch, wenn man nur Negatives hört und keine Zustimmung zu finden ist. Ich spürte meine Beunruhigung dadurch, daß ich mich plötzlich vorm Schreibtisch fand und mein Testament auf den neuesten Stand brachte, daß ich für meine langjährigen Mitarbeiter Sicherheitsvorkehrungen zur Erhaltung ihres Arbeitsplatzes traf und daß ich plötzlich zu allen Menschen besonders freundlich war. Eine Unruhe, eine Nervosität, wie ich sie eigentlich vor jeder Reise verspüre, die aber diesmal stärker war wegen der Pessimisten um mich herum, und weil ich allein gehen würde.

Das Vorhaben

Um was ging es denn überhaupt?
Da war zunächst das Abenteuer. Das Abenteuer, allein tagelang durch den Urwald zu stapfen und – mit Glück – auf einige der letzten freien Indianer zu stoßen. Auf einige Yanonámi im Nordwesten Brasiliens. Es war nicht nur der Umstand, daß sie die letzten freien Indianer sind, sondern es waren auch deren ungewöhnliche Sitten und Gebräuche, die mich neugierig machten.
Dazu kam dann, daß ich im Zusammenhang mit den Yanonámi auf viel Widersprüchliches stieß. Da hieß es:

- »FUNAI hat die Flüsse gesperrt, um den Indianern den verdienten Frieden zu gewähren«;
- »Das Überfliegen des Yanonámi-Territoriums ist strikt verboten, um die Yanonámi nicht zu beunruhigen.«
- »FUNAI setzt sich zur Wehr gegen illegale Goldsucher.«
- »Gesetzesvorlage zur Gründung eines Yanonámi-Parks verabschiedet.«

Und von anderer Seite war zu hören, zu lesen:
= »Die Sperren sind nur, um die Missionen ungestört arbeiten zu lassen.« Indianer Gabriel Gentil
= »Missionare beteiligt am kulturellen Völkermord« Gesellschaft für bedrohte Völker
= »FUNAI operiert gegen die Indianer« CIMI (Conselho Indigenista Missionário, Rat für Indianer-Mission, kath. Kirche)
= »3000 Goldsucher stoßen vor ins Yanonámi-Reservat.«
= »Straßenbau durch Yanonámi-Gebiet«
= »Yanonámi-Massensterben durch Masern«

Ich wollte mir ein eigenes Bild machen. Neben dem Abenteuer war dies das andere starke Reisemotiv.
Daß man in ein derart umstrittenes Gebiet nicht ohne weiteres und vor allem nicht ohne Beziehungen einreisen kann, ist klar. So schrieb ich 1½ Jahre vor der Reise, am 2. April 1981, an die FUNAI in Brasilia, ob wohl die Chance ... und so weiter. Keine Antwort. Nicht anders erging es der zweiten Anfrage, 3 Monate später. Daß man mir keine Einreisebewilligung erteilen würde,

war mir klar, denn ich konnte keinen triftigen Grund nennen außer »eine Fotoreportage erstellen«. Schließlich wollte ich nur schauen und schnüffeln. Und wenn man seitens der FUNAI »solchen grundlosen Anträgen« (FUNAI-Büro, Manáus bei meiner Ankunft) nachgäbe, »würde man ganze Völkerwanderungen auslösen«. Morgen kämen die Orchideen-Fritzen, die Humusbodenstärke-Vermesser und andere Entdekker.

Daß man mir keine Erlaubnis erteilen würde, war also von Anfang an ziemlich klar. Die Antragstellung war aber ein Weg, den ich unbedingt der Form halber gehen mußte. Nur, daß man gar nicht antwortete, hat mich gewundert. Kenner der FUNAI erstaunte das weniger: »Das hätten wir dir gleich sagen können.« Keine Organisation stand hinter mir, keine prominente Persönlichkeit. So mimte ich später den »Schlangenforscher«, der einen »Beitrag zur Behebung der Knappheit an Sera gegen das Gift der Buschmeisterschlange leisten« wollte. So etwas hat wissenschaftlichen Touch.

Irgendwann stand dann endgültig fest, daß ich illegal einreisen würde. Bis Manáus am Rio Negro würde das kein Problem sein. Ich kannte die Stadt. Von dort hoffte ich, aus einer kleinen Chartermaschine mit dem Fallschirm irgendwo in den Wald springen zu können. Das scheiterte aber bereits in den Anfängen, als Freunde für mich vor Ort diesbezüglich Kontakte aufnahmen. Es fand sich kein einziger der als verwegen bekannten Piloten dazu bereit, mich einzufliegen. Aber verständlich wiederum, denn der Luftraum wird genau überwacht. Selbst Linienmaschinen in großer Höhe müssen diesen Luftraum meiden. »Und würden wir dennoch fliegen, dann verlieren wir die Lizenz«, wie sie mir alle einhellig versicherten. Schade, aber unabänderlich. Es blieben ja immer noch die Flüsse. Die Sperren mußten über andere Flüsse umfahren oder zu Fuß umgangen werden. Und Umgehen bedeutete vor allem, besonders beweglich zu sein, mit dem Urwald fertig zu werden und notfalls lange Zeit auch ohne Ausrüstung auszukommen. Auf diese Punkte konzentrierte sich nun meine Planung, denn so, wie sich mir alles darstellte, würde

ich laufen müssen, tage- oder gar monatelang. Mit oder ohne Kontakt zu Menschen.
Grunderfahrung mit dem Urwald hatte ich. Ich war bereits je einmal in Venezuela und in Brasilien gewesen und habe mich speziell für die Wälder interessiert. Beweglich würde ich sein, solange ich allein blieb und mein Gepäck auf das reduzierte, was ich auch selbst tragen konnte. Lebensmittel schieden von vornherein aus. Nahrung wollte ich im Wald suchen. Das ersparte mir einerseits so manches Kilo Gepäck, erhöhte aber auch gleichzeitig das Risiko. Würde ich ohne Waffen genügend jagen können? Würde ich nicht schon nach 3 Tagen vor Hunger leistungsunfähig werden? Und dann die Einsamkeit. Wie würde ich damit umgehen können?
Im kleinen Stil und in heimischen Gefilden hatte ich im Rahmen meines Überlebenstrainings für andere Reisen schon mal eine Woche ohne alles im deutschen Wald verbracht. Aber damals hatte ich meistens im molligen Unterschlupf gelegen, mich kaum von der Stelle gerührt und gelesen.
Die Lösung meiner Probleme fanden Freunde: »Dann erweitere den Test doch! Geh noch einmal in den Wald. Versuch's mal zwei Wochen oder drei.« Und im Rahmen eines »brain stormings« bei einem Gläschen Matéus rosé wurden die Pläne konkreter. Dem Weinschwips entsprechend.

Der Deutschlandmarsch

Die Idee

Die Idee war so verrückt wie beängstigend, und der »Matéus rosé« war schuld daran.

»Was willst du denn jetzt statt einer drei oder vier Wochen im Wald vergammeln? Du mußt nebenbei Leistung erbringen. Zum Beispiel 50 km pro Tag laufen!« Das war die Idee. Das schlug dem Faß den Boden aus. Das war der Deckel für den Pott. Vier Wochen aus der Natur leben und dabei täglich 50 km laufen!

Der Plan wurde schnell konkret:

- Tausend-Kilometer-Marsch, von Hamburg nach Oberstdorf
- ohne Nahrung
- ohne Geld
- ohne nennenswerte Ausrüstung
- ohne Gesetze zu verletzen

»So als wärest du irgendwo ausgerissen und müßtest nun durch ein feindliches Land. Oder du bist mit dem Flugzeug abgestürzt und mußt dich 1000 km zur Zivilisation durchschlagen.«

Die weitere Diskussion zeigte, daß man natürlich unter solchen Bedingungen einen Nord-Süd-Deutschlandmarsch versuchen konnte, aber daß es dennoch möglich war, zu mogeln. Deutschland ist nicht der Urwald. Es ist eines der wohlhabendsten Länder der Erde. Auf den herbstlichen Feldern würden sich die Ernten türmen wie die Angebote in den Supermärkten. Man könnte vor allem nachts stehlen oder wildern. Also mußten bestimmte ›Verbote‹ für mich her. Denn wenn ich mich selbst beschummeln wollte, dann brauchte ich gar nicht erst loszugehen. Dieser Marsch sollte ein Training sein, eine Vorbereitung, um dann in Brasilien unter Live-Umständen ähnliches nachvollziehen zu können.

Wir legten fest, daß auch »Tricks nicht gelten« dürften. Also durfte ich auch nicht die Papierkörbe auf Schulhöfen leeren,

Müllcontainer filzen oder mich in Bäckereien bewerben, um beim Vorstellungsgespräch Kaffee und Kuchen »abzustauben«.
Das Betteln verbot sich, Mundraub ebenfalls.
Ich wollte auch die Naturschutzgesetze respektieren. Das hieß, daß z. B. lebende Frösche tabu waren.
Und noch mehr wurde festgelegt:
Wenn keine Brücken in der Nähe waren, mußten Flüsse durchschwommen werden, keinen Meter war das Trampen gestattet.
Übernachtungen sollte es nur im Freien geben, d. h. in selbstgebauten Unterkünften; Häuser oder Scheunen schieden aus.
Ich sollte nur einen dünnen Overall tragen, Strümpfe, Turnschuhe, Unterhose, Unterhemd, Pudelmütze (als Haarersatz). Sonst nichts. Kein Zelt, keinen Schlafsack, kein Messer, keinen Topf. Würde ich krank werden, sollte ich mir ebenfalls selbst helfen. Auf einen Nenner gebracht war das: »Ein überraschendes Abenteuer vor der Haustür«, wie es eine Zeitung nannte. »Völlig kostenlos, nachvollziehbar für jedermann«, fand eine andere. »Ein reiner Charaktertest«, meinte Dr. Helmut Scheele aus Lübeck, den ich um Rat gebeten hatte. Er mußte es wissen, denn jahrelang hatte er ein Heilfasten-Sanaratorium geleitet – Kuren mit Null-Diät bis zu 30 Tagen (allerdings ohne zusätzliche Arbeitsleistung). Von ihm, dem Fachmann, erhielt ich auch bereitwillig und bei unvergeßlich gutem Mokka aus Silbergeschirr den Trost: »Hungergefühl verschwindet spätestens am dritten Tag. Aber vor allem ist Ihr Marsch eine Charakterfrage: Sie besitzen in Ihrem Hirn ein Hunger- und ein Sättigungszentrum. Und dazwischen liegen der Charakter, die Disziplin. Aber Sie werden es schon schaffen, weil Sie ein Besessener sind*. Bei Patienten ist das anders. Die kommen oft nur, weil die Krankenkassen die Kuren bezahlen. Aber Ihr simulierter Überlebensmarsch ist, so meine ich, strenger als die Praxis. In der Praxis, also im Notfall, würden Sie sehr wohl rauben, betteln und wildern und das auch dürfen. Was Ihren Trip aber härter macht, ist

* Wie man doch so eingeschätzt wird!

die Tatsache, daß Sie den Wohlstand ignorieren müssen. Sie müssen an all den Herrlichkeiten vorbeipilgern und dürfen nichts anrühren. Und da können Sie Charakterstärke beweisen!«
Der Mokka war inzwischen von einem Gläschen Sekt abgelöst worden. »Lassen Sie ihn sich gut schmecken! Und vielleicht darf ich Ihnen noch einen letzten Rat mit auf den Weg geben: Ihr Problem ist gar nicht so sehr das Fasten. Wichtig ist der Moment, in dem Sie wieder anfangen zu essen. Merken Sie sich diesen Rat: Fasten kann jeder Narr, aufbauen nur der Weise!«
Ja, ich war zunächst losgezogen, Ratschläge zu sammeln. Dr. Scheele war einer von vielen, aber ein sehr wesentlicher Ratgeber. Dann durchstöberte ich Heilkräuter- und Wald- und Wiesenbücher, um mich über die eßbaren Pflanzen zu informieren. Alles, um mein Wissen um die heimische Flora wieder aufzumöbeln, um mir die Illusion zu gönnen: Wald und Wiesen stehen voller Nahrung. Du brauchst nur abzuräumen.

Christine Schmidt, ZDF

In genau diese Vorbereitungsphase platzte Christine Schmidt, Redakteurin beim ZDF im Studio Hamburg.
»Ich habe von Ihren verschiedenen Unternehmungen gehört. Ich habe auch Ihre Bücher gelesen, und dabei ist mir die Idee gekommen, ein Portrait von Ihnen zu drehen. Was halten Sie davon?«
Nun, wer könnte dagegen sein? Ich jedenfalls nicht.
Christine Schmidt war und ist schlank, auffallend tizianrothaarig und quicklebendig, allerhand Jahre jünger als ich, wenn auch nicht im Alter meiner Tochter. Bei Kaffee und Kuchen – wobei auch sonst? – (ach ja, allerhand Zigaretten ihrerseits!) erkundigte sie sich zunächst einmal taktvoll behutsam, was ich überhaupt konkret an Filmenswertem zu bieten hätte.

Nun ja – da waren das Überlebenstraining und Ausschnitte von verschiedenen Reisefilmen.
Das alles wurde in langer Sitzung ausführlich erzählt und vorgeführt.
»Ich finde, da kriegen wir aber bequem 45 Minuten zusammen!«, addierte sie schließlich. Was haben Sie überhaupt als nächstes vor?«
Ich mochte es kaum sagen. Denn es war ja weder–noch. Es war ja nur »ein simpler Marsch durch Germanien, wenn auch unter erschwerten Bedingungen«. So und detaillierter erklärte sie es zwei Tage später in der Redaktions-Konferenz zu Mainz den ZDF-Kollegen, was ich ihr berichtet hatte. »Rüdiger, du glaubst nicht, was das für eine Reaktion ausgelöst hat! Spontanes, einmütiges Resultat: ›Das ist das Verrückteste, das wir seit langem gehört haben. Das Ding drehen wir.‹«
Und auf einmal hatte ich einen Vertrag mit dem Fernsehen. Damit ich nicht doch mogeln könnte, beschlossen wir aus »Gründen der Glaubwürdigkeit« einen vereidigten Zeugen mitzunehmen, der mich rund um die Uhr bewachen mußte. Und was lag da näher, als die Bundeswehr um die Abstellung von Einzelkämpfern zu bitten. Aber daraus wurde nichts. Vertrösten hier, Vorgesetzten fragen dort, nach Bonn telefonieren – Endresultat: »Tut uns leid!« Vielleicht eine verständliche Entscheidung der Heeresleitung, weil das womöglich zu einem Wettstreit Soldat gegen Privat-Heini hätte führen können. Nun, das ging natürlich nicht, und ein Wettstreit war ja auch nicht Sinn der Sache.

Der Leibwächter

Da stießen wir auf Klaus Lucht. Er ist Jung-Arzt und Junggeselle, kurz über dreißig, Leistungssportler und so schlank wie zäh. Er war gerade mit dem Staatsexamen fertig und hatte vor allem Zeit und Lust, mich zu begleiten. »Das finde ich gut. Naturnahe Ernährung, natürliche Heilmittel, Konditionsverlauf

bei ungenügender Ernährung – interessant. Außerdem ist die Wanderung eine sportliche Herausforderung.« Klaus war mir gleich sympathisch.
»Ich werde mich zwar auch mit dem Essen einschränken, aber mir Nahrung mitnehmen und unterwegs für mich einkaufen. Denn so sehr viel werden wir sicher nicht finden, daß es für zwei reicht, und ich möchte nicht als dein Nahrungskonkurrent auftreten. Außerdem werde ich ab und zu mit dem Fernseh-Team im Wagen mitfahren.«
Es sei schon vorweg verraten:
Einen besseren als Klaus hätte ich nicht finden können. Durch sein gewaltiges Allgemeinwissen und sein Interesse an allen möglichen Themen hatten wir ununterbrochen Gesprächsstoff. Ich habe viel dazugelernt. Vor allem auch in puncto Heilkunde, und da wieder speziell die Naturheilkunde, die mich im Hinblick auf Brasilien besonders interessierte.
Ich hatte Klaus eigentlich zufällig kennengelernt. Ein Freund hatte ihn anläßlich eines Besuches mitgebracht. Ich hatte gerade eine Boa Constrictor erworben und war auf dem Wege, sie in meinen Schlangenraum zu tragen (Schlangen sind mein Hobby). Mehr spontan als absichtlich drückte ich Klaus das Tier ohne Ankündigung in die Hand und sagte: »Halt mal eben!«
Normalerweise muß ich in solchen Fällen aufpassen, daß der Betreffende das Tier nicht vor Schreck fallen läßt. Aber Klaus hielt sie wie ein Stück gutes Seil und sagte, ruhig wie ein Tierarzt, der sich damit auskennt: »Du, die ist aber hübsch!« Wer wird es mir da verübeln, daß ich Klaus auf Anhieb sympathisch fand?!

Es geht los

31. August 1981. Hamburg: Mönckebergstraße. Acht Uhr dreißig.
Das ZDF-Kamerateam drehte den Start. Ein paar Freunde verabschiedeten mich, als ob es auf eine große Reise ginge. Ich war

sehr aufgeregt. Dreimal mußte ich zur Toilette. Schaffte ich es wirklich oder klappte ich zusammen? Eines stand fest: Die Blamage des Aufgebens konnte ich mir niemals leisten. »Survivalbücher schreiben und nicht mal solche Lappalie zustande bringen!« hörte ich die Unken schon munken. »Rüdiger, so darfst du nicht denken«, tröstete mich Christine. »Wenn du nur die Hälfte schaffst, ist das für uns bereits Stoff genug.« Okay, sie wäre ja auch nicht die Blamierte, der wäre allein ich. Für ihren Film hatte sie bereits ein paar spleenige Episoden des Überlebenstrainings gefilmt:

- das Klettern an meinen nachgebauten »Alpen«, einem 18 m-Schornstein mit künstlichen Hindernissen aus Metall, wie Spalten, Griffchen, Trittchen, Überhang
- den Fang von Enten ohne Waffen – indem ich mittels Tarnkappe selbst zur Ente wurde
- den Fang von Wildschweinen mit bloßen Händen, indem ich in der Suhle vergraben wartete, bis sie über mich hinwegstapften
- oder das »Abjagen von Beutetieren«: Dem Sperber die geschlagene Maus fortzunehmen, dem Fuchs den Hasen, dem Bussard die Taube. Und ich nahm einer Ringelnatter den Frosch aus dem Magen.

Verständlich, daß da später mancher Fernsehzuschauer vom Stuhl rutschte wie Claudios (14 J.) Mutter (Leserbrief): »... Ihr Film lief genau an meinem Geburtstag. Das stärkste war, als Sie der Schlange den Frosch aus dem Magen klauten! Da rutschte meine Mutter ganz langsam vom Stuhl und wurde ohnmächtig. Das war mein schönstes Geburtstagsgeschenk.« So einfach ist es, Freude zu bereiten!

Und nun meinte Christine, ich brauchte nicht unbedingt Oberstdorf zu erreichen! Na klar, dachte ich, für den Film war es tatsächlich egal. Er würde vielleicht beim Zuschauer statt des »Alle Achtung« – den »Haha-Effekt« auslösen, aber ich selbst stünde ganz schön bedeppert da. Und diesen Spaß wollte ich niemandem gönnen. Man hat da so seinen Ehrgeiz und – – – das autogene Training. Immer wieder hämmerte ich mir ins Unterbewußtsein: »Du läufst durch ein feindliches Land.* Erst in Oberstdorf ist die Gefahr gebannt.« Wenn man das schließlich glaubt, gibt es so schnell kein Zurück. Und so stand ich am Morgen des 31. August in Hamburgs City und kam mir ein wenig skurril vor: Im Overall, am Gürtel

- einen Grabstock zum Würmerausgraben
- in der Tasche ein Holunderröhrchen zum Trinken aus kleinsten Pfützen
- ein Stückchen Flintstein als Messer und, als einziges Zugeständnis an die Zivilisation, eine Allround-Aluminium-Folie.

Während wir die Start-Szene drei- oder viermal abdrehen mußten, wärmten sich meine Freunde bei einem Kaffee im Stehausschank.

»Komm rein«, meinte sogar Christine. »Kaffee enthält keine Kalorien. Und das ist der letzte Trunk in der Zivilisation.« Aber ich lehnte ab. Wo sollte das hinführen, wenn ich schon beim Start schwach wurde?! Und außerdem, befand ich im stillen, enthielt heißer Kaffee sehr wohl Kalorien in Form seiner Hitze.

Ich war nervös. Ich wollte los.

Die Taktik

Morgens hatte ich nur noch schnell eine Tasse Müsli gegessen. Das war alles. Schon Tage vorher hatte ich eigenartigerweise gar keinen rechten Appetit verspürt. »Friß dir vorher ein paar Kilo Fett an«, hatte mir mancher geraten. Aber ich zog lieber Dr. Scheeles Rat vor: »Belasten Sie Ihren Organismus nicht unnötig mit zuviel Speck. Jedes Kilo Übergewicht kostet schließlich

* Wenn du umkehrst, läufst du ins Verderben.

auch ein Mehr ein Energie, das Sie benötigen, um das Übergewicht betriebsbereit zu halten und es vorwärts zu bewegen.«
Mein Startgewicht lag bei 75 Kilo. Davon waren 3 Kilo überflüssiges Fett. Das weiß ich, weil ich diese 3 Kilo auf jeder Reise abspecke.
Und drei Kilo reines Fett enthalten rund 24000 Kalorien. Da ich etwa 3000 pro Tag benötige, um betriebsbereit zu bleiben, so könnte ich allein vom eigenen Fett 8 Tage laufen.
Klaus Lucht dämpfte diese meine Milchmädchenrechnung. »So einfach ist das nicht. Um aus Fett Energie zu machen, muß es vom Körper umgewandelt werden, und allein für diese Umwandlung geht einiges an Kalorien verloren.«
Nun denn, dann müßte ich halt ein paar Grashüpfer mehr essen. Wichtig war, jetzt nicht unnötig Energie zu vergeuden. Da der Mensch sehr viel Körperwärme über den Kopf verliert (besonders intensiver Kreislauf) und mir dort die natürliche Isolation, die Haare, im Laufe meines 47jährigen Lebens abhanden gekommen ist, trug ich eine Pudelmütze. Ein Huthändler in Hamburg: »Der Hut ist wie der Deckel auf dem Topf mit kochendem Wasser. Ohne Deckel braucht das Wasser viel länger, ehe es kocht; ohne Hut steigt Ihre Hitze in den Himmel.«
Meine Taktik war die, täglich nur so viel an Nahrung zu sammeln, wie ich mühelos ergattern konnte. Das lag, wie sich herausstellte, oft nur bei 600 Kalorien. Sie reichten, um den Verdauungsapparat zu beschäftigen, ihn in Gang zu halten. Ich hatte etwas Betriebsstoff, und mein Körperfett hatte Zeit, sich abzubauen und in Wärme und Kraft umwandeln zu lassen.
Würde ich infolge Hungers in Panik geraten und täglich bemüht sein, 3000 Kalorien zu sammeln, würde ich kaum von der Stelle kommen. Die Nahrungssuche würde mich täglich 5–10 Stunden Zeit kosten. Statt geplanter 3 Wochen liefe ich dann womöglich zwei Monate, käme in den kalten Winter und brauchte logischerweise noch mehr Nahrung, als ich jetzt schon benötigte.
»Hunger ist Hysterie des Körpers«, wußte ich von Scheele. »Nur Durst ist echt. Da müssen Sie nachgeben.«

In dieser Mathematik war auch das warme Nachtlager wichtig. Je wärmer, desto weniger Nahrung benötigte ich als Ausgleich für die fehlende Bettdecke.

Das erste Lager

Endlich unterwegs, war ich wieder optimistisch. Das Hin und Her der Gedanken normalisierte sich. Der Optimismus gewann Oberhand. Die Sonne schien. Ich kam sogar ins Schwitzen. Energie von außen, ohne mein Dazutun. Was könnte mir Besseres widerfahren.
Nach zwei Stunden des Marsches hatte ich bereits ein bescheidenes Abendmahl in meiner Speisekammer: eine überfahrene Blindschleiche, zwei junge Spatzen (klein, aber oho!) und das Kerngehäuse eines Apfels, das jemand auf die Straße geworfen hatte. Die Ameisen darin waren eine prickelnde und delikate Gratiszugabe.
Zur Speisekammer wurden meine zwei Beintaschen der Hose auserkoren. Rechts lagerte ich das Fleisch und links die Pflanzen. Klare Verhältnisse. Sensible Früchte wie Holunderbeeren aß ich gleich, weil ich mir die Hose nicht verfärben wollte. Man besitzt ja schließlich eine ausgeprägte Eitelkeit.
Am Ufer der Seeve wucherte Pfefferminz, dreifach lobenswertes Kraut: als Tee, als Parfum zum Übertönen des – trotz Badens – täglich zunehmenden Körpergeruchs (infolge Nahrungsreduktion und -umstellung) und als Neutralisator etwaigen Mundgeruchs.
Nach 50 Kilometern, bei Hützel, das erste Lager am Waldesrand. Und gleich unterliefen mir drei Kardinalfehler: Ich wollte die kleine Blindschleiche nicht erst ausnehmen – was bliebe dann noch? – und aß sie im Stück:
Pfui Teufel! Wahrscheinlich lagerte sie Blausäure in ihrem Magen. Ich spie sie aus.
Die Spatzen, in Silberfolie (aus Zigarettenpackungen, die im

Straßengraben lagen) gebacken, hatten überraschend viel zartes Brustfleisch. Der Apfelrest war eine leckere Nachspeise.
Der zweite Fehler war, daß ich die Kälte der Nacht unterschätzt hatte und mich aufs freie Feld legte. Dort fiel, sobald die Sonne untergegangen war, Tau.
Und dieser Tau, Fehler 3, schlug sich auf meiner Folie nieder. Ich hatte diese Metalldecke falsch eingeschätzt. Die Tautropfen erzeugten Verdunstungskälte und bewirkten, daß auch mein Schwitzwasser *unter* der Folie kondensierte.
Das Resultat: Ich wurde naß und mich fror erbärmlich. Die Folie, die sich in gemäßigten Erdenzonen bewährt hatte, versagte hier komplett. Aus der als Hitzereflektor gedachten Folie wurde – bei Tau und Kälte – das Gegenteil: ein Kühlschrank. Daß ich sie nicht fortwarf, lag an dem sonstigen Nutzen, den ich mir von ihr versprach: als Regen- und Windschutz und als Tragebeutel für größere Nahrungsmengen, zum Herstellen eines Schwimmpakets bei Flußdurchquerungen. Diesen Ansprüchen genügte sie dann auch.
Nun, mitten in der Nacht, hier noch ein neues Camp zu bauen, war unmöglich. Es war zu dunkel, um isolierende Pflanzenteile zu finden. Aber es stand sofort fest, daß ich die nächsten »Betten« im Wald bauen mußte, denn Wälder sind taufrei.
Um nicht zu erfrieren, brach ich um 23.00 Uhr auf. Mein einziger Trost: Am besten lernt man aus Fehlern.
Aber ich hatte Glück: Nur wenige hundert Meter weiter lag ein Strohhaufen herum. Fast hätte ich ihn in der Dunkelheit übersehen. Ich kuschelte mich tief hinein und holte den Schlaf und die Wärme nach.

Nahrung

Nahrung und Kälte – das blieben die beiden Hauptsorgen. Die überfahrenen Tiere, die ich mir als Äquivalent für das nichterlaubte Wildern zugestanden hatte, waren längst nicht so zahlreich, wie man als Autofahrer vermutet. Fährt man mit dem Wagen 500 Kilometer am Tag, dann wird man sicher das eine oder andere tote Tier sehen. Als Fußgänger bewältigt man jedoch nur 50 Kilometer, ein Zehntel davon. Und entsprechend selten stößt man auf überfahrene Nahrung. Und selbst wenn ich etwas fand, war damit ja noch nicht gesagt, ob der Fund auch wirklich frisch war. Einmal fand ich fünf Tage lang kein einziges Tier, und insgesamt setzte sich mein »Großwild« wie folgt zusammen: zwei Igel, ein Iltis, mehrere tote Frösche, eine Ratte, eine Katze, ein Eichhörnchen, fünf Spatzen, ein Hund und ein Mischling von Haus- und Wildkaninchen. Ich fand es bei Fulda auf der Straße. Noch lebend, aber am Sterben. Es hatte Myxomatose, jene Kaninchenpest, bei der den Tieren Augen, Nase und Mund vereitern. Sie können nichts mehr wahrnehmen und nicht essen. Sie verhungern qualvoll. In Australien versuchte man mit Hilfe der Myxomatose der Kaninchenplage Herr zu werden. Die Tiere sterben zu Tausenden, aber die überlebenden sind resistent und vermehren sich besonders schnell. Myxomatose ist auf Menschen nicht übertragbar. Deshalb aß ich das Kaninchen. Das Fell wurde ein zusätzlicher Strumpf.

Die Katze bleibt mir in Erinnerung, weil sie unglaublich fett war. Ich freute mich schon auf die Kraftbrühe, die ich in einer gefundenen Konservendose kochen wollte. Doch das Fett löste sich bei 100° C nicht auf. Man hätte es in der Pfanne bei höherer Temperatur »auslassen« müssen.

Auf Klaus' Anraten machten wir aus der Not eine Tugend: Das Fett wurde der Grundstoff zu einer selbstgebastelten Heilsalbe aus Spitzwegerichsaft und eben diesem Katzenfett. Ich bewahrte sie in einem Holunder-Rohr auf.

Iltis und Igel rochen nicht gerade appetitlich, um nicht zu sagen »sie stanken«, aber nach gutem Durchbraten (gegen Trichinen, die alle Fleischfresser haben können) auf einem Grill aus frischen Ästen wurden sie kau- und schluckbar. Das Beste an den meisten Tieren war die Leber.

Sehr lecker: die Frösche. Da lebende unter Naturschutz stehen, blieben mir auch von ihnen nur die überfahrenen und dadurch

mitunter sehr flachen. Ich taufte sie »Rana asphalta nehbergii«. Zu deutsch: Nehbergs Asphalt-Frosch, der einzige, der keinen Schutz genießt.
Mit etwas Glück entsprach ein Asphaltfrosch dem Nährwert eines Hühnereies. Ich ertappte mich oft dabei, daß ich, typisch, als Konditor dachte und alles in Eier umrechnete, wie ein deutscher Tourist im Ausland seine Käufe in Deutsche Mark umrechnet. Erst dann hat er einen Wertbegriff, mit dem er etwas anfangen kann. Und genauso ging es mir: ein Frosch – ein Ei. Ein Eichhörnchen – sechs Eier.
Besonderes Glück hatte ich in Spielbach. Mitten im Ort ein öffentlicher Brunnen. Daran ein gastfreundliches Schild: Oh, Wanderer, labe dich von diesem Brunnen!
Das tat ich, denn reines Quellwasser ist selten. Oft mußte ich mich mit Pfützen oder fäkalisierten und verbleiten Strömen begnügen.
Und als ich bei dieser günstigen Gelegenheit mein Spiegelbild betrachtete, sah ich gleich zweierlei: mein mittlerweile (nach zwei Wochen) abgemagertes, gealtertes Gesicht, das aber schlagartig wieder jung wurde, als ich zwei Forellen durch dieses – mein Spiegelbild – schwimmen sah! Zwei Forellen – vier Eier – nur einen Meter vor meinen Augen!
Eins war sofort klar: Mit der bloßen Hand kriege ich die nie raus.
In der Nähe unterhielten sich zwei Bauern. Mitunter blickten sie argwöhnisch zu Klaus und mir rüber. Und das mit Recht. Ich machte wirklich einen suspekten Eindruck: am Gürtel das Eichhörnchen, vor der Brust diesmal ein Sträußchen Kamille als Geruchsschlucker (wer will schon immer nach Pfefferminz riechen?) und überhaupt ...
Es war mein Glück, daß Klaus stets einen solch guten Eindruck machte: gepflegte Windjacke, dezent khakifarben, blonde gekämmte Haare, Intellektuellen-Brille, Rucksack – »ein netter Wanderbursch«, werden die Bauern von ihm gedacht haben, während ich gewiß in die Schublade »Gammler« eingeordnet wurde.

Aber jedenfalls holten sie nicht die Polizei. Klaus gab mir Dekkung, während ich den Stöpsel auf dem Brunnengrund suchte, fand und dann rauszog. Erschreckend laut schlürfend saugte das Wasser in die Kanalisation. Mir dröhnten die Ohren. Verdammter, verräterischer Lärm! Der Gedanke, daß man mir die beiden Fische im letzten Moment streitig machen könnte, löste fast Panik aus.

Aber letztlich hatte ich sie! Ich stopfte sie blitzschnell in die »Fleischtasche«.

Kaum waren wir 500 Meter hinterm Ort, als ich sogar zwei riesige Stücke Alufolie fand – Momente, in denen der Hungernde an Fügung glaubt.

Gemüse? O ja, das gab's auch: Brennesseln, sogenannte »Wilde Möhre«, Bucheckern, Haselnüsse, Sonnenblumenkerne, Fallobst und zweimal sogar Kartoffeln, die auf einer Müllhalde wuchsen. Vor einer Mühle verstreuter Hafer, der zu Kaffee verröstet wurde in einer Pfanne aus Alufolie. Aber da waren auch Königskerzenwurzeln, Quecken, Entengrütze, Fadenalgen, Baumflechten, Champignons, leckere Tees. Immer war die Kost karg, aber oft gab es mehrere Gänge. Man hat ja schließlich Kultur. Zwar band ich mir keine Krawatte um, aber ich besaß eine Universal-Astgabel, die Löffel, Gabel und Kratzstock für den juckenden Rücken gleichzeitig war.

Den Grabstock und auch einen Schlagdorn (eine Art »Schlagring« aus zugespitztem Ast, als Waffe gegen Hunde, die dem Wanderer mitunter arg zu schaffen machen) hatte ich schon am zweiten Tag weggeworfen. Beide waren mehr hinderlich als nützlich. Was ich an »Niederstwild« brauchte, fand ich auch ohne Werkzeug: An warmen Tagen waren es Mengen von Heuschrecken. Ich aß sie roh, einschließlich ihrer hakigen Sprungbeine. Ihr Geschmack erinnerte mich lebhaft an Haselnüsse.

Würmer hingegen wickelte ich um ein Stöckchen und briet sie kurz an oder ich warf sie, wie die Weinbergschnecken, in die Suppe, die sonst häufig keinen Nährwert hatte. In Wasser und Brennesseln ist halt nichts außer der reinen Illusion, etwas

»Wertvolles« im Magen zu haben. In Wirklichkeit war es natürlich nichts anderes, als daß man seine Eingeweide beschäftigte, um deren Verkümmerung zu verlangsamen.

Begegnungen

Eigentlich wollte ich, neben dem Personalausweis, einen weiteren vom ZDF haben. Für den Fall, daß jemand mißtrauisch würde, wenn ich mich »anomal« benahm. Und das kam ja häufiger vor. Aber die juristische Abteilung kannte ihren Pappenheimer: »Es könnte ja sein, daß Nehberg sich sonstwas erlaubt, daß er sich mit dem ZDF-Ausweis eine Art Narrenfreiheit herausnimmt. Vielleicht kauft er sich 'ne Möbelgarnitur oder speist heimlich im First-Class-Hotel.«
Wer solchen Marsch macht, dem darf man auch sonst nicht trauen, werden sie noch gedacht haben.
»Es genügt, wenn er eine Kopie unseres Vertrages vorzeigt.«
Aber ich brauchte den Vertrag nie vorzuweisen. Manchmal war es nur Glück.
Da saß bei Günz die Wiese voller Heuschrecken. »Toll! Nicht wieder so 'n Kantinen-Einheitsessen, sondern zwei Gänge«, frohlockte ich, denn ich hatte scharfäugig grüne und braune Grillen gesehen.
So griff ich mir einen Hüpfer nach dem anderen und steckte ihn komplikationslos in den Mund. Man kann auch sagen: Ich lebte von der Hand in den Mund.
Schon längst spürte ich die Blicke des älteren Ehepaares. »Der fängt Grillen zum Angeln«, wird es zunächst gedacht haben. Und »Der beißt ihnen wohl die Köpfe ab, damit sie nachher am Angelhaken nicht mehr leiden müssen«.
Als sie dann aber wahrnahmen, daß ich die Grillen nach dem Schnelltod nirgends in eine Schachtel steckte, wie jeder Angler es sicher getan hätte, rückten sie sichtlich irritiert ganz eng zusammen und tuschelten.

Ich griff weiter provozierend ein Insekt nach dem anderen. »Was machen Sie denn da?« Der Ehemann hatte sich ein Herz gefaßt. Vielleicht war ich ja ein Verrückter, ein Entlaufener aus der Klapsmühle, einer, dem notfalls auch Schlimmeres zuzutrauen wäre.

»Ich fange Heuschrecken.«

»Sammeln Sie die denn alle im Mund? Haben Sie keinen Beutel?«

»Nein, ich habe Hunger.«

»Mein Gott. ein Verrückter«, entfuhr es beiden.

In diesem Moment tauchte der blaue ZDF-Wagen auf. Die Ehefrau hatte ihn zuerst entdeckt. Christine winkte. Offenbar gehörten wir zusammen, folgerte sie. Sie stieß ihren Mann in die Rippen: »Guck mal, das Fernsehen.« Ihr Blicke wanderten hin und her, zwischen dem Wagen und mir.

Es klickte in ihren Hirnen laut und deutlich. Dann kam der erlösende Schrei, aus tiefster Seele: »Ach so! Das ist so 'n Verrückter vom Film! Dann ist ja alles in Ordnung!«

Oder jene Begegnung bei Königsborn.

Zwei zünftige Wanderburschen kamen mir entgegen. Echte Wanderer, denn sie gingen auf der linken Seite, um den angreifenden Autos rechtzeitig parieren zu können.

»Joa mei, dös is jo dere verruckte Hamburger! Der, wo uuns oalle Wüarma wegfressen tuat. Grüß di'!«

Zwei Oberstdorfer, die genau die umgekehrte Richtung liefen. Nach Hamburg. Allerdings mit Gepäck und Hotel und Essen.

»Habt Ihr keine Probleme mit Blasen an den Füßen?«

»Noa, kloar. Oaber iimmer, wann's oaner a Bloasen hat, muß er einen oausgebe. Und doarum sitze mer halt immer in dene Knaipen!«

Was ich denn so esse, wollten sie wissen.

»Oh, heute habe ich 27 Weinbergschnecken!«

»Joa und wie iißt dann du die?«

»Ich schmeiße sie ins siedende Wasser.«

»Joa – einfoch so ins Wosser – und dann iißt du se goanz ohne Salz und Kraiterbuutter?«

Konstitution

Das schlimmste waren die Füße. Fünf tiefe Löcher pro Sohle. Ich benötigte nach jeder Rast eine geschlagene Stunde, um in »Gang« zu kommen. Gebückt, mit verkrampftem Gesicht, langsam. Ich salbte mir meine Füße mit einer Spitzwegerichsalbe, und tatsächlich waren die Löcher nach 19 Tagen verheilt.

Meine Kondition ließ vom 10. Tage an nach. Das erste verlorene Gewicht hatte den Körper noch entschlackt. Ich fühlte mich wohl und schaffte die täglichen 50 Kilometer. Aber zu guter Letzt mußte ich mein Tempo auf 30 Kilometer pro Tag drosseln.

Der Kreislauf wurde labil. Wenn ich zu schnell aufstand, wurde mir schwarz vor Augen, und ich stürzte hin. Ich verspürte keine Lust mehr zum Scherzen. Die Geistesgegenwart und das Reaktionsvermögen ließen nach, dafür nahm die Müdigkeit zu. Sogar die Libido war vom 17. Tag an total eingeschlummert.

Aber ich erfuhr auch, wie ich im Alter von 70 Jahren aussehen werde. Das stellte ich fest, als ich in Oberstdorf in den Spiegel schaute, besser gesagt: starrte. Um 22 Pfund leichter sah mich ein faltiger, müder und blasser Schädel an. Ich war richtig erschrocken.

Die Ankunft

Eines haben alle Urvölker dieser Erde gemeinsam: die traditionelle, fast heilige Gastfreundschaft. Ob Beduine oder Indianer. Oder die Bayern. Nach 25 Tagen traf ich am 24. 9. um 10.00 Uhr bei Regen in Oberstdorf ein. Und man hatte sich für mich etwas ausgedacht.

Ein Riesentransparent »Oberstdorf grüßt Rüdiger Nehberg« vorm Ortseingang, Alphornbläser, hübsche Mädchen, die endlich mal keinen großen Bogen um mich machten, wie die mei-

sten, denen ich sonst begegnet war, und allerhand Neugierige. Selbst Bürgermeister Geyer und Kurdirektor Besler standen dort mit Schirm, Charme, Milch und einer Riesenbrezel, um mir einen guten Tag zu wünschen.
Ja, man hatte sogar als Hauptüberraschung meine Mutter aus Grainau eingeladen! Da stand ich dann: klatschnaß, ein Häufchen Haut und Knochen, freudig erregt, schlotternd und erinnerte mich, daß ich schon als Dreijähriger meine erste Wanderung gemacht hatte – quer durch Bielefeld, zur Oma, die immer Bonbons hatte.
Einziger, wesentlicher Unterschied: Als ich, vor 44 Jahren, endlich bei meiner Großmutter eintraf, kriegte ich Dresche statt Bonbons.
Hier in Oberstdorf war das anders. Ein herrliches Hotel, freie Kost, Empfang in der Kurhalle und »... anständige Schuhe, damit Sie nicht noch mal in Turnschuhen loslaufen!«
Tja, diese Nordlichter!

Film und Folgen

»Rüdiger, stell dir vor: Dein Film hatte 29 Prozent Sehbeteiligung! Das sind 11 Millionen Menschen.«
Christine sagte »dein Film«. Dabei war er allein ihr und ihres Teams Werk. Mit viel Einfühlungsvermögen und Sorgfalt hatte sie ihn fertiggestellt.
»Soviel hat nicht mal der Kanzler, wenn er seine Wahlrede hält. Der kommt in der Regel auf 25 Prozent. Stell dir das mal vor!«
Ich stellte mir das vor, und wir freuten uns gemeinsam. Der Film war an einem Sonntag bundesweit und zu guter Sendezeit ausgestrahlt worden. Tageszeitungen, Illustrierte und Rundfunkanstalten hatten das Thema seit Beginn des Marsches bis zur Sendung unerwartet interessiert aufgegriffen. »Der Sonderling aus Hamburg, der ums Verrecken überleben will«, war plötzlich bekannt wie der »Bunte Hund«.

Die Zuschauerbriefe reichten von Lob »Lehrbeispiel für die gesamte Bundeswehr« bis hin zu tiefempfundenem Ekel.
»... zumutet, einen solch ekelhaften Film zu sehen.«
»... verursachte mir eine Magenverstimmung mit allen dazugehörigen Folgen ...«
»... dem Abenteurer Ihres Filmes möchte ich den Titel ›Mensch‹ aberkennen.«
»Seit mein Sohn den Film sah, ißt er endlich alle Speisereste und übt damit Ekelüberwindung.«
»Ganz interessant, Ihre Darbietungen. Mir jedoch alles zu lasch. Erarbeiten Sie mir bitte ein persönliches Überlebenstraining von absoluter Härte.«
»Nach dem Film hat eine Umfrage in meiner Klasse ergeben: Von 25 sagten 22 Schüler, der Mann ist nicht ganz richtig im Kopf. Aber 3 sagten: Das war ganz toll. Der Mann macht was aus seinem Leben. Diese drei waren Peter, Detlef und ich.«
Bei aller Publicity, die Marsch und Film mir unerwartet eingetragen hatten, durfte ich darüber das wichtigste Resultat nicht vergessen: Ich hatte meine selbstgestellte Trainingsprüfung bestanden.
Ich hatte festgestellt, daß ich ohne nennenswerte Nahrung weite Distanzen zurücklegen konnte, daß sich Hungergefühl verliert, daß ich von Ausrüstung unabhängig bleiben konnte und daß ich unter derart erschwerten Umständen nicht in Panik verfiel. Meine Angst war großer Selbstsicherheit gewichen. Ich fühlte mich stark genug, den Marsch durch Brasiliens Urwald anzutreten.

Manáus

Tourist ist immer der andere.
Aus »Das Abenteuer gleich um die Ecke«.

Als ich aus dem klimatisierten Zollbereich durch die Glastür in die Vorhalle des Flughafens trat, schlug mir die Schwüle wie Saunaluft entgegen. Am 4. Juli 1982, 21.00 Uhr. In den Akazien vor dem topmodernen, auf Zukunft gebauten Gebäude zirpten die Zikaden. Ansonsten war es still. Nur ein Dutzend Passagiere war ausgestiegen, flott abgefertigt worden und hatte sich schnell zerstreut. Ich inhalierte die Tropenatmosphäre und ließ mich in keiner Weise von den Taxifahrern zur Eile drängen.
Nach rund zehn Stunden Flugzeit von Paris stand ich am Startplatz meiner Einmann-Reise: Ich war in Manáus, der Hauptstadt des Staates Amazonas, Brasilien.
Viele Monate hatte ich diesen Augenblick freudig und ängstlich herbeigesehnt. Freudig, weil die Alleinreise mir die totale Freiheit bescheren würde.
Ich sehnte mich danach, weil ich schon sehr lange nichts mehr ganz allein unternommen hatte. Auf den letzten Fahrten waren immer ein bis zwei Freunde mitgewesen. Und so harmonisch die Freundschaften auch waren, sie engten die Freiheit ein. Zu zweit muß man Rücksichten nehmen. Die Freude auf das Freiheitserlebnis wurde noch dadurch gesteigert, daß ich in eine menschenleere Urlandschaft wollte. In den Amazonas-Urwald, wo ich sicher reichlich Gelegenheit finden würde, das Glücksgefühl voll auszukosten.
Und ein wenig ängstlich war ich deshalb, weil zu viele Warner mir kaum Chancen gelassen hatten. Menschen und Natur gegen sich zu haben, sei wenig hoffnungsvoll.
Diesen Skeptikern konnte ich dann meine Erfahrungen entgegenhalten: Wissen um Survival schlechthin und die Erfahrungen mit Regenwald im besonderen. Auf Grund dessen wußte ich auch, daß Schwarzmalereien sich meist recht schnell in herrlichste Farbgemälde verwandelten, sobald man erst einmal »vor Ort« war und alles mit eigenen Augen wahrnahm.

Allmählich war ich zur Bushaltestelle geschlendert. Den Nachttarif der Taxen fand ich zu hoch. Warum sollte ich 30 DM zahlen, wenn es im Bus nur 30 Pfennige kostete? Zeit spielte ab jetzt keine Rolle mehr. Ob ich eine halbe Stunde warten würde, war egal. Ich mußte jetzt mein Geld zusammenhalten. Kaum stand ich einsam und verlassen in der Dunkelheit an der Haltestelle, als schon ein Privatwagen hielt. Ein Elternpaar, das mit seinen zwei Kindern eine »Stadtrundfahrt« machte. Ich könnte »hier unmöglich herumstehen. Nachts fahren die Busse sehr selten.«

So sparte ich denn sogar die 30 Pfennig und wurde direkt vors »Rei Salomão« in der Rua Dr. Moreira gebracht.

Ich kannte dieses Hotel vom letzten Aufenthalt vor drei Jahren. Es war klein, sauber, der Service klappte, und es schien sicher. Vor allem gab es ein solides Frühstück mit gutem Kaffee, Obstsalat, Sahnecreme und Kuchen.

»Senhor, natürlich sind wir belegt.« Natürlich. Ich hätte es mir denken können. Gute, kleine Hotels sind immer belegt. Aber gar nicht erst zu fragen, wäre noch dümmer gewesen.

Gegenüber das »Fiorino«. Auch da hatte ich schon manches Mal geschlafen. Große Räume mit Preßpappwänden in kleine Parzellen geteilt und in jeder dieser Pappspalten ein Bett mit gebrauchtem Laken und ein Ventilator, der sich quälte, die abgestandene Luft durchzurühren. Aber selbst das Fiorino war ausgebucht, denn es war billig.

Gleich um die Ecke lag das Amazonas-Hotel. Ein häßlicher Klotz, saumäßiger Service und dreimal so teuer wie das Rei Salomão. Unerklärlicherweise ein sogenanntes First-Class-Hotel der Luxus-Kategorie.

Stolz und Geiz verboten mir, weichzuwerden und im »Amazonas« quasi Asyl zu erbitten. Lieber wollte ich die Nacht auf der Straße zubringen.

Kaum gedacht, beschloß ich schon, es zu tun. Das Gepäck ließ ich im »König Salomon« ›zu treuen Händen‹ und strolchte durch die engen Straßen. Ich war ohnehin zu aufgekratzt, um jetzt schon schlafen zu gehen.

Unten am Hafen gönnte ich mir einen gebratenen Piranha-Fisch und genoß das bunte Treiben. Nur fünf Meter vor mir zog der Rio Negro lautlos vorüber, 3 km breit und bis 70 m tief. Fähren legten an und ab, Träger keuchten mit ihren schweren Lasten vorbei, Musik dröhnte aus allen Hausnischen.
Ich beobachtete, spuckte Gräten und genoß die Ungestörtheit. Etwa eine Woche wollte ich in Manáus bleiben. Akklimatisieren, die fehlende Ausrüstung ergänzen und ein Boot nebst Führer finden, die mich nach insgesamt etwa eintausendfünfhundert Kilometer stromauf absetzen sollten. Ich wollte nicht auffallen, deshalb hatte ich auf jegliche Veröffentlichung im voraus verzichtet. Brasilien hat viel Polizei und reichlich Militär und keinen Krieg. Brasilien hat also viel Personal und Zeit, um Leuten wie mir, die etwas Illegales vorhaben, einen Strich durch die Rechnung zu machen.
Schließlich, nach Mitternacht, war ich dann doch so müde, daß ich mir eine Bank zum Schlafen suchen wollte. Ich umkreiste die Kathedrale im kleinen Park an der Avenida des 7. September. Sie wird von vielen Scheinwerfern während der ganzen Nacht in orangefarbenes Licht getaucht. Man würde also nicht irgendwo im Dunkeln liegen, sondern wäre ständig diebstahlsicher angeleuchtet.
Mein Geld hatte ich vorsichtshalber an drei Stellen des Körpers verteilt. 20 DM steckten außerdem lose in der Tasche. Nächtlicher Straßenraub ist nicht selten, und es ist ratsam, immer Kleingeld »griffbereit« zu haben, um weiteren Leibesvisitationen vorzubeugen, um die Räuber nicht zu verärgern, wenn sie gar nichts finden.
Die Bänke waren allesamt belegt: Zahlreiche Mädchen, eine Gruppe homosexueller Männer und Penner hatten sie mit Beschlag belegt. Auch in den Parkanlagen selbst waren die besten Plätze schon besetzt. Unter Zeitungen und Pappkartons schlief dort so manches Wesen.
Ohne Zeitung als sichtschützende Decke würde man womöglich unnötig auf mich aufmerksam werden, überlegte ich. Ausländer als Pennbrüder – das konnte auffallen, und genau das wollte ich

doch vermeiden. Und eine gebrauchte Zeitung zu ergattern, als Tarnkappe, hatte ich verpaßt. Ein Bataillon von Straßenkehrern hatte die Stadt schon wieder von allem Unrat gesäubert. Also auch von Zeitungen.

Da kam Antonietta wie gerufen. Sie mochte maximal 20 Jahre alt sein, war schlank, wirkte elastisch, hatte langes, dunkles Haar und lächelte. Auch wenn das Lächeln zum Beruf gehörte, so besorgte es den Kontakt.

Auf 10 DM belief sich ihre bescheidene Forderung. Während ich neidvoll ihre makellosen weißen Zähne betrachtete und sie auf mich einredete, schoß es mir kreuz und quer durch den Kopf:

Nur 10 DM – billiger als Hotel – bestimmt auch besser.

Wir einigten uns auf die reine Übernachtung – ihr war's egal, denn »Geld ist Geld«. Wir zockelten los in eine der engen Nebenstraßen. Vorbei an einer »Hausmeisterin«, ging es eine gewendelte Treppe zur 1. Etage hoch. Hier mußte ich an einer Kasse bei einer kugelrunden Mutti für Logis und Freude im voraus bezahlen, was sonst landesüblich hinterher geschieht. Aber dies war ein »anständiges« Haus. Antonietta erhielt einen Chip als Quittung. Nur sie konnte ihn später einlösen. Sie hatte also nie Bargeld bei sich, was ihre Sicherheit in dunkler Nacht auf enger Straße gewiß erhöhte.

Durch eine hohe Holztür traten wir in einen saalähnlichen Raum. Eine 15-Watt-Funzel mühte sich vergeblich um Helligkeit und ließ erst langsam erkennen, wohin ich geraten war: Der Saal war mittels Presspappe (wie im Fiorino) in drei Gänge geteilt. Aber nicht bis an die 5 m entfernte Zimmerdecke, sondern allenfalls 2 m hoch. Preßpappe war teuer, so schien es. Jeder Gang hatte fünf Kabinen. Im Gegensatz zum Fiorino enthielt jede Parzelle außer Bett und Ventilator, oh Komfort: eine Schüssel Wasser, ein Stück Seife, ein Handtuch. Im Schein eines Streichholzes und der tapferen 15-Watt-Birne im Vorraum, die auch noch von zwanzig Motten verdunkelt und so mindestens um drei Watt um ihren Erfolg geschmälert wurde, wirkte alles gebraucht. Sogar das Wasser. Von irgendwo dudelte Musik durch

die Pappwände. Und darüber lag noch die schwere Stauwärme des vergangenen Tages.
Sofort zu schlafen, verboten die Gesetze der Gastfreundschaft. Antonietta schleppte ein Bier für sich und eine Cola für mich herbei. Sie rauchte Kette und schnippte die Asche auf den Fußboden. Ich hörte ihrem Redefluß zu. »Ich habe sieben Geschwister. Mit vierzehn fing ich in einem Schallplattengeschäft zu arbeiten an. Um die Stelle überhaupt zu bekommen, mußte ich unterschreiben, daß ich mein Mindestgehalt (behördlich festgelegt) erhalten hatte, obwohl der Patron mir gleich sagte, daß ich ¼ weniger bekäme, weil die Geschäfte nicht gut liefen.«
Da »alle Arbeitgeber das so machen«, fand Antonietta das ganz normal. Dann starb ihr Vater, und das wenige Geld reichte nicht vorne und nicht hinten.
Letzter Ausweg: Strich.
Strichmädchen in Brasilien sind anders als die in Deutschland. Es gibt kein oder kaum Zuhälterwesen. Die Mädchen stehen allenfalls unter dem Druck persönlicher Not oder dem der Familie. Ein Kunde ist wertvoll und wird ehrlich und liebevoll behandelt. »Er soll ja wiederkommen.«
Und sie kommen wieder. Es entwickeln sich sehr häufig enge Freundschaften, sogar Ehen, die auf dem Strich begannen. Gerade die Europäer sind empfänglich für Liebenswürdigkeit, Vitalität, Bescheidenheit und Exotik der Frauen.
Antoniettas Bericht stimmte mich sehr nachdenklich. 10 DM wollte sie für die Nacht. 10 DM für 10 Kilo Bohnen, mit denen ihre Familie wieder zwei Tage leben konnte. Bald wäre ihre jüngere Schwester alt genug, nämlich 13, um auch »anschaffen« zu gehen. Dann wäre sie, Antonietta, entlastet. »Wer älter ist als 25, ist nicht mehr gefragt. Die Konkurrenz ist groß. Nur wer jung ist, ist gefragt. In Manáus gibt es viel mehr Frauen als Männer.« Sobald sie etwas Geld für sich behalten könnte, möchte sie sich irgendwo ein Zimmer mieten und später heiraten.
Auf die Frage, was *ich* denn so im Monat verdiene, log ich et-

was von 600 DM. Hoffentlich tat ich's geschickt, denn ich schämte mich des gewaltigen Wohlstandsgefälles zwischen uns Europäern und Menschen wie Antonietta.
Ihre Kolleginnen fuhren nachts – je nach Arbeitsanfall – häufig in die großen Tanz-Clubs im Freien, sie drängten sich im »Jet-Set«-Club, im »Gente Fina« oder abends vorm »Amazonas-Hotel«. Andere ließen sich lautlos von der Flußseite her an die Übersee-Frachtschiffe rudern, die im Hafen lagen. Mit Hilfe der Matrosen erklommen sie die Bordwände und fuhren als blinde Passagiere mit bis zum Atlantik. Dort nahmen sie ihren bescheidenen Lohn in Empfang und trampten mit dem nächsten Dampfer auf dieselbe Weise wieder stromaufwärts.
Um unsere Kabine herum wogte ein ständiges Kommen und Gehen. Das Flüstern, das Schüsselwasser-Plätschern und die Geräusche von der Straße mischten sich zu einem Konzert, dessen eigenartige Harmonie mich lange am Einschlafen hinderte.
Als ich geweckt wurde, war es bereits ½ 8. Antonietta mußte nach Hause, ihr Kind versorgen.
»Alle Kolleginnen haben ein Kind. Wer erneut schwanger wird, läßt abtreiben.« Für mehr Kinder hat man Zeit, wenn man verheiratet ist. Die Pille, als möglicher Schutz, muß regelmäßig genommen werden. Aber Regelmäßigkeit – das bringt Probleme mit sich. Genauigkeit ist der schwache Punkt der Nation. »Und Kondome kannst du hier nicht nehmen. Dann wirst du nie einen Gast haben.« Daher sei auch »jede Kollegin geschlechtskrank oder es wiederholt gewesen«. Die Penicillin-Spritzen sind billig. »Ich habe zu Hause einen ganzen Karton voller Ampullen.« Antibioticum als Nahrung. Penicillin zum Frühstück. Die Zeit drängte. Antoinetta mußte heim, und ich wollte ins Hotel, um ein Zimmer zu ergattern.

Frisch geduscht, bestens gefrühstückt und im klimatisierten Zimmer zwei Stunden fürstlich verweichlichend geruht, fühlte ich mich gegen elf Uhr topfit, die letzten Vorbereitungen mit germanischer Zügigkeit abzuwickeln.
Ich wollte nicht unnötig lange in der Stadt zubringen, denn Städ-

tebesichtigungen waren nicht der Grund meiner Reise. Obwohl Manáus einiges Chrakteristisches zu bieten hat. Ich hoffte vielmehr, meine Vokabellisten und Verhaltensmaßregeln ergänzen und verbessern zu können, eine praktische Hängematte zu erstehen und Geschenke für meine Indianer.
Zwischen all den damit verbundenen Laufereien erlebt man Manáus »nebenbei«: die bunten Holzhäuser auf Pfählen entlang der Flüsse, die Hochhäuser, Armut und Reichtum, das Völkergemisch, den Hafen und den Urwald, der die Metropole des Staates Amazonas umschließt. Manáus ist eine bunte, eine aufregende, eine individuelle Stadt.
Als ich vom Hotel auf die Straße trat, schlug mir die Mittagshitze wie ein Hammer vor den Kopf. Ich drückte mich augenblicklich in den schmalen Schatten der Häuser und balancierte darin zu Mister A. Koop, dem Oberhirten der New Tribes Mission in der Rua Urucará. Er stand auf meiner Informanten-Liste obenan.
Die US-amerikanische New Tribes Mission betreibt im Gebiet der Yanonámi zwei Stationen. Seit 1968 versucht sie, die Indianer »vom Geisterglauben zu befreien« und »auf den einzig richtigen Weg, nämlich den zu Christus« zu führen.
Das Büro der Mission befindet sich in einem schlichten Flachbau. Auf mein Rufen hin trat Mister Koop aus dem Haus ans schützende Gitter. Ich sei Journalist, eröffnete ich ihm, und interessiere mich für die Yanonámi-Problematik. »Nun, das ist ein sehr komplexes Thema – wofür denn speziell?« drang er in mich.
Und so holte ich weiter aus: Ich wisse von der »Gesellschaft zur Gründung des Yanonámi-Parks«, daß sich seit 1968 Wissenschaftler und Privatleute und seit 1978 die Gesellschaft selbst bemühten, diese letzten freien Indios durch Protektion ihres Territoriums dem Einfluß und Zugriff unserer Zivilisation zu entziehen, sie zu schützen.
»Das stimmt«, bestätigte er, »und es gibt jetzt auch einen ersten Erfolg. Der Innenminister hat am 9. 3. 1982 einen Gesetzentwurf (Portaria GM/025) vorgelegt, der nur noch verabschiedet werden muß.«

»Nur noch – das hört sich gut an, aber wenn das ebenso lange dauert wie das Zustandekommen des Gesetzesentwurfs, sind die Indianer kaum noch überlebensfähig, weil Siedler, Goldsucher, Landspekulanten und Politiker sie umzingelt haben und den Kreis täglich enger ziehen.«
Daß auch Missionare in diese Aufzählung gehören, hatte ich mir gerade noch verkneifen können.
»Natürlich geht das nicht von heute auf morgen«, räumte er ein. Aber es würden auch keinesfalls abermals 14 Jahre ins Land gehen, meinte Mr. Koop. »Und einen gewissen Schutz genießen die Yanonámi schon insofern, als die Flüsse von der FUNAI (Staatliche Indianerschutzbehörde) abgeriegelt und bewacht werden. Sogar das Überfliegen des Gebietes ist verboten.«
Auch Koop versuchte, mich zu schrecken: »Ohne Erlaubnis der FUNAI haben Sie keine Chance. Die Sperren liegen meist vor größeren Cachoeiras (Wasserschnellen). Wer mit dem Boot kommt, muß aussteigen und die Katarakte umgehen. Und dabei würde er immer auffallen.«
»Und wenn man nachts ...?«
Nein, auch das sei aussichtslos, weil die Männer Hunde hätten ...
»Ein Antrag auf Sondererlaubnis hat keine Aussichten auf Genehmigung. Es sei denn, Sie wären mit dem Gouverneur befreundet.«
Natürlich war ich das nicht, und mich als Mitarbeiter der Mission auszugeben, käme für ihn gar nicht in Betracht. Selbst wenn ich in einer seiner Missionen im Wald auftauchte, müsse er sofort über Funk die FUNAI informieren.
Die Folge: Eine Militärmaschine würde mich in der nächsten Stunde ausfliegen, man würde meine Fotoausrüstung beschlagnahmen, ich müßte mit hohen Geldbußen rechnen und gar mit Gefängnis und Ausweisung.
Notfalls müßten mich seine Leute mit Waffengewalt festhalten, bis das Militär einträfe.
»Ja, jede Station hat eine Landepiste, die wir auf unsere Kosten in Ordnung halten müssen.« Dafür hatten sie – als Gegenlei-

stung quasi – an den Flüssen Toototobi und Marari das Monopol zur Missionierung.

Ich wunderte mich über die kriegerischen Missionare, die mich mit Waffengewalt zurückhalten würden. »Natürlich sind wir gut bewaffnet. Im Wald hat jeder eine Waffe. Das ist ganz normal. Die meisten Indianer allerdings mit Pfeil und Bogen. Nach den Gesetzen der Indianer muß ein Mann unbedingt eine Waffe tragen. Wer im Wald ohne Waffe angetroffen wird, ist ein Ausgestoßener.

Wenn jemand sich z. B. des Inzests schuldig gemacht hat, zerbricht man seine Waffen und jagt ihn fort. Oder aber es handelt sich bei dem Unbewaffneten um einen Verrückten. Und da Verrückte in diesen Lebensgemeinschaften ein großes Risiko darstellen, laufen sie Gefahr, getötet zu werden. Das sind elementare Urwaldgesetze.«

»Haben die Indianer auch Gewehre?«

»Natürlich haben die Indianer auch schon Flinten. Zum Teil haben sie die Gewehre von der FUNAI. Warum sollte man Indianer denn auch nicht bewaffnen? Wie sollen sie sich sonst gegen die schwerbewaffneten Garimpeiros, die Goldsucher, durchsetzen? Mit Pfeil und Bogen haben sie da zu wenige Chancen.«

So leicht die Waffenbeschaffung für Brasilianer ist, so schwer ist sie für Indianer, denn sie sind keine »richtigen« Brasilianer. Hauptgrund: Sie sind Analphabeten und leisten keinen Militärdienst.

Weil die Bedrohung gerade durch rücksichtslose Garimpeiros tatsächlich groß ist, hat FUNAI vielen Häuptlingen der Yanonámi eine Flinte geschenkt. Die Munition müssen sich die Waldleute verdienen durch den Eintausch von Bananen, Pfeilen und Bogen. So erhöht man einerseits deren Sicherheit, aber man bewirkt auch ihre allmähliche Abhängigkeit von uns, ihre »Zivilisierung«, ihre »Akkulturierung«, wie es im offiziellen Sprachgebrauch heißt.

Koops Missionen sind »natürlich keine Waffenlieferanten«. Aber Waffen sind in Brasilien relativ komplikationslos zu erwerben. Es genügt, »sich als Brasilianer ausweisen zu können«. Und

da das so ist, da also die Zivilisten, die Pioniere, sämtlich bewaffnet sind, hält die New Tribes Mission »viele Zivilisationsprodukte als jederzeit verfügbares Angebot für interessierte Indianer bereit«. Dazu zählen auch eine Schule »ohne jeglichen Erfolg« und die medizinische Betreuung der Indianer.
Mit Yanonámi-Vokabeln konnte Koop mir nicht aushelfen. Ich mußte mich damit trösten, daß seine »Leute vor Ort die Sprache perfekt sprechen. Sie haben sogar ein selbstgeschriebenes Lexikon«. Ich beschloß sofort, es mir zu beschaffen oder zumindest einiges davon abzuschreiben. »Sie würden sich wundern bei den Yanonámi!« prophezeite er dann geheimnisvoll, um mich zu entmutigen. »Sie sind sehr kriegerisch und sie sind sehr fordernd. Wenn man ihnen etwas schenkt, werden sie immer mehr verlangen, bis man nichts mehr besitzt.« Das sei eine Art von sozialem Verständnis.
Solange ich fünf Haumesser besäße und einige Indianer nicht einmal eins, würde man sie mir »irgendwie« abnehmen. Aus seinem allwissenden Schmunzeln schloß ich, daß es sich dann wohl um Tricks handeln mußte und nicht um Gewalt.
Die Missionen der New Tribes Mission hielten den Kontakt hauptsächlich über die medizinische Versorgung. Tabletten haben nur Kraft in den Händen des weißen Mannes. Auch mir war klar, ich müßte reichlich Medizin »als Geschenk« mitnehmen.
Ich spürte, aus Koop wäre noch viel rauszuholen. Aber sein Mißtrauen gegen Journalisten war deutlich und verstärkte gleichsam das Gitter, hinter dem er – nach 30 Minuten – immer noch stand. »Die letzten Fremden, die wir ›draußen‹ hatten, waren Leute von ›Survival International‹. Sie haben später eine sehr schlechte Kritik veröffentlicht.«
Am liebsten hätte ich diese schlechte Kritik sofort gelesen, mochte ihn aber nicht darum bitten. Deshalb versuchte ich es hintenherum.
»Ich merke, Sie haben wenig Zeit«, monierte ich indirekt auch meine Warteposition vor dem Gitter auf der heißen Straße. »Darf ich Sie nicht zum Essen einladen? Heute abend in eine Churrascaria?« Koop schien nicht abgeneigt, aber dann fragte er

noch: »Sagen Sie mir erst: Welchen Glauben haben Sie eigentlich?« Die Frage kam sehr unvermittelt. Und dennoch hätte ich sie erwarten müssen.
»Was halten Sie von Jesus?«
Ich kam etwas ins Schleudern: Mit 16 war ich aus der Kirche ausgetreten, aber wegen der Kirche – nicht wegen der Ideen Jesu. Allerdings fällt es mir einfach schwer, an einen Gott unserer Vorstellung zu glauben: Vater und Sohn, allwissend, allmächtig und doch keinen Einfluß habend auf unsere bösen Entscheidungen und manches mehr.
Und ich war nicht nur aus der Kirche ausgetreten: Dreimal war ich sogar – aus Neugier und Opportunismus – Moslem geworden. Und jetzt diese Frage.
»Ich finde, daß Jesu Ideen mit zu den besten der Weltgeschichte gehören«, versuchte ich mich aus der Affäre zu ziehen. »Jesus ist für mich ein besonderes Vorbild. Ich lebe weitgehend nach seinen Prinzipien: Ich stehle nicht und töte nicht. Ich glaube, daß ich sozial bin, ich ...« Gerade wollte ich sogar sagen »Ich lüge nicht«, als ich mir der gegenwärtigen Situation bewußt wurde und ich die Aufzählung beendete. Da der Missionar aber noch voller Erwartung zu mir durchs Gitter blickte, sagte ich schnell, um mein Zögern zu vertuschen und als Schlußsatz: »Jesus ist ein großartiger Mensch, er ist in vielem mein Vorbild.«
Da mußte ich etwas sehr Falsches gesagt haben, denn Koops Mund verharrte offen, sein Blick wurde stier, und als er die Sprache doch noch wiederfand, klang sie plötzlich ganz anders – eine Mischung aus Belehrung, Weinerlichkeit, Mitleid. Sogar das englische Vokabular war plötzlich ein ganz anderes geworden.
»Wie reden Sie denn über Gottes persönlichen Sohn? Wie reden Sie über unseren Herrn Jesus Christus, der sein Leben für uns gegeben hat, um uns von allen Sünden ...??«
Sein Redefluß lief nun ohne Punkt und Komma. Ich hatte reichlich Zeit nachzudenken, wie ich ihn jetzt noch in die Churrascaria locken könnte. Zweimal versuchte ich vergeblich, ihn zu stoppen. Ich sagte »Verzeihen Sie, dieses Amerikanisch

verstehe ich nicht. Sie sprechen so kompliziert ...« Aber das irritierte ihn nicht im geringsten.
Zu seinem Missionsbereich gehörten auch zwei Deutsche, verkündete er schnell. Wenn ich wolle, könnte er sie hinzuholen, »damit Mißverständnisse ausgeschlossen bleiben«.
Als er dann aber noch aktiver wurde und von »Unterricht« und – wenn ich richtig verstanden habe, gar »Konfirmation« sprach, wagte ich eine letzte Frage: Welche konkreten Beweise er denn für seine Behauptungen für seine Art von Gottglauben hätte, denn »Mehr als einen Glauben können Sie doch gar nicht bieten. Mit welcher Vermessenheit verkaufen Sie mir das eigentlich als Wahrheit?«
Seine Aufdringlichkeit hatte mich allmählich in Rage gebracht. Plötzlich war es mir egal, ob ich mir eine Informationsquelle verschüttete und ob ich allein in die Churrascaria mußte.
Im Hafenrestaurant Piramore gönnte ich mir einen Tucunaré (Fisch) mit Gemüse. Ich saß auf der Terrasse, blickte durch schwere schmiedeeiserne Gitter auf den Rio Negro und sortierte die Informationen. Für den Anfang hatte ich schon viel erfahren.
Am Nebentisch saß ein anderer Europäer mit einer 17jährigen Brasilianerin. War er Deutscher, Holländer, Skandinavier? Auch er schien zu überlegen, welcher Nationalität ich wohl sein könnte, denn man trifft nur sehr wenige Touristen in Manáus. So machten wir einander bekannt.
Er hieß Arthur und war Schweizer. (Wußte ich doch, daß er »sowas« war!)
Auf Anhieb kamen wir in ein lebhaftes Gespräch, denn Arthur wohnte hier bereits drei Jahre, kannte die Stadt mit all ihren Tükken und Glücken, und er kannte Oswaldo – auch ein Schweizer, der noch am gleichen Abend zu uns stieß. Oswaldo hatte mit eigenem Team für mehrere Monate als Garimpeiro an der venezolanischen Grenze gearbeitet. Für ein paar Cruzeiros hatte er sich die staatliche Erlaubnis in Boa Vista besorgt, hatte seine Ersparnisse für Ausrüstung ausgegeben und hatte sich dann mit mehreren Männern mühsam einen Weg durch die Wildnis geschlagen. Nach allerhärtester Knochenarbeit war es dann doch

ein Verlustgeschäft geblieben. Aber Oswaldo hatte praktische Erfahrungen mit dem Wald, und – was noch seltener ist – er wirkte glaubwürdig. Er gehörte zu den wenigen, die z. B. nicht gleich alle Schlangen verteufelten, nur, weil das eine oder andere Unglück mit ihnen passierte. Ich stellte mich noch unerfahrener als ich war und erkundigte mich auch nach der Gefährlichkeit der Piranhas. In Wirklichkeit wollte ich an den Antworten seine Glaubwürdigkeit bemessen. »Um Piranhas brauchst du dich nie zu sorgen. Du darfst nur nicht bluten und du darfst nicht einfach so still dahintreiben. Du mußt normal schwimmen und auch nicht hektisch planschen, denn das lockt sie an und könnte vielleicht doch eine Piranha veranlassen, einen Probebiß zu machen. Solange du diese Ratschläge beherzigst, halten sie dich für ein gesundes, normales Lebewesen, wie z. B. einen Delphin, einen Otter, und lassen dich zufrieden.«

»Wenn es anders wäre, gäbe es nämlich keine Delphine mehr, und kein Indianer würde je einen Fluß durchqueren«, fügte er noch hinzu.

Inzwischen waren immer mehr Schweizer zu uns gestoßen. Irgendwo schien ein Nest davon zu sein. »Solch kleines Land«, dachte ich, als der 5. aufkreuzte, »und allein fünf in Manáus. Wahrscheinlich ist die Schweiz zur Zeit leer.« Wir zogen gemeinsam weiter in ein Tanzlokal.

Wenn jemand Waldgeschichten erzählt, findet er auch in Manáus immer interessierte Hörer. Um Oswaldos Tips zu untermauern, berichtete Arthur eine typische Amazonas-Episode.

»Du kennst doch die kleinen Touristenboote. Die Besatzung hat sich da einen lukrativen Trick ausgedacht: Man fährt den Fluß hoch und läßt die Touristen Piranhas angeln. Man demonstriert, mit welcher Mühelosigkeit ein solcher Fisch einen dicken Zimmermannsbleistift durchbeißt. Die Touristen kriegen eine richtige Gänsehaut. Es werden Fotos gemacht, die die heldenhaften Angler mit ihrer gefährlichen, aber besiegten Beute zeigen. Nach dem Motto: ›Das glaubt mir sonst keiner.‹ Und auf dem Heimweg passiert es dann! Ein Rucken geht durchs Schiff, es legt sich quer zur Strömung, und der Schiffsführer lamentiert entsetzt:

›Um Himmels willen! Das Ruder hat sich verklemmt. Wenn wir jetzt auf ein Hindernis treiben, besteht die Gefahr zu kentern, und dann gnade uns Gott! Der Fluß wimmelt hier von Piranhas!‹ Nun, das brauchte er nicht erst zu erwähnen, man hatte es ja selbst gesehen.
Ratlosigkeit, Hektik, Nervosität, Gänsehaut, Angst.
Da meldet sich dann plötzlich der kleine João, 12 Jahre. Er nimmt stillschweigend, wie Helden das so zu tun pflegen, einen Hammer und springt ins Wasser.
Den Leuten stockt der Atem. Sie krallen sich an die Reling und starren in das Gewirr von Blasen, die der Junge verursacht. Dann dröhnen ein paar Hammerschläge durchs Boot. Der Junge taucht auf, schnappt nach Luft, verlangt einen Schraubenzieher und taucht erneut.
Und endlich ist er wieder da! Unverletzt, gottlob, und verkündet: ›Alles klar. Ein Stück Holz hatte sich da verklemmt.‹ Der Kapitän klopft dem Kleinen dankbar und anerkennend auf die Schulter. ›Wenn wir dich nicht hätten‹, sagt er noch, ›ich mag gar nicht darüber nachdenken‹ und drückt ihm stillschweigend, aber sehr deutlich, eine große Note in die Hand.
Die Passagiere sind gerührt. ›Daß es so was noch gibt!‹ entfährt es ihnen erleichtert. Automatisch greift jeder in die Tasche und legt einen weiteren Schein dazu – sind sie doch ganz knapp dem Tod entronnen.«
Arthur kennt den Kapitän. »Dieser Trick bringt mehr als die Reise selbst.«
»Aber er zeigt auch deutlich, was ich sagte«, bekräftigte Oswaldo jetzt wieder. »Wäre auch nur die geringste Gefahr damit verbunden, würde niemand täglich unter sein Schiff tauchen, wie der kleine João es tut.«
Oswaldo wurde zu einem richtigen Informationsbüro für mich. »Was, du willst einen Hund mitnehmen?« Ja, das hatte ich unter anderem erwogen. Damit er mich rechtzeitig auf Begegnungen mit Indianern hinwies, damit ich nicht so allein wäre und um nachts einen Wächter zu haben. Vielleicht auch als Geschenk für die Indianer. »Vor den Begegnungen mit Indianern brauchst du

dir keine Sorgen zu machen.« Inzwischen hatte ich mich ihm schon näher offenbart, und er wußte, daß ich nicht total unerfahren im Alleinreisen war.
»Mit solchen Problemen wirst du schon allein fertig. Viel schlimmer ist, daß ein Hund nachts den Jaguar anlockt. Da, wo du hinwillst, gibt es mitunter noch einen.«
In den ersten Morgenstunden leerte sich das Tanzlokal allmählich.
»Das Schlimmste, das dir passieren kann«, warnte Oswaldo mich zum Abschied, »ist ein Beinbruch. Dann liegst du fest und bist in wenigen Stunden von Ameisen oder sonstwem aufgefressen. Also, paß auf dich auf und – nimm wenigstens einen Revolver mit!
Ohne Waffe zu gehen, ist glatter Selbstmord. Und ich glaube nicht, daß ein Indianer sich wegen deines Revolvers ängstigen und dich angreifen würde. Eher schon die Siedler. Sie sind unglaublich arm und hassen uns Europäer. Vor ihnen mußt du auf der Hut sein. Vor allem vor dem letzten Siedler, der dich im Wald verschwinden sieht und vor dem ersten, bei dem du wieder auftauchst.«
Arthur und Oswald – sie gaben mir wertvolle Tips. Ich verzichtete auf den Hund und beschloß doch, einen Revolver zu kaufen. Ich erstand ihn für 250 DM auf dem Schwarzmarkt. Ein 32er Revolver, Marke Cruzeiro, Made in Brazil. Er gefiel mir, denn er war leicht und dennoch stark. 50 Patronen erhielt ich anstandslos im Laden, ohne Berechtigungsschein.
»Nimm bloß keine Waffe aus dem Laden«, hatte mich ein Kenner eindringlich gewarnt. Die wird auf deinen Namen registriert, und wenn sie dir geklaut und ein Mord damit verübt wird, bist du dran. Dann kann es sehr schwer für dich werden, deine Unschuld zu beweisen.«
Das leuchtete ein. So hatte ich mich für die illegale Waffe entschieden.
Aber wie riskant auch das sein kann, merkte ich, als ich mich später in einem Dorf auf der Polizeistation melden mußte – wie alle Fremden. Während der Beamte meine Personalien in einer

großen Kladde verewigte, bemerkte ich, daß er genau den gleichen Revolver in genau dem gleichen Holster trug: einen Cruzeiro '32!
»Was ist das für ein formschöner Revolver, den Sie da tragen?«, versuchte ich, Näheres zu erfahren. Ohne von der Kladde aufzublicken, nestelte er am Holster herum und drückte mir das Ding wie selbstverständlich in die Hand.
»Ja, das ist unsere Polizeiwaffe.« Es gehörte nicht viel Phantasie dazu, sich auszumalen, was mir blühen könnte, wenn mein Revolver einem ermordeten Polizisten gehört hatte!
Sieben Tage war ich schon in Manáus. Dann hatte ich die meisten Vorbereitungen abgeschlossen. Es war Sonntag, der 11. Juli 1982. Das Gros der Einwohner preßte sich in überfüllten Räumen vor die Fernsehgeräte und verfolgte das Fußball-Endspiel Deutschland-Italien. Andere waren rausgefahren an die Punta Negra, den schneeweißen Badestrand am Rio Negro. Wie an jedem Wochenende trampelten sich hier auch diesmal – bei Hektolitern von Cola und Tonnen von Würstchen – Tausende von Menschen auf den Füßen herum. Sie trafen sich hier mit Freunden, suchten Bekanntschaften, flirteten, erfrischten sich im lauwarmen Fluß (26° C), bauten ständig an ihren schattenspendenden Sonnenschirmen herum, um der wandernden Sonne zu entgehen und – sahen ebenfalls fern.
Die Stadt selbst wirkte leer. Manchmal war ich weit und breit der einzige Mensch. Allenfalls sah man Kinder, die ihren Kampfdrachen-Spielen nachgingen. Mitunter sah man Dutzende dieser kleinen Papierscheiben am Himmel stehen. Ihre Besitzer starrten mit Faszination an den Leinen zu ihnen hinauf und versuchten, jeden Windstoß auszunutzen, ihr Spielzeug so nah wie möglich an einen fremden Papiervogel zu manövrieren. So lange, bis sich die Leinen trafen. Dann wurde der eigene Segler blitzschnell so weit eingezogen, bis die obersten zwei, drei Meter die »feindliche« Schnur berührten. Durch flinkes Rauf- und Runterziehen brachte man damit die kleinen Glasscherben in Aktion, mit denen man die Leinen dort oben bestückt hatte. Sie wirkten wie Messer und kappten das gegnerische Seil. Der getroffene Dra-

chen stürzte zu Boden. Der Wind trieb ihn irgendwohin ab, und es setzte eine wilde Verfolgungsjagd ein. Sowohl die Freunde des Verlierers wie die des Gewinners tobten durch Straßen, über Mauern hinweg und durch Flüsse hindurch, um die begehrte Trophäe zu ergattern.
Ich wunderte mich, wie man in der Frühnachmittagshitze dermaßen toben konnte, ohne zu schwitzen. Mir lief das Wasser jedenfalls in Strömen am Körper runter, nur vom Zuschauen.
So war ich froh, im »Piramore« Schatten und frischen, kühlen Orangensaft und Ruhe zu finden.
Doch nicht lange. Eine Gruppe Brasilianer stürmte plötzlich aus dem Hauptraum auf mich zu und umringte meinen Tisch. Einer drückte mir die Hände, und aus all dem Geschrei war herauszuhören: »Tut uns leid für dich, Alemão (Deutscher).« »Tröste dich, Brasilien war schon viel früher weg vom Fenster.«
»Dürfen wir dir eine Cerveja (Bier) spendieren?«
Schließlich hoben mich einige gar samt Stuhl hoch und trugen mich unter Hupa-hupa-Rufen durchs große Lokal auf die Straße. Wer den Stuhl nicht zumindest berühren konnte, klatschte doch wenigstens irgendeinen Rhythmus.
Ich war sicher, zum neuen Gouverneur von Amazonas ernannt worden zu sein, weil auch einige Polizisten salutierten. Huldvoll nahm ich die Sympathie-Kundgebungen von allen Seiten entgegen. Auf jeden Fall müßte meine Gouverneursresidenz eine anständige Klimaanlage haben und ganz Manáus müßte Bäume pflanzen, jawoll, um Schatten und Schönheit zurückzugewinnen.
... Das waren die ersten Ansätze meines Regierungsprogramms, das mir sofort durchs Hirn schoß. Bis ich dann heraushörte, weshalb ich wirklich da über der Menge thronte: Deutschland hatte gegen Italien 1 : 3 verloren. Italien war Weltmeister geworden. 11. Juli 1982, kurz vor 16.00 Uhr Ortszeit.
Irgendwann verlief sich mein Volk, und ich trank die Säfte, das Bier, das man mir aus Mitgefühl auf den Tisch getürmt hatte. Ich brachte das Tagebuch auf den neusten Stand:

- Für 400 DM hatte ich Medikamente gekauft. Antibiotika, Tabletten gegen Schmerzen und Malaria. Geschenke.

- Ich hatte fünf gute Haumesser besorgt
- 1000 Angelhaken und
- 1000 m Angel-Sehne

Was ich nirgendwo auftreiben konnte, war Schlangen-Serum. Keine einzige Drogerie (die in Brasilien auch gleichzeitig Apotheken sind) führte Serum. Kein Hospital und nicht einmal im Gesundheitsministerium selbst wußte man Rat. Bis auf diesen:

Kaufen Sie am besten das »Specifico pessoa contra veneneno de cobras«! Das nimmt jeder Waldläufer hier im Lande, und es hat schon Tausende vorm sicheren Tod bewahrt!

Oh, Illusion!

Das Specifico kannte ich längst. Unglaublich, daß es sogar im Gesundheitsministerium empfohlen wurde! Es ist absolut unwirksam. Ein Kräuterschnaps, den man nach dem Biß trinkt. »Ich kenne mehrere Leute, die das Zeug sofort getrunken haben und dadurch überlebten«, bestätigte mir auch Heinz G., ein schweizerischer Expeditionsveranstalter. Daß sie überlebten, glaube ich gern. Aber nicht, weil der Betrugsschnaps wirksam wäre, sondern weil die jeweiligen Schlangen nicht giftig waren. Zwei Jahre vorher hatte ich das Specifico in Frankfurt untersuchen lassen. Am 24. 1. 1980 erhielt ich vom Forschungsinstitut Senckenberg, Herrn Dr. Konrad Klemmer, das Resultat:

»... bei allen Versuchen konnte keine schützende oder auch nur vergiftungsverzögernde Wirkung festgestellt werden ... Dieses Ergebnis ist nicht überraschend, ist es bisher doch niemals gelungen, bei oral anzuwendenden Präparaten eine Wirksamkeit gegen Schlangengifte nachzuweisen ...«

So fuhr ich ohne das Serum los und hoffte auf mein Glück. Wer wird schon von Schlangen gebissen!? Man kann sich auch überausrüsten.

Aus demselben Sicherheitsbedürfnis heraus hätte ich dann auch einen Begleiter, ein Funkgerät, ein Motorboot, eine Flinte mitnehmen können. Wie sagte doch Christine Schmidt vorm

Deutschlandmarsch: »Warum nimmst du denn ein Messer mit? Das ist ja schon Luxus. Im Nichts zeigt sich der Meister.« Daran mußte ich jetzt wieder denken und mit den tausend Tabletten hatte ich sowieso schon Gepäck genug. Wogen eine einzige Tablette, ein einziges Haumesser auch scheinbar »nichts«, so wurden sie mir insgesamt später doch zur Last, die ich nicht mehr zu tragen schaffte.

Aber noch etwas sehr Wesentliches hatte ich erstanden: ein dänischer Fotograf hatte mich seine Erlaubnis fotokopieren lassen, die ihn berechtigte, Yanonámi-Gebiet zu betreten. Er hatte sie von der FUNAI erhalten, weil er bereits einen eindrucksvollen (und unpolitischen) Fotoband über Brasilien gemacht und beste Kontakte zu höchsten Militärs hatte. »Ich hätte den Text gern für mein Buch«, hatte ich ihm gesagt, aber in Wirklichkeit wollte ich mich damit in die Missionen einschleichen, sofern ich sie je erreichen würde.

Auch Vokabeln hatte ich noch aufgetrieben. Padre Casimiro, Sprachgenie bei der katholischen Salesianer-Mission in der Avenida Joaquim Nabuco, hatte mich einige Wörter abschreiben lassen.

»Sie werden Ihnen nicht viel nutzen«, schränkte er meinen Optimismus gleich ein.

»Fast jede Yanonámi-Familie spricht einen anderen Dialekt. Aber ehe Sie gar nichts mitnehmen, ist es natürlich besser, irgendein Grundvokabular dabeizuhaben. Die Yanonámi wandern viel und haben deshalb auch Ahnung von abweichenden Dialekten.«

Padre Casimiro spricht perfekt Deutsch. Seit Jahren arbeitet er an einem gigantischen Lexikon (40000 Wörter) der Yanonámi-Sprache. »Wegen chronischen Geldmangels geht es nur schleppend weiter. Ich kann das nur als Hobby nebenbei machen. Forschungsgelder stehen mir nicht zur Verfügung.«

Auch er, der Waldkenner, würde nie allein gehen: »Hoffentlich sehe ich Sie wieder.« Nein, noch keiner aller je zu diesem Thema Befragten hatte mir Mut zugesprochen, mir Hoffnung gemacht.

Und noch etwas fiel mir auf: Immer, wenn ich sagte, ich wolle zunächst nach Barcelos und von dort in den Wald, kam automatisch die Frage:
»Nach Barcelos? Kennen Sie dort den Tatunca Nara?«
Tatunca Nara – der Mann mit dem klangvollen Namen. Halb Weißer, halb Indianer. Ich kannte das Buch über ihn, aber ich war ihm noch nie persönlich begegnet.
Tatunca Nara hatte ich mir als den Mann auserkoren, der mich das letzte Stück aus der Zivilisation hinausbegleiten sollte, der mir von seinen Erfahrungen abgeben und der mich am Waldesrand absetzen sollte.
Alle anderen Versuche und Hoffnungen, hier in Manáus schon einen vertrauenswürdigen Waldläufer und Landeskenner zu finden, waren fehlgeschlagen.
So schiffte ich mich nach über einer Woche Manáus auf dem Händlerschiff »Emerson Madeiros« ein und fuhr nach Barcelos.
Die Schulferien gingen zu Ende. Die Urlauber strömten zurück in ihre Heimatorte. Die »Emerson Madeiros« war total überfüllt. Hängematte schaukelte an Hängematte. Vorteil: Die Passagiere kamen schnell miteinander in Kontakt.
Dreißig Mark kostete die Reise nur. Zwei Nächte und einen Tag mit Vollkost. Vom Hafen »Raimundo« in Manáus bis Barcelos. Ungefähr 750 km. Ein günstiger Preis also, wer wollte sich da schon beschweren, wenn es ein wenig eng war? Offenbar niemand, denn die Stimmung war gut. Der Urwald zog mal nah, mal entfernt am Boot vorbei. Die dichte Wand der Blätter warf das Knattern des Dieselmotors zurück wie ein Echo. Auf diesen 750 Kilometern kannten die Schiffsführer jede einzelne Ufer-Silhouette. Sogar des Nachts verfehlten sie den Weg nie. Obwohl der Strom mitunter 40 Kilometer breit war und das Bild der Inseln mit steigenden und fallenden Wassern erheblich wechselte.
Ich schaukelte in meiner Matte und bemerkte manch mitleidigen Blick, war sie doch die ärmlichste weit und breit – ein schlichtes schmales Netz im Gegensatz zu all den herrlich bunten Meisterwerken. Aber mein bescheidenes Nylon-Netzgeflecht hatte da-

für erhebliche Vorteile: es konnte sich bei Regen nicht vollsaugen, nicht schwerer werden. Es war leicht und stabil, nachts allerdings auch luftig kalt, was aber durch einen leichten Kunstfaserschlafsack ausgeglichen werden sollte.
Der Fahrtwind regulierte die Abendwärme auf angenehm erträgliche Weise. Ich pendelte so vor mich hin und ließ alle Waldführer noch einmal Revue passieren, die ich als mögliche Führer für mich in Erwägung gezogen hatte und die nicht in Frage gekommen waren. Viele gab es ohnehin nicht in Manáus. Und sie alle hatten sich disqualifiziert.
Denn Manáus ist ein Eldorado der Spinner. So wie an den großen Pferderennbahnen der Welt und in den Buchmachershops immer Leute rumhängen, die den ganz ›heißen‹ Tip haben, die genau wissen, welches Pferd die Nase als erstes im Ziel haben wird, so treiben sich in Manáus eine ganze Menge Leutchen herum, die kräftig Nutzen aus dem Geheimnisvollen und dem Rätselhaften des Urwaldes ziehen. Sie wissen ungefähr, wo ein sagenumwobener Schatz liegen muß, sie haben gehört, daß es da und dort monumentale Bauwerke geben soll, man stelle sich vor: mitten im Dschungel. Ungeheuerlich. Wer will, der kann vielleicht sein ganz, ganz großes Glück machen. Kann zum Entdecker werden, dessen Name unauslöschbar mit dem Fund in die Annalen der Geschichte eingehen wird.
Nichts scheint die Phantasie der Menschen mehr anzuregen, als der Urwald. Da muß doch etwas sein, hinter diesem grünen Vorhang, der sich lautlos hinter uns schließt, der uns unsichtbar macht, der die Spuren, kaum sind sie gemacht, schon wieder vernichtet? Das ist doch noch unentdeckt. Hier, wo wir uns gerade durchschlagen, da ist doch bestimmt noch kein Mensch gewesen. Oder doch? Hat vielleicht gerade hier ein Stamm von Indianern, vielleicht verfolgt, seine Kostbarkeiten vergraben? Vor Jahrhunderten? Und die Jahre gingen darüber hinweg, lautlos und immer gleich. Vergessen der Schatz, sicher verborgen im grünen Safe. Bis zu diesem Moment, wo wir kommen, um ihn zu bergen. Und die Spinner von Manáus leben nicht schlecht davon. Ich nenne sie extra nur Spinner und nicht reine Betrüger,

weil viele von ihnen selbst ein bißchen von dem glauben, was sie den Touristen erzählen. Irgendwie haben diese Männer in ihren Herzen noch nicht alle Hoffnungen auf das große, unverhoffte Glück begraben. Sie selbst können nicht mehr genau trennen zwischen Mythe und Wirklichkeit. Die Geschichten, die sie irgendwann einmal gehört haben, haben sie mittlerweile so oft weitererzählt, daß sie sich selbst nicht mehr ganz sicher sind, ob nicht doch etwas daran wahr sein könnte. Eigentlich müßte sie jede erfolglose Tour in den Wald frustrieren, aber wir Menschen sind ja nicht ungeschickt, wenn es gilt, etwas zu verdrängen.
Meine Freunde und ich hatten mit Kurt Glück Pech.
»Wer so lange da unten lebt«, sagten wir uns damals, »und bereits seit zwei Jahrzehnten Touristen über die Flüsse schippert, der weiß auf jeden Fall – dank europäischer Allgemeinbildung – Dichtung und Wahrheit auseinanderzuhalten.«
Damals, 1980, hatten Wolfgang und Andreas, mit denen ich schon Äthiopiens Omo-Fluß hinuntergeflößt war, mich relativ kurzfristig als dritten Mann zu einer vielversprechenden Reise überredet.
Überredet ist eigentlich der falsche Ausdruck. Denn ich sagte gern zu, als ich hörte, Kurt Glück, der Waldexperte mit der großen Erfahrung, vermute in einem Sumpfgelände am oberen Uneiuxi unentdeckte Indianer.
»Sie sollen wegen des Sumpfbodens auf Bäumen in Nestern leben und gewandt sein wie die Affen. Ihr Stammeserkennungszeichen ist die 4-Fingerhand. Gleich nach der Geburt ihrer Kinder hacken sie diesen den kleinen Finger ab, damit sie einander jederzeit erkennen. Das ist nötig, weil sie sich auf ihren Wanderungen mitunter lange nicht sehen. Da kann es vorkommen, daß sich nicht nur das Aussehen der Nomaden verändert, sondern auch die Sprache. Aber an den vier Fingern erkennen sie sich jederzeit wieder.«
So und mit vielen anderen Argumenten hatte Kurt Glück uns auf eine – für ihn – lukrative Reise gelockt.
Wir trafen uns damals mit ihm vor der Post. Das Erkennungszeichen war eine Ausgabe des Magazins »DER SPIEGEL«.

Der SPIEGEL war zwölf Monate alt. Hätten wir das gewußt, hätten wir ihm gern einen aktuelleren mitgebracht.
Nun, ich gebe zu, die ersten Stunden verblüffte Kurt mit seinen Erzählungen. Ohne Luft zu holen, schoß er eine Anekdote nach der anderen ab.
Besonders eine ist mir in Erinnerung geblieben, weil wir uns die Bäuche hielten vor Schadenfreude. Der Geschädigte war ein Missionar. Er hatte Kurt um einen Tagesausflug gebeten, etwas, das Kurt wirklich kann. Aber gegen Mittag wurde es verdammt heiß. Der Padre schwitzte unter seiner dunklen Kutte und litt still vor sich hin. Kurt versuchte, mit mehr Fahrtwind auszugleichen. Da deutete der Padre unerwartet auf eine Insel und meinte: »Kann es sein, Kurt, daß da vorn die Eltern eines Juan Santos wohnen?« Kurt wußte es nicht, aber sie fuhren hin. »Ich habe Juan vor einem Jahr die Heilige Kommunion erteilt. Sicher könnten wir dort Schatten und kühlen Trunk erwarten.«
Kurt, der Waldkenner, sah sofort, daß kein Boot vorm Haus lag. »Das Boot ist wie der Volkswagen in Deutschland. Wenn der nicht vorm Haus steht, ist der Besitzer nicht da.« Dennoch fuhr Kurt hin. Des Schattens, der Ruhe wegen. Zur großen Überraschung war aber der kleine Juan selbst da. Er erkannte den Padre sofort wieder. »Padre Ernesto, Sie haben mir die Heilige Kommunion erteilt. Kommen Sie!« »Mein Sohn«, fragte der Padre gleich und direkt »hast du nicht etwas Kühles zu trinken?«
»Aber natürlich Padre! Mögen Sie vom Assai-(Palm)Wein?«
Der Gottesbote mochte. Der Junge schöpfte ihn aus einem Tonkrug, den die Eltern in der Erde kühl und sicher vergraben hatten. »Köstlich«, stöhnte der Mann ehrlich entzückt. »Noch eine Schale, Senhor Padre?«
»Nun, gern, mein Sohn, auf einem Bein kann man schlecht stehen.«
»Noch eine, Padre?« Juan war in Spendierlaune.
Der Padre zierte sich. »Mein Sohn, das kannst du doch nicht machen! Was glaubst du wohl, werden deine Eltern sagen, wenn sie das hören? Ihren ganzen guten Assai-Wein verschenken, haha!«

»Das macht nichts, Padre! Meine Eltern trinken den sowieso nicht mehr!«
»Warum denn das nicht, Juan?«
Er streichelte ihm christlich über die schwarzen Haare.
»Netter Bengel«, mochte er gedacht haben.
»Weil da kürzlich zwei Ratten darin ertrunken sind!«
Der Padre erstarrte. Vor Entsetzen und Ekel fiel ihm die Tonschüssel auf die Erde und zerbrach in tausend Scherben. Mit aller Kraft versuchte er, gegen das Stülpbegehren seines Magens anzukämpfen. Er verlor vollends die Fassung und schimpfte auf den Jungen ein. »Schämst du dich nicht, mir etwas anzubieten, das deine Eltern verschmähen?«
Aber Juan weinte vorsichtshalber bitterlich und bekam vor Schluchzen keine einzige Silbe heraus.
Inzwischen besann sich der Pater seiner Verpflichtungen als Vorbild. Er lenkte ein: »Weinen hilft da auch nichts mehr! Das hättest du dir früher überlegen müssen! Sag mir jetzt, warum du weinst! Dann entschuldigst du dich und es ist alles wieder gut.«
Schluchz, schluchz – der Junge blieb seiner Tränenflut treu. Kein Wort.
Der Padre eindringlicher: »Ich will jetzt wissen, warum du weinst! Sag, warum heulst du?«
Und endlich verebbte der Tränenstrom ein wenig, und der Padre vernahm den wahren Grund der Flut: »Nun hat der Senhor Padre die Schüssel zerbrochen! Mutti wird schimpfen, denn das war ihre Pipi-Schüssel!«
Wer nur einen Tag mit Kurt fährt, wird begeistert sein. Aber wir wollten 60 Tage mit ihm leben, und das ist einige Nummern zu groß für Kurt. In 60 Tagen will man mehr erfahren als seine Geschichten, die sich vom 2. Tag an wiederholen. Und da beginnt seine Schwäche. Mit ihnen will er übertünchen, was er an Sachinformationen nicht bieten kann. Fragte man ihn »Wie heißt der Schmetterling dort?«, dann kam seine Antwort wie geschossen. »Das ist die Mariposa amazonica.« Okay. Ich trug das ins Tagebuch. Man weiß nie, wofür man's gebrauchen kann. Doch Stunden später gab er dann unbedacht eine Anekdote zum besten, die

diese und andere Auskünfte sofort wieder über den Haufen warf.
»Eine ›verrückte‹ Amerikanerin fragte mich mal: ›Mister Gluck, wie heißt diese phantastische Blume da?‹« Glück kannte sie nicht und sagte ihr das wahrheitsgemäß. Aber da war der Teufel los! Die smarte Dame war nicht wiederzuerkennen. »Mister Gluck! Ich denke, Sie sind ein Fremdenführer? Wofür bezahle ich Sie denn?« Ja, wofür? Aber so leicht konnte niemand Kurt ins Bockshorn jagen. »Pfiffig wie ich war, sagte ich der Dame: ›Gnädige Frau, wenn ich alles kennen würde, wäre das Reisen langweilig für mich. Weil es aber jedesmal, ja, jeden Tag eine neue Überraschung für mich gibt, fahre ich immer wieder. Ich will genauso lernen wie Sie. Und führe ich nicht immer wieder, wären Sie, Madam, jetzt nicht hier auf diesem schönen Fluß.‹«
Die Lady war zwar beruhigt, aber nicht zufrieden. »Und um in aller Zukunft solchen Unliebsamkeiten zu entgehen, sage ich jetzt, wenn mich jemand so was Blödes fragt: Ich weiß das nur auf Indianisch. Da heißt es ›Bliblublaba‹. Oder auf Lateinisch. Und dann nenne ich immer etwas in Spanisch, weil das ziemlich dasselbe ist, wie z. B. ›Mariposa amazonica, Mariposa brasiliensi‹, und so weiter.«
Nun, es ist müßig, alle Unfähigkeiten zu schildern. Weder besaß Kurt wasserdichte Kisten (»Ich stelle die Campausrüstung«), noch hatte er zumutbare Decken für die Nacht. »Die riechen nach Urin«, reklamierte Wolfgang schon in der ersten Nacht. »Kann sein, darin wickelte meine Frau immer die Enkel ein, und Windeln gibt es hier nicht.«
Die Säge war stumpf, die Äxte brachen, die Patronen lagerte er im Wasser, die Lebensmittel in Pappkartons, sein Rucksack für den Waldmarsch war ein Plastikbeutel, und das Benzin reichte nicht. Wir mußten paddeln. »Ich habe immer nur 400 Liter mitgenommen«, war seine lakonische Antwort.
Wohlverstanden: Pannen kann es immer einmal geben, aber wenn man für geeignete Ausrüstung gezahlt hat, dann ärgert's einen.
Welch Wunder also, daß wir mit Kurt nicht klarkamen. Wäre er

in unserem Alter gewesen – wir hätten ihn verdroschen, und das sagten wir ihm auch.
Diese Zurückhaltung hätten wir aber fast gebrochen, als er uns unterwegs offenbarte, woher er die 4-Finger-Tips hatte: aus einem 130 Jahre alten Buch! Jetzt ärgerte ich mich über meine schnelle Zusage zu dieser Reise, war ich sauer darüber, nichts mehr vorher über dieses Gebiet gelesen zu haben.
Die Reise wäre ein Total-Flop geworden, hätte Wolfgang nicht doch noch einen brauchbaren Streifen zusammengefilmt, der die Schwierigkeiten zeigte, sich über Flüsse voranzuarbeiten, die durch Fallholz versperrt waren. Der zeigte, wie wir uns durch einen Sumpf wühlten, wenn auch ohne Kurt: er wollte uns mit seiner Plastiktüte begleiten, in der er seine Siebensachen trug. Sie riß schon nach 100 Metern.
Auf jeden Fall sammelten wir Erfahrungen, dic mir dieses Mal von Nutzen waren.
Unter den genannten Umständen wundert es niemanden, wenn auch Kurt über uns schimpfte.
Den Höhepunkt aber lieferte er mir ein Jahr später. Unter fremdem Namen hatte ich bei ihm angefragt, um zu erfahren, ob er die 4-Finger-Indianer immer noch anbot. Ich wollte wissen, ob er nach unserer vergeblichen Sumpfdurchquerung dazugelernt hatte, ob er nur aus Dummheit gehandelt hatte, oder mit betrügerischen Absichten. Am 11.3.1980 antwortete er wörtlich: »Sehr geehrtes Frl. Dr. Oettinger ... die Baumindianer sind gerade für Sie als Völkerkundlerin interessant« und eine Seite weiter, als Höhepunkt:
»... dort eine Höhlenstadt ... in der Leute sich aufhalten, die von anderen Sternen sind. Herr von Däniken hat schon zweimal seinen Sekretär dort hingeschickt.«
Traumtänzer, Glücksritter, Entdecker, Phantasten und Abenteurer – sie kommen in ausreichender Menge nach Amazonien, gelockt von denen, die es verstehen, sie zu ködern, sie zu betrügen. Ein Land, das größer ist als die Bundesrepublik und kaum besiedelt, bietet so viel Unbekanntes, daß für jedes Talent, für jeden Interessenten etwas abfällt. Da will einer

- einen Fluß entdeckt haben,
  der nicht einmal auf den Radarkarten drauf ist
- ein anderer weiß, wo die 2 m-Indianer sich verstecken, der nächste kennt
- die blauäugigen Indianer oder
- einen unerforschten Süßwasserdelphin,
- unentdeckte Goldvorkommen und
- die noch immer gesuchte Anakonda von mehr als 10 Metern Länge

Für jeden Geschmack ist also etwas dabei!

Mythen, Ängste, Hoffnungen, Träume – der Wald ist überreich davon – werden in Fakten verwandelt und feilgeboten. Vertraulich, versteht sich. Und wer würde nicht gern schweigen, wenn das Schicksal ihn auserkoren hat, als erster die große Offenbarung zu erleben! Mich eingeschlossen.
Und diese Spreu vom Weizen zu trennen, ist äußerst schwer, dem Neuling kaum möglich. Lehrgelder lassen sich so gut wie nicht vermeiden.

Da pendelte ich also in meiner Hängematte und überlegte. Einen Menschen gab es, der mir vielleicht weiterhelfen konnte. Ein ganz besonderer Mensch, ein Häuptlingssohn über den sogar schon ein Buch geschrieben worden war: von dem ARD-Korrespondenten Karl Brugger.
Dieser Mensch trägt den Namen Tatunca Nara und hat einen Lebenslauf, daß einem schier schwindelig werden kann. Papillon ist gegen ihn ein Waisenknabe. Ich hatte auch schon einiges Negatives über ihn gehört, auch aus seriösen Quellen. Aber ich wollte mich selbst überzeugen, ob es sich um Weizen oder Spreu handelte. Wer also noch blieb, war Tatunca Nara. Zu ihm war ich jetzt unterwegs.

Häuptling Tatunca Nara

»Ich könnte dich zu einem unterirdischen Gang führen, in dem du nach zwei, na, laß mich nicht lügen, vielleicht nach drei Stunden – man verliert da nämlich jedes Zeitgefühl – in eine andere Welt kommst. Du stehst plötzlich in einem Tal, das unserer heutigen Zeit zehntausend Jahre voraus ist. Was sagst du dazu?«
Tushaua (Häuptling) Tatunca Nara. Nach dem zweiten Bier. Ja, was sagte ich dazu? Mir hätte ein Tal gereicht, daß uns nur das Jahr 2000 zeigen könnte. »Tatunca, solche Geschichten verfangen bei mir nicht. In Physik hatte ich eine Eins.« Die Sechs in Latein verschwieg ich ihm.
Das brachte Tatunca keineswegs aus der Fassung. Schon ganz andere Leute hatten seinen Worten Glauben geschenkt – Wissenschaftler und Journalisten, und jeder hatte gehofft, es könnte ja »etwas dran« sein.
War es aber nicht. Jedenfalls bis heute, bis Redaktionsschluß nicht.
Und Gerüchte in die Welt zu setzen, schien ganz offenbar Tatuncas große Stärke zu sein. Wohl kaum jemand in ganz Brasilien, der ihn nicht kannte. Die größten Zeitungen hatten seine Thesen verbreitet, bezweifelt, kritisiert, als Betrug dargestellt. Ganze Fortsetzungsberichte gab es über ihn. Die Meinung der Europäer im Lande war einhellig: »Ein ausgemachter Lügner.«
Tatunca Nara selbst, vieldeutig: »Man muß immer exklusiv bleiben!«
Exklusiv war und ist er auf alle Fälle.
Ich hatte mich in Barcelos im Hotel Oasis einquartiert. Klein, gemütlich, gepflegt und in bester Hanglage mit Blick auf den Rio Negro. Zwei Zimmer und deutsche wie brasilianische Küche. »Ich koche Ihnen, was Sie möchten. Mit Musik und Gesang von Friedel Katz persönlich.«
Friedel und Werner Katz, Tatunca Naras Schwiegereltern, leben schon seit 1924 in Brasilien. Seit zwei Jahren betreiben sie das Oasis, einziges Hotel der Kleinstadt Barcelos und fast so etwas wie ein Kulturzentrum für alle Einwohner, die nicht so sehr mit dem Pfennig rechnen müssen.

Ich saß mit Tatunca auf der überdachten, gemütlichen Terrasse. Ich hoffte, daß er mich irgendwo bei den Yanonámi absetzen würde.
Vater Katz hatte Chopin aufgelegt. Ich musterte Tatunca, während er mit Schwiegermama Friedel sprach: »Gut, Mutti, dann gib mir das Bauernfrühstück!«
Ich musterte vor allem sein Gesicht. Ich suchte darin den Halbindianer. Nach eigenen Angaben ist Tatunca der Sohn eines Indianerhäuptlings aus Peru und einer Nonne, die »sein« Stamm beim Überfall auf eine Mission namens Santa Maria de Barbara erbeutete.
Gewiß, er hatte etwas vorspringende Wangenknochen, wie wir sie von den Slawen kennen. Einen Indianer herauszufinden, fiel mir dennoch schwer.
Auf Tatuncas Brust prangt eine tätowierte Schildkröte. »Das ist mein Stammeszeichen«, behauptet er.
Bei Tatunca Nara hat man nie Langeweile. Er ist Alleinunterhalter, vor allem für diejenigen, die seine überirdischen Geschichten lieben. Er sprach ohne Luftholen. Ich hatte den Redestrom ausgelöst, weil ich mit Recht neugierig geworden war. Da gab es nicht nur die Brasilianer und Europäer im Lande, die ihn als »Spinner« abtaten, sondern auch ein unkritisches Buch über ihn, geschrieben von Karl Brugger.
Ich hatte es mit Interesse gelesen und den Eindruck gewonnen, »Tatunca ist der Lehrling eines gewissen von Däniken gewesen.« Der Bücherschrank des Häuptlings bestätigte den Eindruck später. Neben Karl May reihenweise Däniken einschließlich dessen Lexikon über Prä-Astronautik. Sein Ideenquell war mir damit klar.
Bruggers Buch gehört in dieselbe Richtung. Der Covertext stellt den Autor vor als jemanden, der Zeitgeschichte und Soziologie studiert hat. »Er ist heute Auslandskorrespondent der ARD in Rio« und »Spezialist für Indianerfragen«. Das schindet Eindruck. Im Buch erfährt man dann von dem großen Glück Bruggers, den letzten Überlebenden der Ugha-Mongulala, nämlich Tatunca Nara, gefunden zu haben.

Somit konnten die einmaligen Berichte der staunenden Nachwelt erhalten bleiben. Nachrichten über ein Volk, das schon den Kalender kannte, als wir noch in den Bäumen lebten, das eine Schrift hatte, in dessen Höhlen Kriegsgerät von anderen Gestirnen lagerte und denen Adolf Hitler 2000 deutsche Soldaten schickte, um Deutschlands Macht auch in Südamerika auszubauen. Um nur ganz wenig zu nennen. Das Ganze repetierte Brugger mit fast wissenschaftlicher Präzision. Dennoch blieb eine Frage offen. Eine sehr wesentliche, wie ich meine. Er sparte die Jugendzeit des Häuptlings aus und erwähnte mit keinem Wort, daß Tatunca Nara bei MAN in Mannheim gelernt hat und dann bei verschiedenen Lübecker Reedereien zur See gefahren ist. Daß er also zumindest wichtige Jahre, wenn nicht seine gesamt Jugendzeit, in der Bundesrepublik verlebt hat und *perfekt* Deutsch spricht, und nicht »gebrochen«, wie Brugger es darstellt. Und das kann er eigentlich nur getan haben, um den Mythos des Tatunca zu vergrößern.

Nun könnte man sagen, Tatunca habe das Deutsch jetzt erst gelernt. Aber nach eigenen Angaben ist er nicht sprachbegabt. »Ich kann heute noch nicht richtig Portugiesisch und lebe schon seit 14 Jahren in Brasilien.«

Dafür, daß Tatunca schon immer ausgezeichnet Deutsch konnte und etwas Spanisch, zeugte Padre Casimiro in Manáus. »Ich war der erste Dolmetscher, den das Militär hinzuzog, als Tatunca in Manáus auftauchte und diese sonderbaren Geschichten erzählte. Ich merkte nach den ersten Sätzen seines Spanisch, daß es eine deutsche Melodie hatte.« Casimiro fragte ihn auf den Kopf zu: »Sprechen Sie deutsch?« Ja. Das tat er. *»Und zwar fließend!«* So wickelte sich das Verhör in deutscher Sprache ab und Tatunca nutzte die günstige Gelegenheit, dem Padre gegenüber lebhaft von seiner frommen Mutter zu berichten, der Nonne, und seinem Vater, dem Indianer, die ihn gezeugt hatten. Um seine Schilderungen zu beweisen, zitierte er seitenweise die Bibel. Bis Padre Casimiro Beksta, gebürtiger Lette – er hat Germanistik studiert –, ihn unterbrach: »Wissen Sie, was Sie mir da zitiert haben? Das war nicht die katholische, das war die Luther-Bibel! Ihre Nonnen-Geschichte ist eine Lüge.«

Trotz allem läßt sich nicht leugnen, daß Tatunca Naras Berichte überlaufen von Farben und Fülle. Sein Lebenslauf, ob nun wahr oder erfunden, ist beim ersten Zuhören nicht zu fassen. Demnach ist er 1938 in Akakor, Peru, geboren. Als er 19 Jahre alt war, starb seine Mutter. Schlangenbiß. Er verließ den Stamm. Er

- rettete mit einem Flugzeug abgestürzten brasilianischen Offizieren das Leben ...
- lernte in Deutschland ein Handwerk ...
- fuhr dann zur See ...
- ging in Venezuela heimlich von Bord (daher das Spanisch!?) ...
- war 1 Jahr Assistent des Berliner Tierarztes Helmut Grosse beim künstlichen Rinderbesamen ...
- wurde verhaftet wegen Spionageverdachts ...
- gerettet durch Botschafter von Schulenburg ...
- kam zurück nach Deutschland mit falschem deutschen Paß ...
- ging ins Gefängnis wegen der falschen Papiere (gegen den ehemaligen Besitzer dieses Passes, einen Legionär, lag eine Unterhaltsklage vor) ...
- wurde auf Bewährung entlassen ...
- fuhr per Schiff nach Rio ...
- beschaffte sich in Rio neue Papiere ...
- arbeitete auf einer Farm und in einer Zementfabrik ...
- kehrte 1970 zu seinem Stamm nach Peru zurück.

Dort war gerade sein Vater gestorben, und Tatunca trat die Häuptlingsschaft an.

Er führte seine Leute gegen Peru ins Feld und geriet sehr in Bedrängnis, als die Regierung ein hohes Kopfgeld auf ihn aussetzte.

Schließlich sah er keinen anderen Ausweg, als seinen Stamm umzusiedeln.

»Sie leben heute nördlich von Barcelos im ›Teufelsgebirge‹ südlich der Grenze von Venezuela. Etwa 2000 Mann. Mitten im Yanonámi-Gebiet.«

Aber diese Stichworte sind nur ein Bruchteil der gesamten Lebensstationen des Tatunca Nara. Allein die »Umsiedlung« seiner 2000 Leute ist schon haarsträubend genug, denn schon 20 Leute werden getötet, wenn sie von Gebieten Besitz ergreifen, die seit ewigen Zeiten den Yanonámi gehörten. Und wären es wirklich 2000 gewesen, und die Yanonámi hätten sich ihnen unterlegen gefühlt, dann hätten die Ugha-Mongulala die Yanonámi töten müssen, um mit ihrem 2000 Mann starken Menschenheer im relativ kargen Urwald überhaupt genügend Nahrung zu finden, um überleben zu können.

Zum Vergleich: die größten Siedlungen der Yanonámi beherbergen maximal 200 Personen. Schon diese wenigen Personen benötigen einen menschenfreien Lebenskreis von 40 Kilometern um ihr Dorf, wenn der Biotop nicht zerstört werden soll.

1972 heiratet Tatunca seine Anita Katz. Dadurch kam es zum Bruch mit seinem Volk. Der Häuptling wurde »entthront und verbannt«.

Aber Tatunca war nie völlig abgeschnitten von den Seinen. Bis heute steht er mit den Priestern in »telepathischer Verbindung«. Mitunter besucht er sie. Sie sagen ihm, ob Anita Jungen oder Mädchen bekommt und ob die Geburt schwer sein wird.

Fremde darf er nicht zu seinen Indianern lassen. Vielleicht ganz gut so. Mit jeder weiteren Geschichte, die Tatunca Nara mir zum besten gab, wurde mir klarer, daß er nicht mein Mann war.

Weder wollte ich in das Jahr 11982 katapultiert werden, noch wollte ich mit ihm und seinem Freund Brugger Pyramiden suchen. Pyramiden, die – das versteht sich von selbst – natürlich im Urwald nichts zu suchen hatten und daher als das achte Weltwunder gelten würden, wenn man sie nur erst gefunden hätte ...

Ich, Rüdiger Nehberg aus Hamburg, wollte ja man bloß zu den Yanonámi-Indianern, den letzten freien Indianern.

Aber noch nicht einmal ein Boot konnte mir der große Häuptling besorgen.

Ins Sperrgebiet

Aufbruch

Sollte ich weinen oder lachen? Weinen, weil mein Start in Frage gestellt war oder lieber lachen, weil ich auf diese Weise Gelegenheit bekam, Improvisationsgeist zu zeigen? Nur nicht erst versauern! Mußte ich zurück nach Manáus? Denn nur dort konnte man Boote aller Größen kaufen, und dann würde ich unabhängig sein wie ein Vogel, wie ein Fisch. Ich würde das Boot am Ziel versenken und es mir später wieder hochholen.

Da traf ich Luiz Autram. Er war Nachbar der Katzens und hatte mich schon zweimal mit in die überschwemmten Wälder genommen, um mir neue Tricks beizubringen. Tricks, wie man Fische, Schildkröten und Krokodile überlistet, auch dann, wenn sie tief in den Wäldern stehen. Luiz kannte den Wald wie seine Hosentasche. Dabei war es egal, ob das Wasser bei Überschwemmung durch die Baumkronen floß oder sich auf die Flußbetten beschränkte. Luiz lebte saisonweise vom Kautschukzapfen, vom Piassaba (Palmfaser)-Sammeln und vom Fischen. Warum sollte ich also nicht mit Luiz fahren?

»Luiz, ich möchte spazierenfahren. Vielleicht zehn Tage. Kannst du ein überdachtes Boot beschaffen?«

Nichts erzählte ich von meinem wahren Vorhaben. Aus verschiedenen Quellen hatte ich noch wertvolle Tips bekommen, über welche Flüsse ich fahren müßte, um möglichst nahe an die Yanonámi heranzukommen. Aus meinen Radarkarten ersah ich auch, wo die FUNAI ihre Flußkontrollposten errichtet hatte.

Luiz benötigte zwei Stunden, aber dann hatte er die SANDOKAN aufgetrieben und dessen Besitzer Walter.

800 bis 1000 Kilometer waren zu fahren. Ich rechnete mit sechs Tagen Reise und hatte vier für Walters und Luiz' Rückfahrt kalkuliert. Der Preis war mehr als günstig. Ein Karton voller Lebensmittel wurde zusammengekauft, und dann ging es los.

Genau sieben Tage tuckerten wir über den Rio Negro und den Rio Demini hinauf. Da dieser Fluß oberhalb gesperrt war, bogen wir in den Rio Aracá ein. Sieben Tage und teilweise mondhelle Nächte klopfte der 6 PS-Japanmotor uns stromaufwärts. Er-

bärmlich langsam, aber es ging immerhin stetig weiter. Ich kam meinem Ziel näher.
Bessere Begleiter als Luiz und Walter hätte ich kaum finden können! Sie erklärten mir, was immer es zu zeigen gab. Sie lehrten mich, den Tucunaré (Fisch) mit einem Stock, einem roten Tuch und 50 cm Perlonschnur zu fangen, und sie nahmen mich mit, wenn sie nachts Pacas (Nagetiere) mit der Lampe schossen.
Gegen sie war ich ein unerhörter Laie. Was ich wußte, waren allgemeingültige Jagd- oder Survivalregeln. Was mir fehlte, war das spezielle Amazonas-Wissen, und davon strömten Walter und Luiz nur so über und geizten nicht damit.

Der Fisch

Wenn der Mond unterging oder Regenwolken ihn verdeckten, banden wir das Boot an einen Busch und schliefen in unseren Hängematten an Bord.
Wie jeden Abend hatte Luiz, der Fischer, eine schwere Angel mit einem halben Köderfisch ins Wasser geworfen. Das andere Ende vertäute er an seiner Hängematte. Würde ein Fisch anbeißen, müßte er das Rucken deutlich spüren.
Um ½1 Uhr ruckte es. Sogar sehr heftig. Luiz sprang und fiel gleichzeitig zu Boden. Durch den Lärm wurden wir anderen ebenfalls wach. Neugierig beobachteten wir, wie Luiz versuchte, die Leine einzuholen. Ein großer Fisch zu dieser Jahreszeit der Überschwemmung (Juli) war eine Kostbarkeit. Nur selten hatte man Fängerglück.
»Helft schnell!« Luiz kam in Not. Das Tier zog gewaltig. Die 1 mm starke Nylonsehne ließ sich nicht gut einholen. Sie war zu glatt, aber zu dritt holten wir sie allmählich Hand um Hand, Meter um Meter ein.
Nur noch zehn Armlängen, schätzten wir! Das hatte wohl auch der Fisch geschätzt und sich gesagt, daß nun er wieder an der

Reihe sei mit dem Ziehen. Ohne uns eine Siegeschance zu lassen, holte er sich fast die gesamte Leine zurück. Jagdfieber und Stolz hatten uns gepackt. Nur nicht loslassen! Ich war der letzte Mann am Seil. Walter und Luiz fingen die Hauptzugkraft auf. Um ihn endgültig zu stoppen, wickelte ich mir die Sehne fest um die Hand. Jetzt rutschte sie nicht mehr. Der Bursche war uns sicher, dachte ich noch, korrigierte mich aber in derselben Sekunde – denn es zuckte mir wie ein Peitschenhieb durch die Hand. Er hatte gewaltig angeruckt. Walter und Luiz konnten ihn nicht mehr halten und mir schnitt die Sehne tief ins Fleisch. Sie lief vollends aus und riß dann. Der Fisch war weg. Welcher Riese mag das gewesen sein!?

Ich verband die blutende Hand und legte mich in die Matte. Ich dachte darüber nach, wie schnell einem etwas Unvorhergesehenes die Reisepläne vereiteln konnte. Durch reine Unbedachtsamkeit.

Der nächtliche Schlafgast

Der entkommene Fisch war geradezu ein kleiner Fisch gegen den nächsten Gast.

Als ich sein Brüllen zum erstenmal hörte, dachte ich »Brüllaffe« und sammelte weiter Holz für mein erstes Abendfeuer allein.

Es war schon ½6 Uhr und würde bald dunkel sein.

Beim zweiten Grollen wunderte ich mich, daß der Rest der Herde nicht in den Ruf einfiel. Brüllaffen leben in großen Familien. Wenn sie ihre Töne anstimmen, dann meint man, in der Ferne rase ein Schnellzug vorbei.

Noch nie hatte ich eines der Tiere von nahem gesehen. So furchterregend aber ihr Gebrüll wirkt – sie selbst sind harmlos. Es war klar, daß der Affe sich in meine Richtung bewegte. Vielleicht hatte ich Glück und sah ihn von nahem. Ich empfand es als schönen Auftakt zu meinem Waldmarsch, den ich am nächsten oder übernächsten Tag beginnen wollte.

Zur Zeit befand ich mich an den südlichsten Ausläufern der Serra Gurpira am Rio Aracá. Es war der sechste Tag unserer Bootsfahrt.
Luiz hatte sich einer Witwe erinnert, die hier mit ihren Kindern an einem Nebenfluß wohnen sollte. Und da Luiz ebenfalls Witwer war, und auch Walter sich nach Gesellschaft sehnte, hatten sie mich zu einem kleinen Abstecher überreden wollen.
Ich hatte keine rechte Meinung und bat sie, allein zu fahren und mich hier zu lassen. Ich sehnte mich nach dem Wald, nach Natur und nicht nach Zivilisation. Morgen früh sollten sie mich wieder auflesen.
Sie hatten mir ein Stück Pacafleisch zurückgelassen, das ich mir nun braten wollte.
Der Affe schien wirklich in meine Richtung zu laufen. Bald würde er mich riechen und abdrehen. Denn der Wind wehte sanft vom Fluß her in seine Richtung.
Als er sich erneut zu Wort meldete, wurde mir klar, warum die übrigen Affen nicht in den Chor einstimmten. Das war kein Affe, das war ein Jaguar!
Einmal erst hatte ich zusammen mit Kurt Glück einen Jaguar in freier Wildbahn gesehen. Aber noch nie hatte ich sein Grollen vernommen. Doch jetzt war es mir klar, weil mich der Ton nun deutlich an Löwen erinnerte. Und die kannte ich zur Genüge.
Von dieser Erkenntnis bis zu dem Moment, wo ich in zehn Metern Höhe auf einem dicken Ast saß, waren vielleicht zwei, drei Minuten vergangen. Ich trug eine Badehose und meinen Überlebensgürtel und hatte den Fotokanister an mich gerissen und mitgenommen.
Im letzten Dämmerlicht schätzte ich hoffnungsvoll ab, daß die Katze auf keinen Fall in einem Satz zu mir hochspringen könnte. Natürlich würde sie mir mühelos nachklettern können. Ich zitterte aus Überzeugung und vergewisserte mich, ob ich den Revolver bei mir hatte. Als letzte Rettung blieb mir dann ein Schreckschuß, der den Jaguar vertreiben würde.
Ich hakte den Kanister sicher an einem Aststummel fest und

hängte beide Fotoapparate vor mich hin. Mit einer kleinen Dynamolampe leuchtete ich ständig nach unten und kontrollierte das Blitzgerät und die Einstellungen.
Das Knurren war verstummt, mein Zittern auch. Alle Minute leuchtete ich runter zu meinem Paca-Fleisch, denn jetzt ahnte ich auch, daß ihn der Blutgeruch angelockt haben könnte.
Meine Hände hatte ich zwar in der Eile irgendwo abgeputzt, aber garantiert rochen sie auch jetzt noch so deutlich, daß der Panther mich wittern mußte. Selbst hier, wo ich so hoch über meinem Lagerplatz hockte.
Und als ich dann plötzlich in meinem dürftigen Lichtschein die Riesenkatze erblickte, wäre mir die Lampe beinahe aus der Hand gefallen. Ein gewaltiges, ein wunderschönes Tier!
Zittern nutzte nun nichts mehr. Jetzt hieß es fotografieren. Ich schoß Blitz auf Blitz ab, ohne mein Objekt zu sehen. Es stand in der Dunkelheit. Entfernung hatte ich geschätzt und auf der Skala eingestellt. Mit dem 400er Film hoffte ich, die Tiefe ausleuchten zu können. Ich wagte gar nicht, mir meine Enttäuschung auszumalen, wenn die Bilder nichts werden würden.
Ich wurde recht nervös, weil ich fürchtete, der Jaguar könnte durch die Blitze abgeschreckt werden. Aber sie irritierten ihn nicht. Mein Lämpchen ließ mich ihn nach wie vor im Lager erkennen, wo er sich das Pacafleisch gut munden ließ.
Eigentlich mußte er den für ihn winzigen Happen längst verputzt haben. Gewiß leckte er noch die Blätter ab – oder er witterte mich. Ich leuchtete abermals und so gut es ging. Da sah ich die Bescherung! Freund Jaggy streckte sich der Länge nach aus und gedachte nun zu ruhen.
»Das kann ja heiter werden«, schoß es mir durch den Kopf. Denn jetzt, wo ich mich längst sicher fühlte, wo die Aufregung abgeklungen war, merkte ich, wie der Ast, auf dem ich saß, meine Blutzirkulation unterbrach und die Ameisen nachdrücklich beanstandeten, daß ich auf ihrem Wanderweg saß. Sie bissen mich immer dreister. Mit dem Gasfeuerzeug versuchte ich, den Ast links und rechts von mir etwas anzubrennen, um die Tiere durch den Brandgeruch fernzuhalten. Vielleicht hatte es einige

tatsächlich zur Umkehr veranlaßt. Aber es gab noch immer genügend, die von Forscherdrang besessen waren und die Demarkationslinie überschritten.
Der Jaguar schlief schon den Schlaf des Gerechten, während ich mich zwischen die Äste krampfte. Ich band mich fest, weil ich Angst hatte, abzustürzen. Alle viertel Stunde mußte ich mich bewegen, um mein Blut am Fließen zu halten. Es fehlte mir ein zweiter Ast unter dem, auf dem ich saß. Ein Trittbrett gewissermaßen, um meine Beine abzustützen, damit die Oberschenkel hohl lagen.
Gegen Morgen war ich eingenickt. Inzwischen saß ich rittlings auf dem Ast und klammerte mich um den Baumstamm wie um eine Geliebte.
Als kurz vor 6 Uhr die erste Dämmerung zu spüren war, leuchtete ich als erstes zu meinem Schlafgast hinunter.
Er war fort. Still und heimlich hatte er sich aus dem Staub gemacht. Von Kälte und Müdigkeit benommen, wartete ich dennoch, bis es deutlich hell war und ich wirklich klar gucken konnte. Der Jaguar war tatsächlich weitergezogen. Vorsichtshalber gab ich noch einen Schreckschuß ab. Aber es blieb totenstill im Dickicht.
Dann erst kletterte ich steif und staksig zu Boden und schrie aus Leibeskräften: »He, wo bist du?« Wohl, um meinen Mut zurückzugewinnen.
Er hatte meine Hängematte und das Regendach, das ich zu Anfang noch besaß und für so unentbehrlich hielt, nicht berührt. Einen meiner vier PVC-Kanister hingegen hatte er mit seinen Zähnen durchlöchert. Möglicherweise hatte ich mir daran die blutigen Hände abgewischt.
Die Rückkehr per Floß auf vier Kanistern war damit schon gleich zu Beginn der Reise in Frage gestellt.

Als ich später in Hamburg die Diafilme aus der Entwicklung zurückerhielt, galt mein erster Blick natürlich den Fotos vom Jaguar-Camp. Und da wäre ich fast vom Hocker gefallen! Was der schmale Schein der Lampe mir nicht verraten hatte, sah ich jetzt: Es waren *zwei* Jaguare gewesen! Ein Pärchen vielleicht, das genug mit sich selbst zu tun gehabt haben mochte und das mir deshalb keine Beachtung geschenkt hatte.

Das erste Dorf

Zum ersten Dorf

»Das sind die letzten Weißen, die du in deinem Leben siehst«, dachte ich, als die »Sandokan« mich verlassen hatte und um die nächste Kurve verschwunden war. Ich hatte Walter und Luiz mehr bezahlt, als wir vereinbart hatten, denn ich war sehr zufrieden gewesen.

In Zukunft würde ich Leuten, die am Urwald interessiert sind, immer empfehlen, sich gegen Bezahlung bei Siedlern im Wald einzuquartieren. Besser kann man die Natur nicht kennenlernen als bei ihnen, und besser kann man sich keinen Einblick verschaffen von dem erschreckend sozialen Gefälle zwischen ihnen und uns. Darüber später mehr.

Die Sandokan hatte mich bis zu den »Cachoeiras dos Indios« gebracht, der Endstation für schwere Schiffe. Ein malerischer Katarakt verhindert hier die Weiterfahrt. Bergauf geht es ab hier nur noch mit dem kleinen Boot und Außenbordmotor.

Hoch auf dem felsigen Ufer steht Euricos Laden, ein Holzhaus, 10 × 12 Meter. Von nah und fern können die Anwohner hier das Lebensnotwendigste kaufen: Bohnen, Nudeln, Reis, Zucker, Salz, Konserven, Kaffee, aber auch Patronen und Messer. Das Prunkstück des Ladens: eine Nähmaschine. Viele Siedler tauschen, denn Geld ist knapp. Eurico führt lange Schuldenlisten, die irgendwann mit den Erlösen aus Palmfasern oder Kautschuk verrechnet werden.

Bevor die Kunden zurückkehren in ihre Hütten an den Flüssen, pflücken sie sich einige Orangen für den Weg. Obst gibt es in Mengen, denn Euricos Vater Pedro hat hier viele Obstbäume gepflanzt, als er 1955 das Land besetzte. »Damals gehörte der Wald noch den Yanonámi und es kam vor, daß plötzlich Pfeile aus dem Gebüsch flogen«, berichtete Eurico voller Stolz.

»Aber Pedro hatte dann mit den Indianern verhandelt und sie mit Geschenken zu Freunden gemacht.«

Heute tauschen diese Indianer-Freunde in Euricos Laden Pfeile und Bananen gegen Messer, Macheten und Pulver.

Die erste Yanonámi-Siedlung lag 60 km entfernt. »Den Weg

kannst du nicht verfehlen«, hatte Eurico mir gesagt. Er selbst wollte mich nicht begleiten. »Das ist mir zu weit.«
Zur Zeit war kein Indianer zu Besuch, der mich hätte führen können. So ging ich allein. Ich betrachtete den Weg als Übungsstrecke. »Einen solch deutlichen Weg gibt es kein zweites Mal.« Würde ich mich verlaufen, konnte ich jederzeit zurück zu Eurico.

Die Ausrüstung

Ein kleines Stück begleitete mich der Händler. An einem Flüßchen verabschiedete er sich. Ich balancierte über den glitschigen Baumstamm, der als Brücke diente, tauchte drüben in den grünen Blättervorhang.
Auf einem 90 Grad-Winkelgestell aus Aluminium trug ich die verbliebenen drei PVC-Kanister. Jeder Kanister wog (leer) etwa 2,5 kg, hatte einen Weithals-Schraubverschluß, war sehr stabil und absolut wasserdicht. Das ist relativ schwer, aber einen Rucksack hatte ich absichtlich nicht genommen. Er würde dem Regen nicht standhalten und war wesentlich komplizierter durch die Flüsse zu transportieren. Die Kanister hingegen schwammen von selbst und konnten zur Not auch mich noch tragen. Daß sie keinerlei körperangepaßte Formen aufwiesen, war kein Handicap. Ich hatte nicht ein einziges Mal eine wunde Stelle infolge ihrer starren, geraden Flächen.
In diesem Ruckpack hatte ich meine klägliche Habe: einen Schlafsack, eine Hängematte, zwei Kameras, vier Optiken, hundert Filme, Tagebuch, Landkarten, Geschenke.
Am Körper hatte ich ebensowenig: eine Badehose, ein Paar Turnschuhe, einen Überlebensgürtel.
Wie bei jeder Reise, so hatte ich auch diesmal dem Überlebensgürtel besondere Aufmerksamkeit geschenkt. In einer Leinentasche (Militärshop-Ware) hatte ich zwei wasserdichte Schraubdosen à 1000 ccm Inhalt. Und darin befanden sich der Kompaß, ein

Gasfeuerzeug, Nadeln und vor allem Medikamente von der einfachen Schmerztablette über leichte Psychotonica wie Captagon, über Pervitin, dem letzten Aufputschmittel (das man in Deutschland nur auf Attest erhält), bis hin zu einer Dosis Zyankali, um mir ggf. ein qualvolles Ende zu ersparen. Natürlich hatte ich auch Mittel gegen Malaria und Würmer, hatte ich Antibiotika, ein Operationsbesteck und – neben einem Messer und dem bereits erwähnten Revolver – ein 1-Schuß-»Selbstmord«-gerät. Dabei handelt es sich um den im deutschen Bergsteiger-Handel erhältlichen Signalraketenstift. Statt der Rakete hatte ich ein Stückchen 6mm-Lauf aufgeschraubt, den mir ein Dreher in Manáus gemacht hatte. In das Läufchen hatte ich eine Kleinkaliberpatrone gesteckt.

Einen Revolver, so hatte ich mir gesagt, würde man mir womöglich irgendwo abnehmen können – den Stift würde man als medizinisches Instrument ansehen und mir lassen.

Und schließlich war da noch die bewährte kleine Mundharmonika. Mit ihr wollte ich einsame Stunden ausfüllen, vor allem aber den Indianern meine friedlichen Absichten kundtun.

Alle halbe Stunde wollte ich eine simple Melodie spielen. Die Indianer mit ihrem bekannt guten Gehör würden das von weitem wahrnehmen, mich sicherlich beobachten und hoffentlich Vertrauen zu mir gewinnen. Nach der Devise »Wo man singt, da laß dich nieder. Böse Menschen haben keine Mundharmonikas«. Auch mein »Nackt«gehen sollte Beobachtern sofort signalisieren: Das Bleichgesicht ist unbewaffnet, schwach, harmlos. Die Badehose war mein persönlicher Kompromiß zwischen den völlig unbekleideten Yanonámi und den bis zum Hals verpackten Weißen. Stiefel, lange Hosen, Hemden hatten in meinen Augen hauptsächlich Nachteile als Feuchtigkeitssammler und Gewichtsverursacher.

Die Insekten hatten zum nackten Körper zwar bequemeren Zutritt, aber gepiesackt wurde man auch, wenn man Garderobe trug. Im Bereich meiner Badehose und der Turnschuhe hatte ich die meisten Flöhe.

Mein Gepäck wog insgesamt 30, ich selbst 75 kg.

Und dann der erste Tag des Marsches. Frohen Mutes zog ich in den Wald. Ich setzte die Füße vorsichtig, um sie nicht zu verstauchen.

Durch die ständigen Regenfälle war der Boden lehmartig glitschig.

Gleichzeitig bemühte ich mich, den schmalen Pfad auszumachen. Im allgemeinen war er tatsächlich deutlich sichtbar, aber dort, wo das Wasser ½ bis 1 Meter hoch zwischen den Bäumen stand, hatte ich Schwierigkeiten.

Das vorsichtige Tapsen und ständige Schauen erlaubte mir ein Höchsttempo von 3 km/h.

Schon nach einigen Stunden wurde mir klar, daß ich eigentlich mein Gepäck noch stärker reduzieren müßte, wenn ich besser vorankommen wollte. Immer öfter mußte ich Pausen einlegen. Immer schwerer fiel es mir, den Ruckpack aufzuheben.

Für den ersten Tag hatte ich mir 500 g Bolacha, eine Art Cracker, als Nahrung von Eurico mitgenommen. Sobald die verzehrt waren, wollte ich vom Sammeln leben.

Daß es nicht viel werden würde, ahnte ich bereits am ersten Tag. Bis auf drei Winzlinge von Fröschen gab es nichts, das ich im Vorübergehen erspäht hatte. Auch größere Tiere, wie Affen, hatte ich nicht zu Gesicht bekommen. Hier befand ich mich noch zu sehr im Jagdgebiet der Siedler.

Als es 16 Uhr wurde, war ich dermaßen erschöpft, daß ich beschloß, Camp zu machen. Mehr als 20 km hatte ich nicht geschafft. Ein verlassenes Tapirí (Blätterhütte für kurzfristige Unterkunft) bot sich gastfreundlich an. Ich reparierte das morsche Dach mit ein paar bananenblattartigen Großblättern und spannte die Matte. Den Überlebens-Gürtel hängte ich direkt unters Kopfende, die Kanister stellte ich neben mich auf die Erde.

Die Turnschuhe waren ständig naß gewesen, denn meist war ich durch Wasser gestapft. Die Haut an den Füßen war schneeweiß gebleicht. Aufs tröstende Feuer verzichtete ich, weil ich den Schlafsack zum Wärmen hatte. Es war eine Wohltat, hineinzukriechen, sich strecken zu können, zu entspannen, warm und insektensicher zu liegen. Ich schlief bald ein und wurde nur einmal wach, als ein tosendes Gewitter niederging. Gott sei Dank lag ich trocken. Ich mußte unbedingt darauf achten, daß mein Schlafsack trocken blieb.

Die erste Begegnung

Würde ich einen Schlag gegen den Körper spüren und vielleicht noch registrieren? Pfeilschuß! Oder würde ich plötzlich Menschen aus dem Dickicht treten sehen, mit freundlichen oder feindlichen Gebärden? Auf alle diese Fälle hatte ich mich immer wieder autogen vorbereitet.

Beim Pfeil würde ich versuchen, ihn rauszuziehen. Wäre er vergiftet, würde ich die Spitze nicht herausbekommen, weil sie lose auf den Pfeil gesteckt ist und einen Widerhaken hat, um im Fleisch zu bleiben.

Dann müßte ich sofort Prostigmin spritzen. Vier Ampullen hatte ich mit. Sie kosteten daheim nur je eine DM. Für 100 Pfennige konnte ich das Curare-Gift eines Pfeiles neutralisieren. Das müßte nur sehr schnell geschehen. Weil ich allein war, müßte die Spritze im Blut sein, bevor das Curare mein Nervensystem außer Gefecht setzen würde. Denn dann wäre es bereits zu spät. Dann wüßte ich vielleicht noch, daß ich mir die Spritze geben mußte, aber meine Hände würden den Befehl des Hirns nicht mehr ausführen können.

Wenn man einen Begleiter hat und nicht weiterhin beschossen wird, kann man den Verletzten auch mit Mund-zu-Mund-Beatmung über den Berg kriegen. Nach etwa fünfzehn Minuten verliert sich die Wirkung des Curare. Fehlen sowohl das Prostigmin und ist man allein, dann tritt nach einigen Minuten der Tod ein. Infolge der Nervenlähmung erhält die Lunge keine Impulse mehr für ihre Tätigkeit. Sie quittiert den Dienst, während das Herz noch eine ganze Weile treu und brav weiterschlägt.

Darüber dachte ich des langen und des breiten immer wieder nach. Zeit hatte ich ja zur Genüge.

Und gerade wollte ich mal wieder den anderen Fall durchspielen: die Konfrontation mit den Menschen – da standen, wie hingezaubert, drei Yanonámi mitten vor mir auf dem Weg!

Lächeln wollte ich, mich tief und demütig verneigen, leere Hände vorzeigen ...

Es war nicht nötig. Das erkannte ich im selben Moment, als ich die Männer da stehen sah. Sie waren es, die lächelten, sie gestikulierten freudig mit den Armen und ihren Bogen. Kein Zeichen, keine Spur von Feindseligkeit, geschweige denn Angst. Einen besseren »Einstieg« hätte ich mir nicht wünschen können.

Alle drei Männer waren kleiner als ich. Sie hatten die traditionelle Pony-Frisur. Zweien sproß ein dürrer Kinnbart, wie man ihn von den Chinesen kennt. Die Oberarme waren mit Mutum-(Hühnervogel), Tukan- und Ara-Federn geschmückt. Am auffallendsten aber war ihr hochgebundener Penis. Sie trugen um die Taille eine dünne Schnur, mit der sie ihn an der Vorhaut befestigten. Erst dann, so hatte ich gelesen, fühlte ein Yanonámi sich richtig angezogen. Nie würde er ihn unter der Hüftschnur hervorziehen, es sei denn zum Urinieren oder Kopulieren.

An mir hatten die drei Yanonámi wohl ebensoviel zu bestaunen. Sie berührten neugierig die Brusthaare und diskutierten ausgiebig auch die an Rücken und Beinen.

Sie selbst waren ganz glatthäutig. Es fiel ihnen auch auf, daß ich auf dem Kopf recht wenig Haarwuchs aufweisen konnte. Vielleicht kannten sie solche Kahlhäuptigkeit, vielleicht hielten sie es für eine Sitte unter uns Weißen, denn sie selbst hatten eine Tonsur, also eine freirasierte Stelle auf dem Hinterkopf.

Nun, diese Musterung ging mehr nebenbei vonstatten. Am meisten beeindruckten sie meine Kanister.

Die Männer kamen von der Jagd. Einen Papagei hatten sie erlegt, der einem von ihnen über der Schulter hing.

Ihren Gesten entnahm ich: »Hier im Süden gibt es nicht mehr viel Wild. Oben im Norden werden wir mehr Glück haben.«

Es beruhigte mich ein wenig, daß auch sie keine größeren Tiere

gesehen hatten. Der Wald war überjagt. Welch Wunder auch, wenn man bedachte, daß allein am Nebenflüßchen Deminizinho zur Piassaba-Erntezeit 41 Siedler lebten, die täglich auf die Jagd gingen, um ihr karges Einkommen auf diese Weise aufzubessern. Eurico, der Ladenpächter, hatte mir das berichtet.
Der Wildrückgang erfolgte seit Jahren und allmählich. Daß man nicht immer Jagdglück haben konnte, waren Tatsachen, die alle Völker zu allen Zeiten hatten. Auch die Urgroßväter der Yanonámi hatten immer schon Glück und mal Pech gehabt – auch, als es noch gar keine Weißen hier gab.
Man gab – wie ich später erfuhr – nicht den Siedlern die Schuld. Man wandte sich eindringlicher an die Geister und bat sie um mehr Fortune für morgen, wenn man nach Norden gehen würde, wo der Wald noch einige Reserven zu bieten hatte. Nach Norden, wohin die Siedler nicht kamen. Jedenfalls noch nicht.
Ich war durch die Begegnung und die Pause neu belebt. Vergessen war die Schwäche, die sich nach drei Tagen unzureichender Nahrung zusehends durchsetzte.
Ich wollte gern weiter zu »Tushaua (Häuptling) Arakeen«, dessen Namen mir Tatunca Nara genannt hatte. Sie nickten, denn ein anderes Ziel konnte man hier gar nicht haben.
Mühelos warf ich das Gepäck auf den Rücken und wollte meinen Pfadfindern folgen. Doch da erntete ich Protest. Ich mußte die Last sofort absetzen und die Kanister aufteilen. Jeder nahm einen, und mir blieb nur das Aluminium-Gestell. Frei und leicht wie eine Feder im Wind hüpfte ich vergnügt hinter den Jungs her.
Nach vier Stunden ohne Pause – aber unter ständigem heiterem Palaver – wurde der Weg allmählich breiter, und am Nachmittag – es war mein dritter Tag im Urwald – stand ich vor der ersten Maloka, dem ersten Dorf.
»Wie ein Zirkuszelt«, war mein erster Gedanke. Auf einer großen freien Fläche stand ein Rundbau: Pfahl an Pfahl, die Außenwand nur 150cm hoch. Das Rund 80 Meter im Durchmesser. Von der Außenwand stieg das Dach schräg nach innen zur Mitte

empor. Mindestens 10 Meter hoch. Mit Ästen, Lianen, Palmblättern und Gras war alles verflochten und abgedichtet.
Gebückt trat ich durch einen der insgesamt fünf Eingänge in das Innere der Maloka.

Im Dorf

»Leg dich sofort in deine Hängematte!«
Häuptling Arakeen – so gastfreundlich und herzlich er einerseits war – packte mich energisch am Arm und drängte mich zu meiner Schlafstelle.
Ich hatte, mit seiner Billigung, das Rauschmittel Epená geschnupft. Im »Glückszustand« hoffte ich an die anderen Tänzer 'ranzukommen, ihre bunten Körperbemalungen fotografieren zu können. Vorher hatte man mich strikt abgewiesen. Es war schier zum Verzweifeln.
Ohnehin hatte ich immer schon vorgehabt, das Pulver zu erproben, weil es von vielen Ethnologen erprobt und als sehr stimulierend, aber vor allem als unschädlich beschrieben wurde.
»Wer Epená inhaliert hat, fühlt sich als Riese unter Riesen«, hieß es überall. Das wollte ich selbst erleben. Einmal über meine bescheidenen 175 cm hinauswachsen, ohne auf einen Stuhl steigen zu müssen.
Die Yanonámi stellen das Pulver aus bis zu sieben Zutaten her. Es sind alles Pflanzenteile, die über dem Feuer oder in der Sonne getrocknet und dann in einer Paranußschale (wie die der Kokosnuß) staubfein gemörsert werden. Mit feinsten Palmfasersieben wird das Grobe so lange herausgeseiht und erneut zerstoßen – bis wirklich alles durchs Sieb hindurchfällt, bis alles zu Staub geworden ist.
Bei ihren Festen, vor Krankenheilungen, aber auch ohne jeden Anlaß – einfach aus Spaß daran – lassen sich die Männer das Pulver mittels eines meterlangen Rohres durch ein Nasenloch in den Kopf blasen. Sie sitzen dabei in der Hocke.

Im ersten Moment meint man, der Kopf flöge auseinander. Die ätherisch wirkenden, feinen Staubpartikelchen erreichen den letzten Hohlraum. Sofort setzt ein starker Speichel- und Tränenfluß ein. Die Nase läuft löffelweise und mit dem Schleim spült auch ein Teil des dunklen Pulvers wieder heraus. Kein appetitlicher Anblick.

Es wird mehrfach hintereinander geblasen, bis der Berauschte meint, daß er genug genommen hat. Nun hockt ein ein Weilchen in abwartender Stellung, stößt Urlaute aus, verdreht unbewußt die Augen und fängt an, sich schaukelnd zu bewegen. Schließlich steht er auf, stimmt einen Gesang an und beginnt, mit einem oder mehreren Pfeilen in der Hand, zu tanzen.

Wenn die euphorische Wirkung nachläßt, schnupft der Tänzer erneut oder er geht zurück zu seiner Schlafstelle, um auszuruhen.

Hin und wieder erlebte ich Gruppentänze. Dann hatten sich die Männer phantasievoll rot und schwarz bemalt, mit Punkten, Ringen und Wellenlinien. Es war ein schöner Anblick, den ich gern fotografiert hätte.

Aber bei den Gemeinschaftstänzen wurde mir das verwehrt. Ich war noch zu kurze Zeit bei den Yanonámi. Das Vertrauensverhältnis war zu schwach. Was mir blieb, waren Einzeltänzer, weniger dekorativ geschminkt.

Deshalb und aus Neugier hatte ich nun geschnupft. Das Pusterohr hatte Arakeen mir verweigert. »Du kannst das Pulver vom Handrücken einziehen.«

Die Sekretion erfolgte auch bei mir augenblicklich. Die Umstehenden lachten und nickten beifällig. Sicher bekamen meine Augen gerade den verklärten Blick – Zeichen für die beginnende Wirkung.

Nun lag ich, statt zu tanzen, in der Hängematte und meine Fotomotive stampften ohne mich dahin und daher.

Auf scheinbar dürren Beinen, wie auf Schuhen mit hohen Absätzen, war ich in mein Lager zurückgeführt worden. Etwas »erhöht« hatte ich mich gefühlt, als Riese jedoch keinesfalls. »Du hast wohl zu wenig genommen«, folgerte ich daraus. Aber meine

Schweißausbrüche, das etwas fiebrige Gefühl reichten mir, denn es war das allererste Mal im Leben, daß ich ein Stimulativ genommen hatte. Noch nie hatte ich Haschisch probiert, geschweige denn stärkere Drogen.
Um etwas Nützliches zu tun, schrieb ich meine Gefühle ins Tagebuch.
Als ich nach einer halben Stunde allmählich ernüchtert war, schaute ich mir die Handschrift wieder an. Sie hatte sich mit zunehmender Giftwirkung nicht verändert. Derselbe Versuch unter Alkoholeinwirkung hätte ein sich verschlechterndes Schriftbild gezeigt.
Ich wußte während des Rausches immer genau, was ich tat und auch die Tänzer selbst waren bei vollem Verstand. So sehr sie in Trance schienen, so reaktionsschnell verboten sie mir das Fotografieren, wenn ich es bei anderen Gelegenheiten später erneut versuchte, weil ich hoffte, wir wären uns schon näher gekommen.
Deutlich erinnere ich mich an ein besonders großes Fest. Die berauschten Männer tobten und tanzten von »Haus« zu »Haus«, um mit viel Gestik die guten Geister zu beschwören und die bösen zu verjagen. Die Männer wirkten auf mich, wie daheim Betrunkene. Als sie allmählich auf mein Lager zukamen, war ich in Alarmbereitschaft – auf dem Sprung, ihnen auszuweichen. Aber weder die Frauen noch die Kinder noch gar die Tiere zeigten die geringste Furcht – das beste Zeichen, daß mit diesem Rausch keine Gefahr verbunden war. Und so war es auch tatsächlich. Ich war be»geistert«.

Es war der vierte Tag in Arakeens Maloka. Ich trug mich schon mit dem Gedanken, weiterzulaufen, weiter nach Norden, zu weniger von der Zivilisation beeinflußten Menschen. Denn Arakeens Stamm war bereits deutlich von uns Weißen ›gezeichnet‹. Jede Familie besaß einen Metalltopf, viele ein Messer, Angelhaken und – irgendwo im Gebälk – eine Hose, ein Kleid, einen Büstenhalter. Denn Arakeens Leute hielten losen Kontakt zu Euricos Laden und dort sollten sie sich anpassen, also bekleiden. Das hieß nun aber nicht logischerweise, daß die Weißen sich den Indianern anpaßten und ihre Kleidung ablegten, sobald sie deren Siedlungen betraten.

»Schließlich sind wir die ›Zivilisierten‹. Was wir machen, ist richtig und diese ›Wildlinge‹ haben sich anzupassen.« So die allgemeine Meinung. Und so heißen sie ja auch bis heute in vielen Medien und Berichten »Wilde«.

Daß Indianer überhaupt Menschen sind und nicht Tiere, auf die man Jagd machen kann, wissen wir – Gott sei's gedankt! – seit Papst Paul II. in einer Bulle des Jahres 1537 verkündet hatte, Indianer seien wirkliche Menschen, die frei über sich und ihr Eigentum verfügen könnten.

Diese Feststellung änderte leider nichts daran, daß es nachgewiesenerweise bis in die 60er Jahre hinein regelrechte Jagden auf Indianer gegeben hat nach der Devise »Was machen wir am Wochenende? Sollen wir mal ein paar Indios schießen gehen?«

Die Yanonámi Arakeens haben diese bitteren Erfahrungen noch nicht gemacht. Sonst wäre meine Aufnahme durch den Häuptling nicht so betont herzlich gewesen. Mit viel Hallo und noch mehr Neugier in den Augen standen die Leute um mich herum, nachdem die hilfsbereiten Jäger mich im Dorf abgeliefert hatten.

Man reichte mir sogleich eine Cuia (Kürbisschale) Mingau (Bananenbrei), der überraschend delikat schmeckte. Man hatte Bananen mit der Hand zerquetscht und mit etwas Wasser gekocht. Erst dabei entfaltete sich der süßsaure Geschmack, und die Suppe wurde sämig infolge der Stärke, die Bananen enthalten.

Unter regem Pusten löffelte ich sicherlich zwei Liter der köstlichen Fruchtspeise und hatte dabei reichlich Gelegenheit, mir die Maloka anzuschauen.

Eine Maloka ist kein Dorf nach unserem Verständnis. Es ist vielmehr ein imposanter Rundbau, wie schon angedeutet, circa 80 Meter im Durchmesser. Wie ein überdachtes Stadion, das in der Mitte offen ist, war mein erster Eindruck. In diesem großen Rund hat jede Familie einen Abschnitt von 5–10 Metern. Dort hängen ihre Hängematten, dort brennen ihre Feuer.

Ein Jaguar-Pärchen stört mein Camp

Rast unter einem verlassenen Tapiri

Teilansicht einer Maloka

Die Maloka wird ausgebaut

Schlafende am Feuer. Die Arme dienen als „Wärmeleiter“.

Yanonámi-Mädchen mit Frischling

Anwendung und Wirkung des Rauschmittels Epená

Besuch von einem benachbarten Stamm (Vater und Sohn).

Yanonámi-Kinder freuen sich über den Regen

Mein bisher größter Fang: eine Anakonda

Letzte Rast

Besonders gegen Abend wird sich kein fremdländischer Besucher dem Eindruck entziehen können, den die 30–50 Feuer hervorrufen. Sie glimmen oder lodern, eins neben dem andern, und versorgen die Schlafenden mit Wärme, dokumentieren Zusammengehörigkeit.
Da »meine« Yanonámi keine Decken, auch keine Felle, besitzen, ist das Feuer für sie lebensnotwendig. Es wird unter allen Umständen entzündet und während der ganzen Nacht immer wieder neu geschürt. Je mehr die Flammen in sich zusammenfallen, desto weiter recken die Schlafenden einen Arm oder ein Bein in Richtung Glut, um die Wärme über diese »Leitung« auf den Körper zu übertragen. Bis die Kälte sie zwingt, Holz nachzulegen.
Abends war die Zeit des Hauptessens. Ich wurde von Arakeen verpflegt, aber auch ständig an andere Töpfe gerufen.
Als die Dorfgemeinschaft eines Tages sechs männliche Wildschweine (Pekaris) erbeutet hatte, schien es mir, als hätte Arakeen sämtliche Genitalien in seinem Topf. »Alemão, dann wirst du so potent wie ich!« Er reichte mir einen Penis nebst Gehänge. Den Rest aß er fast allein und wies stolz auf seine drei Frauen.
»Sie haben ein und denselben starken Mann: Mich, Häuptling Arakeen!«
Übrigens nannten mich alle Alemão, Deutscher, denn Rüdiger oder auch nur Rudi zu sagen, fiel ihnen schwer. Und Alemão kannten sie schon aus dem Portugiesischen, das einige von ihnen gut sprachen.
Ich meinerseits nannte sie nur Yanonámi, denn ihre echten Namen verraten sie nicht. Sie nennen sich, angepaßt, Antonio, Mario, João, Gabriel, usw. Nicht einmal die eigenen Eltern sprechen die Namen laut aus, denn dann könnte »die Seele Schaden nehmen«. So rufen sie einander etwa so: Du Mutter des Kindes, du großer Jäger, du Frau meines Sohnes oder ähnlich. Und ich rief sie allesamt Yanonámi.
Sobald es dunkel wurde, war jedermann »zu Hause«. Nachts lief niemand durch den Wald. Zuviele Gifttiere sind nachtaktiv. Man

würde irgendwann Schaden nehmen. Also ist man rechtzeitig daheim oder im nächtlichen Waldlager am Feuer. Die Dorfeingänge wurden bei Dunkelwerden verrammelt gegen mögliche Überfälle. Wer nun noch »austreten« mußte, machte dies innerhalb der Maloka. Im Innenkreis des großen Rundes gab es faustgroße und armtiefe Löcher, in die man hockend urinierte. Anschließend wurden die »Toiletten« mit einem Stück Holz zugedeckt.

Mehrmals gesellte sich Mauricio, Arakeens ältester Sohn, zu mir. Er sprach gut Portugiesisch.

»Das habe ich in Manáus gelernt«, offenbarte er mir.

»Wie bist du denn da hingekommen?«

»Die FUNAI hat mich mitgenommen. Sie hofften, daß es mir gefiele und ich dortbliebe.«

»Und hat es dir nicht gefallen?«

»Nein, die Menschen in der Stadt hatten fast alle Bäume abgeschlagen. Es war unerträglich heiß. Und anstatt nackt herumzulaufen wie wir, behielten sie die Garderobe an. Weil sie dann aber schwitzten, erzeugten sie mit Maschinen kalte Luft in den Zimmern. Ich bin damals sehr krank geworden.«

Es hatte Mauricio auch aus anderen Gründen nicht gefallen. »Hier im Wald bin ich gut. Ich kenne und kann alles, was ein Indianer zum Leben braucht. Aber dort in der Stadt konnte ich gar nichts. Ich fand nicht einmal die Wege. Ich war dumm. Die Menschen waren nett zu mir. Aber sie sind mir fremd geblieben. Es gibt so viele, viele von ihnen. Sie laufen aneinander vorbei, und niemand kennt den anderen. Hier im Wald ist das anders. Und deshalb gehe ich auch nie wieder fort von hier.«

Während Mauricio langsam wieder an sein Feuer zurückschlenderte, zu seiner hübschen jungen Frau, beobachtete ich die drei Ehefrauen des Häuptlings. Sie schliefen um ein eigenes Feuer, wirkten sehr apatisch und hatten häufig miteinander Streit. Ein Liebesleben unserer Anschauung dürfte nachts kaum stattfinden, weil jeder unter Beobachtung durch Nachbarn steht. Auch bei den Yanonámi gilt die Sitte, »Liebe« nicht vor Zuschauern zu praktizieren. Das besorgt man tagsüber im Wald.

Um sich den Wonnen ungestört hingeben zu können, legt man das Liebeslager mit großen Blättern aus. Wer da glaubt, darauf verzichten zu können, wird es bald bereuen. Dafür sorgen Ameisen, Dornen oder die ätzende Mikroflora. Liebe im Urwald – gar nicht so einfach.

Dabei muß der Yanonámi-Mann vielerorts noch höllisch aufpassen, daß seine Frau nicht geraubt wird. Bei Überfällen auf fremde Dörfer ist es gang und gäbe, daß die jungen Frauen geraubt werden.

Geraubte Frauen werden im neuen Dorf zunächst unter Aufsicht gestellt. Dann kann es ihnen geschehen, daß sie eine Massenvergewaltigung über sich ergehen lassen müssen, eine ›liebe Tradition‹, zumindest im Verständnis der Yanonámi.

Und schließlich kommt der Tag, wo die Frauen »geheiratet« werden, das heißt, wo jeweils ein Mann sich für eine oder mehrere entscheidet. Aber ganz sicher kann er ihrer erst sein, sobald sie ein gemeinsames Kind haben. Männer, die keine Frau besitzen, haben sexuelle Rechte bei den Frauen ihrer Brüder. »Ein Brauch, der auch der Homosexualität vorbeugen könnte. Dennoch nimmt diese Unsitte unter beiden Geschlechtern bedenklich zu.« (Keith Wardlaw, Missionar)

An all diese Gepflogenheiten mußte ich denken, wenn ich das Tun und Treiben um mich herum beobachtete. Ich mußte auch an Missionar Koops Worte denken: »Die Haumesser wird man Ihnen schon im ersten Dorf abnehmen.« In diesem Punkt hatte er nämlich recht behalten. Mit unendlicher Geduld hatten Arakeen und seine Männer mich bearbeitet. Vom Lächeln übers Betteln bis hin zum Fordern und Bösewerden reichte ihre Trickskala. Und sie hatten damit Erfolg gehabt. Ich besaß gerade noch mein eigenes Messer. Und ich mußte es höllisch verteidigen. »Dies ist mein letztes, mein eigenes!« Fast klang es schon wie ein Notschrei. »Das brauche ich selbst.« Und das respektierten sie dann auch. Eins darf jeder haben. »Aber was darüber hinausgeht, gehört allen.« Ich mußte mich fügen, wollte ich mir die Gastfreundschaft nicht verscherzen.

Als meine Messer »ausverkauft« waren, kamen die Angelhaken

dran, die Nylonsehne, die Spiegel. Nur die Medikamente wollte niemand. Sie wurden zum Ladenhüter.
Einige wenige Dinge konnte ich aus dem Dorf schmuggeln und als Reserve vergraben.
Ein einziges Mal wurde ich bestohlen: Mein Repellex (eine insektenverscheuchende Flüssigkeit zum Einreiben) hatte einer unbekannten Frau die Sinne verwirrt.
Hielt ich selbst das Mittel für geruchsneutral, die Indianerinnen fanden es hinreißend, betörend, umwerfend. Das entnahm ich ihren Ausrufen, den Mimiken. Und als ich es wieder mal benötigte, war es futsch. Wie bei allen Naturvölkern der Erde hätte ich nur zu Arakeen zu gehen brauchen. »Hast du zufällig mein ›Parfum‹ gefunden? Ich habe es verloren.« Jeder ehrenwerte Tushaua hätte es innerhalb kürzester Zeit wieder beschafft. Aber ich verzichtete darauf. Wollte ich schließlich den Urwald (fast) wie ein Indianer erleben, durfte ich auch nicht herumlamentieren, nur weil mein Insekten-Schreck verschwunden war. Ich ertappte mich aber dabei, wie ich wiederholt von Weib zu Weib schlich und heimtückisch an ihnen herumschnupperte. Das Repellex blieb verschwunden. Juckijucki nochmal!
So stand ich dann wie die anderen Indios Tag für Tag, je nach Dringlichkeit, über dem Rauch und der Hitze des Holzfeuers, um zumindest Flöhen und Läusen die Flausen aus dem Kopf zu treiben, mich als Wirtsherrn zu benutzen. Natürlich wurde ich ihrer nicht Herr. Zu leicht war es für sie, mich von überallher erneut anzuspringen oder anzukrabbeln, wenn ich auf irgendwelchen Hängematten zu Gast war.
Eine weitere Lösung war das gegenseitige »Flöhen«. Der geringste bittende Blick genügte, bei den gleichermaßen heimgesuchten Indianern Solidaritätsgefühle auszulösen. Mit regelrechtem Enthusiasmus umringten sie mich dann, und wir suchten einander die Plagegeister aus dem Pelz.
Jeder Fund wurde begeistert aufgenommen und in den Mund gesteckt. Nur im Magen konnte man sicher sein, daß er nicht noch weiteres Unheil anrichtete.
Yanonámi-Land ist auch berüchtigt für seine Sandflöhe. Mit ih-

ren Präzisionsgeräten bohren sich die Hopper unbemerkt ins Fleisch, gern unter die Fußnägel, und legen dort in Seelenruhe ihre Eier ab. Erst wenn die Gelege für eine Vereiterung sorgen, bemerkt man die Fremdlinge. Doch dann setzte schon wieder die Fürsorge meiner Gastgeber ein. Mit einer Nadel oder einem Dorn und viel Geschick piekten sie mir die Eier-Eiter-Stränge heraus. Zurück blieb ein Krater pro Flohnest. Pro Tag etwa 5 im Durchschnitt.

Es gab Indianer, die durch Sandflöhe bereits ihre Fußnägel eingebüßt hatten. Es gab Hunde, die so voller Ungeziefer waren, daß sie vor Kratzerei kein einziges Haar mehr hatten und nur noch vor sich hinwinselten. Am liebsten hätte ich sie von ihren Qualen erlöst. Aber ich wagte es nicht, aus Angst ein Tabu verletzen zu können.

Es gab im übrigen viele gezähmte Tiere in Arakeens Maloka: Papageien, Tukane, Schildkröten, Affen, Gürteltiere, Mutums und junge Schweine. Manche wurden wie Kinder gehegt. »Dieses Schwein werden wir nie essen«, beteuerte eine junge Frau, die ein Ferkel säugte. Liebevoll schaute sie es an. Es war ihr Kindersatz. Die Kinder-Sterblichkeit ist hoch. Und während sie ihr Schweinchen noch zärtlich tätschelte, blinzelte mir ihr Mann heimlich und vielsagend zu und bedeutete gestenreich: »Wenn es groß ist, schneiden wir ihm die Kehle durch.«

Im allgemeinen aber ging es den Tieren nach unserem (europäischen) Tierliebe-Verständnis schlecht. Sehr schlecht sogar, und ich war heilfroh, keinen Hund als Geschenk mitgebracht zu haben. Wenn ein Tier störte, dann setzte es nicht etwa nur einen warnenden Klaps – dann flogen Pfeile, gezielt geschossen, oder es krachten schwere Holzstücke mit voller Wucht auf die Rükken der Tiere. Zweimal verendete eins infolge dieser Radikalbehandlung vor meinen Augen.

Allein weiter

»Wie stellst du dir das vor? Es gibt weder Boote, noch können wir schwimmen! Und ihr müßt über einen großen Fluß.«
»Das ist kein Problem, Arakeen. Aus meinen Kanistern können wir einen Schwimmgürtel machen.« Wie der aussah, hatte ich tagsüber den Kindern im nahen, flachen Fluß gezeigt. Begeistert hatten sie ihn alle erprobt.
»Sie werden sich wundern«, erinnerte ich mich einer Prophezeiung des Padre Pedro aus Barcelos. »In ihren heimischen Wassern schwimmen die Indios wie die Fische. Und woanders wagen sie gerade, aus den Flüssen zu trinken oder allenfalls über wackelige Baumstämme ans andere Ufer zu balancieren. Aber vorm Schwimmen haben die, die nicht an großen Strömen wohnen, panische Angst.«
»Arakeen, ihr besucht doch die Schiriana (XIRIANA) und sie besuchen euch. Warum könnt ihr denn immer dann schwimmen, wenn *ihr* sie besuchen geht?«
Arakeen blieb hart. »Die Schiriana haben Boote. Und wenn wir sie besuchen, kommen sie uns mit den Booten entgegen und setzen uns über den großen Fluß.«
Oh, Geduld, verlaß mich nicht! Es drängte mich. Ich wollte – nach einer knappen Woche – weiter zu den Schiriana im Norden. Dafür erhoffte ich mir einen Begleiter. Aber Arakeen wollte nicht. Als die umherstehenden Kinder ihm erklärt hatten, wie toll mein Schwimmgürtel sei, waren es plötzlich »die Krokodile und viele, viele Piranhas«.
»Arakeen, du weißt wie ich, daß die Piranhas nicht beißen. Ich werde als erster schwimmen.«
Schließlich wurde er weich. Nicht zuletzt, weil seine Tochter Claudeesch ihm zugeredet hatte. »Laß ihn doch gehen. Er wird schon selbst sehen, daß der Fluß wirklich groß ist und nicht so klein wie der unsere. Und dann kann er immer noch umkehren.«
Claudeesch half mir nicht ganz uneigennützig. Ich hatte ihr meinen Spiegel versprochen. Und der Spiegel war meine Rettung. Sonst hätte ich schon hier erfolglos umkehren können, hätte einen besseren Einschlupf suchen müssen.

»Gut, Mario wird dich begleiten. Morgen früh könnt ihr gehen.« Er küßte mich väterlich.
Mario war klein und nach Selbsteinschätzung »schwach«.
»Nimm kein Gepäck mit. Der Weg ist weit. Wir laufen drei Tage.« Ich bekam Reisefieber. Ich sortierte aus, was ich aussortieren konnte. Aber das waren hauptsächlich Medikamente. Alles andere erschien mir wichtig. Schließlich packte ich auch nach anderen Kriterien als Mario. *Er* war überzeugt, der Demini wäre unsere Endstation. Ich hingegen war sicher, unter allen Umständen weiterzugehen.
Am Rio Toototobi entlang wollte ich in Richtung Venezuela marschieren. Bei den New-Tribes-Missionaren erhoffte ich mir neue Vokabeln aus deren Privatlexikon, um damit auch mit solchen Indianern reden zu können, die kein Portugiesisch beherrschten.
Im großen und ganzen wollte ich mich aber treiben lassen. Es war mir egal, ob ich in Brasilien blieb oder über das Gebirge (Serra Gurupira) nach Venezuela mußte, um auf weitere Yanonámi zu stoßen.
Zur Orientierung hatte ich einen Kompaß, den ich aber kaum benutzte. Die Himmelsrichtung zeigt einem eh die Sonne. Und der Weg wird weitgehend vom Dschungel vorgezeichnet, wie im Gebirge, wo man auch nicht stur geradeaus gehen kann.
Die Rückkehr wäre auch ohne Kompaß kein Problem. Diesseits der großen Serra flossen alle Bäche in den Rio Negro, Brasilien, und jenseits in den Orinoco, Venezuela. So einfach war das.
Nach diesen Gesichtspunkten hatten sich die Venezolaner und Brasilianer auf ihre gemeinsame Grenze geeinigt, das »Niemandsland« geteilt. Für die Yanonámi ein unbekannter Vorgang. Sie leben hüben wie drüben. Die Staatsgrenze hat nur für uns Weiße Bedeutung. Ich hatte kein Visum für Venezuela.
Würde ich drüben in Venezuela auftauchen müssen, wollte ich den Behörden eine Geschichte erzählen von »Fieber und Bewußtlosigkeit« und Indianern, bei denen ich »erwachte, und die mich gesund pflegten«. Aber warum sollte ich mir jetzt schon

den Kopf über das Morgen zerbrechen? Kam Zeit, kam sicher auch Rat.

Am nächsten Morgen wollten Mario und ich starten. Als ich aufwachte, sah ich gleich, daß Mario nicht da war. »Er ist jagen«, sagte seine Frau. »Schließlich müßt ihr erst mal gut essen. Euer Weg ist weit.«

Auch am zweiten Tag war Mario fort. »Alle Männer gehen heute Schweine schießen.«

Das konnte stimmen. Denn außer ein paar Alten und Kindern war niemand in der Maloka. Ich war deprimiert. Aber nur eine traurige Stunde lang. Dann erkannte ich die gute Gelegenheit, einfach allein zu gehen. Kurzentschlossen verabschiedete ich mich bei ihnen, nahm meine drei Kanister und verließ das Dorf.

Ein zehn Meter breiter Weg, fast eine »Autobahn«, führte durch aufgeweichtes Gelände, vorbei an einigen Maniok- und Bananenplantagen. »Diesen Weg hat die FUNAI gemacht, damit deren Männer leichter zu uns kommen können«, hatte mir Arakeen mal erklärt. »Am unteren Demini hat die FUNAI einen ihrer Sperrposten.«

Ich fühlte mich fit. Meist war ich satt geworden an Arakeens Töpfen, und das reichte für ein paar Tage, denn jetzt lief ich wieder ohne Nahrung. Ich konnte schließlich nicht das Dorf verlassen und mir einfach Bananen mitnehmen.

Nach zwei Stunden war der deutliche Weg zu Ende. Er war allmählich immer mehr überschwemmt gewesen und löste sich dann vollends auf, als ich den Fluß erreichte. Ein hölzernes Dach über einem erhöhten Podest für die ankommenden FUNAI-Leute und deren Gepäck war das letzte Zeichen der Zivilisation.

Jetzt hieß es, den Weg, einen Übergang über den Fluß allein finden. Das Suchen, das Gepäcktragen hatten Kraft gekostet. Ich setzte die Last ab. Vorsichtshalber vertäute ich die Kanister an einem Busch und watete brusttief von Baum zu Baum, um an immer neuen Stellen eine »Brücke« über das reißende Wasser zu suchen.

Als ich sie endlich gefunden hatte, ergab sich die Schwierigkeit, zum Gepäck zurückzufinden. Jeder Quadratmeter schien mir wie der andere auszusehen. Wo hatte ich es, verflixt noch mal, abgestellt?

Ein Indianer hätte über soviel Blindheit seinen Kopf geschüttelt. Für ihn sind jeder Baum, jeder Busch, jeder Zweig unverwechselbar. Was er einmal – selbst im Kindesalter – gesehen hat, erkennt er noch nach Jahren wieder.

Dafür finden wir uns mühelos in Städten zurecht. Wir orientieren uns an Häusern, Parks, Straßennamen. Und das wiederum sind für den Indianer keine Anhaltspunkte. Er braucht grüne Blätter, Flüsse, Berge.

Das treffendste Beispiel dafür hatte mir Mauricio, Arakeens etwa 25jähriger Sohn, erzählt: »Als ich das erste Mal die Dörfer der Weißen sah, war ich völlig hilflos. Es gab unzählige Pfade in alle Richtungen. Ich wußte nie, welchen ich nehmen sollte, weil sie alle Bäume abgeschlagen hatten.«

Auch Padre Pedro von der Salesianer-Mission hatte dazu eine Anekdote parat: »Ich hatte einen Indianer in ein kleines Dörfchen mitgenommen. Nie zuvor hatte er eine weiße Siedlung gesehen. Das Dorf war so klein, daß es nur eine einzige Straße gab. Sie verlief parallel zum großen Fluß. Beidseits der Straße je eine Reihe Häuser. An einem Ende der Dorfstraße lag unsere Mission. Am anderen wohnte ein Mann, den ich besuchen mußte.«

Padre Pedro nahm den Indio mit, »um ihm unsere Welt zu zeigen«. Am Ende der Straße bat er ihn, zu warten. »Ich komme gleich wieder. Der Besuch dauert nicht lange.«

Das tat er doch. Mehr noch: Padre Pedro verließ das Haus ganz in Gedanken durch den Hintereingang. »Den Indianer hatte ich total vergessen.«

Erst in der Mission beim Abendbrot, vermißte er seinen Schützling. So sehr er herumfragte, niemand hatte ihn gesehen. Er würde doch nicht etwa noch am Ende der Straße auf den Padre warten?

Doch – das tat er. »Mein Sohn, warum bist du nicht einfach zur Mission zurückgekehrt?«

Der Indianer zitterte förmlich vor Unsicherheit. Er hatte »den Weg nicht gefunden«.

Statt dessen hatte er sich bereits ein Nachtlager gebaut, denn hinter dem letzten Haus begann der Urwald. Und der war ihm vertraut.

Ich konnte Pedros »Sohn« das nachfühlen. Es ging mir derzeit keinen Deut, kein Blatt, besser: »Es gab so schrecklich viele Pfade.«

Es war längst Mittag, als ich vorsichtig über den Baumstamm, die Brücke, hinwegzitterte. Eine Liane diente als Geländer. Es war also kein zufällig gestürzter Baum. In der Mitte strömte das Wasser knietief über den Stamm hinweg. Und drüben war nicht nur die Brücke zu Ende – auch der Weg hörte auf!

Da stand ich nun. Es gab viele Möglichkeiten, viele Pfade, denn das Unterholz war nicht besonders dicht. Ich hatte die freie Auswahl. Was anfangs oft ein Pfad zu sein schien, verlor sich nach wenigen Metern im Wasser oder vor verfilztem Gebüsch. Ich war in einem Labyrinth, in einem Irrgarten. Gegen 16.00 Uhr war ich bereits so abgekämpft, daß ich beschloß, auf einem Mini-Hügel, der aus dem Wasser lugte, das Nacht-Camp zu machen, zu verschnaufen, zu neuer Strategie zu finden. So, wie ich bis jetzt gelaufen war, würde ich mich zu schnell verausgaben.

Mit der Wegsuche hatte ich zuviel Zeit vertrödelt. Meine Tagesleistung betrug höchstens fünfzehn Kilometer. Wenn man die zehn Kilometer breiten Wege abzog, blieben fünf Kilometer übrig. Fünftausend Meter an einem halben Tag!

Dazu kam, daß es mit Nahrung schlecht aussah. Einen kleinen Frosch hatte ich gefangen, den ich aus Mitleid hüpfen ließ. »Der macht den Kohl auch nicht fett!« Ich wollte schlafen und dafür brauchte ich es nicht unbedingt. Für die nächtliche Kühle hatte ich den Schlafsack. Ich schlief wie ein Murmeltier.

Am nächsten Morgen faßte ich einen Entschluß. Wenn mich der Hunger in den nächsten Tagen nicht bezwingen sollte, mußte ich zügiger vorankommen.

Ich wollte auf die Wegsuche verzichten und so stur wie möglich nach Norden laufen. Nach 3–4 Tagen konnte ich den Demini

erreichen. Er war unter keinen Umständen zu verfehlen, denn er floß quer zu meinem Weg von West nach Ost und war breiter als alle Ströme, die ich bisher gekreuzt hatte.
War ich erst einmal über den Fluß hinüber, wollte ich wieder mit meinem Mundharmonika-Spiel beginnen und Menschen anlokken.
Unter den besagten Schwierigkeiten war mir auch klargeworden, daß ich noch immer zuviel Gepäck besaß.
Ein verlassener Gürteltierbau bot sich als Versteck an für alles, was ich erübrigen konnte.
Ich trennte mich kurzentschlossen von meinem Aluminium-Tragegestell, dem Kanister mit den Geschenk-Medikamenten, einer Kamera nebst Optiken und 60 Filmen, dem dicken Tagebuch. Summa summarum: 12 Kilo.
Ich hatte das Depot gut getarnt und versucht, mir seine Lage einzuprägen. Sollte meine zweite Kamera wider Erwarten ausfallen, mußte ich den Platz unbedingt wiederfinden. So markierte ich die Bäume auf einer Achse von einem Kilometer links und einem Kilometer rechts in Ost-West-Richtung (also quer zum Marschweg) und beidseitig, d. h. von Norden wie von Süden her sichtbar mit einer Kerbe.
Ein Indianer würde das Versteck ohne weiteres sofort finden, dessen war ich sicher. Auch solche, die hier zufällig vorüberkämen. Aber ich hatte bei Arakeens Leuten erfahren, daß man fremdes, vorübergehend deponiertes Gut nicht berührte. Dann zog ich weiter. Befreit von Lasten und optimistisch. Ich pfiff sogar etwas vor mich hin. Der Urwald schien in die Melodie einzufallen: Affen kreischten, Schweine preschten davon, Mutums flatterten vor mir in Sicherheit. Und so, wie Geld zu Geld kommt, kam auch bei mir Glück zu Glück. Eine Riesenschildkröte kreuzte meinen Weg. Ich hatte eine runde Mahlzeit! Mein Magen machte einen Salto.
Das Tier wog bestimmt sechs Kilo. Das war die gute Seite des Fundes. Aber damit hatte ich mein Gepäck fast wieder aufs alte Gewicht gebracht.
Doch es half kein Jammern. Solche Chance bot sich nie wieder.

Ich vertäute das Tier mit einer Kordel aus dem Überlebensgürtel und stampfte weiter.
Auch an diesem Tag kam ich nicht sehr weit. Das Tier war sehr unhandlich und hemmte meinen Schritt. Als ich an einem umgestürzten Baum Mengen trockenen Holzes in die Luft ragen sah, machte ich halt.
Es tat mir leid um das Tier. Es hatte zwar seinen schützenden Panzer, aber es war dennoch so wehrlos.
Meine Gedanken wurden abrupt unterbrochen, als ich beim Holzsuchen um Haaresbreite in eine Korallenschlange gegriffen hätte. Korallenschlangen gehören zu den farbenprächtigsten der Welt. »Wenigstens ein Foto!« dachte ich, riß einen kleinen Ast vom Baum, um das Tier damit zu fangen. Aber die Schlange ließ sich nicht halten. Unter zuckenden Bewegungen entwand sie sich mir im dicken, weichen Humus. Der Stock hatte keinen Widerstand gefunden.
Als ich zu meiner Schildkröte zurückkehrte, sah ich alles ungewollt mit anderen Augen. Hier im Wald, zumal unbekleidet und quasi unbewaffnet, denn der Revolver als Jagdwaffe schied aus, war ich ein armseliges Teilchen im Gesamtbiotop. Hier galten wieder die Gesetze der intakten Wildnis, in der nur der Stärkere überlebte. Hier hieß es: Fressen oder gefressen werden.
Ich tötete die Schildkröte verschwenderischerweise mit einem Schuß aus dem Revolver, nahm sie aus und briet sie mir.
Das Tier hatte zehn schalenlose Eier verschiedener Größe in sich, die ich in Blätter wickelte und »kochte«. Sie waren ein lekkerer Abschluß.
Das Glück, solch kompakte Nahrung zu finden, hatte ich nicht oft, und jedesmal spürte ich wieder mein schlechtes Gewissen.

Dritter Tag. Drittes Lager allein. Dämmerung. Ich war bereits am Einschlummern, träumte von irgend etwas Schönem, machte Pläne. Da sagte plötzlich neben mir jemand: »Du hast oft nach dem Weg gesucht, Alemão!«
Ich fiel vor Schreck aus der Hängematte! Ein Jaguar hätte mich nicht mehr schocken können.

Mario stand vor mir. »Du bist viel hin- und hergelaufen. Der Weg verläuft weiter im Osten.« Er sagte das alles so nebenbei, als wären wir die drei Tage zusammen gelaufen, als hätte man sich da bereits alles erzählt, als gäbe es nichts Neues mehr.
Ich umarmte Mario spontan. Seine Gegenwart – welch eine Erleichterung! Ich freute mich so, ich empfand eine derartige seelische Entlastung, daß mir vor Rührung ein paar Tränen kamen.
Dieser smarte, kleine Indianer hatte also doch noch sein Versprechen eingehalten. Er war mir auf meinem Zick-Zack-Weg gefolgt und nun spannte er seelenruhig seine Hängematte aus Baumrinde unter mein Blätterdach und kümmerte sich um ein anständiges Feuer.
Mein Glücksgefühl war unbeschreiblich. Ich hatte einen Freund, ein Feuer, ich hatte Geselligkeit, ich würde den Weg finden! Mario wollte ich, wenn ich den Wald verließe, alles schenken, was ich besaß.
Zur Feier des Tages teilte der Indianer seine letzten vier Bananen mit mir. Ich mußte mich richtig beherrschen, um nicht gleich in sie hineinzubeißen und legte sie, wie er, in die Glut. Da brutzelten sie in ihrer eigenen Schale, vervielfältigten ihren feinen Geschmack und belohnten so meine Geduld. Denn ich hatte schon wieder Hunger, weil die Schildkröte ›netto‹, also ohne Panzer, nur eine Mahlzeit ergeben hatte.

Zwei Kilometer war ich schätzungsweise vom Weg abgekommen. Mario ging voran. Wir kamen zügig weiter. Jetzt, wo er voranschritt, erkannte ich den Weg auch ganz klar. »Ja, hier ist er ja auch viel deutlicher«, machte ich mir etwas vor. Denn er war nicht deutlicher. Das merkte ich sofort, als Mario mich vorweg gehen ließ. Alle fünf Minuten korrigierte er meine Richtung. Aber aus diesen Korrekturen ließ sich viel lernen.
Am zweiten Tag war Mario wie verändert. Er war mürrisch, antwortete mir nicht mehr und forderte Tabak. »Wie kann das sein, daß du keinen Tabak hast?«
Ich hatte wirklich keinen.
»Ohne Tabak kann ich nicht laufen.«

Wie alle Yanonámi trug auch Mario sein Tabakblatt zerkaut und als Rolle hinter der Unterlippe. Dort laugte er es aus wie wir einen alten Kaugummi. Bestimmt war keinerlei Nikotin mehr darin. Abends legte er die Tabakrolle sorgfältig an die Seite. Morgens war sie hart. Dann machte er sie mit Speichel oder Wasser und mit Asche aus dem Feuer wieder »gelenkig«.

»Was liegt da in der Asche?« hatten mich die Indianer mitunter gefragt, wenn ich in Gedanken eine Filmschachtel hineingeworfen hatte. Ich selbst konnte sie schon gar nicht mehr wahrnehmen, so verbrannt war sie. Ich hatte es gut gemeint und wollte nach deutschem Schema die Müllflut bekämpfen. »Papier«, sagte ich. Aber die Indios schüttelten verständnislos den Kopf und schoben den Teil der Asche an die Seite. Ganz sicher hatten sie mit der Asche unserer Zivilisationsprodukte schlechte Erfahrungen gemacht. Im nachhinein wurde mir das auch klar: Selbst eine Filmschachtel enthält in Form des Farbaufdrucks Chemikalien, die dem Indianer fremd sind, die giftig sein können, die die Asche verfälschen, welche für ihn Kochsalz-Ersatz, also lebensnotwendig, ist.

Heute störte Mario einfach alles. »Der Fluß ist unvorstellbar breit«, entschlüsselte ich dann sein Brummeln, »von hier bis da hinten.« Er machte eine entsprechende Handbewegung. »Die Piranhas lassen niemanden lebend rüber.«

Da lag also der Hase im Pfeffer: Mario hatte Angst. Spätestens am Demini wurde mir das klar.

Plötzlich teilt sich das Dickicht. Sonne, Licht, Wärme überfluteten uns. Die Kühle des Waldes war unterbrochen, auch die Dunkelheit.

Geblendet und bald auch schwitzend standen Mario und ich nach für mich insgesamt fünf Tagen am Ufer des Demini. »Dort drüben mündet der Toototobi. Du erkennst ihn an dem kleinen Katarakt da vorne.« Auf den Punkt genau hatte Mario den Zusammenfluß der beiden Flüsse gefunden.

Ich badete und mein Magen erinnerte mich sofort ans Angeln. Doch Mario hatte andere Pläne. »Laß uns jetzt umkehren. Du hast gesehen, was du wolltest.« Hatte er gesagt »umkehren«? Ich

meinte, nicht richtig gehört zu haben. Umkehren, wo ich doch erst am Anfang stand?
»Wir wollten doch zu den Schiriana«, brachte ich kläglich heraus. »Warte mal, ich zeige dir jetzt mein Boot.«
Ich wollte ihn schnell beschäftigen, bloß keine Angst aufkommen lassen. Vorgestern hatte er mir so viel Mut gegeben, heute sollte es umgekehrt sein. Flugs hatte ich die beiden Kanister, die ich per Kopfband trug, abgesetzt. Ich legte sie mit einem Meter Abstand auf die Erde, packte einen schweren Ast darüber und vertäute das ganze zu einem »Schwimmgürtel«.
»Hol noch mehr von den Lianen«, bat ich Mario. Ich hätte auch von der Perlonschnur im Überlebensgürtel nehmen können, aber ich wollte ihn partout beschäftigen, ihn ablenken von seiner Angst.
Mit indianischer Geschicklichkeit hatte er schnell und geschickt einen stabilen Schwimmkörper gebaut. Als letztes befestigte ich meine sechzig Meter Perlonleine, mit der ich ihn und Mario gegen den Abtrieb sichern wollte. Das Seil reichte bis knapp ans andere Ufer. Bevor Mario die Strömung in der Mitte erreichen würde, würde ich längst drüben sein und konnte ihn nachziehen.
Der Indianer hatte noch kurz und zuversichtlich im flachen Wasser geübt. Ich schwamm los. Als die sechzig Meter Leine ausgelaufen waren, straffte sie sich. Ich schrie: »Loslassen!«, und gab ihm einen Wink. Gleichzeitig schwamm ich kräftiger, um auf jeden Fall schon Boden unter den Füßen zu haben, wenn Mario ins Tiefe kam, in die Strömung. Natürlich konnte er nicht untergehen, aber auf keinen Fall durfte Panik aufkommen. Gut, daß das Seil nicht kürzer war, daß ich ihn nicht schon von der Mitte aus ziehen mußte.
»Der Bursche ist schwer wie ein Stein«, merkte ich schon bald und legte mich noch mehr ins Zeug bzw. ins Wasser. Das Ufer wollte und wollte nicht näherkommen! Vielleicht hatte sich das Floß verhakt. Ich drehte mich um. Und da sah ich die Bescherung! Mario stand bis zur Brust im Wasser und hielt sich an einem weit überhängenden Ast fest.

»Loslassen«, brüllte ich. Diesmal mit Erfolg. Leider mit falschem: Er ließ nicht den Ast, er ließ die Kanister los. Die Strömung packte sie und trieb sie im Bogen flußabwärts. Ich holte sie nah zu mir heran. Dann schwamm ich zurück. »Laß uns umkehren«, bat Mario. Und dann sah ich auch wieder das Zittern.
Ich redete ganz ruhig und lange auf den Mann ein. Ich schwamm ein zweites Mal bis zur Mitte, diesmal die Kanister als Schwimmgürtel nutzend – es hatte keinen Zweck. Mario wollte zurück. Er hockte schon auf dem erhöhten Ufer.
»Dann gehe ich allein weiter«, grölte ich laut über den Fluß. Ich hoffte, er dürfe mich möglicherweise gar nicht allein gehen lassen und würde dann doch noch folgen.
»Kein Piranha, kein Krokodil«, rief ich, so laut ich konnte. Ich glaube, er schüttelte nur den Kopf. Sehen konnte ich es nicht genau auf diese Distanz. Ich erreichte das gegenüberliegende Ufer, nahm die Kanister aus dem Wasser und rief ein letztes Mal.
Und Mario schaute ein letztes Mal. Er rief nichts, er winkte nicht. Das Dickicht hatte ihn plötzlich verschluckt. Mario war gegangen. Ich war traurig, aber ich blieb stur. Entschlossen durchschnitt ich diese vielen Lianen, die die Kanister verbanden, machte ich so gewissermaßen den Rückweg unmöglich. Wenn er mich doch noch heimlich beobachtete, sollte er sehen, daß ich es ernst meinte.
Bei den letzten Lianen machte ich unbeabsichtigt langsamer, leiser, damit ich seinen Ruf nicht überhören würde. Es war wie Pokern. Aber auch Mario blieb hart. Er blieb verschwunden. Was sollte ich machen? Umkehren? Tagelang zurücklaufen zur Cachoeira dos Indios und über den Rio Padauiri einen neuen Anlauf nehmen? In eine Gegend also, von der ich auch nicht wußte, ob es dort günstiger laufen würde.
Ich spannte den Gurt über die Stirn und tauchte mit sehr gemischten Gefühlen in den Wald ein. Ein allerletztes Mal blickte ich mich um. Die grüne Wand blieb geschlossen. »Leb wohl, Mario!« sprach ich laut vor mich hin. Vielleicht mußte ich mir Mut machen. Manchmal dachte ich, es war weniger die Angst, es

war mehr die Einsamkeit, die mich verunsicherte. Die Stunden verrannen langsam, das fehlende Gespräch wurde notdürftig kompensiert mit endlosen Gedankengängen. Aber die ersetzten nicht den Freund. Wie oft hatte ich das Bedürfnis, meine Freude und mein Leiden zu teilen – und niemand war da.

Was mir gleich auffiel, waren die vielen Schweine-Fährten. Kreuz und quer verliefen sie. An vielen Stellen war der Schlamm frisch aufgewühlt. Zweimal tobten große Rudel unmittelbar vor mir fort. Die Erde dröhnte. Dazu kamen Affengekreisch und viele Vogellaute. Es schien hier eine viel reichere Fauna zu existieren.

Ich mußte weiter nach Norden. Einfach geradeaus. Zunächst schlängelte ich mich nach Osten, die paar Meter auf den Toototobi zu. Irgendwo auf diesem Weg mußte ich den Pfad nach Norden kreuzen. »Der Weg verläuft immer parallel zum Wasser. Du kannst ihn gar nicht verfehlen. Nach sechs Stunden stehst du in Josés Maloka.«

Mario hatte gut reden – 6 Stunden!

Ich Greenhorn brauchte über einen Tag. Zum einen lag das an der Konditionsschwäche. Zum anderen hatte ich mehrfach gehofft, mich an ein Tier schleichen zu können. Da ich nur den Revolver hatte, mußte ich auf fünfundzwanzig Meter ran und ein Schußfeld ohne Hindernisse haben. Das gelang mir nie, kostete aber Zeit. Doch es stimmte mich immerhin optimistisch. »Irgendwann findet auch ein blindes Huhn mal ein Korn.« Damit hatte ich auch recht. Nur ahnte ich nicht, wie lange das noch dauern würde.

Den Weg fand ich nicht. Dabei gab es viele, die in alle möglichen Richtungen führten. Nur nie dauerhaft nach Norden. Bis ich merkte, daß es wieder mal der Wechsel der Schweine war. Weil der Boden größtenteils überschwemmt war, konnte ich das nicht immer sogleich ausmachen. So hielt ich mich schließlich einfach ein paar hundert Meter vom Fluß entfernt, an eine imaginäre Süd-Nord-Gerade und versuchte mein Glück, Leute zu finden, wieder per Mundharmonika. Aber diesmal kam keine Antwort.

Wegen der Schweine sicherte ich mein Lager jetzt gut ab. Ich hängte meine Schlafstatt zwei Meter hoch zwischen die Bäume und ließ mir auch Zeit für ein gutes Feuer. Drei Winzlinge von Fischchen, mit meinen kleinsten Haken aus einem Bach gezogen, verspeiste ich wie Kieler Sprotten – mit »Haut und Haaren«. Als Nachtisch: Ein ein Meter langer Regenwurm, den ich spiralförmig lose um einen Ast schlang und ebenfalls kurz anbriet.
Mario war ein Prophet: »Nach sechs Stunden stehst du in Josés Maloka«, hatte er gesagt. Und das stimmte (wenn ich die gestrigen vier und die von heute morgen nicht mitzählte).
Baumstummel, die deutlich die Narben der Macheten trugen, waren die ersten Anzeichen menschlicher Gegenwart gewesen. Sie hatten mich auf den Weg geführt, der sich ständig verbreiterte. Und urplötzlich stand ich vor einem Bananenfeld.
Ich brauche sicher nicht zu sagen, daß die Früchte noch sehr klein und ungenießbar waren.
Doch dafür hörte ich schon Hühnergegacker. Das bekannte, aufgeregte Gehabe, wenn die Henne ein Ei gelegt hat. Mir hüpften Herz und Beine: Hin zu Spiegeleiern und gekochten Eiern! Pro Stück würde ich zwei Angelhaken zahlen! Mit Stahlvorfach. Ehrensache.
Das Wasser lief mir im Mund zusammen. Ich eilte. Der Weg war nun zwei Meter breit. »Komisch, daß sich hier niemand aufhält«, registrierte ich nebenbei.
Schließlich stand ich vor dem großen, grasbedeckten Rundbau. Bodenkriechende Pflanzen hatten sich, wie ich jetzt, durch die niedrigen Eingänge geschoben. An den unversehrten Blättern erkannte ich, was ich im selben Moment auch selbst sah: Die Maloka war leer. Dunkel und unheimlich lag sie vor mir. Dunkel, weil es nur eine besonders kleine Mittelöffnung gab. Keine Menschenseele. Über den Feuerstellen hingen Affenschädel, Knochen und Gräten. Vereinzelt drehte sich Federschmuck im Luftdurchzug. Eine gewaltige Baumstamm-Trommel. Totenstille. Da stand ich und mochte es nicht fassen: Endlich ein Haus und niemand daheim. Endlich ein Feld und nichts zu essen.
Ich ließ mich auf meine Kanister fallen. Wie wohl doch wenig-

stens die Rast tat! Ich würde hier übernachten und mir ein schickes Feuer machen. Ein Feuer als Kamerad, ein Feuer, um mir wenigstens von außen etwas Wärme zuzuführen, wenn ich mir schon über den Magen nichts zukommen lassen konnte. Da berührte mich jemand im Nacken. Ich fuhr wie ein Blitz herum – die Hand am Messer, die andere geballt – niemand. Fing ich an zu spinnen? Genau über mir gackerte ein Huhn. Es saß hoch oben am Rand der Dachöffnung und scharrte mir fleißig kleine Ästchen ins Kreuz – des Rätsels Lösung. Mein erster Gedanke war, das Huhn zu schießen. Aber verbot sich das nicht von selbst? Jeden Moment konnte der Besitzer heimkehren. Dann hätte ich mir auf 100 km im Umkreis die Gastfreundschaft verscherzt. Der Besitzer?
Ich wanderte das unheimliche Rund ab. Die Beine juckten heftig. Ich kratzte mich.
Hier war schon lange niemand mehr gewesen. Das Unkraut wucherte von allen Seiten in die Maloka hinein: durch die Eingänge, außen am Dach hoch und durch alle Ritzen ins innere Gebälk. Es kam mir vor wie ein Riesenpolyp, der sein Opfer fest in den Fängen hielt und in Kürze zu sich in den Urwald zieht. Wohl selten spürt man die Kraft der Natur besser als im Urwald, wenn man beobachtet, mit welcher Rasanz kahlgeschlagene Flächen zuwuchern.
Die Hühner hatte man vergessen oder nicht fangen können in der Eile des Aufbruchs. Ich konnte mir nämlich nicht vorstellen, daß man sie mit Absicht zurückgelassen hatte. Zu groß war das Risiko, daß die Maracajá sie holte. Diese kleine Wildkatze soll noch sehr häufig vorkommen.
Und dann fand ich unvermittelt zwei Eier! Sie lagen auf einem Podest, auf dem man sonst Bananen aufbewahrte. Es kam mir vor wie Ostern. Diesmal überlegte ich nicht lange. Ich trank sie gierig und roh. Welch ein Schmaus! Am liebsten hätte ich jetzt das überraschte »Gesicht« meines Magens gesehen, der seit Tagen arbeitslos, gelangweilt, nun unerwartet aus den Träumen gerissen wurde und Arbeit präsentiert bekam. Hoffentlich würden er und die Kumpels vom Verdauungstrakt gute Arbeit leisten und keinen einzigen Nährstoff wieder freilassen! Das konnten wir uns alle

nicht erlauben. Ich bekam regelrechtes Ostern-Fieber. In allen Winkeln suchte ich weitere Eier – aber vergebens. Vor Gier vergaß ich sogar das Jucken meiner Beine.
Auch vom Wald her gackerte es. Schließlich zählte ich vier Hühner und einen Hahn. Und wieder kämpfte ich gegen den inneren Schweinehund an. Wenn ich doch einen der Vögel nahm? Wie wollten die Dorfbewohner wissen, ob ich es war, der kleine Baumozelot oder die Harpyie, der wunderschöne, große und unglaublich gewandte Adler, der wie ein Blitz sogar durch Baumkronen sausen kann? Dort fängt er die Affen aus den Wipfeln heraus, eines seiner liebsten Spiele. In Notzeiten begnügt er sich sogar mit Aas. Einmal erhob sich eine Harpyie direkt vor mir von einer erschlagenen, verwesenden Python. Für ihn also waren die Hühner mühelos zu erreichen.
Es blieb bei den beiden Eiern. Lediglich eine 25 cm lange Eidechse kam noch dazu. Sie hatte unter einem Holzscheit Zuflucht gesucht. Ich brauchte nur draufzutreten. Dann brachte ich ein Feuer in Gang. Holz gab es genug. Die Eidechse garte ich in einer Rolle aus zwei übereinandergelegten Blättern. Ich aß sie ohne Därme, aber mit Haut und Knochen.
Schließlich kam ich zur Ruhe. Ich saß auf der Hängematte und betrachtete mich im Schein der Flammen. Und da sah ich die Bescherung, da sah ich, weshalb meine Beine so juckten: Hunderte von Flöhen hatten Zuflucht bei mir gesucht. Ausgehungert hatten sie mich angezapft, ich hatte mich blutig gekratzt und sie berauschten sich nun. Wegen der Dunkelheit in der Maloka und der Gier bei meiner Eiersuche hatte ich sie nicht eher wahrgenommen. Ich war zu sehr abgelenkt und daß es mich irgendwo heftig juckte, war nichts Neues. Nie zuvor hatte ich so viele Flöhe gesehen, geschweige an mir erlebt. Ich kam mir vor wie ein Speiserest, der von Schimmelpilzen überwuchert ist. Natürlich stellte ich mich gleich übers Feuer. Ihnen würde ich einheizen! Ich riß die Hose vom Leib, mehr trug ich ja ohnehin nicht, und »röstete« auch sie. Dann kam die Hängematte dran, und schließlich griff ich meine bescheidene Habe und stürzte mit einem »verdammte Sch . . .« hinaus ins Freie.

In Josés Maloka gab es also weder Essen noch die ersehnte Gesellschaft, noch einen Schlafplatz. Ich umrundete das Dorfhaus und suchte den breitesten Weg. Er führte sanft bergab zum Wasser. Es war ein Seitenarm des Toototobi, die »Wasserleitung« der Indianer.

Ich badete lange, um weitere Flöhe zu ersäufen, um die Kratzer zu kühlen, um Kraft zu sammeln. Hinter mir gackerten die legefreudigen Hühner und freuten sich bestimmt, daß ich nur zwei Eier gefunden hatte. Über mir stritten sich die Papageien. Winzige Fischlein knabberten mir das Blut von der Haut, Mücken warteten darauf, daß ich auftauchte. Ameisen liefen aufgeregt am Ufer lang, so, als riefen sie sich zu: »Da ist wieder einer. Kommt alle her!« Und Sandflöhe bohrten eifrig und unbemerkt ihre lebensnotwendigen Gänge in mein persönliches Fleisch. Und last not least wollten täglich bis zu 40 Zecken abgesucht werden. Wenn man nicht höllisch aufpaßte, wurde man lebendigen Leibes gefressen. Hölle und Paradies in einer Einheit, unter dem gemeinsamen Dach des Regenwaldes.

Die Mission

Von Josés Dorf aus gab es einen deutlichen Weg. Zwischen seiner Maloka und dem Dorf neben der Mission schien reger Verkehr geherrscht zu haben. Trotz der Überschwemmungen sah ich den Pfad sehr deutlich.
Wäre der lehmige Boden nicht so ekelhaft glitschig gewesen – ich wäre flott vorangekommen. So aber benötigte ich einen weiteren Tag. Die Bedrückung der Einsamkeit war wie weggeblasen. Der breite Weg machte mich hoffnungsvoll. Bei der New Tribes Mission würde ich auf jeden Fall Menschen finden und seien es »nur« die Missionare.
In der dritten Maloka, die ich auf dieser Reise kennenlernte, waren nur ein altes Ehepaar mit einem Enkel, und vier Jugendliche, die auf der Wanderung zu sein schienen. Das Ehepaar schien selbst auf Hilfe angewiesen zu sein, deswegen suchten sie wohl auch die Nähe, die Sicherheit der Mission. Das zweite, das mir auffiel, waren Zeichnungen:

- Der liebe Gott auf goldenem Thron
- die Arche Noah
- der Turmbau zu Babel

  An allen Pfosten der Maloka prangten diese DIN A 4 großen Bilder.

Schablonenhaft vorgefertigt und von den Indianern bunt ausgemalt.
»Wer das schön zeichnet, bekommt eine Belohnung«, erläuterte die alte Frau.
Belohnung hieß in diesem Fall Zucker, Angelhaken oder Obst.
»Wer ist das denn hier auf diesem Bild«, wollte ich wissen und zeigte auf den goldenen Gott.
»Das ist Deus, der große Geist der Weißen.«
»Glaubst du, daß es ihn gibt?«
»Ja, denn die Weißen kennen ihn genau.«
»Glaubst du auch an ihn?«
»Das ist ja nicht unser Gott. Unser Gott ist anders.«
Mehr erfuhr ich nicht. Die Kommunikation reichte nicht aus. Die Alte sprach nur wenig Portugiesisch, wie ich.

»Nein, unsere Erfolge kann man nicht in Zahlen messen«, meinte auch Keith Wardlaw, der Missionar, eine Stunde später.
Die Häuser der amerikanischen Missionars-Familie befanden sich unmittelbar neben der Maloka. Als ich vorsichtig einen Blick auf sie werfen wollte, war ich wie geblendet: Da lagen auf einem golfplatzähnlichen Musterrasen, überschattet von Obstbäumen, umgackert von 30 Hühnern, 10 Häuschen wie im Bilderbuch. Heile Welt, total. Paradies auf Erden. Ich suchte behende »mein Permeso« aus dem Gepäck, ließ einen Kanister und den Überlebensgürtel bei den beiden alten Indios und ging hin.
»Kriegen Sie keinen Schreck«, rief ich von weitem. »Hier ist Besuch. Ich komme von weither und wollte Sie um ein paar Vokabeln aus Ihrem selbstgeschriebenen Lexikon bitten.«
Ich glaube, sie kriegten doch einen Schreck.
Blaß, hohlwangig, die Augen tief in den Höhlen, abgemagert, zerkratzt, humpelnd und nur in einer Badehose stand ich wie ein Waldgeist vor ihnen.
»Woher kommen Sie denn? Nun kommen Sie erst mal rein!« Keith Wardlaw, seine Frau Myrthe und der 20jährige Sohn Brian umringten mich wie den letzten Überlebenden eines im Urwald abgestürzten Flugzeuges.
»Ich mache Ihnen erst mal was zu essen. Sie müssen ja einen Mordshunger haben.« Recht hatte sie. Und Beobachtungsgabe. Eine Welle der Gastfreundschaft überschwemmte mich.
Ich sei Däne, hieße Rudi Nymand und sei Herpetologe, Schlangenforscher an der Universität in Kopenhagen. Zusammen mit dreizehn anderen, hauptsächlich brasilianischen Zoologen und Medizinern sei ich tätig an einem Projekt am Rio Aracá: Finanziert durch Forschungsgelder der Weltgesundheitsbehörde seien wir befaßt mit dem Fang von Korallenschlangen und Buschmeistern, um die Serum-Herstellung gegen den Biß dieser Tiere so zu vermehren, daß Südamerika endlich ausreichend Serum zur Verfügung hätte.
Wie immer, wenn von Schlangen die Rede ist, kam ich toll in

Form. Ich redete, als ginge es um mein Leben. Ich hatte mir diese Sprüche auf dem langen Marsch reiflich durchdacht. Als ich jetzt die großen Augen meiner Hörerschaft sah und ihre glühenden Ohren, steigerte ich mich in Bestform.

»Sie sind also Däne?« fragte Myrthe. (»O Gott, hoffentlich spricht sie kein Dänisch!« durchzuckte es mich und ich bereute, nicht »aus Finnland« gekommen zu sein. Noch nie traf ich nämlich jemanden, der Finnisch konnte.)

»Ja, ja«, brachte ich mein einziges Dänisch und das zerknautschte Permeso hervor. Aber das wollte Myrthe gar nicht sehen. Sie und ihr Mann warfen nur einen flüchtigen Blick drauf.

»Dann mögen Sie sicher gern Pan Cakes. All Skandinavians like our pan cakes.« Und schon mischte sie ein Paket Instant-Mehl mit etwas kaltem Wasser, während sie nebenher anderes Wasser zum Sieden brachte: »Have a coffee first!« Sie stellte mir ein Monsterglas Pulverkaffee vor die Nase. »Mischen Sie ihn sich selbst. So stark Sie wollen.« Und ob ich wollte! Ein Teil Wasser, ein Teil Kaffee – ich schwelgte. Und Zucker. Und Sahne. Und da waren auch schon die himmlischen Pancakes fertig. »Mit Honig oder mit Marmelade oder mit Butter?« Myrthe, du Schatz – dachte ich. »Mit allem!«, entschied ich, vom Magen überredet, und türmte die Tellerminen übereinander, daß die Missionare noch weitere Gelegenheit hatten zu staunen.

Fast hätte ich das Beten vergessen! Dabei hatte ich mich immer wieder darauf trainiert, wenn ich solche Einladung während der Einsamkeit des Marsches theoretisch in Betracht gezogen hatte. Ich faltete die Hände und dankte ehrlichen Herzens meinem guten Geist, dem Schicksal, meinem persönlichen Gott – wie man es immer nennen will. Vor allem den gastlichen Wardlaws.

Brian warf ein Tonband an und ich registrierte: »Nicht mal Kirchenmusik, Donnerwetter!« Denn lange, bevor der erste Pancake fertig war, hatte er mir die obligatorische Frage gestellt, deren Beantwortung mich in Manáus meine beginnende Bekanntschaft mit A. Koop gekostet hatte: »Was halten Sie eigentlich von Jesus Christus?«

Angesichts der brutzelnden Pfannkuchen fiel es mir leicht, ihm die richtige Antwort zu geben. »Gottes Sohn? Welch eine Frage!« Keith war stolz auf mich, es war mir nicht schwergefallen.

Keith betete für mich. Er dankte dem Schöpfer, daß der mich – »unglaublich!« – diesen weiten, tückischen Weg sicher begleitet habe, daß er unseren Tisch so reichlich gedeckt habe – alles Worte, die ich in meiner Freude selbst hätte sagen können. Ich hatte mich schon oft ertappt, wie ich – mit mir allein und schwach, angesichts der Stärke des Waldes, der Natur – im Gebet Zuflucht und Trost gesucht hatte. Vielleicht Rudimente meiner Kindheit, meiner Erziehung, vielleicht die Urangst aller Menschen vor der Ungewißheit um Gott.

Frisch gestärkt, erwachten Unternehmensgeist und Neugier. Die Wardlaws zeigten mir ihr Anwesen.

»Seit einer Woche haben wir einen Sonnenkollektor. Mit dem tagsüber gesammelten Strom können wir abends zwei Glühbirnen à 20 Watt und den Taperecorder speisen!« verkündeten sie stolz. »Nur 320 US-Dollar hat er gekostet!«

Als nächstes präsentierten sie mir ihre Apotheke. Die Apotheke sah aus, als erwarte man Gott gerade zu einer Inspektion. Sogar eine große Kladde war aufgeschlagen und auf allerneuestem Stand: Die Buchführung, die über jede Tablette Auskunft erteilte.

»Im Moment grassieren hier die Masern! Sie wissen sicher, daß die Indianer dagegen keine Abwehrstoffe haben. Im Inneren des Waldes gibt es Dörfer, die 25 Tote zu beklagen hatten.«

Ich erfuhr, daß deshalb viele Dörfer panikartig verlassen wurden. Jede Familie siedelte irgendwo im Wald, isolierte sich gegen Ansteckung. Eine instinktive und wirksame Reaktion gegen die Seuche. »Sie wurde von Goldsuchern eingeschleppt. Als es noch Pocken gab, hat man so mit infizierten Geschenken ganze Stämme ausgerottet.«

»25 Tote – das ist noch relativ wenig, so tragisch es klingen mag«, ergänzte Myrthe.

»Als im Süden von hier vor einigen Jahren mit dem Bau der Durchgangsstraße (BR-210, Perimetral Norte) begonnen

wurde, starben fast 50 Prozent aller Yanonámi, die entlang der Straße wohnten. Auch damals waren es vor allem die Masern und die Grippe. Solche Krankheiten breiten sich leider auch sehr schnell im Landesinneren aus, wegen der häufigen Besuche der Indianer untereinander.
Wir konnten erst wieder Hoffnung schöpfen, als der Bau eingestellt wurde. Er wurde aber nicht etwa aus Rücksicht auf die Indianer gestoppt, sondern aus wirtschaftlichen Erwägungen.«
In meiner Karte war die Perimetral Norte schon dick und vorsorglich verzeichnet. Sie führte unter anderem direkt durch Arakeens Dorf und durchschnitt das südliche Yanonámi-Gebiet auf einer Länge von 600 Kilometern von West nach Ost. Mit ihr wollte die Regierung die Erschließung des Landes vorantreiben: Sie wollte Siedler und Arbeiter heranbringen und Boden- wie Waldschätze abtransportieren.
»Man hat hier viel Uran und andere Bodenschätze entdeckt. Da kann es schnell passieren, daß die Baupläne wieder aus der Schublade gekramt werden. Es ist höchste Zeit, daß das Gebiet zum Park erklärt wird. Das würde für die Indianer eine Schonzeit, eine Galgenfrist bedeuten. Wenn die Straße hingegen morgen gebaut würde, bedeutete quasi das das Todesurteil für alle brasilianischen Yanonámi. So perfekt sie sich dem Wald anpassen können, so wenig sind sie vorbereitet und fähig, dem Zusammenprall mit der ›Zivilisation‹ standzuhalten. Wie eben die 25 Maserntoten, von denen ich sprach, und deren Asche heute oder morgen während eines größeren Totenfestes im Wald verzehrt werden soll.«
Zum Anwesen der Wardlaws gehörten auch eine Werkstatt, Gästehäuser und Stallungen. »Unsere Schule ist leider ohne jeden Erfolg. Die Indianer kommen nur, weil wir ihre Lernbemühungen belohnen. Das schwierigste ist, ihnen das Rechnen beizubringen. Sie wissen sicher, daß die Yanonámi nur bis drei zählen können. Was darüber hinausgeht, nennen sie pauschal viel (bruká) und was wirklich viel ist, wie die Blätter an den Bäumen, heißt viel-viel. Mehr brauchen sie nicht zum Leben. Damit sind

sie immer klargekommen, und das haben wir noch nicht ändern können.«
Ich wußte um diese Besonderheit. Um so mehr hatte mich deshalb überrascht, als ich später bei einer Indianerfamilie zweiundzwanzig Pfeile an der Wand stehen sah: Vergiftete, harmlose, solche mit einfacher Spitze, andere mit Widerhaken, mit Quirlen oder mit scharfem Holzblatt.
Ich nahm einen fort, stellte ihn einige Meter weiter ins Sonnenlicht für ein Foto, als der Besitzer zurückkam. »Wer hat hier einen Pfeil fortgenommen?« war seine erste Frage. Ich mußte unwillkürlich an meine Tochter denken, mit der ich dasselbe erlebt hatte. Ich hatte eine ihrer -zig Schallplatten entliehen. Sie betrat das Zimmer, ihr Blick schweifte hierhin und dorthin, bis er irritiert auf der Plattenkollektion hängen blieb: »Da fehlt eine Platte.«
Der Yanonámi hatte also auch, obwohl er nur bis drei zählen konnte – muhún, purakábe, purakatábe – sofort gemerkt, daß ein Pfeil fehlte.
Als ich ihn fragte, wie viele er denn besäße, sagte er »viele«, zeigte zweimal beide Hände (2 × 10) »und zwei Stück«. Demnach haben sie also schon Anhaltspunkte, sich größere Quanten zu merken, sie auszudrücken.
»Weil wir mit dem Schreiben, Lesen und Rechnen keinen Erfolg haben, erzählen wir ihnen Geschichten aus der Bibel.«
»Die New Tribes Mission hält sich nicht an die interkonfessionellen Missionierungsabmachungen«, kritisierte Bischof Dom Geraldo Verdier in Manáus diese Umgehung des Übereinkommens. »Zuerst sollen die Lebensgrundbegriffe gelehrt werden. Dazu gehört auch Hygiene. Und erst dann sollen wir missionieren.« Damit mochte der Salesianer-Bischof recht haben. Zweimal war ich New-Tribes-Leuten begegnet, und beide Male war eine ihrer ersten Fragen die Frage nach meinem Glauben.
»Sie sind hier jetzt fünfzehn Jahre – welchen Missionserfolg haben Sie schon erzielt?«
Die drei Christenmacher schauten sich etwas stumm an und gaben dann ehrlich zu: »Das ist nicht meßbar, wir brauchen Zeit,

um die Indianer von selbst darauf kommen zu lassen, unser Leben kopieren zu wollen.«
Allmählich wurden meine Fragen kritischer. Ich vergaß ganz, weiterhin den Zoologen, den Herpetologen, zu mimen. Was und wie ich fragte, mußte den Verdacht in ihnen wecken, ich könnte sie ausfragen. Vielleicht hatte Koop sogar schon eine Warnung geschickt!?
Ich beschloß, mich bald zu verabschieden. Meine Sorge um Entdeckung war groß. Die guten Pfannkuchen rechtfertigten nicht meine Ausweisung.
»Zweimal am Tag haben wir Funkverbindung.« Das bedeutete: In einer Stunde könnte eine Militärmaschine hier sein. 500 Meter westwärts lag der Flugplatz.
Aber es wurde schon dunkel. Eine Maschine würde nicht mehr landen können. So hatte ich zumindest bis morgen früh meine Ruhe. Ich schrieb mir die erbetenen Vokabeln ab und begab mich dann ins Gästehaus.
Gegen 23 Uhr dieses ereignis- und nahrungsreichen Tages schlief ich auf weißem Leinen ein. Mein Bauch war zufrieden, die Kratzer versalbt, eine Kerze brannte, und oh Luxus, sogar eine Rolle Toilettenpapier hatte man mir ans Bett gestellt. Ich fühlte mich ein wenig wie damals, als ich nach meinem Marsch durch Deutschland in Oberstdorf ankam und nach drei Wochen zum erstenmal wieder in einem richtigen Bett schlief.

Unter freien Indianern

Zum Totenfest

»Wenn du tot bist, esse ich dich auf« – Liebeserklärung auf Yanonámi.

Wer nach dem Tode nicht verbrannt wird, wessen Asche nicht verzehrt wird, dessen Seele kann nicht zum Himmel aufsteigen, der findet keine Ruhe, dem ist die Wiedergeburt verwehrt. Feinde straft man, indem man sie nicht aufißt.

Verständlich also die Angst eines jeden Yanonámi, irgendwo allein im Wald zu sterben, in Feindesland umzukommen, wo man den Tieren zum Fraße liegen bleibt. Die Seele wird als böser Geist herumirren und viel Unglück bringen.

Die Art der Verbrennung ist verschieden. Einige Stämme der Yanonámi bringen ihre Toten in Hockstellung und setzen sie in einen »Kasten« aus dicken Ästen, der hoch in den Bäumen, außer Geruchsweite des Dorfes, aufgehängt wird. Durch die Äste gesichert gegen Jaguar und Aasgeier haben Bakterien und Hitze jedoch freien Zutritt. Der Leichnam verfault schnell. Er bläht sich auf, er platzt schließlich. Das Wasser tropft zur Erde, das sich verflüssigende Fleisch fällt vom Knochen. Nach drei Wochen befinden sich so gut wie nur noch die Knochen im Gestell. Und die wirft man in ein großes Feuer. Andere Sippen verbrennen den Leichnam sofort nach dem Tode inmitten eines gewaltigen Holzstoßes.

Sobald die Glut erloschen ist, sammeln die Verwandten die (sterilen) Knochen ein. Sie werden mehlfein zermörsert und dann mit Bananenbrei vermischt gegessen. (Wissenschaftlich: Endokannibalismus.) Zu diesem Fest lädt man alle seine Freunde ein, und wohl keiner würde der wichtigen Einladung zum großen »Reaho« nicht Folge leisten. Manche Ethnologen haben im Verlaufe ihrer Feldarbeit unter Yanonámi Aschenbrei gegessen. Nüchtern betrachtet »weiter nichts als Obstbrei, stark mit Mineralien angereichert« – so wollte ich die Sache betrachten, wenn ich am Fest teilnehmen durfte, wenn man mir vom Bananenbrei anbot.

Die alte Frau, ihr Mann und der Junge hatten mich zwei Tage

geführt. In südwestliche Richtung. Ohne Pfad. Querwaldein. Ich bewunderte diese Frau. Nur noch Haut und Knochen, auf einen Stock gestützt, legte sie dennoch einen flotten Trab vor. Ich hatte Mühe, dieser wieselflinken Alten zu folgen. Dennoch kamen wir zu spät. Das Fest hatte schon früher stattgefunden und nicht »heute oder morgen«, wie Keith vermutet hatte.
Im Wald verstreut einige der noch frischen Tapiris, der Laubdach-Unterschlüpfe, die kalte Asche der Feuer, ein kahlgeschlagener kleiner Versammlungsplatz. Aus. Das war's. Niemand mehr da.
Doch die rüstige Oma sah das nicht so. Sie sog die Luft, die vom Norden strömte, in ihre aufgeblähte Nase, noch mal und noch mal und bedeutete mir, ihr schnell zu folgen.

Angekommen

Das war mein Glück. Nach einer Stunde flotten Laufens, sehr deutlichen Spuren folgend, trafen wir auf siebzehn Personen: Männer, Frauen, Kind und Kegel, schwer bepackt »auf dem Heimweg«. Erstaunen und Freude, Neugier und Skepsis las ich von ihren Gesichtern. Ich begrüßte sie alle nacheinander mit Handschlag und Verbeugung.
Die Alte erklärte, daß sie mich in der Mission getroffen habe. Das schien eine gute Empfehlung zu sein. Sie nickten beifällig, betasteten mich und legten erst einmal eine Pause ein. Ich schenkte jedem zwei Angelhaken und für alle zusammen eine Rolle Sehne. Den Alten schenkte ich ein kleines Taschenmesser, mehrere Haken, meinen kleinen Metallspiegel und sechs Revolverpatronen, die sie als Tauschmittel verwenden konnten. Ich hätte ihnen gern mehr gegeben. Ich besaß nicht viel mehr. Aber wer nichts hat, von dem wird auch nichts erwartet. Die Indianerfamilie nahm mich auch ohne Geschenke mit.
Die Alten gingen zurück nach Osten, die Gruppe und ich nach Norden, Richtung Serra Gurupira, Venezuela.

Wegen der schweren Lasten wurde alle Stunde Rast gemacht. Unglaublich, was die Menschen tragen konnten! Die Rucksäcke waren jene schnellgeflochtenen aus Palmblättern, die sehr haltbar sind. Darin türmten sich hauptsächlich Bananen und Fleisch. Aber sie besaßen auch Töpfe, Becher und zwei Macheten. Bewaffnet waren sie mit Pfeilen.
Zwei Jäger gingen voran. Dann folgten mit 100 m Abstand eine bunte Kette von jung und alt, Männchen und Weibchen. Ich war der vorletzte. Es ist immer gut, einen Indianer hinter sich zu haben. Dann kann man nicht aus Versehen verlorengehen. So etwas geschieht schneller als man denkt: einmal gepinkelt und der Trupp wird lautlos vom Wald verschluckt. Lautes Rufen bringt dann nicht immer Erfolg. Der dicke Humus, die Blätter, sie schlucken den Schall fort. Die Indianer würden mich wohl wahrnehmen mit ihrem bekannt feinen Gehör, aber ich würde ihre Antwort nicht auffangen.
Es war jedenfalls ein angenehmes Wandern: reichlich Pause, gutes Essen. Unterhaltung. So merkte ich kaum, wie schnell die Zeit verging. Am Abend des zweiten Tages erreichten wir die kleine Maloka. Sie war keineswegs mit den drei großen, die ich kannte, zu vergleichen. Die einzelnen Hütten standen in einem ¾-Kreis und waren nicht immer miteinander verbunden. Insgesamt zählte ich 29 Personen. Die Familien lebten deutlich voneinander getrennt. Sogar die Hunde hatten dadurch ihre klar abgegrenzten Bereiche. Und etwas fiel mir dabei sofort auf: alle Hunde sahen gut genährt aus, hatten glänzendes Fell und wurden weder beschimpft noch geschlagen.
Die Maloka lag 100 m vom nächsten Fluß entfernt. Wenn man die Flußgerade nach Norden entlangschaute, sah man die Serra in greifbarer Nähe. Sie stieg abrupt aus der Ebene empor. Ihr Grat, ihre Pässe sind die Grenze zu Venezuela.
»Spann deine Hängematte hier zwischen diese Pfosten«, wies mich Lucio, der Chef, an. Marco, sein Sohn, sprach etwas Portugiesisch und machte den Dolmetscher. Während ich vor mich hinschaukelte, richteten sich auch die anderen ein. Viel aus der Zivilisation hatten sie nicht. Ich sah zwei Macheten, bei jedem

ein Messer, bei jeder der sieben Familien einen verbeulten Aluminiumtopf. An einem Pfosten baumelten zwei Emaillebecher.

Die Geburt

Ich hatte das Wimmern gehört und angenommen, jemand braucht Hilfe. Ich hatte mich gut 100 Meter vom Lager entfernt, um neun zähe Rinden für eine zünftige indianische Hängematte zu suchen. Reine Bastlerleidenschaft, Survival-Training im Wald. Und dabei vernahm ich diese Laute. Vorsichtig schlich ich näher, denn es konnte sich auch um ein Liebespaar handeln, und dann stand ich womöglich als Voyeur ganz schön blöd da. So sehr mich die Beobachtung interessiert hätte – aber wer will sich dabei schon ertappen lassen?

Und dann sah ich, daß da ein Indianer zur Welt kam! Ich vergaß vor Faszination meine ganze Umgebung, sogar, die Kamera zu holen. Und das will was heißen. Aber bestimmt hätte ich mir damit Komplikationen eingehandelt.

Assistiert von einer älteren Frau, hockte die Gebärende mit gespreizten Beinen vor einem dünnen Baum, den sie umklammerte. Sie saß auf einem Teppich aus großen Blättern. Die Alte schob ihr gerade noch ein paar dazu. Und dann ging alles sehr schnell: Der Kopf kam zum Vorschein, die Alte stützte ihn vorsichtig mit ihren Händen und wartete ab, bis der Körper nachkam. Dann legte sie das Baby auf die sauberen Blätter. Kurz darauf folgte die Nachgeburt, die zur Seite in den Humus gelegt wurde. Die Mutter löste die Umklammerung und band die Nabelschnur mit einer Palmfaser etwa 12 cm vom Bauch des Kindes entfernt ab. Dann biß sie sie einfach hinter der Abbindung durch. Sie nahm ihr quäkendes Baby auf, trug es ans nahe Wasser und spülte es sauber.

Ich habe nicht auf die Uhr geschaut. Aber mir schien es, als hätte der Vorgang kaum länger als zehn Minuten gedauert. Bestimmt war es viel mehr.

Ohne weiteren Aufenthalt kehrten beide Frauen ins Dorf zurück, wo sie stolz den Nachwuchs präsentierten. Sie wurden freudig umringt. Auch ich stand im Kreis der Gratulanten und genoß diesen Anblick: Die bildschöne, schlanke (was selten ist) und strahlende, braunhäutige Mutter, mit Schmuckstäbchen um den Mund und in ihren Armen das beinahe kitschig roséfarbene Baby mit seiner quittegelben Nabelschnur.

Die Geburt war ein freudiges Ereignis wie überall auf der Welt. Die Mutter hatte ein Kind, der Stamm zählte ein Mitglied mehr. Hoffentlich kam es durch. Die Säuglingssterblichkeit ist hoch. Drei lange Jahre wird die Mutter es an der Brust ernähren. Drei Jahre lang wird sie, sollten ihr weitere Kinder wachsen, diese gleich nach der Geburt töten und in den Fluß werfen – hartes, notwendiges Gesetz der Wildnis. Zöge sie es nämlich auf, müßte das ältere Kind von der Brust fort, oder beide Kinder müßten sich die Milch teilen. Und dann reicht sie nicht.

Sollte eine Mutter sich entschließen, doch mal vorzeitig das nächste Kind durchschlüpfen zu lassen, dann kann es vorkommen, daß die Angehörigen es töten. Lieber ein einziges Kind, das einem »sicher« ist, weil es die ersten drei Jahre überlebt hat, als ein fragliches zweites, das ja sterben könnte und dessen größeres Geschwisterchen ebenfalls sterben könnte, weil es zu früh entwöhnt werden mußte. Zwillingen ergeht es ähnlich. Der Schwächere wird von den meisten Yanonámi sofort getötet, wie auch mit Mißgestalteten nicht lange gefackelt wird.

Die Säuglingssterblichkeit ist aus einem Grunde besonders hoch: die Zusammenhänge zwischen Hygiene und Krankheit sind unbekannt. Die Kleinkinder spielen im Schmutz, spielen »Kneten« mit dem Kot der Tiere und essen ihr »Spielzeug« mitunter auch auf. Wenn man den Schmutz mit europäischen Augen betrachtet, wundert man sich häufig, wie überhaupt ein Kind das überleben kann.

Die Folge: die indianischen Familien haben relativ wenig Kinder. Und die werden mit viel Liebe und Umsicht gehegt und gepflegt. Nie sah ich einen Indianer seine Kinder schlagen. »Man schlägt nur seine Feinde. Die Kinder sind unsere Freunde.« Das

Resultat: Nirgends sah und erlebte ich solch freundliche und taktvolle Kinder.
»Schläfst du schon, Alemão?« Ganz behutsam zupften sie abends an meiner Hängematte. Wenn sie merkten, daß ich nur döste, beugten sie sich über mein Ohr und flüsterten:
»Malst du mir einen Yanonámi auf Papier?« Natürlich tat ich das: ein einfaches Strichmännchen mit »Pony«frisur, Pfeil und Bogen und hochgebundenem Penis. Die Kinder hüteten diese Zeichnungen wie einen Schatz.
Oder ich revanchierte mich für ihre Gastlichkeit mit Mundharmonikaspielen, mit Akrobatik, Zaubertricks und Grimassenschneiden.
Sie ihrerseits zeigten mir, wie geschickt sie an Lianen hochklettern, wie toll man damit schaukeln konnte, oder sie flochten mir eine Scheide für mein letztes, mickriges Messer.

Die Jagdzüge

Einmal nahmen mich zwei 6jährige mit auf die Jagd. Ihre Bogen waren so groß wie sie selbst und die Pfeile noch ohne Widerhaken, einfach mit Spitze.
Ich mußte in einigem Abstand hinterherschleichen. »Du bist so laut, so tolpatschig«, hatten sie mir zu verstehen gegeben. Und so hielt ich mich auf Sichtweite hinter ihnen. Sie benahmen sich genau wie die Alten. Eine Katze hätte sich kaum lautloser bewegt, kaum eleganter, kaum angepaßter. Ihre rotbraunen Körper, von den Schatten der Blätter dunkel getupft, sozusagen getarnt, verschmolzen mit dem ebenfalls durch welkes Laub rotbraunen Boden.
Zuerst verfehlte ihr Schuß eine Eidechse, ein anderes Mal verfehlten sie nur knapp einen Vogel.
Aber plötzlich hatten sie doch einen amselartigen Flattermann getroffen. Ein Flügel war angeknackst. Er konnte nicht mehr entkommen. Sie banden ihm eine feine Liane von 2 m Länge um

ein Bein und ließen ihn flattern wie einen Drachen, ein Spielzeug, das immer im Kreis um den Kopf flog.
Der Vogel tat mir leid, aber ich mischte mich nicht in diese Angelegenheiten. Dies war ihre Welt. Eines Tages hätte irgendein Tier, irgendein Gegner auch mit ihnen kein Mitleid. Jede Welt hat ihre eigenen Gesetze.
Aber ich fühlte mich erleichtert, als der Vogel vor Erschöpfung resignierte, denn da töteten sie ihn.
Einer hatte mittlerweile schon ein kleines Feuer entzündet und darüber einen Minirost aus frischen Ästchen gebaut. Vielleicht 20 × 20 cm groß.
Der andere rupfte den Vogel, nahm ihn aus, zerstückelte ihn und legte ihn schließlich über die Glut.
Ich lag schon längst wieder in der Hängematte, als der Jungjäger mich weckte. »Alemão, hier, du mußt essen. Dies ist dein Teil.«
Die Jagden mit den Alten verliefen genauso. Sie schlichen vorweg – ich hinterher.
Nur manchmal, wenn die Affen eingekreist und die Jäger noch unbemerkt geblieben waren, winkten sie mich ran. »He, schieß mal mit deinem Revolver!« Als mich alle Augen so erwartungsvoll anblickten, wurde ich unschlüssig. Gegen ihre artistische Bogenschießkunst war ich ein Stümper. Ich bekam einen regelrechten Minderwertigkeitskomplex. »Wenn du den Affen nicht triffst, bist du ganz schön blamiert«, dachte ich nur, »und die kostbare Beute ist futsch.«
»Hier, schieß du, du bist besser als ich.« Ich reichte dem Indianer meinen schußbereiten Revolver und er nahm ihn strahlend, fast, als hätte er das erwartet. Ohne lange zu zögern, legte er an und schoß. Der Affe fiel vom Baum und war tot. »Das war mein erster Schuß mit einer Feuerwaffe der Weißen«, beteuerte er mir Staunendem glaubhaft. Die Treffsicherheit der Indios mit Gewehren ist bekannt. Dabei schauen sie häufig gar nicht über Kimme und Korn, sie »fühlen« den Schuß ins Ziel, so wie sie es mit ihren Pfeilen tun.
Mitunter hörte und las ich die Klage, die Feuerwaffe stelle einen

»Kulturschock« dar, die Tiere des Waldes seien nun unabwendbar verloren. Daran ist Wahres und Unwahres. Unwahr ist bestimmt, daß nun mehr Tiere geschossen würden. Nach dem ersten Knall flüchtet der Rest, und ein zweiter Schuß ist kaum noch möglich. Beim lautlosen Pfeil hingegen kippt plötzlich ein Affe getroffen aus der Herde heraus, und die anderen sind nicht beunruhigt. Der Jäger kann auch auf sie anlegen.

»Den habe ich mit Alemãos Revolver, pang, pang, pang, geschossen«, rief der Jäger schon von weitem, als wir zum Dorf zurückkehrten. »Der Alemão kann selbst gar nicht schießen«, schien er des weiteren zu demonstrieren. Verstohlen lächelnde Gesichter schienen mir das zu bestätigen. Schließlich kam der Held zu mir rüber, erbat sich die (von mir entleerte) Waffe und spielte das ganze Theater noch einmal durch. Nichts wurde vergessen: mein unbeholfenes Anschleichen, daß ich prompt, knacks, auf einen Ast trat, daß ich schneller als sie außer Atem kam, hech, hech, und daß ich, flop, flop, nicht schießen konnte. Er war der Held. Ich war der Clown, grins, grins. Aber ich mußte über seine Vorführung selber schmunzeln. Wenn die Indianer ihre Stories erzählen, war Comic-time. Man brauchte die Sprache nicht zu verstehen. Man erriet den Inhalt durch die Geräusche, die sie nachahmten: prrr, fffft, psssit, knock, bong, bäng. Hier konnte man Phantasie entfalten.

Ich fand, jetzt war ich an der Reihe. Radschlagend und Rollevorwärts-machend purzelte ich auf sie zu, nahm dem Erzähler höflich den Colt fort, lud ihn durch und legte sechs Holzscheite auf einen umgefallenen Baumstamm. Dann ging ich lässig cool auf sieben Meter Distanz und ... zong, zong, zong, zong, zong, zong – kein Stück Holz konnte sich rühmen, oben geblieben zu sein. Hahaha.

Combatschießen gehört zu meinem Überlebenstraining. Schade um die sechs Kugeln – aber die blitzschnelle und knallaute Vorführung hatte mein Ansehen einigermaßen aufgefrischt. Fortan, wann immer Gäste auftauchten, wurde jedem die Geschichte erzählt, vom Alemão, der sechs Hölzer weggeputzt hatte »ohne« zu zielen, einfach so: tschong, tschong, tschong ...

Die Jagdwanderungen führten uns bis ins Grenzgebirge zu Venezuela.
Ich konnte in dieser Zeit viel dazulernen, den Bau der Tapiris, das Feuermachen bei Regen, den Fang der Fische im überschwemmten Wald, ich konnte lernen, welche Lianen die besten Bindfäden ergaben ... und ich lernte Kameradschaft.
Was ich nicht lernte, war die meisterhafte Imitation der Tierstimmen. Meine Indianer beherrschten diese Kunst so großartig, so meisterhaft, daß ich heute noch bereue, kein Tonband mitgenommen zu haben, um Interessenten und mir Imitation und Wirklichkeit für alle Zeit zu erhalten, um Vorträge zu bereichern, um meinen Freunden Rätsel aufzugeben. Imitation, die Kunst, die für sie überlebensnotwendig ist. Ein Indianer, der den Ruf des Brüllaffen nicht beherrscht, um ihn in der Flucht zu stoppen, ist kein guter Jäger, wird nur schwer Häuptling werden.
Die unvergeßlichen Abende in den Tapiris, ums Feuer, waren auch die Zeiten der Sagen. Der alte Augustino schien ein Meister in der Überlieferung der Mythen zu sein.
Jung und alt scharte sich um ihn, drängte sich dicht ums Feuer, und war mucksmäuschenstill, wenn der Alte erzählte.
Da die Yanonámi keine Schrift beherrschen, ist die Erzählung ihre volkstypische Art der Geschichtsüberlieferung. Natürlich berichtete der Alte in Yanonāmi, und ich verstand nichts. Um Mythen zu verstehen, bedarf es mehr als eines Vokabulars von 300 Wörtern. Um sie genau wiederzugeben, müßte man Simultan-Übersetzer sein. Nicht einmal Padre Casimiro Beksta, der am Yanonámi-Lexikon arbeitet, würde sich eine wirklich treffende Übersetzung zutrauen. Ich hatte den Salesianer-Padre später in Manáus auf dieses Thema hin angesprochen und beiläufig erwähnt, daß der deutsche Ethnologe Dr. H. B. in seinem Opus »Poré« eine gewaltige Sammlung interessanter Mythen zusammengetragen habe, von denen ich gern eine zitieren wollte.
»Sind Sie total verrückt?«, forschte er entgeistert. Und dann sehr bestimmt: »Nehmen Sie bitte nichts aus ›Poré‹!« Mit sicherem Griff holte er das Werk aus einer seiner beiden Bücherwände.

»Ich kenne Renato, Dr. B's Informanten, sehr gut. Renato war mein Schüler.
Als Poré in der Wissenschaft auftauchte, fraß ich das Buch förmlich durch. Aber nicht, weil es so spannend war, sondern weil ich zutiefst erschrocken war. Stellen Sie sich mal vor: da kommt ein Gelehrter aus Deutschland, macht ein paar Monate Feldarbeit, kann die Sprache überhaupt nicht und meint, die Sagen-, Seelen- und Geisterwelt der Yanonámi erforschen zu können, einen Traum, den wir Salesianer seit vielen Jahrzehnten erfolglos träumen.«
Einige der Salesianer »an der Front« sprechen Yanonámi. »Aber bis heute haben sie nur die Sprache, nicht aber die Seele der Yanonámi entgültig erforschen können.« Casimiros Ehrlichkeit überraschte mich.
»Aber dieses gewaltige Schreibwerk – mir erschien es eine ungeheure Fleißarbeit zu sein!«, warf ich laienhaft ein. »Fleißarbeit bestreite ich ja auch nicht. Aber vergessen Sie den Wert des Inhalts! Als es damals erschien, war ich schockiert. Ich rief Renato, den Informanten, und sagte: ›Renato, um Himmels willen, hast du das wirklich erzählt, was hier steht? Hast du dem Doktor dieses wirklich erzählt?‹ Renato bekam eine Gänsehaut und sagte: ›Hör mir damit auf, Padre! Ich erinnere mich mit Schrecken an diese Zeit. Der Doktor aus Alemanha hat mich wochenlang befragt. Was der in wenigen Wochen alles wissen wollte – das hat mein gesamter Stamm mich in meinem ganzen Leben nicht gefragt. Zuletzt habe ich nur noch gesagt, was er hören wollte. Wenn er fragte: »Und ihr tragt euren Penis also hoch, damit die Regentropfen, an denen die Seelen eurer Vorfahren kleben, dorthinein fallen und so wiedergeboren werden können«, dann habe ich nur noch ja gesagt. Er machte es mir leicht – ich brauchte immer nur ja oder nein zu sagen.‹«
Ich war ein wenig verdattert. Ich hatte das Buch Seite für Seite gelesen und mir vorgestellt, welche Arbeit darin stecken mochte.
Casimiro ahnte das. »Vergessen Sie Ihre generelle Ehrfurcht vor Wissenschaftlern. Differenzieren Sie! Sehen Sie mal hier, ein an-

derer, Polykrates. Er schreibt am Schluß seines Buches (›Die Wawanaueteri und Pukimapueteri‹) ein Kapitel über Linguistik. Ich zitiere wörtlich: ›Obwohl mir jegliche Vorbildung in diesem Fach fehlt, versuchte ich mit der unentbehrlichen Hilfe des Salesianer-Missionars Padre Schneider ... eine flüchtige Grundaufnahme der Grammatik der Yanonámi-Gruppen.‹
Und dann folgt ein trotzdem sehr erstaunliches Kapitel, das sogar einem Fachmann Ehre bereiten würde, so qualifiziert gibt es sich. Und wissen Sie, von wem er die Vokabeln, das Wissen hat?«
Ich schüttelte den Kopf. »Nicht von Padre Schneider?«
»Ja. Indirekt. Ich hatte Padre Schneider meine Aufzeichnungen geliehen. Nur für ihn selbst. Und Polykrates lieh sie sich bei Schneider aus und hat sie teilweise einfach wörtlich wiedergegeben. Nur etwas, was er nicht wußte, ist dabei passiert: Er schrieb ab mit all meinen Fehlern, die ich damals noch selbst darin hatte.«
Casimiro empfahl mir, lieber Lizot zu zitieren. »Der Mann kennt sich aus.«
Und so sei hier, stellvertretend für die Mythen, die der Augustino fast allabendlich erzählte, die Geschichte vom Ursprung des Feuers sinngemäß wiedergegeben:

Vom Ursprung des Feuers

Unsere Vorfahren kannten den Gebrauch des Feuers noch nicht. Sie aßen ihre Nahrung immer nur roh. Das Feuer besaß der Kaiman, aber er hielt es in seinem Maul versteckt. In der Nacht verschwand er mit seiner Frau im Wald, um heimlich seine Raupen zu kochen.
Eines Tages fand die Tochter des Waldhühnchens eine gekochte Raupe und kleine Stückchen verkohlter Blätter im Wald. »Aha, mir scheint, die beiden essen ihre Nahrung gekocht!«
In der Nacht gingen Kaiman und seine Frau wie üblich davon. Die Sonne stand schon hoch am Himmel, als sie am nächsten Tag zurückkamen. Die anderen versammelten sich um die beiden

und richteten es so ein, daß Kaiman in der Mitte saß. Kaiman bekam ganz schlechte Laune. Er hatte ein Körbchen bei sich, auf dessen Grund er die gekochten Raupen versteckt hatte, von denen er immer aß, und oben drauf lagen die rohen Raupen, von denen er den anderen anbot. Die aber wollten das Feuer und versuchten, ihn zum Lachen zu bringen.
Der Kolibri fing an, Musik zu machen, indem er an seiner Bogensehne zupfte, und Vogel Bobo machte es ihm nach. Alle Yanonámi, die damals sehr zahlreich waren, waren zugegen. Sie mühten sich sehr um Kaiman und machten viel Lärm. Aber Kaiman nahm davon keine Notiz. Er drehte seine Augen gen Himmel, um das Spektakel um ihn herum nicht sehen zu müssen. Vogel Bobo spielte den Clown, und alle machten drollige Sachen. Kaiman war aber einfach nicht zum Lachen zu bewegen.
Schließlich kam Tucusito, der rote Kolibri, tanzend und singend herbei und als Kaiman gerade sein Gesicht abwandte, nutzte Tucusito den Moment, um die Gesichter der Umstehenden mit seinen Exkrementen zu beschmutzen. Als Kaiman das Ergebnis sah, konnte er ein schallendes Gelächter nicht unterdrücken, und im gleichen Augenblick schoß das Feuer aus seinem Maul. Vogel Bobo flog sofort auf, um es an sich zu nehmen, und die Frau von Kaiman, die eine Fröschin war, stürzte hinzu und ließ einen Harnstrahl los, um das Feuer zu löschen. Vogel Bobo kam nicht recht hoch, er flog tief, sehr tief. Die Fröschin hätte ihn beinahe erwischt. Da kam Vogel Conoto zu Hilfe, nahm Bobo das Feuer ab, erhob sich in die Luft und brachte das Feuer auf einen hohen Baum.
Der bestohlene Kaiman war sehr erbost und verwünschte die anderen: »Ihr, die ihr euch des Feuers bemächtigt habt, das Feuer wird euch fressen, wenn ihr sterbt. Ihr werdet nicht länger ewig sein, sondern verbrennen. Ich aber bleibe unsterblich, dort, wo die Wasser ihren Ursprung haben.« Dann verschwand er.*

* Quelle: El origen del fuego
in: Lizot, Jacques: El hombre de la pantorrilla prenada y otros mitos Yanomami
Fundación la Salle de Ciencias Naturales, Monografia No. 21, Caracas 1974
(freie Übersetzung)

Die Scheidung

Nachts vernahm ich nur den Schrei, die erregte Diskussion, den dumpfen Schlag, das Röcheln. Und dann wieder die erregten Stimmen. Ich blinzelte durch die Dunkelheit hin zum lodernden Feuer einer der Hütten in unserem ¾-Kreis-Dorf.
Aber was ich sah, schien mir alltäglich: Da hatten sich einige gestritten und nun versuchten sie, sich zu einigen. Ein anderer lag neben dem Feuer. Ihn schien der Lärm überhaupt nicht zu interessieren. Wie mich. Ich drehte mich auf die andere Seite und schlief bald wieder ein.
Ein Alptraum ließ mich bald erneut hochschrecken: Ich war Missionar bei der New Tribes Mission geworden und dann gestorben. Nun stand ich vorm Jüngsten Gericht und ein gestrenger Richter fauchte mich an: »Wie konntest du dir anmaßen, die Indianer zu deinem Glauben umzuzwingen?«
»Weil er der einzig richtige ist!«
»Wer hat dir das gesagt?«
»Keith Wardlaw.«
»Und das hast du geglaubt?«
»Keith hat gesagt, es gäbe keine Zweifel. Die Bibel sei der Beweis.«
»Du bist dumm und arrogant. Hast du keine eigene Meinung?« Der Richter blätterte im Buch.
»Du gehörst in die Hölle«, entschied er. Ich bettelte und flehte und bat, Keith zur Verantwortung zu ziehen, er habe mich überredet. Aber Keith war nicht da.
»Diese Verantwortung trägst du ganz allein.«
Er schnippte mit den Fingern und – ich plumpste in die Hölle.
Als ich mich erhob, schmerzte mein rechter Hüftknochen. Ich war aus der Matte gefallen. Des Richters Schuldspruch, der Plumpser in die Hölle und ein erneuter Schrei vom anderen Ende der Maloka hatten mich wohl zusammenfahren lassen.
Es dämmerte, und mir dämmerte jetzt, daß es sich nicht nur um einen einfachen Zwist gehandelt hatte.
Ein etwa 25jähriger Mann lag blutend in seiner Baumrinden-

Matte. Er erbrach sich und stöhnte. Die Augen waren geschlossen. Eine junge Frau kniete neben ihm und versuchte, mit beschwörenden Handbewegungen die Schmerzen zu vertreiben.
Als ich sah, daß niemand der Umherhockenden ihm besondere Hilfe angedeihen ließ, wagte ich, mich einzumischen, die Frau anzusprechen: »Willst du ihm zwei Schmerztabletten geben?«
Die Frau nahm die Medizin wie selbstverständlich. Wir lösten sie in Wasser auf und flößten dem Verletzten den Trunk ein. Dabei blinzelte er uns mit trübem Blick an. Aber er schluckte ihn hinunter. Dann lag er wieder still und schien zu schlafen.
Von den anderen Indianern erfuhr ich nun, was passiert war. Demnach war gestern abend Piyomai*, die Frau die den Mann jetzt betreute, aus dem Wald aufgetaucht. Sie hatte nur ihre Hängematte auf dem Rücken. Sonst nichts. Wortlos hatte sie das Lager betreten, ihre Matte neben die des Mannes gebunden.
Wenn eine Indianerin ihre Hängematte neben einen Mann hängt, dann heißt das, daß sie mit ihm zusammenleben will – Eheschließung auf Yanonámi.
In diesem Falle aber hatte sich die schöne Piyomaï von einem anderen Mann getrennt. Sie hatte ihr gemeinsames Dorf verlassen, war allein durch den Wald gekommen und hatte sich für Hiputu, den 25jährigen jungen Mann entschieden.
Das hatte dem zwangsgeschiedenen Erstmann offensichtlich nicht gefallen. Gegen Morgen war er hier aufgetaucht. Nach heftiger Diskussion hatte er seinen Nebenbuhler zu einem Stockkampf herausgefordert.
Bei den Yanonámi ist der Stockkampf Tradition. Wenn man einander böse ist, reagiert man sich im Duell ab.
Die meisten Yanonámi haben am Hinterkopf eine kahlgeschorene Stelle – die Tonsur. Denn dorthin schlägt man sich, Schlag um Schlag abwechselnd, mit einem besenstieldicken Stock und vor allem mit voller Wucht. Unsereins läge nach einem einzigen

* Obwohl in Yanonámi-Sprache, so ist auch dies bestimmt nicht ihr wahrer Name.

Streich mit gespaltenem Schädel am Boden. Aber bei den Yanonámi scheint diese Kopfstelle besonders hart zu sein.
Sie halten die Stelle still hin wie eine Krähe dem Gegner das Auge und erwarten den Schlag. Die Haut platzt auf, das Blut fließt, der Getroffene schüttelt benommen den Kopf. Doch schnell ist er wieder klar. Und nun hält der andere still und erhält seinen Anteil. Meistens gibt es mehr als je einen Schlag. Mitunter endet das Duell tödlich. Aber in jedem Falle ist der Streit dann beigelegt.
Man ist abreagiert und umarmt sich: »Ich habe keine Wut mehr gegen dich. Wir können wieder Freunde sein.«
So auch hier bei der Scheidung. Der betrogene Ehemann hatte seinen Kontrahenten einmal (und gründlich) geschlagen. Damit war die Scheidung von ihm akzeptiert und »vergessen«. Er schaukelte jetzt ein paar Matten weiter, als sei gar nichts geschehen. Über einem Feuer trocknete er drei Blätter Tabak, die ihm jemand geschenkt hatte, und »baute« sich dann davon seine Tabakrolle.
Mit einigen Bananen und etwas Schweinebraten als Wegzehr zog er schließlich wieder von dannen.
Die Hunde bellten hinterher. Der Wald verhüllte ihn schon nach wenigen Metern. Piyomaï lebte nun mit uns.
Hiputu brauchte drei Tage, um wieder ganz der alte zu sein. Ich gab ihm weiterhin Schmerztabletten und reinigte seine Platzwunde. Es würde seine erste Narbe werden. Andere Männer tragen mit Stolz schon mehrere zur Schau.
Wenn ich mit den übrigen Männern auf die Jagd oder zum Fischen ging, ließ ich seiner Frau einige Tabletten zurück und erklärte ihr am Sonnenstand, wann sie sie ihm zu geben hatte.
Hiputu erwies sich für die Hilfe sehr dankbar. Als er aufstand, umarmte er mich und nahm mich mit auf seine Streifzüge. Er lehrte mich, die haltbaren Kiepen flechten, zeigte mir einige der Zutaten für Curare und das Rauschmittel Epená.
Und er zeigte mir, wie er Fische aus den überschwemmten Wäldern holte: mit Hilfe einer 100 m langen Palmfaserleine, 20 cm über dem Wasser von Baum zu Baum gespannt, alle 5 m einen meiner Haken mit roter Beere – ich gab diesem Patent keine Chance.

Doch Hiputu verrichtete die Arbeit so selbstverständlich, wie unsereins in den Garten geht, um einen Kopf Salat zu schneiden.
Nachdem der Indio dann eine zweite Leine angebracht hatte, gingen wir, brusttief im Wasser watend, zurück zur ersten. Schon von weitem sah ich, daß sie stark vibrierte. An sechs von achtzehn Haken hing je ein Fisch. Eine tolle Ausbeute! Nur einer war inzwischen von Piranhas am Rücken um vier tischtennisballgroße Stücke Fleisch erleichtert worden.
Bei Hiputu, bei Lucio, bei Marco und wie sie alle hießen, verlebte ich den schönsten und informativsten Teil meiner Reise. Dennoch empfand ich nicht nur ungeteilte Freude darüber.
Wenn ich abends in der Matte hing, wurde mir sogar richtig wehmütig ums Herz. Es beschlich mich eine erdrückende Beklommenheit, wenn ich über die Zukunft dieser Leute nachdachte. Ich fühlte mich wie ein Verräter unter ihnen, weil ich der Rasse angehörte, die sie hier von allen Seiten so arg bedrängte. Ich fühlte im voraus eine Mitschuld an ihrem Untergang, weil ich – im Gegensatz zu ihnen – die Gefahren ahnte und mich ihnen nicht mitteilen konnte.
Je mehr ich über alle meine gesammelten Erfahrungen nachdachte, desto mehr verlagerten sich die Schwerpunkte meiner Reise. Das Abenteuer war längst zur Nebensache geschrumpft. Die Problematik der Yanonámi hatte sich in den Vordergrund meines Bewußtseins gedrängt. Es stand für mich fest, daß ich alles, was in meinen Kräften stand, für die Yanonámi tun würde. Ich nahm mir stärker denn je vor, über honorige Publizisten und durch persönlichen Einsatz den Yanonámi Gehör zu verschaffen. Hier im Wald, hier in der Hängematte, hier inmitten des intakten Biotops, entschloß ich mich, Hilfe zu suchen. Ich wollte den Beistand der »Gesellschaft für bedrohte Völker« erbitten und gemeinsam mit ihr überlegen, wie man dem Notschrei am besten weltweit Gehör verschaffen könnte.
Und urplötzlich wurde ich von großer Unruhe gepackt. Was lag ich hier schon seit Tagen müßig im Lager herum? War nicht jeder Tag kostbar? Jede Stunde sogar, weil der Würgegriff durch uns

Weiße immer enger wurde? Es waren ja gar nicht nur die Missionare, die Goldsucher, die Siedler. Es war auch die FUNAI selbst, die zu oft bewiesen hatte, welch unzuverlässiger Partner sie ist. Ihr Hauptanliegen schien stets zu sein, der Regierung gehorsam zu dienen, »gute, brauchbare Brasilieros« aus den Indios zu machen. Sie sollen das Alphabet begreifen, Soldaten werden und die Staatsangehörigkeit erwerben. Noch lieber sähe man es, wenn sie dann den Verlockungen der Städte unterlägen und den Wald räumten, ihn zur totalen Plünderung freigaben. Einer der Köder der FUNAI: Flinten für die Häuptlinge. Devise: Wird der Häuptling schwach, fällt auch der Stamm.

Aber es sind nicht nur diese Kategorien Weißer, die die Kultur der Yanonámi negativ beeinflussen. Sogar Völkerkundler gesellten sich in diesen Reigen.

Die 1956 von einem deutschen Ethnologen noch als Erstentdeckung abgefeierten Surara-Yanonámi (heute unter Häuptling Arakeen) wurden von ihm nur elf Jahre später dem SPIEGEL (19/67) gegenüber als »ein gewandeltes Volk« vorgefunden, »... mit Gewehren bewaffnet, am Kulturschock zerbrochen.«

Aber derselbe Wissenschaftler scheute sich nicht, diesen Stamm weiter zu zerbrechen, seine »Steinzeitstämme« in massivster Weise zu konfrontieren: Als Reiseleiter für Touristen des Reiseunternehmens Thomas Cook Ltd.! Höhepunkte: Man könne »Tapire und Hühnervögel schießen« und habe drei Tage Zeit, »Souvenirs, die gegen Gegenstände der Zivilisation getauscht (wie fair!) wurden, sicher (zu) verpacken.«

Der Versuch scheiterte glücklicherweise kläglich. Aber wer kommt schon selbstlos hierher? Andere Ethnologen wollen ihren »Doktor« an den Yanonámi machen, und bei genauer Analyse kam auch ich nicht ohne Nebeninteressen. Gewiß, ich wollte nichts verändern. Ich wollte einer schwachen Minderheit helfen, nicht verramscht zu werden. Aber dennoch tauschte ich Angelhaken gegen Gastfreundschaft ein, schoß ich Fotos für GEO, suchte ich Stoff für ein Buch. Mit beiden Publikationen würde ich nicht nur mit viel Glück eine Lanze brechen für die

Yanonámi, sondern auch meinen Bekanntheitsgrad erhöhen. Auch ich kam also durchaus nicht selbstlos.
Und die Problematik zu kennen und einfach totzuschweigen, wo ich die Möglichkeiten zum Handeln hatte, erschien mir ebenso negativ.
Der einzige Lichtblick schien mir zur Zeit die »Gesellschaft zur Gründung des Yanonámi-Parks«* zu sein. Sie wurde 1979 auf Privatinitiative in São Paulo gegründet. Seit 1968 aber wurden der FUNAI bereits von Ethnologen, Kirchenvertretern und Juristen Vorschläge unterbreitet, das Yanonámi-Gebiet zu vermessen und zu schützen. Sie wurden allesamt ignoriert.
Im März 1982 war der Gesellschaft (CCPY) der erste Erfolg beschieden. Innenminister Mario Andreazza legte einen Gesetzentwurf für die Gründung des Parks vor. Pogrom, die Zeitschrift der Gesellschaft für bedrohte Völker berichtete, daß das sicherlich auch darauf zurückzuführen sei, daß Ende 1981 ein neuer FUNAI-Präsident sein Amt antrat, von dem es heißt, daß er der indianischen Sache aufgeschlossen gegenübersteht, was man längst nicht von allen Präsidenten sagen konnte.
Wenn der Entwurf Gesetz wird, wird eine Fläche von 7,7 Mio ha zum Reservat gehören. Darüber hinaus sollen Projekte zur medizinischen Versorgung, Erziehung und Dorfentwicklung gestartet werden. So will man die Yanonámi auf den Zusammenstoß mit unserer Welt vorbereiten.
Doch so schön sich die Planungen anhören – noch ist alles ein Entwurf. Noch müssen den Worten Taten folgen. Selbst das endgültige Gesetz kann am nächsten Tag umgestoßen werden. Ob das geschieht, liegt dann in letzter Instanz in der Hand des brasilianischen Präsidenten. Zu oft haben bisher Gouverneure selbstherrlich und aus Gründen der Habgier solche Gesetze wieder umgestoßen. Man hat Straßen durch Parks gelegt, Reservate verkleinert und ganze Stämme einfach umgesiedelt.
Fest steht, daß für die Yanonámi andere Zeiten anbrechen. Auch

* Anschrift im Anhang

wir im Rest der Welt befinden uns in einer Zeit krassesten Umbruchs seit Menschengedenken. Die Gefahr besteht, daß vor deren Hintergrund das Yanonámi-Problem weggewischt werden könnte: Weltkriegsgefahr, Überbevölkerung, Arbeitslosigkeit, Ausverkauf der Natur ... was zählen angesichts solcher Dramen 8400 Yanonámi?

Wir selbst müssen umdenken mit einer Rasanz, die wir – trotz Bildung – kaum schaffen können.

Begreifen wir Europäer diesen Wandel schon kaum, hier im Wald ahnt niemand etwas von der Gefahr. »Deshalb muß die Hilfe auch von uns, von außen kommen. Es ist unsere christliche, unsere ethische Pflicht« (Claudia Andujar, 1. Vorsitzende der Gesellschaft zur Gründung des Yanonami-Parks).

Je länger ich darüber nachdachte, desto eiliger drängte es mich heim. Die eigentliche Arbeit würde da erst richtig beginnen.

Schwimmend zurück

Um mit dem Floß zurückzufahren, hatte ich nicht mehr genügend Kanister. Einen hatte der Jaguar erwischt, einen zweiten hatte ich vergraben und aus den verbleibenden zweien konnte ich allenfalls einen Schwimmgürtel basteln, wie ich ihn schon bei der Überquerung des Demini erprobt hatte. Und das erschien mir weitaus besser als wieder tagelang durch die unübersichtlichen Wälder zu laufen.
Meine einzige Sorge waren die Piranhas. Wenn ich tagelang im Wasser hing, erhöhte sich die Chance, doch einmal von einem geistesgestörten angeknabbert zu werden.
»Paß auf, Piranhas reagieren aggressiv auf Rot!«, hatte Tatunca mir irgendwann erzählt. »Und sei vorsichtig, daß du dich beim Schwimmen nicht verletzt, wenn du blutest, geht es sehr schnell.« Ich mußte darauf achten, mich nicht an den unsichtbaren Ästen aufzuritzen. Dazu kam, daß meine Badehose rot war. Ich hatte diese Farbe gewählt, weil ich für die Fotos im eintönigen Grün des Waldes einen Farbtupfen haben wollte. Aber damals war mein Plan noch der, per Plastik-Floß zurückzufahren. Nun hing ich im Wasser und provozierte Piranhas. »Nur nicht leblos dahintreiben lassen, aber auch nie wie ein Idiot planschen!« Beide Verhaltensweisen sind unnatürlich und wecken Interesse bei den Piranhas. Also schwamm ich ruhig und regelmäßig, über den Schwimmgürtel hängend. Weniger, um die etwa 3 Stundenkilometer zu erhöhen als den »gesunden Fisch« zu mimen. War also nur das Signal, das von meiner Hose ausging. »Zieh sie doch aus, du Langsamdenker!«, führte ich wieder meine traditionellen Selbstgespräche. Natürlich! Warum denn nicht gleich? Ich streifte sie ab und klemmte sie unter die Halteseile. War die Gefahr damit gebannt? Hatte ich nun alle Vorkehrungen getroffen, möglichst heil durchzukommen? Statt der Hose hingen nun meine Accessoires freipendelnd im Wasser. Für jeden Kampffisch so richtig mundgerecht!
Dann war die Hose wohl das kleinere Übel. Ich zog sie besorgt und blitzschnell wieder an und vermehrte so die Chancen, meine Anhängsel zu behalten. Schließlich hängen die nicht nur an mir, sondern ich auch an ihnen. Symbiose.

Ich hatte auch die Hoffnung gehegt, auf dem Wasser flotter als im Wald voranzukommen. Aber der Zeitgewinn fiel buchstäblich ins Wasser. Hier oben, im Quell-Land des Demini, ist der Fluß kühl. Vielleicht waren es 21 Grad. Warm für deutsche Verhältnisse, kalt für Brasilien, zumal, wenn man schwimmt. Nach 3–4 Stunden zitterte ich vor Kälte und lief blau an (vielleicht hatte ich damit die richtige Tarnfarbe gegen Piranhas!). Ich mußte raus und mich am Feuer oder im Schlafsack wärmen.
Zu essen gab es natürlich Fisch. Zehn Meter hinter mir zog ich ständig eine Angel nach. Den Abstand hatte ich extra so weit gewählt. Falls ein Fisch biß, würde er zappeln, und das könnte meine Piranhas auf den Plan locken. Im Eifer des Gefechts würden sie mich dann mit dem Zappler womöglich »in einen Topf« werfen, über einen »Kamm scheren«.
Viermal spürte ich den ganz großen Biß am Haken. Ein Ruck ging durch mein »Boot«. Ich kam zum Stillstand. »Fleisch zum Sattessen!« Ich schwamm flugs ins Flache, um die Leine einzuholen. Da merkte ich dann, daß sich nur der Haken an einem Unterwasserast verfangen hatte. Ein Ast – nicht Fisch, nicht Fleisch.
Da – schon wieder! Ich legte nicht mehr erst an, sondern zog mich gleich an der Leine stromaufwärts, um den Haken zu lösen.
Doch diesmal bemerkte ich recht bald, daß mein Schwimmapparat nebst mir kräftig und gleichmäßig bergauf gezogen wurden! Himmel, welch ein Abendbrot! »Und wenn der mich nun wieder bis ans Gebirge zurückzieht?«, war einer der zahllosen Gedanken, die mir durch den Kopf gingen. Ich kam mir ein wenig ratlos vor. Außer dem »Alten Mann und das Meer« ist das ja nur wenigen widerfahren.
Aber die Entscheidung, was ich tun sollte, wurde mir abgenommen. Mein unsichtbarer Fisch hatte im Unterholz des Ufers Zuflucht gesucht und sich endgültig verheddert. Ich brauchte ihn nur noch herauszuholen und zu essen: Einen ca. 80 cm langen und 15 Pfund schweren Tambaqui.
Trotz der geringen Tagesleistung errechnete ich, daß ich auf dem

Wasserweg doch wenigstens genausogut vorwärts kam wie durch mühsames Marschieren im Dickicht. Ich erlebte auf dem Fluß eine ganz neue Perspektive des Waldes. Da ich lautlos kam, bemerkten mich die vielen Tiere nicht. Immer wieder kam ich bis auf wenige Meter an vor allem Vögel heran. Aber auch Affen genossen den Blick auf den freien Fluß, Schweine grunzten im Wald, Papageien kreischten in den Wipfeln. Längst liebte ich die Flußfahrt und ließ die herrliche Kulisse an mir vorüberziehen: Ein Stück heile Welt, wie sie sehr knapp auf diesem Erdball geworden ist. Ich durfte sie erleben.
Jäh wurde ich aus meinen Gedanken gerissen, als ein riesiger Fischotter meinen Weg kreuzte. Vorwitzig steckte er seinen Kopf aus dem Wasser. Sein Gesicht erinnerte an einen Seehund. Dann blaffte er mich empört an – als wolle er sagen »Mach, daß du weiterkommst, dies ist mein Revier!«
Das schönste aller Erlebnisse aber war die Begegnung mit den Delphinen. Man trifft sie überall in den seeartigen Verbreiterungen der Ströme.
Paarweise umtanzten sie mich und vollführten ihre harmonischen, eleganten Luftsprünge. Welcher Jammer, daß man als Einzelreisender solche Situationen nicht fotografieren kann!
So hatte ich nie Langeweile. Nach zwölf Tagen war das alles zur lieben Gewohnheit geworden und fast hätte ich die Einmündung des Toototobi verpaßt.
Das Geräusch des Katarakts oberhalb des Zusammenflusses hatte mich aus meinen Träumen geweckt. Die Flußreise war zu Ende. Ich stand an jenem Pfad, auf dem Mario mich an den Demini begleitet hatte. Ich stand an dem Punkt, an dem wir uns getrennt hatten.
Von hier waren es drei Tage bis hin zu Arakeen.

Schwein gehabt!

»Hätte ich mich doch bloß öfter umgeschaut, dann hätte ich den Weg garantiert leichter gefunden!«, tadelte ich mich selbst.
Nach nach einem halben Tag merkte ich, daß ich mich – mal wieder – verfranzt hatte. Und nach drei Tagen war es schließlich klar, Rüdiger war nicht nur vom rechten Weg abgekommen, wie Rotkäppchen, sondern sichtbar auch vom Fleisch gefallen. Meine Oberschenkelknochen hatten ihr Muskelfleisch, das sie sonst schützend umgab, zugunsten meines Marsches abgegeben. Der Körper hatte es aufgezehrt. Die Tage im Wasser, während der es nur Fisch gab, hatten den Verfall nur bremsen, nicht aufhalten können. Der Mensch kann nicht allein von Proteinen leben.
Längst war wieder das alte Stadium der Apathie, Einfallslosigkeit und Schwäche erreicht. Nur Hunger kam nicht auf. Fand ich etwas Eßbares, freute ich mich und verzehrte es roh oder in Blättern gegart oder gegrillt. Fand ich nichts, war's auch egal. Das Hungergefühl ließ mich ungeschoren. Bei Arakeen würde ich wieder satt werden können. Darauf war ich geistig eingestellt.
Nach drei Tagen war mir klar, daß ich Arakeen nicht finden würde, daß ich ganz woanders rauskommen mußte. Nichts, aber auch gar nichts kam mir bekannt vor. Das einzige, was stimmte, war die Richtung: Süden. Egal, ob ich östlich oder westlich an seinem Stamm vorbeistapfte, drei weitere Tage später mußte ich dann auf den Rio Aracá stoßen, den Fluß, der nach knapp 800 Kilometern Barcelos erreicht.
Das fehlende Hungergefühl täuschte über die Schwäche hinweg. Längst war es mir klar, daß es nicht das Klima war, was mir zu schaffen machte. Es war die physische Schlappe. Die Füße hatten sich entzündet, weil die Sandflöhe sie nach wie vor zu ihren Lieblingen auserkoren hatten. Die Füße waren nicht nur vereitert, sie waren auch geschwollen. Die Turnschuhe waren, erstaunlich, noch immer heil, aber infolge der ständigen Nässe stanken sie penetrant. Da halfen auch kein Räuchern, kein starkes Erhitzen. Der Gestank blieb. Es schien mir, als verfaulte ich. Wenn ich nach einer Rast zu schnell aufstand, kippte ich sofort wieder um: Kreislaufschwäche.

Die Insektenstiche juckten, ich kratzte mich blutig, die Schienbeine waren vom Gestrüpp aufgerissen. Der Stiel einer wilden Cajufrucht hatte mir bös Zunge, Rachen und Mundwinkel zerätzt. Roh – das wußte ich nicht, ätzt er wie Salzsäure. Kaum konnte ich sprechen. Geröstet schmeckt er wie die herrlichste Nuß.
Salbe gegen alle diese »Lappalien« hatte ich nicht bei mir. Ich war froh, daß ich nichts Ernsthaftes hatte. Was mir blieb, waren Schmerztabletten. Belebende, coffeinhaltige, runde Pillen, die ich jetzt, zusammen mit dem Psychotonicum Captagon einnahm. Ich erprobte sie zum erstenmal. Dabei hatte ich sie schon auf vielen Reisen im Gepäck gehabt.
Aber die Pausen der Rast wurden zu häufig, zu lang. Ich mußte weiter – Arakeen oder den Aracá erreichen. Und deswegen dopte ich mich.
Das Zeug verfehlte seine Wirkung nicht. Die geschwollenen Füße taten nicht mehr weh, ich konnte ganzen Fußes auftreten und kam voran. Ich war heiter und gelöst und liebte den Wald, der mich so schindete.
So zog ich mich, tablettenbegünstigt, chemisch reguliert, allmählich dem Ziel entgegen, immer nach Süden. Ich stolperte über einen Hügel. Urplötzlich – ohne jede Vorwarnung – tat sich vor mir die Erde auf. Was gerade noch normal und absolut harmlos ausgesehen hatte, barst unversehens auseinander. Wohl an die 70 Wildschweine hatten in einer großen Mulde gedöst. In Panik stoben sie auseinander. In alle Richtungen. Die Erde dröhnte. Zorniges Quieken erschreckte mich, so daß ich nur noch reflektorisch reagierte: Ich rettete mich vor der tobenden Masse mit einem Sprung an einen Baum. Das hört sich so einfach an. Denn wenn man keine Kraftreserven mehr hat, ist es schwer, sich an den glatten Stämmen zu halten. Prompt brach das mickrige Ästlein, das meine Hand umkrallte. Mit den Schenkeln allein vermochte ich mich nicht zu halten. Ich fiel in die anstürmenden Pekaris.
Dachte ich gerade noch, ich hätte keine Kraft – wie im Todeskampf war sie zurückgekehrt. Und wie ein Gummiball hüpfte

ich zurück an den Stamm, konnte ich die Schrecksekunde der Tiere nutzen. Es war mir klar – lange könnte ich mich bestimmt nicht halten. Solange die Kraftanwallung anhielt, nutzte ich die Chance: mit Schenkeln und einem Arm hielt ich mich einige Nasenbreiten über den Tieren, die genauso von mir irritiert waren wie ich von ihnen. Mit der anderen Hand riß ich den Revolver raus und schoß wahllos zwischen die Schweine.

Unerwartet zeigte das Wirkung. Sie drehten ab und folgten dem stürmenden Troß.

Ausgepumpt, keiner Reserveleistung mehr fähig, rutschte ich vom Stamm.

Da hatte ich siebzig Schweinen gegenübergestanden, hatte aus nächster Entfernung geschossen und kein einziges getötet! Ich war schon eine Pfeife!

Deprimiert nahm ich mein Gepäck auf und setzte mich wieder in Gang. Fuß vor Fuß. Immer nach Süden. Wenigstens war diese Begegnung glimpflich verlaufen. »Schwein gehabt«, dachte ich gerade, als der Slogan Wahrheit wurde: vor meinen Füßen lag ein totes Schwein!

Kopfschuß. Aus. Abendbrot gesichert. Der Freudensatz glich jenen Sprüngen an den besagten Baum.

Ich hatte zu essen! Wie im Schlaraffenland brauchte ich nur noch zu kauen und zu verdauen.

Das Tier sonstwieweit zu schleppen schied aus. Ich schaffte es nicht. So zog ich es nur etwa einen Kilometer weit hinter mir her, bis ich einen Fluß erreichte. Hier hatte ich nicht nur Wasser und Sauberkeit, sondern auch Licht und Ausblick aus der Beengung.

Als erstes gönnte ich mir die Leber. Sie war schneller zubereitet als das Fleisch und war besonders zart und delikat. Dann gab es Filet und als letztes Bouillon. In Ermangelung eines Topfes mußte das Fell herhalten. Ich legte es mit den Haaren nach unten in eine topfähnliche Mulde, gab Wasser, Algen und Schweinefett hinein. Etwas Asche ersetzte das Salz. Drei Steine, die ich im Feuer »glühend« gemacht hatte, wurden abwechselnd mit einer Astgabel hineingerollt. Zischend tauchten sie ins Was-

ser und erhitzten es in wenigen Minuten. Das Fett löste sich, die Algen wurden weich wie Spinat. Die Suppe mundete vorzüglich.
Mit rundem Bauch wälzte ich mich schließlich in die Hängematte, für die ich einen idyllischen Platz gefunden hatte: unter einem dicken Ast, der über den Fluß ragte. So war ich sogar leidlich gegen Regen geschützt. Und das hatte ich bitter nötig. Denn zum Bau eines Daches war es nun zu spät: Mir wurde speiübel. Schweiß brach aus allen Poren. Meine Beine zitterten, ich erbrach mein gesamtes, mühsam erarbeitetes Abendbrot. Totale Überfressung.
Daß ich daran auch nicht gedacht hatte! Wie hatte Dr. Scheele gesagt: »Fasten kann jeder Narr, aufbauen nur der Weise.« Nun hatte ich das Dilemma. Ich hatte total vergessen, daß ich seit Tagen auf Diät lebte.
Völlig ermattet, fiebrig heiß und zugleich frostgeschüttelt krümmte ich mich in der Hängematte. Die Fische schnappten gierig mein Erbrochenes. Würde ich eine Angel ins Wasser halten – dessen war ich sicher, da unbegreifliches Naturgesetz – würde niemand danach schnappen.
Und dann hatte ich einen Blackout.
Später erinnerte ich mich an Regen, der mich weckte, an erneute Revolten meines Verdauungstraktes und an große Schwäche. Ich hatte nur noch zwei Wünsche: Ruhe und Schlaf.
Aber ganz plötzlich erwachte ich, fühlte mich ausgeruht, gestärkt. Sogar der Unternehmungsgeist war zurückgekehrt. Und gemäßigter Appetit.
Ich entwand mich meinem Hängenetz, balancierte weichbeinig über den Ast ans Ufer und wollte mir ein Stück Fleisch auswählen. Ganz wenig nur. Den Rest würde ich durch- und durchbraten – Konservierung auf indianisch – und mitnehmen.
Doch das Fleisch stank wie die Pest. Fliegen und Ameisen deckten es zu wie eine Decke. »Wie kann etwas in einem Tag dermaßen verderben?«, fragte ich mich und blickte auf den Kalender meiner Uhr.
Und da fand ich des Rätsels Lösung: Ich hatte nicht etwa nur

ein bißchen geschlafen, sondern zwei ganze Nächte und knapp zwei Tage hatte ich hier gelegen!
Und wieder mußte ich denken: »Schwein gehabt!«

Goldsucher

Auf einmal war ich von drei Hunden umstellt, die mich umtobten und ankläfften. Ich sprang vor einen Baum, um Rückendekkung zu gewinnen und zog die Waffe.
Schon im Ziehen ertönte ein scharfer, kurzer Ruf – wie unser Pfui! oder Aus! – und die Tiere verharrten still und sprungbereit, wo sie standen.
Ein Mann trat aus dem Wald, unterm Arm eine Flinte!
Ich war gerade dabei gewesen, mein Lager für die Nacht einzurichten. Gestern hatte ich das Schweine-Camp und den Waldweg verlassen, um wieder zu schwimmen. Der kleine Fluß schien sich nämlich, zwar in vielen Windungen, aber doch wohl nach Süden zu bewegen. Also in meine Richtung, denn Arakeens Dorf zu finden, hatte ich aufgegeben. Nichts erinnerte mich an den Hinweg, zu viele Tage war ich bereits in Trab. Ich mußte daran vorbeigelaufen sein.
Das Gelände wurde wieder bergig. Der Fluß war flach. Ich konnte häufig darin stehen. Und er war schön warm.
»Boa tarde, amigo!«. Es entfuhr mir ganz spontan, obwohl ich sofort Unbehagen oder gar Furcht verspürte. Immer wieder hatte ich mir diese erste Begegnung mit Weißen im Geiste durchgespielt. »Hüte dich vor den letzten und den ersten Weißen, denen du begegnest!« Wer alles hatte mir nicht immer wieder gerade diesen Rat gegeben. Und er war einleuchtend. Da taucht jemand aus dem Wald auf, ohne Zeugen, mutterseelenallein und schwach. Das mußte einfach für jeden dieser bettelarmen Außenseiter eine unwiderstehliche Herausforderung darstellen.
»So freundlich und gastfreundlich sie einerseits sind, so heimtückisch können sie andererseits sein«, hatte auch Tatunca Nara gewarnt. »Einem Indianer kannst du trauen. Er hat irgendwo eine Zugehörigkeit, seinen Stamm mit allen Gesetzen und Verpflichtungen. Ein Indio tötet in Notwehr, in Zorn, aus Rache oder so. Aber die Weißen am äußersten Rande der Zivilisation sind haltlos, niemandem verantwortlich. Nicht alle sind solide Farmer. Wer zum Beispiel in den Städten von der Polizei gesucht wird, der zieht in den Wald und wartet auf die Chance, Gold zu finden oder – auf dich.«

Viele Gerüchte und Geschichten kursierten in diesem Zusammenhang. Deshalb hatte ich mir immer vorgenommen, nie die erste Hütte anzulaufen. Sie wollte ich auf alle Fälle umgehen, und dann frühestens die zweite aufsuchen. Dann mußte der Siedler damit rechnen, daß ich schon gesehen worden war und dann hätte Polizei im Falle eines Falles meine Spur bereits verfolgen können.
Der Mann, der nun abschätzend auf mich zukam, versetzte mich in höchste Alarmbereitschaft. Er erwiderte zwar den Gruß – aber ich vermißte das wichtige Lächeln.
Deshalb war ich regelrecht erleichtert, als ich mich sehr spontan, lässig und überzeugend sagen hörte »Hallo, ich dachte, meine Freunde wären schon zurück!«
Jetzt wußte er, ich war nicht allein. Es konnte jederzeit Hilfe für mich eintreffen.
Nun, da ich die gefährlichste Spitze etwas abgestumpft hatte, konnte ich ausführlicher werden. Mit einer weitausholenden Bewegung erklärte ich, »wir« kämen von Arakeen und seien auf dem Weg zum Aracá. Ich hätte soeben begonnen, das Lager einzurichten, während die Freunde noch Ausschau nach etwas Fleisch hielten. Sie würden gleich wiederkommen.
Die Augen des Mannes schweiften durchs Lager. Nichts wies auf mehrere Leute hin. »Wir haben nicht viel Gepäck. Jeder trägt sein Bündel selbst, wie eine Schnecke ihr Haus mit sich schleppt.«
Ich gab mich unbefangen und tat, als sei der Wald mir vertraut wie meine Wohnung. Zu gern hätte ich gewußt, wo ich überhaupt war. Aber dann hätte er den Unerfahrenen in mir zu schnell erkannt.
Der Mann war hier des Goldes wegen. »Ohne jeden Erfolg«, wie er sagte. Aber das sagt jeder, hatte mich Oswaldo in Manáus aufgeklärt, weil er Angst vor Beraubung haben muß. Bei diesem schien's zu stimmen. Er war völlig mager und zerlumpt. Nur die Flinte war neuwertig. Vor ihr hatte ich Respekt, weil man sie nur hochzureißen und abzudrücken brauchte. Der Treffer war garantiert. Mein Revolver war das reinste Pusterohr dagegen. Al-

lerdings hatte er nur einen Schuß, ich dagegen sechs. Aber was nutzen sechs Patronen, wenn der erste Schuß des Gegners ein Treffer war?

Ganz in der Nähe hatte der Mann ein Lager. »Komm mit rüber. Deine Freunde können nachkommen.« Was blieb mir anderes, als ihm zu folgen. »Für meine Freunde« markierte ich den Weg mit geknickten Zweigen. An einer Furt stromaufwärts überquerten wir den Fluß, auf dem ich gekommen war. Wir arbeiteten uns durchs dichte Ufergestrüpp und standen schon wieder vor einem Fluß! Ein kleiner nur, ein Nebenfluß, aber flott und munter, überwuchert und getarnt von Grünzeug, mündete er in »meinen« Fluß.

Nur 100 Meter bachaufwärts war das armselige Lager: Eine Lichtung, 10 × 10 m, eine Hütte, zwei Schlafplätze, ein Boot. Nichts weiter.

»Gewaschen haben wir weiter oben«, beantwortete er meine unausgesprochene Frage. »Dort liegt auch mein Freund. Er ist schwer krank. Malariaanfall. Es wird Zeit, daß wir hier abhauen.«

Morgen wollten sie sowieso fort. Die letzten Ersparnisse waren draufgegangen, das Wild war knapp. Zwei Männer am Ende: enttäuscht, verarmt, krank, hungrig. Zwei Menschen, die absolut nichts mehr zu verlieren hatten.

»Ich will jetzt mal meinen Freund holen. Du kannst hier auf uns und deine Freunde warten.«

Der Hagere verschwand mit seinen ebenso dürren Hunden im Wald.

Ich geriet in Panik. Nichts wie weg, stand es für mich fest. Hatte ich es jetzt nur mit einem zu tun, gleich würden es zwei sein. Gleich würden sie auch feststellen, daß ich gar keine zwei Begleiter hatte, daß ich allein war, daß sie mir ... Ich dachte nicht länger nach. Als der Mann außer Rufweite war, steckte ich meinen Schwimmgürtel zusammen, und lief im Bachbett die 100 Meter zurück zu »meinem« größeren Fluß. Dann stürzte ich mich hinein und schwamm ohne Pause. Immer wieder schaute ich mich um. Selbst in der Dunkelheit wa-

ren meine Augen mehr hinten als vorn. Der Fluß schlängelte stark.
Ich bildete mir ein, im Kreis zu paddeln. Natürlich war das Quatsch. Das war Panik. Ich zitterte wie Götterspeise mit Espenlaub und kämpfte um jeden Meter.
Gegen Mitternacht hielt ich es schließlich vor Kälte nicht mehr aus. Ich kroch ans Ufer in die wärmere Luft, und suchte Schutz in einer Mulde. Ganz flach spannte ich die Hängematte, um nicht gesehen zu werden und damit meine Ausdünstungen im Muldenkessel gefangen blieben.
Trotz der Erschöpfung lag ich noch lange wach. Der Wald war totenstill. Einmal stürzte entfernt unter Donnern und Prasseln ein gewaltiger Baum zu Boden. Waren dort Menschen, die sich Feuerholz suchten? Blödsinn! Es ist mitten in der Nacht!
Um fünf Uhr hielt mich nichts mehr. Ich schwamm weiter. Hinter jeder Kurve erhoffte ich den Aracá und damit die ersten Siedler.
Gegen neun Uhr hörte ich das Tuckern des Außenbordmotors. Raus aus dem Wasser, in Deckung, Revolver schuß- und Patronen griffbereit – Reaktionen, die mich nur Sekunden kosteten.
Vielleicht war meine Furcht ja unbegründet, alles Vorurteil. Aber mein Gefühl warnte mich. Zu oft hatte ich ähnliche Begegnungen erlebt und nicht immer waren sie glimpflich abgelaufen. Wenn ich wartete, bis der andere schoß, war es endgültig zu spät. Ich wollte nicht etwa als erster schießen; ich wollte blitzschnell vorbeugen können, ihn in Schach halten, ihn entwaffnen, fesseln oder sonstwas. Auf gar keinen Fall wollte ich einfach abwarten, denn spätestens nachdem der Mann in sein Lager zurückgekommen war und mich vermißt hatte, wußte er, daß ich gelogen hatte, daß ich allein war, daß ich etwas zu verbergen hatte. Was er nicht wußte, daß ich nur meine Angst verborgen hatte.
Das kleine Boot mit dem 2 PS-Motor kam um die Kurve. Vorn, aufmerksam in die Fahrtrichtung blickend, die Hunde, dann etwas Gepäck und hinten der Mann, den ich kannte. Ach ja – und da auf dem Boden, zusammengerollt, krank, der andere, wirklich ein jammervoller Anblick.

Aber sollte ich deshalb auftauchen und mich entschuldigen? Na also.
Das Boot zog vorüber. Weder hatten die Hunde noch der Mann mich wahrgenommen. Alle blickten nach vorn. Auch sie wollten nichts wie weg von hier.
Und wie würde ich nun fortkommen? Ich konnte doch unmöglich einfach weiterschwimmen! Sie würden irgendwo rasten, und ich würde ihnen dann in die Arme schwimmen ...
Ich schnappte mein Gepäck und arbeitete mich über den niedrigen Bergkamm ins Paralleltal: Kein Tal ohne Fluß. – Ich schwamm den Parallelfluß weiter.
Und gar nicht mal lange. Ein halber Tag war vergangen – da ergoß sich mein Wasser in einen großen Fluß: Der Aracá war erreicht.
Die Männer, so taxierte ich, waren längst über alle Berge, denn mit dem Motor waren sie ungleich schneller als ich. Und sie mußten nicht über den Berg wie ich, sie hatten freie Fahrt.
Es wurde Abend. Zeit zum Fischen. Zeit fürs Camp. Ein schmaler Einschnitt links im Ufergestrüpp zog mich an. Dort konnte ich ohne Mühe ans Land klettern.

Zurück zu Arakeen

»Habe ich mich erschrocken! Ich dachte, es ist Carlo.«
Vor Schreck verlor ich den Halt und stürzte ins Wasser zurück. Die Stimme unmittelbar neben mir im Busch hatte meinen letzten Nerv geraubt.
Aber noch im Fall merkte ich, wem die Stimme gehörte. Es waren nicht die Goldsucher. Ich konnte beruhigt sein, entspannen. Ich war geborgen. Vor mir stand eine alte Frau.
So erreichte ich die Zivilisation.
Die Alte mochte zwischen 60 und 80 Jahre alt sein. Wer kann das in den Tropen schon genau schätzen. Das Klima schlaucht. Man altert eher. Ihr Gesicht war von Lepra gezeichnet, von den zehn Fingern waren nur noch die jeweils ersten Knochenglieder, nur noch die Stummel vorhanden.
Ich zog mich an den Ästen aus dem Wasser und stellte mich vor. Ich bat sie, hier übernachten zu dürfen.
Die Frau war froh, Gesellschaft zu haben. Sie besaß ein bescheidenes Haus aus Palmblättern, einen Hund, drei Hühner, einen Hahn und ... eine Singer-Nähmaschine. Allerdings total verrostet.
Hinter der Nähmaschine eine kleine Bank. Darauf nahmen wir Platz. Mit ihren Fingerstummeln holte sie eine ebenfalls rostige Dose hervor, in der sich etwas Maniok befand. Sie rührte in den gelben Krümeln herum und versuchte, mir einige davon in die Hand zu geben. »Iß, Fremder!«
Ich war von der Armut, der Abgeschiedenheit und der Freigebigkeit der Alten so beeindruckt, daß ich sprachlos war. Ich nahm die Nahrung dennoch dankend an und dachte: »Das werde ich dir vielfach wiedergutmachen.«
Carlos war ein Siedler »weit flußaufwärts«. Hin und wieder kam er und brachte etwas Nahrung. Hauptsächlich Maniok-Mehl, aber auch schon mal Bohnen, Reis und eine Handvoll Kaffee. »Zucker hatte ich schon ein halbes Jahr nicht mehr.« Dazu fing sie sich Fische und hin und wieder hatte sie ein Hühnerei im Nest.
Die verstümmelte Alte und die rostige Singer-Maschine: zwei

Dinge auf dieser Erde, am Ende ihres Daseins. Momente, die nachdenklich stimmen, die unauslöschlich bleiben.
»Gestern ist hier auch ein Fremder vorbeigekommen. Mit einem Boot. Aber ehe ich am Wasser war, war er schon vorbei.«
Meine Goldsucher waren demnach schon in weiter, in sicherer Ferne.

Wilsons Hütte

Carlos Boot brachte mich den Deminizinho hinauf. »Du bist den Javari runtergekommen. Du bist westlich abgeirrt, wenn du zu Arakeen wolltest.«
Er war am anderen Tag bei der Alten aufgetaucht und hatte ihr Bohnen gebracht.
Ein Hund, eine Flinte, ein Beutel, ein paar Angeln – das war alles, was er im Boot hatte. Seine Hütte hatte er oberhalb von Euricos Laden, oberhalb der Cachoeira dos Indios.
Unerwartet, nach etwa 15 km den Deminizinho aufwärts, spannte sich eine Brücke über den Weißwasserfluß. Ein dünner Baumstamm lag auf scherenartig aufgespreizten Böcken. Eine Liane diente als Halteseil.
An einem Ufer lagen unter einer Überdachung große Ballen Palmfasern. »Hier wohnt mein Freund Wilson.« Carlos wies auf eine Hütte am anderen Ende der mageren Brücke. Wilson, dessen Frau und sechs Kinder in allen Größen schauten neugierig vom hohen Ufer zu uns herab. Sie hatten den Motor schon von weitem gehört und erwarteten uns neugierig.
Wir kletterten die Äste-Leiter zur Hütte hinauf und schüttelten einander die Hände. »Kommt rein und nehmt Platz.« Wilson schien sehr erfreut über die kleine Abwechslung, obwohl wir zwei Esser mehr in der großen Runde bedeuteten, und die bescheidenen Lebensverhältnisse überall deutlich erkennbar waren. Ein winziges Transistorradio fetzte uns Werbespots um die Ohren. Ob Portugiesisch oder Deutsch: man braucht eine Spra-

che überhaupt nicht zu verstehen, um die penetranten, unnatürlich begeisterten und geistlosen Lobgesänge als Werbung zu identifizieren.
Im Regal eine Uhr, eine Taschenlampe. An der Wand eine Flinte und diverse Wahlplakate. Auch hier der Kampf um jede einzelne Stimme, für die die Parteiwerber mit ihren Booten bis ins letzte Flußrinnsal hinauffahren. Ein Schlüsselanhänger hier, eine typische Waldarbeitermütze mit den Initialen der Partei dort, helfen den Plakaten tatkräftig nach.
Alles Mögliche und Unmögliche wird versprochen. Die Yanonámi jedoch hat niemand auf der Rechnung, wohl aber den grundsätzlichen Indianerschutz. »Sie sind ja auch keine Brasilianer. Dennoch leben die Siedler und die Indios hier völlig friedlich miteinander.« So erzählte es uns Wilson.
Man konnte es glauben, denn es wäre den Indianern ein leichtes, die äußersten Colones, die Siedler, einfach wegzublasen.
»Bleibt ihr über Nacht? Wir haben ein Krokodil geschossen«, wollte Wilson wissen. Kohlrabenschwarz gebraten lag es noch auf dem Grill. Wir blieben. Ein Kaffee wurde bereitet, ein Huhn mußte dran glauben und ein Gläschen Cachaça wurde gekippt.
»Nehmt noch eins!« Mit ihrem Zuckerschnaps sind die Siedler großzügig. Obwohl hier oben – am Ende der brasilianischen Zivilisation – alles genau 50–100% teurer ist als in der Metropole.
»Dazu kommt, daß wir für unsere Ernten 30 Prozent weniger Geld kriegen, weil unsere Patrones zu uns hier oben noch 2000 Kilometer extra fahren müssen. Je näher bei Manáus, desto höher die Bezahlung und desto niedriger die Preise für das, was wir zum Leben brauchen.«
Also wirklich die Ärmsten der Armen. Ihnen kann man den Vorwurf der Indianerverdrängung allenfalls indirekt machen. Sie kämpfen vergeblich darum, wenigstens auf die unterste Sprosse der Wohlstandsleiter zu gelangen. Sie werden es nie schaffen. Teuerste Ware, niedrigste Erzeugerpreise und hohe Kreditzinsen bei den oft kriminellen Händlern. »Ich kann nicht lesen und

der Commerciante J. M. nutzte das aus und addierte sogar das Datum zu meinen Schulden. Bis mir ein Padre das sagte.« Um dem vorzubeugen, kommen die Manáuspreise für Kautschuk und Piassaba durchs Radio wie die Nachrichten. »Dadurch haben wir immer Vergleichsmöglichkeiten.«

Der Traum eines jeden Siedlers ist es, näher in Richtung Manáus zu kommen. Aber wann wird da schon mal ein Waldstück frei?! Zu viele Söhne übernehmen die Wälder, sobald der Vater abgibt. Hinzu kommt die Bedrängung durch den Groß-Grundbesitz, der immer mehr Flächen vereinnahmt und die Siedler verdrängt.

Auch hier, wie überall, die Frage: »Was verdienst du in Deutschland?« Sie führte mir das soziale Gefälle zwischen mir und ihnen immer wieder gnadenlos ins Bewußtsein. Und so suchte ich Zuflucht zur Lüge. Längst schon sprach ich nicht mehr von 600 DM pro Monat wie noch zu Antonietta in Manáus, sondern hatte meinen Wert auf 400 DM reduziert. Und selbst das war noch viel. War es schon schlimm genug, daß ich mit dem Flugzeug gekommen war, so genügte allein der Umstand, daß ich mir das Reisen erlauben konnte, daß ich unter ihnen weilte, sie die Ohnmacht ihrer Lage erkennen zu lassen. Das muß doch langfristig zu Unzufriedenheit, Neid und Haß führen. Hatte der Tourismus, auch mein individueller, den ich gern für völkerverbindend halte, nicht auch ebenso schädigende Wirkungen? Um diese große Traurigkeit so gering wie möglich zu halten, betonte ich bei jeder Gelegenheit die einfache Art meines Reisens. Meine fehlende Garderobe und die Magerkeit sprachen ohnehin für sich. Aber der beste Beweis für meine Worte war immer der, wenn ich die Gastgeber ungestört in meiner Ausrüstung wühlen ließ. Jede Nadel wurde begutachtet und diskutiert. Aber nie ist mir, bis auf jenes Repellex bei Arakeens Leuten, je eine Stecknadel abhanden gekommen. Mir schien diese meine Lösung die für mich akzeptabelste. So erschloß ich mir die Herzen vieler Gastgeber eher als der reiche Traveller, der mit viel Geld und Gehabe alle brüskiert.

Wir aßen das Krokodil. So schwarz es von außen war, von innen

hatte es schneeweißes Fleisch, das an Huhn und Fisch erinnerte.
Ich hatte immer noch Angelhaken und Tabletten und konnte mich erkenntlich zeigen. Zaubertricks schlossen das Programm ab.
Nach einem eindrucksvollen Gottesdienst in der hauseigenen Kapelle gingen wir schlafen, aber nicht, bevor zwei kleine Öllampen entzündet worden waren, die gegen die vielen blutsaugenden Fledermäuse helfen sollten.

»Wir sind allein am Deminizinho 41 Siedler. Ich bin der letzte«, erklärte mir Wilson am anderen Morgen stolz und bestätigte mir, was auch Eurico mir damals schon gesagt hatte. »Oder der erste, wenn du von oben kommst.«
Einundvierzig Leute, arm wie die Kirchenmäuse und auffallend fromm, die täglich Hunger hatten, die täglich ihr Fleisch forderten, weil die Pflanzenerträge keine Großfamilie ernähren können. So wurde der reiche Wald täglich ärmer, täglich mehr zusammengeschossen. »Vorgestern hatten wir nur einen Arara«, gestand sein verheirateter Sohn. »Die Dinger kochen zwei Stunden und sind dann immer noch zäh.« Dann ernährt man sich vom Maniok. Maniok ist billig und jeder hat davon einen großen Vorrat, wie man bei uns früher Kartoffeln im Keller lagerte.
»Vor vier Monaten habe ich einen Jaguar gefangen. Ein reicher Amerikaner hatte ihn bestellt. Er wollte ihn unbedingt lebend haben.«
Der Sohn baute einen stabilen Käfig, packte einen Affen als Köder hinein und wartete einige Tage.
Und irgendwann war die Großkatze gefangen.
»Das war ein großes Glück, denn die Onça ist hier inzwischen selten geworden. Oben in den Bergen soll es noch viele geben.«
Der Sohn hatte die Katze dann, zusammen mit seinem Vater, per Boot nach Barcelos gebracht. Der Amerikaner war hocherfreut und erstattete den beiden »das Benzingeld und fünfzig amerikanische Dollar! Eine sehr gute Bezahlung.«
»War der Jaguar für einen Zoo gedacht?«

»Für einen Zoo? Nein, er wollte ihn selbst haben. Aus einem Meter Entfernung tötete er die Katze mit einem sauberen Kopfschuß. Er wollte seinen Freunden später erzählen, er hätte ihn von weitem und im Wald getötet.«

Jagdgeschichten sind der Inhalt vieler Siedlererzählungen. – Wo sie ein Tier erwischen können, ist es geliefert. Sie sind durchweg gute Schützen, zumal mit Schrot. Ein Schuß ist teuer, aber zum Schießen, selbst auf kleine Papageien, ist ihnen nichts zu teuer. Wie sollte ihnen der Niedergang der Fauna auch klar werden, wenn selbst Touristen sich nicht scheuen, einer schnöden Trophäe wegen einen Jaguar zu ermorden? Scheinbar zivilisierte Menschen also, die auch heute noch glauben, Helden zu sein, wenn sie mit dem Gewehr, mit Explosionsgeschossen und aus sicherer, großer Distanz die letzten Tiere vertilgen. Heldentum war die Jagd mit dem überlegenen Gewehr sicher noch nie, aber heute grenzt diese Rücksichtslosigkeit schon an Kriminalität. Es ist eine Versündigung an unseren Kindern, wenn wir ihnen Felle und ausgestopfte statt lebende Tiere hinterlassen.

Diese Menschen haben noch nicht begriffen, daß wahres Heldentum heute ist, den letzten Spezies aller Tiergattungen beim Überleben zu helfen, sie laufen zu lassen.

Dieses soll kein polemischer Vorwurf sein, denn der Notstand der Welt ist eigentlich schlagartig über uns hereingebrochen.

Seit Adam und Eva stand uns Natur uneingeschränkt zur Verfügung. Wir konnten uns frei bedienen. Wir schlugen die Hölzer ab, wir holten die Schätze aus der Erde, wir vermehrten uns auf Teufel komm raus. Die Vielfalt des Paradieses Erde schwindet rapide. Verläßt zur Zeit (1983) noch »nur« eine Tierart pro Tag diese Welt auf Nimmerwiedersehen, so sind es im Jahre 2000 bereits eine Tierart pro Stunde. (Zukunftsprognose »Global 2000«). Die Erde wird überwuchert mit der Monokultur Mensch. Und Monokulturen haben sich nie bewährt. Jeder Farmer kann ein Lied davon singen. Wichtig ist die Vielfalt bis ins kleinste Detail. Es ist also nicht Polemik. Es ist maßlose Traurigkeit. Ich werfe damit keine Steine, denn ich sitze ja selbst in dem Glashaus. Aber ich fange langsam an zu begreifen, daß man

schon lange nicht mehr alles tun darf, was nicht verboten ist. Es ist hohe Zeit, daß wir alle einsehen, daß wir Menschen – soviel wir auch entdecken und erfinden – immer zugleich auch Teil der Natur sind. Und wenn wir ihr Schaden zufügen, dann fügen wir im gleichen Moment auch uns Schaden zu. Die Natur ist kein Supermarkt, dessen Regale immer wieder aufgefüllt werden. Irgendwann einmal bleiben ihre Regale leer, und wenn wir erst dann begreifen, wird es zu spät sein. Es wird uns gehen, wie jenem Menschen, der solange Raubbau an seinem Körper trieb, bis die Schäden nicht mehr behoben werden konnten. Es war zu spät. Ein für allemal. Für allemal ...
Werden wir es rechtzeitig begreifen?

In nur einem guten Marschtag erreichte ich von Wilsons Haus die Maloka des Arakeen. Der Weg war wirklich deutlich. Inzwischen hatte ich einen Blick dafür entwickelt. Mein Gepäck durfte ich bei den freundlichen Siedlern stehen lassen. Dadurch kam ich flott voran. In der Maloka traf ich auch Mario wieder. Mit seiner Hilfe fand ich mein Depot ohne große Mühe. Das Wasser war aus den Wäldern abgelaufen. Die Trockenzeit hatte begonnen. Es war September. Die Wege waren gut passierbar. Wir setzten uns unter das Dach des schon früher erwähnten FUNAI-Hauses, um zu rasten. »Bald kommen hier Missionare an. Sie schlagen uns eine größere Landebahn in den Wald für die Flugzeuge der Luftwaffe. Direkt neben unser Dorf.«
Mario erzählte das mit Stolz. Erst später wurde mir die Tragik des ganzen klar, als Sigbert Fimm und sein Freund Horst Knuth aus Kiel von den Surara-Yanonámi zurückkehrten und Augenzeugen wurden: Brian Wardlaw von der New Tribes Mission war mit einem Boot angekommen. Mit Helfern, gewaltigen Motorsägen und einem Top-Equipment griffen sie den Wald an, um sich auch hier eine Christenfabrik bzw. eine Indio-Seelen-Vergewaltigungsmaschinerie aufzubauen. Nebst allem »unentbehrlichen« Beiwerk, den Geschenken.
Schon wieder war ihnen unsere Zivilisation einen derben Schritt nähergerückt.

»Iß erst mal etwas. Garcia hat einen Topf voll Bohnen mit Schweinefleisch!«
Eurico, der Händler, tischte auf. Zum Eintopf gab es starken Kaffee mit Zucker und Bolo, selbstgebackene Kuchenfladen aus durchgedrehten Nudeln mit Zucker, Wasser, Eiern – mit Öl in der Pfanne gebacken. Ich dachte, mich tritt ein Pferd. Die ganze Familie stand um mich herum und gönnte mir den Appetit. »Du mußt lange nichts gegessen haben.« Das war nicht schwer zu erraten. Der erste Blick in eine Spiegelscherbe (»Einen richtigen Spiegel haben wir leider nicht.«) ließ mich erschrecken: ein altes, faltiges Gesicht starrte mich an, blaß, hohlwangig, die Augen tief in den Höhlen. Ich, wie ich eigentlich erst mit 75 Jahren aussehen wollte, dürfte.
»Hast du eine Waage, Eurico?« Natürlich hatte er. Resultat: 22 verlorene Pfunde. Aufs Gramm soviel wie nach dem dreiwöchigen Deutschlandmarsch. Und genauso kaputt fühlte ich mich auch jetzt. Ich rollte mich in die Hängematte, schützte mich mit einem Laken gegen die Invasion der zahllosen Piumfliegen und schlief den Schlaf des Erschöpften, des Glücklichen. »Du darfst dir in meinem Laden aussuchen, was du willst, Alemão. Bezahlen kannst du bei meinem Patron Machado da Selva in Manáus. Ich vertraue dir.«
Welch ein großherziges Angebot! So kaufte ich ein: Milchpulver, Cracker, Zucker, Kaffee ... und schwelgte. Ich kaufte nicht nur für mich, auch für die leprakranke Frau stellte ich einen Karton voller Leckereien zusammen, einschließlich Tabak.
Und Mario, der mir geholfen hatte, meine Kamera wiederzufinden, der mich begleitet und mein verbliebenes Gepäck bis zum Laden getragen hatte, durfte sich aussuchen, was sein Herz begehrte.
Neben Lebensmitteln waren das hauptsächlich Pulver, Schrot, Messer, Kaffee, Salz und natürlich auch Tabak.
»Alemão, wenn du wiederkommst, mußt du mir Tabak mitbringen. Ein Indianer braucht Tabak.« Ich versprach es ihm.

Die Kanufahrt

Die Rückfahrt

»Ein Schiff geht erst in dreißig Tagen. Dann kommt mein Patron, um die letzte Piassaba abzuholen, bevor der Fluß gänzlich trockenliegt (Nov.–Jan.) und man nur noch mit dem Außenborder durchkommt.«

Dreißig Tage sollte ich bei Eurico warten! Um Himmels willen!

Ich überlegte hin und her. Das beste wäre ein Kanu mit Außenbordmotor. Aber niemand hatte ein Boot abzugeben oder die Zeit, mich nach Barcelos zu bringen. Eurico mußte den Laden führen, zu dem täglich Siedler angereist kamen, und die Siedler selbst wollten keinen Tag verlieren und die letzte Piassaba schneiden, bevor die Saison zu Ende ging, bevor der letzte Dampfer abgefahren war.

Und um ein Boot zu kaufen, fehlte es mir am nötigen Geld. Ich hatte es zu treuen Händen bei den Eheleuten Katz in Barcelos gelassen.

So beschloß ich, ein Floß zu bauen. Carlos, von Beruf Bootsbauer, fällte mir den erforderlichen Marupá-Baum. Das bessere Molongó- oder gar Balsa-Holz gab es hier nicht. Auch keinen Bambus.

Aus dem Wald beschaffte er im Handumdrehen 300 m Liane als Bindematerial.

In nur vier Stunden war das robuste Fahrzeug fertig.

Vergeblich hatte ich versucht, den ledigen Carlos zu bewegen, mich gegen gute Entlohnung (in Barcelos) in seinem Kanu den Fluß hinunterzupaddeln. (Sein Motor hatte den Geist aufgegeben.) »Zehn Tage brauchen wir mindestens. Aber ich kann nicht. Ich habe starke Schmerzen hier rechts unten im Leib.«

»Kann das etwa dein Blinddarm sein?«

»Daran habe ich auch schon gedacht. Aber es tut mir die gesamte rechte Körperseite weh. Nicht nur diese Stelle.«

Vergeblich versuchte ich im letzten Moment, ihm den Vorteil einer solchen Begleitung klarzumachen: Er konnte seinen Blinddarm reparieren lassen, den Motor dazu, und bekam auch noch

Geld für die Reise, einschließlich der Rückfahrt mit dem Motorboot des Machado da Selva in dreißig Tagen. Aber Carlos wollte nicht.

So vertäute ich meine Kanister auf dem Floß und stieß ab. Der schwimmende Klotz tauchte tief ein. Er war bestimmt 2½ × 2½ m groß und 15 Zentner schwer. Höchstens 5 cm lugten noch aus dem Wasser, wenn ich draufstand. Aber das reichte vollkommen.

Eine lange Stange diente zum Steuern und zum Abstoßen von Hindernissen, auf die ich ständig aufprallte.

Entsetzlich langsam ging die Fahrt voran. Allein für das Stück von der oberen Cachoeira, an der Carlos wohnte, bis zur unteren, an der Eurico seinen Shop betrieb, schlappe fünfzehnhundert Meter nur, benötigte ich über eine Stunde! Dabei hatte ich gehofft, stündlich, auch nachts, mindestens drei Kilometer mit der Strömung zu treiben, bis ich nach einer Woche hoffentlich auf einen Siedler gestoßen war, der mich mit dem Außenborder weiterbrachte.

Die einzig schöne Partie waren die Wasserschnellen vor Euricos Residenz. Mit echter Turbulenz und Schnelligkeit toste das Floß durch das schäumende Wasser. Mein Herz hüpfte vor Freude mit. Das war ganz nach meinem Sinn! Eurico und Carlo standen mit den vorbereiteten Kameras am Ufer, um den »verrückten Gringo« zu knipsen.

Doch dann wurde es mühsam. Von wegen drei Kilometer pro Stunde! Einen einzigen Kilometer und keinen Meter mehr. In jeder Kurve wurde das Floß ans Ufer gedrückt und verhedderte sich in den Pflanzen. Dann hieß es aussteigen und den Koloß schwimmend freiziehen, freistoßen, freizerren.

»Aber immerhin besser als tatenlos dreißig Tage auf den Dampfer zu warten«, tröstete ich mich erfolgreich.

Aber dann hatte das Schicksal doch wieder ein Herz für mich: Carlos' Blinddarm-Schmerzen hatten zugenommen! Ehe ich ihm ganz entschwunden war, hatte er kurzerhand sein kleines Kanu gepackt, seinen Hund mitgenommen, das Haus vernagelt und war hinterhergeeilt.

Ich war gerade einen Tag unterwegs, als er lautlos um die Ecke gepaddelt kam. »Komm, Alemão, wir fahren zusammen.«
Ich war happy. Nichts, was ich lieber getan hätte!
Angenehm flott ging es nun weiter.
Carlos war leidenschaftlicher Angler. Überall »witterte« er Piranhas und warf die Angel aus. Was er fing, reichte kaum für ihn, geschweige für uns beide. Wir mußten uns meine gekauften Lebensmittel teilen.
Der Leprakranken brachten wir das Lebensmittelpaket und schon ging es weiter. Wir passierten die Stelle, wo ich die Begegnung mit den Jaguaren hatte, die Raststellen, die ich auf der Herfahrt kennengelernt hatte, die ersten Siedler.
Carlos nutzte die Mittagspausen, um mit seinem Boot in irgendeiner Lagune zu verschwinden und sein Anglerglück zu versuchen. Ich hingegen stromerte vorzugsweise ins Dickicht. Irgend etwas gab es da immer zu sehen. Waren es das eine Mal »nur« die fleißigen Blattschneiderameisen, die mit Verbissenheit einen Baum entlaubten, so war es bei nächster Gelegenheit vielleicht ein Gürteltier mit seinen Jungen, eine Orchidee, Pilze, epiphytenübersäte Bäume oder hunderte von Schmetterlingen, die wie bunte Teppiche die Erde bedeckten. Und hin und wieder war solch ein Ausflug sogar aufregend. Wie dieser:

Anakonda

Die Belohnung ist angeblich immer noch zu verdienen. Fünf tausend US-Dollar für eine lebende Anakonda von über zehn Metern Länge. Ausgesetzt von der New Yorker Zoologischen Gesellschaft, um dadurch womöglich eine wissenschaftliche Bestätigung all der Gerüchte, der Sagen zu erfahren, die seit ewigen Zeiten in den Köpfen vieler Leute umherspuken. Von weit größeren Anadondas ist da sogar die Rede. Häute von dreizehn Metern Länge sollen gemessen worden sein, und in Venezuela will jemand sogar das Skelett einer fünfunddreißig Meter langen

Schlange am Ufer des Orinoco liegen gesehen haben. Da das Skelett aber kein seriöser Mensch je zu sehen bekommen hat, und Häute beim Gerben auch mühelos in die Länge gezogen werden können, gilt nur das lebende Exemplar als Beweis, und der wurde bis dato nicht erbracht. Ganze neun Meter und zehn Zentimeter maß das größte bisher gefangene Kriechtier, und damit ist die Anakonda die längste Schlange der Welt, dicht gefolgt von Netzpython und Tigerpython in Asien.
Es bleibt auf Amazonas-Reisen nicht aus, daß man allerorts »Augenzeugen« trifft, die da beschwören: »In diesem See hat eine gewaltige Anakonda eine ganze Siedlerfamilie ausgerottet.« Sogar der deutschstämmige Padre Schneider in Tapuruquara am Rio Negro erzählt: »Auch dort zwischen den Inseln an der Mündung des Uneiuxi hat es früher eine gewaltige Anakonda gegeben. Die Siedler kamen weinend und hilfesuchend zu uns in die Mission und flehten: »Padre, Padre, töte die Schlange. Sie hat schon wieder ein Kind geholt.« Und eines Tages sah ich das Tier selbst. Es war größer als ich in meiner Vorstellung je geglaubt hätte. Zwanzig Meter und mit einem Kopf wie ein Benzinkanister. Wir haben es nie schießen können. Es war immer zu schnell in den Fluten verschwunden, und irgendwann ist es aus diesem Gebiet verschwunden.«
Die beste Geschichte in diesem Zusammenhang war aber immer noch die, wo sich zwei arme Caboclos aufgemacht haben sollten, die fünftausend Dollar zu verdienen.
Für sie, die Ärmsten der Armen, die in Manáus ein Leben von der Hand in den Mund führten, wäre es der Hauptgewinn gewesen. Der Treffer des Lebens. Die große Wende. Nach langer Suche entdeckten die beiden Freunde dann tatsächlich in einem großen Sumpfgebiet die gewaltige Kriechspur einer Anakonda. Um das Tier lebend zu bekommen, bauten sie eine Falle aus Baumstämmen, die sie mit schenkeldicken Abständen im Kreis in die Erde rammten.
Was noch fehlte, war ein Ködertier. Aber auch dafür waren bereits Fallen gebaut worden. Denn kaufen konnte man hier nichts. Das Gebiet war unbesiedelt. Man hoffte auf ein Reh, auf

ein Schwein, auf einen Affen. Es mußte aber schon ein größeres Tier sein, das man in der Schlangenfalle einsperren wollte. Würde die Anakonda den Köder wittern, würde sie sich durch die Baumstämme hindurchzwängen und das Tier erwürgen und verschlingen. Doch dann wäre sie gefangen gewesen, denn mit dem prall gefüllten Magen, so hofften die beiden Tierfangexperten, würde sie nicht mehr durch die Zwischenräume passen. Sie würde sich dann in der Falle zur Ruhe begeben, und schon hätte man die fünf Mille verdient. Soweit, so gut. Allein, es fehlte das Ködertier. Die Fallen blieben leer, die Verzweiflung der Tierfänger wuchs. War die Schlange überhaupt noch in dieser Gegend, würde ihnen die Belohnung womöglich durch die Lappen gehen? Not macht bekanntlich erfinderisch. Und ehe sich einer der beiden versah, hatte der andere ihn mit dem Gewehr gezwungen, sich selbst in die Falle einzubinden. Das würde nicht nur sein Ende bedeuten, das würde ihn sogar um die ersehnten Dollars, um seinen Anteil, bringen, was sicherlich noch schlimmer war. Sterben, wenn man so arm war – okay. Das mußte und konnte man hinnehmen – aber um seinen Anteil betrogen zu werden, das war schier zum Verzweifeln. Doch der Gefangene hatte Glück. Während er noch damit beschäftigt war, sich selbst mit Lianen ausbruchsicher einzuschließen, schob sich die Anakonda aus dem Wasser. Achtzehn Meter war sie lang und mit viel Sinn für Gerechtigkeit begnadet, sonst wäre sie nicht gerade in diesem Moment erschienen.

Sie schlich sich von hinten an den bösen Partner, der eifrig gestikulierend dem Gefangenen Anweisungen gegeben hatte, und durch eben diese Bewegung das bevorzugte Interesse der Anakonda erregt hatte. Sie schnappte zu, erwürgte und verschlang ihn. Der Gefangene konnte sich indessen befreien, aber er beging einen schwerwiegenden Fehler. In seiner verständlichen Aufregung immer noch zitternd, weil haarscharf dem Tode entronnen, erschoß er den 5000-Dollarschein. Er häutete das Reptil sorgfältig und mühsam, aber er ahnte nicht, daß die Haut als Beweis nicht zählte. Das Geld war futsch.

Und plötzlich, irgendwann gegen Ende der Reise, stand ich

selbst vor einer großen Anakonda. Sie lag fünf Meter von einer stillen Lagune entfernt und genoß die morgendlichen Sonnenstrahlen, die sich durch die Blätterkronen der Bäume tasteten. Ich war nur mit der Badehose bekleidet und hatte ein Messer dabei, und vor mir kringelten sich einige Meter Anakonda. Daß es der 10-Meter-Rekord nicht war, sah ich auf Anhieb.

Ich habe insofern einen Blick dafür, weil ich zu Hause in einem tropenartig eingerichteten Raum Riesenschlangen halte und züchte.

Aber ich schätzte das Reptil auf runde sechs Meter. Sechs Meter reinen Muskels, so dick wie meine Oberschenkel, jedenfalls wie meine Oberschenkel vor der Reise, als sie noch nicht so abgemagert waren wie jetzt.

Sechs Meter, die jetzt unruhig durcheinander ringelten, weil sie mich wahrgenommen hatten. Ich war fasziniert und aufgeregt zugleich. Fasziniert, weil solche Begegnungen so ausgesprochen selten geworden sind, denn große Schlangen sind rar. Kleine können sich eher schon mal verstecken, größere haben es da erheblich schwerer. Und erschrocken war ich gleichzeitig, weil mir meine Schwäche und meine unzureichende Ausrüstung bewußt wurden. Denn fangen wollte ich sie. Das stand fest, als ich ihrer ansichtig wurde. Für ein einziges Foto.

War es auch bei weitem nicht die größte der zoologischen Geschichte, so war sie doch die größte in meiner. Und sie begegnete mir in einem Moment, wo ich überhaupt nicht darauf eingestellt war, einen sechs Meter Muskel zu bändigen, wie das eben immer so im Leben ist.

Auf jeden Fall sprang ich schon mal zwischen die Schlange und das Wasser. Der Fluchtweg war ihr somit erschwert. Sobald sie mich als Gefahr eingestuft haben würde, würde sie diesen Fluchtweg zum Wasser suchen, und da stand oder hampelte ich nun herum.

Schlangen sehen nicht besonders gut. Aber sie haben feinfühlige Bauchnerven, mit denen sie die Bodenerschütterungen wahrnehmen. Sie sehen also schlecht, aber infolge meiner Bewegungen hatte sie mich ausgemacht. Dazu kommt, daß Schlangen gut

riechen. Die meine züngelte und damit »fächerte« sie sich die Luft in ihr Geruchsorgan im Oberkiefer und wußte jetzt sicher genau: »Verflucht, irgend so'n Tourist.«
Dem Tier mit einer Astgabel den Kopf zu Boden drücken und es einfach aufzuheben, erschien mir in diesem Fall mehr als ein Witz. Es würde um sich peitschen, und mich mit ihren 6 Metern Leib irgendwie erwischen und umschlingen können. Und wenn sie dabei meine Arme fesselte, hätte ich ganz schön alt ausgesehen. Die Arme mußten unter allen Umständen frei bleiben, denn mit ihnen nur könnte ich das Tier notfalls vom Schwanz her abwickeln. Und überhaupt: Wer läßt sich schon gern »erpressen«?
Die Anakonda lag immer noch in mehrfachen übereinandergestapelten Kreisen, deren Windungen vor Aufregung gegeneinander rotierten. Das war mir ein schwacher Trost. Sie war genauso aufgeregt wie ich. Ihr ging es nicht besser als mir.
Da hatte ich die Idee, wie ich ihr ein Schnippchen schlagen konnte. Ich brach mir, beinahe ohne hinzuschauen, ein zwei Meter langes Bäumchen ab, damit hatte ich einen simplen, geraden Stock. Eine Astgabel wäre besser gewesen, aber Astgabeln waren in jenem Urwald Mangelware. Dann riß ich mir die Badehose vom Leib und zerrte sie mittels der Hüftschnur so eng wie möglich zusammen, fast auf Wespentaille. Dann stülpte ich die Hose über meinen Stock und schob sie mit dessen Hilfe dicht über den Erdboden langsam auf die Schlange zu. Sie hatte ihren Kopf ganz oben auf ihrem Turm aus Leibesringen und nahm das nicht wahr. Und während sie für einen Moment den Kopf abwandte, um nach einem Fluchtweg in die andere Richtung Ausschau zu halten, hatte ich ihr den Stoff über das Haupt gezogen, und im selben Moment verbiß sie sich darin. Auch den Stock hielt sie fest zwischen den Kiefern. Dann wirbelten die Schlingen. In derselben Sekunde! Eine nach der anderen wand sich um den Baumstab, den ich dann aus zwei Metern Entfernung so bewegte, daß die Schlange glauben mußte, er wäre ein Lebewesen. Als hätte sie mich, den Störenfried, erwischt.
Sie sollte möglichst mit dem Kopf in der Hose bleiben, damit sie

blind blieb. Aber im Augenblick hatte ich weder Gelegenheit zu kontrollieren ob er noch in der Hose steckte, noch hätte ich die Hose zurechtzupfen können. Sie befand sich mitten in diesem Knäuel aus Schlangenwindungen. Nach einer Weile hätte ich den Stock loslassen können. Im Augenblick war das Tier mit sich selbst beschäftigt. Es hatte sich selbst gefangen. Sobald es aber keinen Widerstand meinerseits mehr spüren würde, würde es sich als Sieger fühlen, wie sie es im Leben immer gewohnt war. Allmählich würde sie die Umschlingung lockern und in diesem Falle den Betrug merken. Um das zu verhindern, zog ich von Zeit zu Zeit dezent am Stock, was bei ihr ein erneutes Engerziehen der Schlingen zur Folge hatte. Wie kam ich aber jetzt zu meinem Fotoapparat? Unser Lager war nur hundert Meter entfernt. Aber ehe ich hin- und hergelaufen war, so fürchtete ich, konnte sie dem Schwindel auf die Spur gekommen und entkommen sein. Die fünf Meter zum Wasser waren weniger als eine Körperlänge für sie. Ihr kugelig um meinen Baum gewundener Körper bot die Lösung von selbst an. Ich rollte sie vorsichtig vor mir her. Sie hielt es wohl für ein letztes Zucken des umwundenen Opfers, was mir, unumwunden zugegeben, nur recht war.

So kam ich auf zwanzig Meter an die Fotokanister heran, als sie den Schwindel doch bemerkte. Aber da war es zu spät. Ich kappte mir in Ruhe einen zweiten Ast und konnte sie damit relativ mühelos so ablenken und vorsichtig zu Boden drücken, daß ich sie schließlich am Kopf zu fassen bekam. Ohne nennenswerten Widerstand ließ sie das über sich ergehen. Sie war sichtlich ermüdet, denn eine halbe Stunde lang hatte sie ja immerhin ihren magischen Knoten gehalten.

So kam ich schließlich zu meinem Foto und sie danach zurück in die ersehnte Freiheit.

Als Carlos zurückkehrte mit einem winzigen Fisch und seinem ständig knurrenden Magen, war ich heilfroh, daß die Anakonda längst in Sicherheit war. »Gibt's was Neues?«, fragte er. »Ja«, gab ich mich ganz begeistert, »ich habe eine Stelle gesehen, auf der 500 knallgelbe Schmetterlinge wie eine riesige Blüte saßen.«

Nach sieben Tagen in Carlos' hartem Boot konnte ich weder

sitzen noch stehen. Infolge der Abmagerung saß ich direkt auf den Knochen. Das war unangenehm. Auch meine Hängematte als »Kissen« brachte keine Linderung.
So kam uns beiden der kleine Dampfer wie gerufen, der aus einem Nebenfluß auftauchte und uns auflud.
Zwei Tage später waren wir in Barcelos. Es war nachts um 22 Uhr und ein Samstag, als das kleine Boot unterhalb des Oasis-Hotels anlegte.
Im Hotel war noch Hochbetrieb. Wie an jedem Wochenende.
»Gott sei Dank, Sie sind wieder da!«
Friedel und Werner Katz schienen erleichtert. Sie hatten mir viel weniger Chancen eingeräumt, als sie zugegeben hatten. »Aber nun ist alles wieder gut.«
Während Friedel Reibekuchen und Mokka in Angriff nahm, kam Werner bereits mit der Flit-Spritze, um mich zu entlausen. Das Bett wurde neu bezogen, der Ventilator angeschmissen, meine hinterlassene Garderobe rausgeholt.
Ich war zu Hause. Die »Zivilisation« hatte mich wieder – mit Insektenmitteln und Aircondition.
Und trotzdem fand ich keinen Schlaf. Die Enge des Zimmers, der Wind des Ventilators bewirkten Beklemmungen.
Ich schnappte meine treue Hängematte und tapste heimlich runter zum Fluß. Zwischen zwei Bäumen hängend spürte ich Erleichterung. Ein letztes Mal atmete ich den Hauch von Freiheit ein. Dann schlief ich ein.

Das Problem

Die Reise war zu Ende. Nicht damit das Problem. Das Yanonámi-Problem. Man könnte sagen, ein Gesetzentwurf liegt vor, es wird schon alles werden. Aber das wird es sicher nicht. Jedenfalls nicht automatisch und womöglich auch nicht so, daß man das Resultat als optimal bezeichnen konnte.
Zunächst einmal ist ein Entwurf noch kein Gesetz. Ein langer Weg kann ihm beschert sein bis dahin, bis zur Unterschrift des Präsidenten. Und infolge der Bodenschätze gibt es genügend Politiker und andere Spekulanten, die keinen Grund zu besonderer Eile sehen. Aber diese Eile ist tatsächlich geboten. Die Siedler und Goldsucher drängen und strömen. Mit ihnen die Krankheiten. Ist ein Indianerstamm durch sie dezimiert, ist er schwach, dann weicht er ins Innere des Waldes.
Er macht Platz am Gebietsrand und erlaubt den Siedlern, als Eigentümer ins Grundbuch eingetragen zu werden. Dies ist dann möglich, wenn sie nachweisen können, daß fünf Jahre lang niemand Anspruch auf den von ihnen okkupierten Besitz erhoben hat.
Parallel werfen die Großindustriellen ihren Einfluß in die Waagschale. Denn letztlich geht es um Millionenwerte an Bodenschätzen, die bei den Yanonámi schlummern.
Um diese Millionen geht es auch dem Staat. Um aus seiner chronischen Inflation rauszukommen, klammert er sich an jeden Strohhalm. Allein in den drei Monaten meines Brasilien-Aufenthalts wertete der Cruzeiro um 24 Prozent ab. Pro Jahr macht das etwa 100 Prozent. Eine runde Sache. Das dachte sich auch die Banco do Brasil und verkündete im Herbst 1982 international ihre Zahlungsunfähigkeit.
Und selbst, wenn das Gesetz zustandegekommen ist, muß das nicht den großen Frieden bedeuten, die endgültige Lösung. Die brasilianische Geschichte hat gezeigt, daß einmal geschaffene Reservate durchaus keine Garantie für die Indianer bedeuten. Da wurden einmal gesetzlich festgelegte Reservatsgrenzen niedergerissen und die Gebiete aus wirtschaftlichen Interessen drastisch reduziert, da liest man von für die Indianer immer tragisch endenden Stammesumsiedlungen, von Straßenbauten mitten durch die Schutzgebiete (z. B. Xingú-Park).

Nur sehr wenige Indianer-Stämme haben die Kraft und die Waffen, sich dem illegalen Siedlerstrom entgegenzustellen, wie z. B. die Paresí, die Tag für Tag und mit der Waffe in der Hand, an ihren Grenzen patrouillieren.
Die FUNAI schreitet in den meisten Fällen leider erst ein, wenn es schon zu blutigen Zwischenfällen gekommen ist. Sie muß sich nach wie vor den Vorwurf gefallen lassen, sich in Bürokratismus selbst zu ersticken und keinen Freiraum für wirkliche Hilfe zu haben.
Nicht selten degradierte sie sich zu Handlangern der Weißen. Statt bedrohte Indianer vor deren Zugriff zu schützen, führte die FUNAI die Zwangsumsiedlungen selbst durch (z. B. bei den Pataschó).
Aber es gibt auch positive Ansätze in der FUNAI.
So sagt man ihrem neuen Präsidenten, Paulo Moreira Leal, nach, mit zur Vorlage des Gesetzentwurfes (Porteria GM/025) beigetragen zu haben.
So sieht der Vorschlag der FUNAI für den geplanten Yanonámi-Park sogar 1,2 Mio. ha mehr an Fläche vor, als die CCPY als Mindestausmaß gefordert hatte.
Und so verlangt die FUNAI von den Missionen, keine religiösen Kriege zu Lasten der Indianer zu führen, was dennoch nicht ausbleibt. Denn auch im Yanonámi-Gebiet gibt es die katholischen Salesianer und die protestantische New Tribes Mission. Mit fast gegensätzlichen Weltanschauungen.
Trotz interkonfessioneller Absprachen missioniert jeder nach Gutdünken. Mit welcher Verbissenheit die einen wie die anderen »Seelen für Christus« zu retten versuchen, hatte ich bei der New Tribes Mission zweimal selbst erfahren, weil ihr Fanatismus auch vor mir keinen Halt machte.
Diese Verbissenheit beklagte auch Salesianer-Bischof Dom Geraldo Verdier in einem Gespräch mit mir: »Bei den NTM-Leuten steht die Bekehrung an erster Stelle und erst nachrangig kommt die Vermittlung des Alphabets, der Hygiene. Bei uns ist das umgekehrt.«
Doch Beschwerden gab und gibt es auch gegen die Salesianer. So

legte gerade während meines Besuches bei Padre Casimiro der Tucano-Indianer Gabriel dos Santos Gentil von der Pari-Cachoeira eine schriftliche Anklage gegen die Salesianer vor, in der von »Zerstörung« traditioneller Werte durch Salesianer die Rede ist, vom Druck auf die Kinder, ihre Eltern zu denunzieren, vom Verbot, die Tucano-Sprache zu sprechen, von Nötigung und Züchtigung für konservative Indianer.
Daß es auch Ausnahmen gibt, beweist Padre Casimiro selbst. Gabriel hatte das nötige Vertrauen, seine Beschwerde von ihm auf ihre sachliche Richtigkeit hin durchsehen zu lassen. Casimiro: »Jedes Wort ist wahr.«
Auch der CIMI* läßt Hoffnung keimen. Zum Thema Indianer hat er neue Zielvorstellungen entwickelt, die jedoch noch weit davon entfernt sind, Allgemeingut aller Missionare zu sein:

- Er ist entschlossen, sich für die Sicherung der indianischen Landrechte einzusetzen, die kulturellen Werte der Indianer zu achten.
- Die Sprache wissenschaftlich zu erfassen und zu lehren. Damit erführe sie gleichzeitig eine Wertsteigerung und käme aus der Anrüchigkeit heraus, nur eine »Giria«, ein mieser Dialekt zu sein.
- Die Selbstbestimmung der Indianer zu fördern, ihnen Häuptlingstreffen auf nationaler Ebene zu arrangieren.
- Wiedergewinnung des alten und Etablierung eines neuen Geschichtsbewußtseins (Mythen und aktuelle Politik) zu betreiben.
- Einflußversuche auf den Schulunterricht zu unternehmen, damit dort auch Geschichte aus der Zeit *vor* 1500 n. Chr. *und* aus der Sicht der Indianer gelehrt wird.
- Zusammenarbeit mit nationalen und internationalen Organisationen anzustreben.

Am guten Willen scheint es also nicht zu fehlen, aber guter Wille allein reicht nicht aus. Wichtig wäre nach meiner Meinung, daß

* Conselho Indigenista Missionário, Rat für Indianer-Mission (kath. Kirche)

ein unabhängiges nationales oder internationales Gremium die dem brasilianischen Innenministerium unterstellte und damit abhängige FUNAI kontrolliert. Erst ein solches Gremium könnte einem zukünftigen Park dauerhaften Wert verleihen und auftretenden Mißständen entschlossen entgegentreten.

Trotz allem – aufgrund historischer Erfahrung berechtigtem – Pessimismus sind im Falle der Yanonámi positive Ansätze hoffnungsvoll erkennbar.

Wenn der Gesetzentwurf nicht nur eine Beruhigungsgeste der Weltöffentlichkeit gegenüber sein soll, müßte er jetzt zum Gesetz erhoben werden. Wenn es der Regierung und ihrem Präsidenten (Adresse im Anhang) mit der Absichtserklärung ernst ist, dann sollten sie es jetzt tun.

Der Präsident und sein Innenminister hätten die dazu erforderliche Autorität. Es würde Brasilien gut zu Gesicht stehen, weil es dann in der letzten Minute seiner Indianergeschichte im Buch seiner Indianerpolitik ein Ruhmesblatt einfügen könnte – *das Ruhmesblatt Yanonámi-Park*.

Die Zukunft wird zeigen, ob wir uns alle vor unseren Enkeln schämen müssen, oder ob wir uns im letzten Winkel unseres Wesens noch einen Funken Ethik bewahrt haben.

Nachbetrachtung – März 1986

Drei Jahre sind seit dem ersten Erscheinen dieses Buches verstrichen. Drei Jahre, in denen ich, wenn auch nur vage, die Hoffnung hatte, genügend öffentliches Interesse, Sympathien und Hilfe für die Waldleute mobilisieren zu können. Das Buch wurde ins Spanische übersetzt und eine Kurzform bei Reader's Digest in fünf Sprachen. Darunter auch Portugiesisch (= Brasilianisch).

So erfuhr mein Anliegen zwar eine stete Verbreitung, und bei der »Gesellschaft für bedrohte Völker«, die mich in jeder Weise tatkräftig unterstützt, gingen Spenden ein, aber das Versprechen des Innenministers Mario Andreazza, das unanfechtbare Schutzgebiet zu schaffen, wurde weiter vor sich hergeschoben und ist bis heute nicht realisiert worden.

Im großen Weltgeschehen, wo täglich neue und größere Bedrohungen in allen möglichen Lebensbereichen entstehen, blieben die Yanonámi bedeutungslos.

So überlegten wir, was wir sonst noch tun könnten, um die Yanonámi im Gespräch zu halten, um die Gefahr zu verdeutlichen und um zu verhindern, daß hinter den politischen Kulissen zuviel gemauschelt werden konnte.

1980 wurde in Hamburg das »Greenpeace-Büro Deutschland« eröffnet. Die Strategie dieser Umweltschutzorganisation war es, die mir auf Anhieb sympathisch war und die ich mir zueigen machte: mit friedlichen Mitteln und den Möglichkeiten demokratischer Bürger aufsehenerregende Aktionen durchzuführen, die die Probleme einer breiten Öffentlichkeit bewußt machen, die Verantwortliche entlarven und sie in Zugzwang bringen.

So entstand mein Plan, Papst Johannes Paul II. persönlich eine Bittschrift zu übergeben, die ihn veranlassen sollte, seinen in Brasilien noch spürbaren Einfluß zugunsten der Yanonámi-Indianer geltend zu machen. Die »Gesellschaft für bedrohte Völker« erklärte sich solidarisch mit dieser Idee und unterstützte sie nach besten Kräften.

Unsere Sorge war nur, daß eine solche Persönlichkeit des öffent-

lichen Lebens, bei der täglich viele Bitten eintreffen, uns und unserem Anliegen keine Beachtung schenken würde. Zumal ich weder Katholik bin noch überhaupt einer Kirche angehöre. Und prompt war das auch die erste Reaktion der Päpstlichen Nuntiatur (Botschaft) in Bonn: »Er ist ja nicht mal Katholik!«
Also bemühten wir uns um starke Partner, die die Bitte mit ihrer Unterschrift stützen sollten – die ihr soviel Gewicht verleihen sollten, daß auch der Papst letztlich kaum umhin konnte, sie persönlich entgegenzunehmen und sich dazu zu äußern.
Diese starken Partner fanden wir überraschend schnell. Innerhalb von nur zwei (!) Wochen hatten wir folgende Unterschriften, und den Betreffenden sei hiermit noch einmal ganz herzlich gedankt. In alphabetischer Reihenfolge:

Carl Amery
Willy Brandt, Sozialdemokratische Partei Deutschlands
Bund Deutscher Katholischer Jugend, Peter Bläser
Prof. Hoimar von Ditfurth
Evangelische Kirche Deutschland, Dr. Heinz Joachim Held (Präsident des Kirchlichen Außenamtes der EKD)
Evangelische Kirche Berlin-Brandenburg, Uwe Hollm (Probst)
Dr. Rainhard Freese, Landeskirchenrat i. R.
Prof. Helmut Gollwitzer
Günter Grass
Prof. Dr. Bernhard Grzimek
Prof. Robert Jungk
Kolpingwerk, Hans Drolshagen (Referent für Entwicklungshilfe des Kolpingwerkes)
Siegfried Lenz
Alfons Pawelczyk, Zweiter Bürgermeister in Hamburg
Pax Christi / Karl-Heinz Koppe, Präsidium Pax Christi und Dt. Gesellschaft für Friedens- und Konfliktforschung
Prof. Dr. Uta Ranke-Heinemann
Luise Rinser
Hans Stercken, Mitglied des Bundestages (CDU)
World Wildlife Fund, Dr. Dietrich W. Haag

CDU/CSU-Fraktion des Deutschen Bundestages, Arbeitsgruppe Außenpolitik, Hans Klein
Mitarbeiter des »Aktionskreises Pater Beda«

Trotz der Unterschriften hatten wir Sorge, daß der Brief sein Leben in einem römischen Papierkorb aushauchen würde. Das wollten wir unter allen Umständen vermeiden, denn es war uns klar, daß wir wohl kaum einen weiteren Brief dieses moralischen Gewichts auf den Weg bringen könnten. Also »erarbeiteten« wir uns die Kurzaudienz, und ich wanderte vom 7. April bis zum 3. Mai 1983 von Garmisch-Partenkirchen nach Rom zum Vatikan. Wohlwollende Journalisten gaben mir publizistische Rückenstärkung. Dennoch hieß es bis zu meinem Eintreffen in Rom sinngemäß, aber kategorisch: »Wir fühlen uns erpreßt. Der Antrag auf Audienz hätte vorher gestellt werden müssen.«

Doch solche Anträge, das wußte ich ja, gehen zuhauf im Vatikan ein. Man sagt 1000 pro Tag. Ganz klar, daß der konventionelle Weg Monate der Geduld erfordert und nur geringe Aussichten auf Erfolg gehabt hätte. Willy Brandt und die Katholischen Organisationen legten ein gutes Wort ein. Meine Freunde Joachim Jessen und Detlef Lerch standen in ständigem telefonischen Kontakt mit der Päpstlichen Nuntiatur in Bonn. Ob das nicht peinlich sei, wenn der Papst, nach all dem Pressewirbel, die Bittschrift ignorieren würde, drängten sie vorsichtig. Antwort, etwa wörtlich: »Was die Presse berichtet, kann uns nicht beeinflussen. Wichtig und richtig ist allein, was der Papst für richtig hält. Sie vergessen wohl bei Ihren Überlegungen, daß Sie es mit Gottes Stellvertreter zu tun haben.« Nun – das hatten wir wohl tatsächlich vergessen, wir armen Sünder. Dennoch ließen sich Überbleibsel menschlichen Ursprungs des Heiligen Stuhls nicht ganz leugnen. Man gab nach, und am 4. Mai 1983 erhielt ich die Möglichkeit einer Kurzaudienz.

Per Handdruck versprach Papst Johannes Paul II. in sehr gutem Deutsch: »Ich finde Ihr Vorhaben unterstützenswert. Was mir möglich ist, werde ich für die Indianer tun. Lassen Sie mir Ihre Unterlagen zu treuen Händen hier.«

Das tat ich. Aber leider hörte ich dann nichts mehr aus dem Vatikan. Kein Sterbenswörtchen.
Als in Brasilien »traditionell« alle paar Monate der Präsidentenposten in der FUNAI neubesetzt wurde, nahm ich das zweimal zum Anlaß, den Papst zu bitten, die neuen Präsidenten seine Hoffnungen und Wünsche wissen zu lassen.
Besonders bei der Amtsübernahme des Dr. Jurandy Marcos da Fonseca hatte ich mir von solch einer Note für Fonseca Rückenstärkung versprochen. Denn Fonseca, so wußte die Gesellschaft für bedrohte Völker, »steht zur Sache der Yanonámi. Er will den Park«.
Das wurde schließlich sogar offen »bestätigt«, denn Fonseca wurde schon bald wieder gefeuert, als er sich weigerte, ein Gesetz des damaligen Staatschefs Figuereido zu akzeptieren, das Bergbaugesellschaften den Zutritt zu Indianer-Gebieten ermöglichen sollte.
Keine Antwort also vom Papst auf meine Briefe. Erst auf eine »Beschwerde« (höflich, I. Grades) bei seiner PR-Zeitung *Osservatore Romano*, die ich als sehr zuverlässig kennengelernt hatte, erhielt ich am 19.6.1984 Antwort vom Monsignore G. B. Re, Assessor. »Mit den besten Segenswünschen« teilte mir der Mann des Staatssekretariats mit: »... die Angelegenheit wird bereits sachkundig von der Brasilianischen Bischofskonferenz verfolgt.«
So wurde uns klar, daß es nicht bloßes Sprichwort ist, sondern Tatsache: »Gottes Mühlen mahlen langsam«. Irgendwie auch verständlich, denn es gibt überall und zuviel zu tun. Wo sollen ER und sein Vize da anfangen?! Und die paar Engel, die es geben soll, können schließlich auch nicht rund um die Uhr arbeiten. Warum also nicht selbst weitermachen? Etwa nach der Devise: »Hilf dir selbst, dann hilf dir Gott«. Teamwork also.
Ich beschloß, noch einmal zu den Yanonámi zu gehen und den Versuch zu unternehmen, einen Film zu drehen. Denn Filme gehören bekanntlich zu den wirksameren Möglichkeiten, eine Angelegenheit zur Sprache zu bringen.
Dazu brauchte ich zunächst einen 16mm-Profi und einen Ton-Mann. Obwohl es tausende davon in aller Welt gibt, so sind es

doch wenige, die bereit sind, ohne Aussicht auf Gewinn mitzumachen, und die Risiken nicht fürchten, sondern die Spaß daran haben. Vor allem sollten wir einander sympathisch sein. Das alles traf bei Ulrich Krafzik (28) zu. Ich lernte ihn kennen, als ich ein Überlebenstraining für eine Gruppe Frauen durchführte. Er begleitete dieses Training versuchsweise als Kameramann.
Ohne je für ihn eine Szene wiederholen zu müssen, waren seine Aufnahmen so ausdrucksstark getroffen, daß ich ihn spontan fragte, ob er Lust hätte, mitzumachen. Er fragte seine Frau Marion, und als die grünes Licht gab – verständnisvolle Frauen muß man schon haben –, war der erste Partner gefunden.
Gemeinsam streckten wir unsere Fühler nach einem dritten Mann aus. Und der wurde Daniel (21). Er hatte bereits eine eigene Floßreise unternommen, befaßt sich mit Experimentalfilmerei, ist ein guter Beobachter, schreibt fantastische, sensible, literarische Kurzgeschichten. Statt Bundeswehr hatte er Ersatzdienst bei alten Leuten abgeleistet. Damit waren wir ein recht gegensätzliches Trio: Ulli, Grundausbildung bei einer Sondereinheit des Bundesgrenzschutzes, Daniel, der Wehrdienstverweigerer, und ich, die Mischung aus beidem. Während der Reise bedeutete das: Ulli, unser Scharfschütze, und ich entschieden uns, einen Revolver mitzunehmen, wegen möglicher Begegnungen mit zweifelhaften Goldsuchern, die – landesüblich – ebenfalls bewaffnet sind. Daniel hingegen beschränkte sich auf eine Blockflöte, um den Frieden zu wahren.
Doch vor dem Start gab's noch einiges zu tun. Vor allem hieß es: Überleben trainieren und nach einem späteren Abnehmer für den Film zu suchen.
Das Überlebenstraining war so aufgebaut, daß jeder von uns in der Lage sein mußte, auch allein (oder sogar mit einem verletzten Freund) sowohl den Weg *zu* den Indianern als auch den Weg *von* ihnen nach Hause unter allen Umständen zu finden. Vor allem auch ohne jegliche Ausrüstung.
Und da jeder von uns von der Idee, die dieser Expedition zugrunde lag, aus Überzeugung begeistert war, lief auch das Training wie geschmiert. Daniel, der noch nie mehr als 1000 Meter

gelaufen war, schaffte auf Anhieb – mit 15 Pfund Gepäck – sieben Kilometer. Und die Leistungen wurden allmählich gesteigert.
Um ihre Antipathie gegen Schlangen abzubauen, übernachtete jeder eine Nacht in meinem Schlangenraum zwischen acht Riesenschlangen (Die größte: ein Netzpython von sieben Metern Länge und Oberschenkelstärke, zärtlich auch *Quetschi* genannt). Oder, um unbegründeten Ekel zu überwinden, hatte jeder eine Wanderratte (Rattus norvegicus) zu erlegen, zu schlachten und zu essen. Gut durchgebraten natürlich, ganz streng nach den Regularien meines Buches »Let's fetz!«. Von wegen der Trichine.
Viel schwieriger als das Training stellte sich die Sponsorensuche in der Filmbranche heraus. Wir kontakteten diverse Sender, aber keiner konnte sich zu einer verbindlichen Zusage durchringen. Aus Sicht der Programmgestalter verständlich: Drei Laien wollen einen Film drehen unter Umständen, für die »Normal«-Kameraleute horrende Risikozulagen verlangen würden. Kein Kontakt zur Zivilisation, keinerlei Ausrüstungsluxus, ohne offizielle Drehgenehmigung, unter Umgehung der Polizeisperren auf den Flüssen, selbst paddeln und nicht gepaddelt werden, selbst laufen und alles selbst schleppen, und das in permanenter Schwüle. Dann – nach Monaten der Arbeit – das Risiko am Zoll: Kriegt man das Filmmaterial heil raus, und ist es nicht doch feucht geworden? »Wenn der Film gut wird, nehmen wir ihn« war schließlich überall der Tenor, mit dem man uns vertröstete und hinauskomplimentierte.
Anders Rolf Winter, Chefredakteur vom »Stern«. Er war der erste, der unsere Chancen mit 50/50 realistisch einschätzte und uns etwas zutraute. Er vermittelte uns sofort an Dr. Johann-Hinrich Gerhard, Chef von »GEO-Film«, und der wiederum konsultierte seinen Redakteur Volker Arzt – und damit hatten wir die ersten Filmpartner und einen Vollblutredakteur, der absolut hinter uns stand. »Geo-Film« erklärte sich bereit, die Kosten für das Filmmaterial zu decken bis hin zur Arbeitskopie. Das waren immerhin 25 000,– DM. Und besonders für Ulli und

Daniel war das eine spürbare Erleichterung. Denn sie finanzierten ihr Mitkommen mit Darlehen von den Eltern.
Die Kameras lieh uns Wolfgang Brög, den die Leser vielleicht aus meinem Buch über meine Reise zum Rudolfsee her kennen.
Am 1. Januar 1985 erreichten wir Manaus. Durch meine frühere Reise hatte ich mir dort einige Widersacher geschaffen, die nur darauf warteten, mir wegen meines ersten illegalen Marsches zu den Yanonámi Schwierigkeiten zu bereiten. Allen voran Tatunca Nara, der auch heute noch gutgläubigen Touristen Pyramiden, Hitlers Soldaten in einer Höhle und ein Tal zeigen will, wo die Menschen schon 10000 Jahre weiterentwickelt sind als wir. Daß er dafür noch nie Beweise angetreten hat, liegt meist daran, daß kurz vorm »Ziel« immer »Indianer« auftauchen, die »Zeichen« hinterlassen, die da heißen: »Bis hierher und nicht weiter«. Daß er die Zeichen nachts selbst legt, erzählte uns sein ehemaliger Partner Charly.
Um Leuten wie Tatunca den Spaß der Rache zu verderben, ließ ich mir den Bart abnehmen und reiste anfangs mit Perücke und Fensterglasbrille. Wenn ich in den Spiegel schaute, erkannte ich mich selbst nicht mehr. Auch Tatunca ahnte nicht, daß ich es war, als wir in Barcelos Zwischenstation machten und im Restaurant seiner Schwiegermutter zu Abend aßen, während er am Nebentisch saß.
Die »Rio Ganges«, ein Fracht- und Personenschiff, brachte uns in 14 Tagen von Manaus über Barcelos nach São Gabriel am Oberen Rio Negro. Mitunter schafft es die Strecke von rund 1200 km in nur fünf Tagen, doch dann ist Hochwasser. Wir hatten Niedrigwasser.
Für den Film hatten wir mit GEO ein festes Konzept erarbeitet. Wie weit es durchführbar war, hing nicht zuletzt vom Glück ab. Der rote Faden des Films sollte unser Marsch werden. Er sollte dem Zuschauer zeigen, mit welchen Problemen man es im Urwald zu tun hat. Es sollte keinesfalls ein nüchterner, wissenschaftlicher Film werden, sondern etwas Lebendiges, mit dem der Betrachter sich identifizieren sollte.
Der zweite Block des Films sollte die Bedrohungen, die Pro-

bleme und Lösungsvorschläge aufzeigen und ein Drittel schließlich die Bedrohten selbst. Aber nicht etwa bei alltäglichen Begebenheiten, sondern möglichst bei solchen Szenen, die den Unterschied zwischen ihrem und unserem Leben bestmöglich verdeutlichten.
Unser anfängliches Hauptproblem war die fehlende Drehgenehmigung für Brasilien und für das Indianergebiet. Also erzählten wir in São Gabriel niemandem, was wir wirklich vorhatten. Selbst den deutschstämmigen Siedler Alfonso Niess ließen wir im unklaren, um ihm spätere Schwierigkeiten zu ersparen. Diesem Alfonso und seiner Familie verdanken wir eine herrliche Zeit in seinem gastfreien Hause in São Gabriel.
Die Umgebung des Ortes gefiel uns auf Anhieb: Seine wilden, sauberen Wasser, die unzähligen Felseninseln zur Trockenzeit, die Berge, die Wälder und die schneeweißen Sandbänke, denen Goldsucher mühsam staubfeine Goldnuggets abrangen.
Der Ort selbst wurde vom neuen Gold-Boom geprägt: Goldsucher und Glücksritter, Ausrüster und Aufkäufer, Büros und Banken und als beinahe logische Folge: Kneipen, in denen man den Gewinn gegen Zuckerrohrschnaps eintauschen konnte.
»Ist das nicht ein herrlicher Ort?« schwärmte der Bürgermeister Antonio Evangelista und sah uns erwartungsvoll an. Denn es war trotz des Booms noch immer die Ausnahme, wirklichen Fremden hier zu begegnen, und es interessierte ihn, wie solche Ausländer seine Stadt empfanden. Nun, daß sie uns gefiel, konnten wir gern und ohne Einschränkung bestätigen. So kamen wir in näheren Kontakt und erfuhren von seinem Traum, São Gabriels Schönheiten in einem Film festzuhalten der – logo – weltweite Verbreitung erfahren sollte. Das war unser Stichwort.
»Also, möglicherweise ...«, erklärten wir ihm und schränkten nach schwärmerischen Erklärungen ein, daß man ja für Brasilien eine Extra-Dreherlaubnis benötigt, und die hätten wir leider nicht. Getreu der Devise: Ehrlich währt am längsten.
Aber da sollten wir Antonio Evangelista kennenlernen! Auf solche Einwände verschwendete er nicht einmal eine Antwort. Statt dessen diktierte er seiner Sekretärin aus dem Stehgreif in die

Maschine: »... erteile ich den drei Deutschen die Erlaubnis, in und um São Gabriel zu filmen ...«
Natürlich sprach sich das schnell herum. Wir taten ein übriges und ließen mein Papst-Foto kreisen. »Diskret«, versteht sich, unter der Hand, über Dritte. Der Erfolg ließ nicht lange auf sich warten. Ob Frau Bankdirektor, Herr Kapitän, der Major der Armee oder der örtliche Chef der FUNAI, der Missionar oder der Bischof – jeder nahm sich Zeit für einen kurzen Schnack, einen Cafezinho (Espresso), einen Rat. Und so half uns der Papst schließlich doch noch.
Besonderes Glück hatten wir bei dem österreichischen Padre Norberto Hohenscherer. Er war der zweithöchste Mann an der großen Salesianer-Missionskirche in São Gabriel. Über ihm rangierte nur noch der Bischof Dom Miguel Alagna. Als das erste Eis gebrochen war, konnten wir Norberto ziemlich reinen Wein einschenken und offenbarten ihm einen *Teil*aspekt unseres wirklichen Filmprojekts. »Wir möchten von führenden Kennern des Yanonámi-Problems Lösungsvorschläge sammeln.«
Norberto reagierte vorbildlich. Dank seiner Fürsprache hatten wir schon eine Stunde später ein Interview mit dem Bischof und kurz darauf ein weiteres mit Senhor Ribamar, dem Chef der FUNAI in der Region Oberer Rio Negro. Interessant die Übereinstimmung beider Sachkenner:
»Wenn es jetzt schon zu einer Konfrontation mit unserer Zivilisation kommt, gleicht das einem Völkermord.«
Ihr Lösungsvorschlag: Wir brauchen dringend Zeit.
Schließlich gestatteten sie uns einvernehmlich, sogar abstecherweise und in Begleitung des FUNAI-Beamten Ademir zu der Mission Maturacá an der venezolanischen Grenze zu fahren. Dort residiert der 85jährige Padre Carlos Galli, ein wahres Bündel an Energie. Bei ihm lernten wir die beiden am weitesten entwickelten Yanonámi-Dörfer kennen. Mit all ihren Vor- und Nachteilen. Die Vorteile sehe ich darin, daß die meisten Bewohner Portugiesisch sprechen und schreiben. Damit haben sie die Chance, aus ihrer sprachlichen Isolation herauszukommen. Sie können sich artikulieren, sie können sagen, was ihnen gefällt und

was ihnen mißfällt, ohne auf wohlwollende Dolmetscher angewiesen zu sein. Als Sprachkundige muß man sie anhören und ihnen Rede und Antwort stehen. Und sie erfüllen mit dem Portugiesisch eine der Voraussetzungen, wenn sie mündige Staatsbürger Brasiliens werden möchten.

Außerdem lernen sie Rechnen. Wie schwierig das ist, erlebten wir selbst, als wir an einer Rechenstunde teilnahmen. Leute, deren mathematisches System nur die Begriffe 1, 2, 3, viel und vielviel umfaßt, können nicht von heute auf morgen aufs Dezimaldenken umgestellt werden.

Weit bessere Erfolge konnte Galli vorweisen in Sachen Ackerbau und Viehzucht.

Durch Düngung, Fruchtwechsel und ein größeres Nutzpflanzen-Sortiment hatte er seine Dorfbewohner so weit gebracht, daß sie von Maniokmehl und Orangen bereits Überschüsse produzierten und diese nach São Gabriel verkaufen konnten, während die Brasilianer von São Gabriel es bis heute nicht verstanden haben, ihren Eigenbedarf selbst zu decken. Sie sind völlig abhängig geblieben von Lieferungen aus Manaus. Und wenn in der Trockenzeit der Schiffsverkehr fast zum Erliegen kommt, dann mangelt's in São Gabriel sofort am Allernötigsten. Dann spricht man sogar von Hungersnot.

Und da das Wild in der näheren Umgebung von Maturacá längst abgeschossen ist, hat man die Hühner vermehrt, so daß das tägliche Ei und hin und wieder ein Braten gesichert sind.

Die Triebfeder für alle Missionare ist und bleibt der ausgeprägte Hintergedanke, die Indianer zum Christentum zu bekehren. Und darin sehe ich den negativen Aspekt des missionarischen Wirkens. Es ist ein unfaires »Spiel«, Menschen eine vorhandene und tief empfundene Religion streitig zu machen, ihren Glauben anzuzweifeln, ihn gar zu befehden, solange diese Menschen aufgrund ihrer andersgelaufenen Entwicklung und ihrem daraus resultierenden andersartigen Bildungsstand den Missionaren nicht gewachsen sind. Ich habe nichts gegen Missionierung unter gleichstarken Partnern derselben Kulturstufe.

Doch die Yanonámi, das muß man klar sehen, haben keine

Alternative. Staatliche, neutrale Schulen gibt es nicht. Und ehe sich gar niemand um sie kümmert, sind die Missionare immer noch das »kleinere Übel«. Und man darf auch davon ausgehen, daß die meisten Glaubenshändler im Grunde auf seiten der unterpriviligierten Indianer stehen. Und mitunter wagen sie sich sogar so weit und kämpferisch vor, daß sie öffentliche Appelle an die Regierung verfassen, wie es kurz nach unserer Abreise geschah.

Am 10. Septemer 1985 verlangten sie von Präsident José Sarney die dringende Gründung des Parks.

Der Appell wurde von zehn katholischen Amtsträgern unterzeichnet, die nicht nur in Brasilien mit den Yanonámi arbeiten, sondern auch in Venezuela. Allen voran der Bischof Dom Miguel Alagna, Padre Carlos Galli und mehrere andere, die wir auf dieser Reise kennen- und achtengelernt hatten.

Die Mission Maturacá ist jedoch in keiner Weise Maßstab. Sie zeigt aber, was in kurzer Zeit machbar ist: das Erlernen des Portugiesischen und des professionellen Ackerbaus und damit eine Möglichkeit für die Indianer, sich in einer zunehmend von der Zivilisation der Weißen geprägten Umwelt zu behaupten.

Hand in Hand mit dieser fortschreitenden Bildung konnten wir auch beobachten, daß sich besonders die indianische Jugend von São Gabriel angezogen fühlt. Wohl kaum ein junger Mann, der nicht einmal im Jahr mit dem Boot den Rio Cauaburí hinunterfährt, dann in den Rio Já einbiegt, bis er schließlich zur Straße gelangt, die von São Gabriel nach Cucuí an der venezolanischen Grenze verläuft und soeben fertiggestellt wird.

Die Besuche in der Stadt haben den Nachteil, daß in den Indianern Wünsche geweckt werden, die sie sich nicht erfüllen können, die sie unzufrieden machen und die sie sich ihrer untergeordneten Rolle bewußt werden lassen. Aber als Vorteil darf man wohl werten, daß unsere Welt ihnen überhaupt bewußt wird und sie sich damit geistig auseinandersetzen und darauf reagieren müssen. Unsere Welt einfach zu ignorieren, wäre garantiert ein tödlicher Fehler.

Was uns in Maturacá überrascht und imponiert hat, war, daß

Padre Galli das Leben in den beiden indianischen Dörfern voll respektierte, wie die geschlossene Wohnung eines Nachbarn in unseren Breiten, in die man auch nicht einfach hineinstolpert, ohne zu klingeln.

Als wir irgendwann spontan den Wunsch äußerten »mal eben« zu Häuptling Daniel rüberzuhuschen, belehrte er uns: »Das sollten sie nicht tun! Warten Sie, bis Daniel sie einlädt!«

Maturacá war *ein* Punkt in unserem Film. Wichtig erschien uns außerdem, ein Dorf zu zeigen, das noch weitgehend unbeeinflußt lebte, und dahin zogen wir als nächstes.

Wir hatten in São Gabriel einen Yanonámi kennengelernt, der in die Stadt gekommen war, um ein paar Gramm Gold zu verkaufen. Er nannte sich Capitão Afonso do Brasil, und wir trafen ihn im Restaurant des Apothekers Ernesto. Durch Ernestos Vermittlung kamen wir mit Afonso ins Gespräch und ins Geschäft.

Für eine Flinte und einige andere Geschenke schleuste er uns ins Indianderland, in sein Land. Und diesmal ohne Beaufsichtigung durch die FUNAI. Den Posten der FUNAI am Rio Cauaburí konnten wir mit Afonsos Hilfe glücklich passieren. »Selbst wenn der Beamte etwas gegen eure Einreise einwenden sollte – in meinem Lande habe ich zu bestimmen!« Und es klappte alles bestens. Doch fünf Tage vor Afonsos Dorf und kurz hinter dem FUNAI-Posten gab unser gemieteter Außenborder seinen Geist auf. Das bedeutete: Den Rest der Strecke hatten wir zu paddeln. Fünf ganze Tage lang und immer bergauf gegen den Strom. Aber schließlich waren wir am Ziel. Wir waren im Yanonámi-Gebiet und vorbei an den Sperren unserer Zivilisation! Ab jetzt ging es zu Fuß weiter.

Zwei Männer des Afonso begleiteten uns. Nur noch einmal fünf Tage weiter in nordöstlicher Richtung, so hieß es, gäbe es drei weitere Dörfer.

Da wurde Ulli krank. Seine Beine eiterten. Er konnte kaum noch gehen. Antibiotica schlugen nicht an. Unsere Begleiter aber drängten vorwärts. Nur nicht im Wald liegenbleiben! Aber wir

schafften es nicht. Ihr Tempo war uns ein paar Nummern zu schnell. Wir mußten passen und einigten uns, allein weitergehen zu dürfen. Die indianischen Begleiter kehrten um.
Den Weg hatten wir bald hoffnungslos verloren. Der Kompaß hielt uns grob auf Kurs, und allabendlich schätzten wir die zurückgelegte Distanz. Aus den fünf Tagen wurden sechs, sieben, acht. Die Lasten, obwohl nicht schwer, zwangen uns in die Knie. Hatten wir uns verlaufen? Oder waren wir so langsam, daß wir nicht einmal in acht Tagen das Pensum schafften, das Indianer in fünf hinter sich brachten? Auf jeden Fall waren wir uns sicher, noch nicht in Venezuela zu sein. Dann wären die Grenzberge, die wir zu überqueren gehabt hätten, weit höher gewesen. Entweder waren wir an den Dörfern vorbeigelaufen, oder wir waren langsamer als wir es uns zugestehen wollten. Immer öfter und immer lauter spielten wir auf unserer Flöte und der Mundharmonika. Irgendwo mußte uns doch mal jemand hören und uns aufgreifen!
Am neunten Tag legten wir ein Depot an. Fast die Hälfte des Gepäcks ließen wir, deutlich sichtbar unter einem Blätterdach, einem sogenannten Tapirí, hängen und markierten ab jetzt unseren Weg besonders auffällig, um jederzeit auch ohne Hilfe mühelos hierher zurückzufinden.
Am zehnten Tag schließlich entdeckte Daniel einen Pfad – sichtbares Zeichen dafür, daß wir auf ein Dorf *zu*liefen und uns nicht von ihm entfernten.
Und schließlich – am elften Tag – erreichten wir das Dorf.
Mit Gesang, Musik und Rufen hatten wir jedem Zweifel vorgebeugt, wir könnten mit unlauteren Absichten kommen. Bloß nicht schleichen. Unsere Mägen gaukelten uns schon die herrlichsten Speisen vor. Denn in all den elf Marschtagen hatten wir nur von der Hand in den Mund gelebt. Das waren vorwiegend Insekten, kleine Fische, ein paar Früchte. Einmal schoß Ulli mit einem Revolver ein junges Wildschwein, das uns gut zu Kräften brachte. Aber wie deprimiert waren wir, als wir in das Dorfrund traten und es völlig leer vorfanden. Keine Menschenseele. Nur ein leiser Wind, Fliegen und über den verlassenen Feuerstellen

an Lianen Schädel und Knochen toter Tiere, die sich im Winde drehten.
Der erste Schreck legte sich schnell, als Daniel unweit der Siedlung ein riesiges Bananenfeld entdeckte. Bananen – die Traumfrucht! Roh, gekocht, gebraten, als Suppe – wir stopften sie in jeder Form in uns hinein und fühlten uns bald wieder sauwohl.
Nur Ullis Beine sahen nach wie vor schlimm aus. Jeder von uns hatte außerdem Tausende von Stichen der Pium-Fliegen. Die Haut sah aus wie Schmirgelpapier, die Fußsohlen waren zerfressen von Pilzen. Aber sonst ging es uns gut. Der Teamgeist war top, die Partner Volltreffer.
Nach vier Tagen Rast brachen wir auf, um erneut auf Dorfsuche zu gehen. Wir folgten dem ausgetretensten der fünf Zugangswege und erreichten nach nur einem Tag eine bewohnte Siedlung. Sie war voll mit Menschen. Der Grund: das alljährliche Totenfest sollte bald gefeiert werden. Von weit und breit waren sie hier zusammengeströmt, um ihren Toten die letzte Ehre zu erweisen. In jedem Teil des großen Runds hingen Unmengen reifer Bananen, bestes Indiz für das bevorstehende Fest.
Doch das Warten darauf schien endlos. Über vier Wochen hofften wir schließlich auf das große Ereignis, und immer wieder hieß es »nach morgen«. Wegen der Sprachschwierigkeiten (nur zwei Männer sprachen leidliches Portugiesisch) blieben viele Fragen nur halb beantwortet.
So nutzten wir die Zeit und integrierten uns so gut wir konnten in die Dorfgemeinschaft. Wir verteilten unsere letzten Geschenke und durften dafür von jedem Topf essen und uns an jedes Feuer setzen.
Wir sahen eine Geburt, Krankheiten, Tod und die Einäscherung Verstorbener und nahmen an ihren Festlichkeiten teil. Wir lernten ihren freiheitlichen Lebensstil kennen und schätzen, ihren ausgeprägten Sinn für Humor und Theaterspiel, den Einfallsreichtum der Kinder, wenn sie sich Spielzeug bastelten, ihre Hilfsbereitschaft und Gastfreundschaft – kurz und gut: in den

Wochen des Wartens erschloß sich uns eine Welt, die sich einfach anders entwickelt hat als die unsere, eine Lebensform, die mit ihrer Umwelt in Einklang steht und die nicht auf Expansion und Zerstörung der Lebensgrundlage ausgerichtet ist wie die unsere. Und das nun soll ihnen zum Verhängnis werden. Sie leben in einem letzten Rest heiler Welt, einem Fleckchen Erde, das es bei uns in dieser Vollkommenheit kaum noch gibt, und das wollen wir ihnen nun abjagen.
Bei der Fülle eindrucksvoller Begebenheiten und Motive sah man Ulli eigentlich nur immer an der Arbeit. Akribisch notierte er Ideen, versiegelte und beschriftete belichtetes Material und drehte.
Daniel hingegen, der Literat, notierte seine Beobachtungen und träumte von einem Roman über die Yanonámi.
Zehn Rollen hatte Ulli für unantastbar erklärt. Sie sollten die Eiserne Reserve für das Totenfest sein und für den Rückweg.
Und endlich, nach rund sechs Wochen war es schließlich so weit. Die Männer gingen auf die Großjagd, die Frauen schleppten Bananen und Pupunha, eine kartoffelähnliche Palmfrucht, und immer neue Gäste strömten herbei.
Eines Morgens standen etwa zwanzig große Töpfe mit Bananenbrei vorm Haus des Häuptlings. Er und einige seiner Männer wickelten die Kürbis-Urnen aus, entkorkten sie und schütteten die schwarze Asche in den gelben Brei. Sie wurde alsdann gründlich verrührt und der gelbe Brei färbte sich grau – unsere Gesichter hingegen blaß. Der Häuptling kostete vor und gab die Schüsseln seinen Leuten frei. Mit großer Hektik und Besessenheit stürzte sich jeder darüber her. Zuerst die Männer, dann die Jungen und an einigen Töpfen auch Frauen. Einige weinten und schluchzten laut, die meisten aber waren einfach nur ernst. Als auch wir unseren Anteil aßen, sahen wir ausschließlich freundliche, begeisterte Gesichter, die uns ermutigten, mehr zu nehmen. Wir hatten ihnen mit unserer Teilnahme unsere Zuneigung bewiesen und deshalb duldeten sie auch, daß Ulli die Zeremonie filmte.

Erst jetzt, wo die Knochenasche ihrer Toten verzehrt ist, hat die Seele der Verstorbenen in den Körpern der Lebenden Geborgenheit gefunden. Sie würden nicht begreifen, warum andere Menschen ihre Toten in die Erde graben und sie dort verfaulen lassen.
Als schließlich die letzte Schale Brei geleert war, nahm Häuptling Eduardo uns überschwenglich in die Arme und drückte uns aus Leibeskräften. Dann ließ er uns wieder los, baute sich groß vor uns auf und verkündete laut und unmißverständlich: »Wir versprechen euch: wenn ihr hier sterben solltet, werden wir euch auch aufessen.«
Wir waren alle gleichermaßen überrascht und gerührt. Welch ein Liebesbeweis! Wie lasch klingt dagegen unser »Ich liebe dich«!
Nach sechs Wochen an diesem Ort der Gastlichkeit beschlossen wir die Heimkehr. Denn insgesamt waren wir schon vier Monate unterwegs und mindestens noch einen würden wir brauchen, ehe wir Manaus wiedersahen.
Aber erst jetzt – nach dem Totenfest – war Ulli mit seinem Film zufrieden. Und so traten wir mit selbstgebastelten Booten aus Ästen und unserer Regendachfolie die Heimreise an.
Nur zwei Tage später begegneten wir den ersten illegalen Goldsuchern und Siedlern auf dem Rio Inambú. Es waren Leute, die nichts zu verlieren haben und die keinen Zweifel ließen, aufs Ganze zu gehen, wenn sie bedrängt würden. Als sie hingegen merkten, daß wir keine Konkurrenten waren, nahmen sie uns gastlich auf und gaben von dem Wenigen, das sie hatten, reichlich ab.
Als die Boote allmählich zerfetzten und das Wasser auch tiefer wurde, bauten wir ein Floß und trafen nach insgesamt fünf Monaten wieder in Manaus ein.
Dort angekommen, machten wir eine deprimierende Entdekkung. Illegal und unter Ausschluß der Öffentlichkeit waren inzwischen heimlich Schürfrechte für große Gebiete im Yanonámiland verkauft worden. Die Companhia de Pesquisa de Recursos Minerais hatte beispielsweise den Gebirgszug Serra do

Padre erworben. Das sind 50000 ha! (Alvará de Pesquisa No: 4845, 3883, 3977, 2229, 2230).
Unter der Hand konnten wir Katasterauszüge beschaffen, die das belegten, und wir hörten, die Schlüsselfigur für alles sei der Gouverneur Gilberto Mestrinho.
Wir baten ihn um ein Interview, in dem er folgende Erklärung abgab:

- Brasilien stünde wirtschaftlich »schlecht« da.
- Deshalb sei es auf seine Bodenschätze »angewiesen«.
- Diese Vorkommen würden »auf jeden Fall gehoben« werden.
- Allerdings fühlte er sich auch den Yanonámi in seinem Staate »verantwortlich«,
- aber »Verantwortung« schulde er auch den 1,6 Mio. Brasilianern.
- Er meine jedoch, man könne Lösungen finden, die allen Seiten gerecht würden: den Indianern, der FUNAI, der Regierung und ihm selbst.
- Er halte es für vordringlich, die Grenzen des geplanten Reservats festzulegen,
- eine Konferenz mit den Häuptlingen durchzuführen, »um alle Aktivitäten in Zusammenhang mit ihrem Land abzustimmen«,
- und er war auch bereit, zu diesen Gesprächen die CCPY zuzulassen, jene Privatinitiative, die sich als wahrer Anwalt der Indianer sieht (und wohl auch so gesehen werden darf).

Da es eine solche Konferenz mit den Häuptlingen noch nie gegeben hat, waren sie auch nie befragt worden, um zu erfahren, was sie vom Verkauf ihres Gebietes halten würden. Sie wurden übergangen wie seit eh und je.
Wieder daheim, stellten wir fest: Ullis Film war gelungen. Trotz der fünf Monate Schwüle waren die Farben brillant, die Szenen optimal getroffen, der Auftrag mehr als erfüllt und »GEO-Film« begeistert.
Diese Begeisterung übertrug sich auch auf Dieter Zimmer vom ZDF, Redaktion Innenpolitik. Ulli bekam beste Sendezeit ein-

geräumt, nämlich 19.30 Uhr und erzielte, unterstützt vom Großteil der Presse, eine Sehbeteiligung von 30 %. Als uns dann auch noch die Kritiker bundesweit durchweg gute Arbeit bescheinigten und uns ermutigten, diesen Weg weiterzuverfolgen, hockten wir in den Tagen nach der Sendung bereits wieder zusammen, um neue Pläne zu schmieden und eine effektive Fortsetzung zu erarbeiten.

Rüdiger Nehberg

In eigener Sache

Liebe Leser!
Kein Buch kann allen Lesern alle Fragen beantworten. Auch meine Bücher nicht. Sie können mir gern schreiben, wenn Sie konkrete Fragen haben. Beantwortung von Briefen ist mir Ehrensache, aber auch für Sie sollte es Ehrensache sein, mir nicht Fragen zu stellen,

- deren Beantwortung sich aus den Büchern ergibt (»Wie wurden Sie Abenteurer« oder »Welche Maße hat Ihr Überlebensgürtel«)
- die von mir erfordern, lange Abhandlungen zu schreiben (»Was fühlt man in Momenten, wenn ...?«)
- oder Fragen, die Ihnen ein Reisebüro besser beantworten kann als ich (»Ich will in ein Land. Das heißt Mallorca. Wie muß ich mich da vorbereiten? Arbeiten Sie mir mal ein knallhartes persönliches Trainingsprogramm aus.«)

In solchen Fällen, und wenn dann nicht einmal ein frankierter Rückumschlag beigefügt ist, trete ich in den Streik. Ist das ein faires Agreement?

Ihr Rüdiger Nehberg
(Adresse im Anhang)

Anhang

Ausrüstungsliste

(Reduzierte Ausrüstung nach Anlegen des Depots)
2 Weithals-Schraubkanister (20 l Inhalt) mit Kopfgurt
1 Uhr mit Datum
1 Badehose
1 Spiegelreflex-Gehäuse
1 Weitwinkel 24 mm
1 90 mm-Macro-Objektiv
30 Filme
Dünnes Schreibheft als provisorisches Nottagebuch
1 Lexikon Portugiesisch-Deutsch
1 Wörterliste Yanonámi-Deutsch
Kugelschreiber-Minen
Turnschuhe
Schlafsack
Hängematte

Überlebensgürtel

32er Revolver und 56 Patronen
Dolch
Mundharmonika
Getarntes 1-Schuß-Gerät
Kompaß
20 m Perlon-Seil, 3 mm
Taschenmesser
Angelhaken
Sehne
Feuerzeug
Malaria-Tabletten
Schmerztabletten (schwache und starke)
Wurmtabletten
Pflaster

Mullbinde
Elastikbinde
Schere
Pinzette
Stopfnadeln
Arterienabbinder
Antibiotica (auch Salbe)
Heilsalbe
Protigmin (gegen Curare)
Corteson (zum Kreislaufstabilisieren)
Captagon (Psychotonicum)
Pervitin (für ein letztes Aufputschen)
Zyankali (wenn Pervitin nichts mehr gebracht hat)

Adressen

1. José Sarney
D. D. Presidente da Républica
Palacio do Planalto
Brasilien – 70 000 Brasilia, D. F.

2. Alvaro Villas-Boas
D. D. Presidente da FUNAI
SIA Trecho 4
Conjunto 750
Brasilien – 71 120 Brasilia, D. F.

3. Ronaldo Costa Couto
D. D. Ministro do Interior
Ministerio do Interior
Setor Autarquias Sul,
Quadra 1, Bloco 10,
Brasilien – 70 070 Brasilia, D. F.

4. Comissao pela Criaçao do Parque Yanonámi (CCPY)
Claudia Andujar
Rua S o Carlos do Pinhal, 345
Brasilien – 01 333 Sao Paulo, S. P.

5. Greenpeace
Hohe Brücke 1
2000 Hamburg 11

6. Gesellschaft für bedrohte Völker
Postfach 2024
D-3400 Göttingen
Spendenkonto: Nr. 7400–201
Postscheck Hamburg
Stichwort »Yanonámi«

7. World Wildlife Fund
Sophienstraße 44
D – 6000 Frankfurt 90

8. Rüdiger Nehberg
Friedrich-Ebert-Damm 85f
D – 2000 Hamburg 70

Literatur zum Thema Yanonámi

Biocca, Ettore Yanoáma – Ein weißes Mädchen in der Urwaldhölle, Ullstein 1972 (vergriffen)

Becher, Hans Poré/Perimbo. Einwirkungen der lunaren Mythologie auf den Lebensstil von drei Yanonámi-Stämmen: Surára, Pakidái und Ironasitéri. – Hannover 1974.– (Völkerkundl. Abhandl. Bd. 6)

Becher, Hans Die Surára und Pakidái. Zwei Yanonámi-Stämme in Nordwestbrasilien. – Hamburg 1960.– (Mitteilungen aus d. Museum f. Völkerkunde in Hamburg, Bd 26.)

Becher, Hans Yanonámi. Neue wissenschaftliche Erkenntnisse über die älteste Bevölkerungsgruppe Amazoniens. – Göttingen 1962.– (Vortragsreihe d. Nieders. Landesregierung zur Förderung d. wissenschaftl. Forschung in Niedersachsen, H. 23.)

Chagnon, Napoleon A. Studying the Yanomamö.– New York 1974. –(Studies in anthropological method.)

Chagnon, Napoleon A. Yanomamö. The fierce people. – New York 1968.– (Case studies in cultural anthropology.)

Cocco, P. Luis Iyëwei-Teri (spanisch) Escuela Técnica Popular Don Bosco Boleíta, Caracas, Venezuela, 1972

Gesellschaft für bedrohte Völker, Der Völkermord geht weiter, rororo-aktuell Nr. 4839

Hanbury-Tenison, Robin Ureinwohner des Amazonas-Regenwaldes, Time-Life

Lizot, Jaques Im Kreis der Feuer, Suhrkamp Verlag, Frankfurt

Pogrom (Zeitschrift der Gesellschaft für bedrohte Völker), Ausgabe April 1983

Polykrates, Gottfried Beiträge zur Religionsfrage der Yanonámi-Indianer. – Kopenhagen 1974. – (Publications of the National Museum. Ethnographical series no 14.)

Polykrates, Gottfried Wawanaueteri und Pukimapueteri. Zwei Yanonami-Stämme in Nordwestbrasilien. – Kopenhagen 1969. – (Publication of the National Museum. Ethnographical series No 13.)

Smole, William J. The Yanoama Indians. – Austin & London 1976.–
Trupp, Fritz Die letzten Indianer, Perlinger-Verlag, Brixentaler Str. 61, A-6300-Wörgl
Zerries, Otto Mahekodotedi. Monographie eines Dorfes der Waika-Indianer (Yanoama) am oberen Orinoco (Venezuela). – München 1974.– Ergebnisse d. Frobenius Expedition 1954/55 nach Südost-Venezuela, Bd. 2)
Zerries, Otto Waika. Die kulturgeschichtliche Stellung der Waika-Indianer des oberen Orinoco im Rahmen der Völkerkunde Südamerikas.– München 1964.– (Ergebnisse d. Frobenius-Expedition ... Bd. 1)

Danksagung

Was wäre ich, was wären meine Reisen ohne die stillen Helfer im Hintergrund, die mir stets mit Rat und Tat zur Seite stehen?! Unbekannt. Nichts.
Deshalb möchte ich Euch, liebe Freunde, bei dieser Gelegenheit einmal ganz herzlich danken!

Claudia Andujar (CCPY) für die schnelle Beantwortung meiner Fragen.

Jürgen Ahrendt für die sorgfältige Filmarbeit

Padre Casimiro Beksta für wertvolle Informationen und Dolmetscherdienste

Barbara Bentley (Survival International) für die schnelle Beantwortung meiner Fragen

Walter Besler für die Demonstration der Allgäuer Gastfreundschaft

Klaus Denart für die Beschaffung auch unkonventioneller Ausrüstung

Ilse Drews für die Pflege meiner Schlangen

Caroline und Heinrich Fromme, meinen Schwiegereltern, für ihre Tochter, meine Frau

Norbert Georg für tatkräftige humanitäre Unterstützung

Johanna Gerdts für die ethnographische Korrektur meines Manuskripts

Eduard Geyer für die Demonstration der Allgäuer Gastfreundschaft

Rudolf Gutzki für die gute Stellvertretung in der Konditorei

Anne Heimhold für die ethnographische Beratung

Jürgen Hellfritz für die Buchberatung

Joachim Jessen für die Buchberatung und das Korrekturlesen

Henner Kamlade für Hilfe bei schwierigen Basteleien

Friedel und Werner Katz für Gastfreundschaft

Ilse Kaun für die gute Geschäftsführung

Jürgen Krohn für Hilfe bei schwierigen Basteleien

Arnold Kruse für den guten Ton beim Deutschlandmarsch-Film

Peter Lechhart für die Beschaffung auch unkonventioneller Ausrüstung

Detlef Lerch für Buchberatung und Korrekturlesen

Dr. Herbert Lieske für medizinische Beratung und Versorgung

Klaus Lucht für seine Begleitung während des Deutschlandmarsches und die wertvolle Freundschaft

Margrit Ludwig fürs dreimalige Tippen meines unleserlichen Manuskripts

Duri Mayer für die vorbildliche Assistenz beim Filmen

Käthe Meentzen für humanitäre Unterstützung

Meinen Mitarbeitern für Einsatz und Zuverlässigkeit

Majid Nassar für medizinische Ratschläge und Versorgung

Lieselotte, Maggy und Kirsten Nehberg für meinetwegen ertragene Bauchschmerzen und die dennoch ständige Billigung meiner Reisen

Oswaldo Prader für seine brauchbaren Waldläufer-Tips

Dr. Helmut Scheele für seine wertvollen Hunger-Tips

Christine Schmidt für Initiative und Sorgfalt in Sachen Deutschlandmarsch-Film

Horst Schüler für seine immer wieder angenehm sachliche Berichterstattung

Bischof Dom Geraldo Verdier für Informationen

Ida und Karl Walther für nachbarschaftliche Betreuung

Heike Wehling für die gute Geschäftsführung

Roland Westphal für die kameradschaftliche Begleitung am Anfang meines Deutschlandmarsches

Christine Williams for excellent interpreter services

Rolf Winter und seinem Team von GEO, weil sie meine Reportage der guten Sache wegen genommen haben, obwohl sie fotografisch nicht unbedingt geowürdig war

Claus und Rudolf Zschimmer sowie Erika für die kostenlosen Sonderanfertigungen von Zelt- und Regenplanen

Tilman Zülch für die tatkräftige Unterstützung durch seine »Gesellschaft für bedrohte Völker«

Ihr seht: Ihr seid mein Benzin. Ich bin nur der Motor.

Euer

Rüdiger